W0333807

REGARD SUR LA GAULE

DU MÊME AUTEUR AUX ÉDITIONS ERRANCE ET ACTES SUD

Ouvrages archéologiques :
De Lascaux au Grand Louvre. Archéologie et histoire de France, sous la direction de C. Goudineau et J. Guilaine, Errance, 1989.
Vaison-la Romaine, Errance, 1991.
Regard sur la Gaule, Errance, 1998.
Le Dossier Vercingétorix, Actes Sud/Errance, 2001.
Les Empereurs de Rome d'Auguste à la Tétrarchie. Trois siècles de portraits, la collection Claude Jacqueline, Errance, 2004.
Promenade archéologique en Gaule, Errance, 2007.

Romans historiques :
Le Voyage de Marcus, Actes Sud/Errance, 2000 ; Babel n° 695.
L'Enquête de Lucius Valérius Priscus, Actes Sud/Errance, 2004 ; Babel n° 788.

Pièce de théâtre :
Unité 64, Actes Sud-Papiers, 2007.

© ÉDITIONS ERRANCE, Paris 1998,
2e tirage, mars 2000

© ACTES SUD, 2007
pour la présente édition
ISBN 978-2-7427-6924-7

Illustration de couverture :
Le théâtre d'Orange. Aquarelle Jean-Claude Golvin.

CHRISTIAN GOUDINEAU
Professeur au Collège de France

REGARD SUR LA GAULE

Recueil d'articles

BABEL

Avant-Propos de l'auteur

J'ai été surpris lorsque les éditions Actes Sud m'ont proposé de publier dans leur collection de poche, Babel, ce *Regard sur la Gaule*. En effet, sa première édition, parue en 1998, réunissait des articles et des contributions qui, à une exception près, avaient tous déjà quelque temps d'existence. Mais, m'a-t-on dit, ce livre est devenu un « classique », une édition de poche pouvait intéresser le « public cultivé » et les jeunes étudiants. Comment refuser de telles appréciations ?

Pour un auteur, il n'est rien de plus difficile que de se replonger dans un de ses anciens ouvrages, surtout lorsqu'il est composé de *membra* un peu *disjecta*. J'ai donc survolé le texte et l'illustration, apportant les corrections exigées par les normes de la collection. Mais j'ai renoncé à modifier les commentaires que j'avais présentés à l'époque. J'en approuve l'essentiel aujourd'hui encore, ce qui démontre soit que la discipline n'évolue pas rapidement, soit que je suis trop sclérosé pour en percevoir les avancées !

Que les lecteurs éventuels me permettent un mot plus personnel. J'avais eu de la peine mais aussi un infini plaisir à non pas écrire, mais constituer ce livre. J'y livre des points de vue personnels comme je puis faire lors d'un cours ou d'une conférence, mais il est rare d'en trouver l'occasion par écrit, sauf dans une revue, et c'est pourquoi je remercie Frédéric Lontcho de m'en avoir offert l'opportunité naguère, et Actes Sud de la renouveler aujourd'hui. Au fond, j'essaie de parler à quelqu'un que j'aime, qui s'intéresse à la Gaule, je tente de lui faire comprendre à la fois un itinéraire personnel intellectuel et ma passion pour une recherche qui aura animé mon existence, avec des enjeux de tous ordres, aussi bien politiques et administratifs que scientifiques, culturels et historiques. Bref, c'est une promenade qui, pour moi, aura duré longtemps, mais dont j'espère qu'en quelques heures ma lectrice ou mon lecteur partageront l'essentiel.

Christian Goudineau
Collège de France, juin 2007

Introduction

RÉTROSPECTIVE

L'un de mes vieux maîtres m'avait dit jadis : vous ne « comprendrez » rien si vous ne cherchez à « comprendre » ce que vos prédécesseurs avaient eux-mêmes « compris ». Et il incitait ses élèves à lire les historiens du XIXᵉ siècle ou des débuts du nôtre. Cette leçon, je l'avais oubliée. Arriva un jour où je m'aperçus que je cédais de plus en plus à la tentation luciférienne qui guette beaucoup de chercheurs dans nos disciplines : recommencer à zéro. Comme d'autres, je m'étais persuadé que l'ouverture de tant de chantiers, les nouvelles techniques ou les nouveaux champs de l'archéologie (les datations, l'étude des paysages ou des ossements, etc.), tout cela nous apportait des enseignements neufs qui nous permettraient de réécrire l'histoire, et même de réinterpréter les textes antiques. Alors, perdre du temps à lire les auteurs du XIXᵉ !...

Je sais aujourd'hui que, si je n'avais pas tort à cent pour cent, mon vieux maître avait, lui, « globalement » raison. La manière dont, au siècle dernier, on a « pensé » la Gaule a eu toutes sortes de conséquences qui pèsent encore aujourd'hui sur nos conceptions et nos recherches, sans que nous en soyons conscients. Les « clichés » et les « messages » qu'ont diffusés les manuels scolaires de la IIIᵉ République – et que nous retrouvons aujourd'hui dans Astérix *– continuent d'influencer notre public, et, par* *suite, nous ne leur échappons pas non plus. S'il me suit, le lecteur constatera à quel point la réflexion se nourrit à la fréquentation de ceux qui, dès la fin du XVIIIe siècle, se sont penchés sur la Gaule et les Gaulois (je n'oublie pas le vaste mouvement d'idées qui agita le XVIe, mais il n'eut aucune influence durable, tombant rapidement dans l'oubli).*

Que trouve-t-on donc chez ces historiens du XIXe siècle mais aussi chez bien d'autres hommes de plume, et dans un vaste milieu culturel ? J'ai tenté de brosser un tableau rapide en répondant à la proposition que me fit, en 1993, Hachette-littérature *: désireuse de rééditer l'*Histoire de la Gaule *de Camille Jullian, elle me demanda une « Présentation » de l'auteur et de son livre.*

*Camille Jullian. Je connaissais partiellement son œuvre, j'avais lu certains chapitres de l'*Histoire de la Gaule. *Mais j'avais surtout été frappé par la lecture du recueil rassemblant les « leçons inaugurales » qui ouvraient chaque année son enseignement au Collège de France, et qui constituaient à la fois un programme et un résumé. Réunies, elles prenaient d'autant plus de force que l'on suivait l'influence des événements « extérieurs », juste avant, pendant et après la première guerre mondiale. Elles me firent éprouver pour Jullian une « sympathie » instinctive : non, l'archéologie n'était pas « neutre » ; oui, lorsque l'on fouille, on retrouve des « racines » (quel que soit le sens donné au mot, qui varie selon les sensibilités). Voilà pourquoi, lorsque je fus élu au Collège de France en 1984, j'ai voulu reprendre l'intitulé de sa chaire, « Antiquités nationales », intitulé après lui abandonné. Dans ces années-là, nous étions quelques-uns à penser que l'archéologie nationale allait connaître le développement qu'elle méritait…*

J'ai donc écrit avec plaisir la « Présentation » d'un auteur dont j'admire la capacité de travail, le sens du combat, l'érudition, et d'une œuvre sont le souffle reste intact. Le lecteur y trouvera, brièvement exposé, le contexte culturel, universitaire, scientifique du XIXe siècle. Celui dont, je le crois aujourd'hui, il faut partir pour parler de la Gaule et des Gaulois.

Camille Jullian et l'*Histoire de la Gaule*

Le 10 avril 1896, Camille Jullian, professeur à la faculté des Lettres de Bordeaux, adresse une lettre à Henri d'Arbois de Jubainville, professeur au Collège de France, maître incontesté des études sur la langue et la littérature celtiques. Entre autre, il lui écrit ceci :

> *J'ai toujours eu l'ambition d'écrire l'histoire. Cette ambition m'est venue, j'en sais très bien l'année, en 1873, en lisant l'histoire des Gaulois d'Amédée Thierry dans un livre de prix que j'ai encore. Et je me suis dit que je voulais refaire cette histoire à ma manière. Et voilà que ce lointain désir de mon enfance sera peut-être réalisé. Hachette me demande une Histoire de la Gaule sous les Romains. Dois-je la faire ? D'autres me conseillent d'écrire une Histoire romaine. Que pensez-vous que je doive faire ?*

Jullian a 37 ans – il est né en 1859 – et une réputation établie. Ses prouesses universitaires ont été remarquées : son entrée à l'École Normale Supérieure à 18 ans, sa première place à l'agrégation d'histoire en 1880, et surtout la thèse de doctorat qu'il a présentée en Sorbonne en 1883, à 24 ans, qui lui a valu d'être salué par le jury pour sa « compétence précoce ». Il a aussi beaucoup publié, notamment quelques livres dont il faut dire un mot.

Sa thèse, d'abord, fruit des deux années passées en Italie comme membre de l'École Française de Rome, et qui s'intitule *Histoire de l'administration de l'Italie d'Auguste à Dioclétien*. Puis *Les Inscriptions de la vallée de l'Huveaune*, étude consacrée à l'épigraphie de la région de Marseille, son pays natal, et confiée au *Bulletin Épigraphique* en 1885. L'année suivante, une brochure sur *Fréjus romain*. En 1887 et 1890, paraissent en deux volumes *Les Inscriptions romaines de Bordeaux*, et, en 1895, la grande *Histoire de Bordeaux*, des origines jusqu'à... 1894 (800 pages). Une telle production, qui tient du tour de force, prend l'allure du prodige, quand on apprend qu'à ses œuvres personnelles, Jullian ajoute, de 1889 à 1892, la publication de l'*Histoire des Institutions politiques de l'ancienne France*, laissée inachevée par Fustel de Coulanges, mort en 1889, au point que les manuscrits de quatre des six tomes avaient dû être soit revus et complétés, soit entièrement composés ! On ose à peine signaler que, ces mêmes années, Jullian édita, avec notes et commentaires, des textes de Montesquieu, ainsi qu'un ouvrage intitulé *Extraits des Historiens français du XIXe siècle*, qui commençait par une magistrale étude « Notes sur l'Histoire en France au XIXe siècle ». Et puis signalons un petit livre dont nous reparlerons, paru en 1892, intitulé *Gallia*, destiné non seulement « aux élèves des lycées et des facultés » mais aussi « aux archéologues de la province : on voudrait qu'il pût les encourager à explorer notre sol, à accroître ainsi les richesses de nos musées et les monuments de notre histoire ».

On comprend donc que Hachette, en 1896, s'adresse à Jullian pour lui demander une « Histoire de la Gaule sous les Romains » : il fait figure du meilleur connaisseur, il est connu pour écrire d'abondance, vite et bien, et l'on sait la part qu'il a prise dans l'édition des œuvres de Fustel, particulièrement pour le tome consacré à la Gaule romaine. C'est l'auteur rêvé ! Pourtant, le premier tome de l'*Histoire de la Gaule* ne paraîtra que onze ans plus tard, en 1907, et le huitième et dernier en 1926, au bout de trente ans. Pourquoi de tels délais s'agissant d'un écrivain aussi prolixe ? Autre question : pourquoi une *Histoire de la Gaule* en général et non plus seulement « sous les Romains » ? Les causes en sont multiples.

La Gaule ou Rome ? L'ombre de Mommsen

L'hésitation qui s'exprime dans la lettre de Jullian à Arbois de Jubainville n'est pas de pure forme : entreprendre une *grande* Histoire de la Gaule ou une *grande* Histoire de Rome ? Dans l'inconscient des universitaires français de haute volée, rôde le désir informulé de rivaliser avec Mommsen, un Mommsen qu'on admire ouvertement tout en le jalousant secrètement, et qui symbolise, qui incarne la supériorité non dénuée de morgue de la « science historique » allemande. Depuis l'École Française de Rome, à 22 ans, Jullian écrivait à Fustel, son patron de thèse, ces lignes destinées à expliquer le choix de son sujet :

> *Vous l'avouerai-je avec la naïveté d'une ardeur orgueilleuse ? Si j'ai choisi comme sujet de mon premier grand travail, l'Italie sous les empereurs, c'est parce que j'avais en face de moi des adversaires très sérieux et très allemands… Je me suis très nettement*

donné pour tâche de revoir tout ce que l'épigraphie et l'historiographie berlinoises ont fait depuis vingt ans. Ma thèse sur l'Italie sera le contre-pied de celle de Mommsen, que les empereurs ont tout fait pour abaisser, niveler, opprimer les libertés municipales. Je cherche à montrer que leur politique, au moins pour l'Italie, a été au contraire très libérale et j'ai déjà beaucoup, beaucoup de faits.

Un an après, en 1882, Jullian se trouve… à Berlin, titulaire d'une bourse « pour étudier l'organisation des séminaires des universités allemandes ». Mission apparemment étrange, à laquelle Jullian lui-même donne les couleurs de l'« espionnage », et dont le sens s'éclaire à la lecture de l'« Avant-propos » dont C.A. Alexandre, le traducteur de l'*Histoire romaine* de Mommsen, avait fait précéder la parution du livre V, en 1871 :

Pour achever ce travail à l'heure présente, il m'a fallu un tenace courage, et me faire violence à moi-même. J'ai écrit les dernières pages, j'ai recueilli les derniers éclaircissements joints au texte, au moment où l'Allemagne tout entière et de longue main préparée, se ruait sur le territoire de la France !

Je ne me sens point calme encore devant l'épreuve subie : nous sommes tout à nos maux !

Rentrons en nous-mêmes, et rappelons-nous donc que ces maux, nous les avons provoqués, que l'ennemi se levant contre nous, nous n'avons pas su nous défendre (...).

Vengeons-nous d'abord en reconquérant les mâles vertus qui nous ont manqué. « La force prime le droit ! » s'est écriée la savante Allemagne : et selon le catéchisme de sa morale internationale, Alsaciens et Lorrains, elle marque nos frères au fer rouge de sa tyrannie, et les jette malgré eux dans le troupeau de ses peuples.

Pendant ce temps, notre auteur, M. Mommsen poussait, lui aussi, le cri de haro avec toute la cohue des professeurs germaniques ! M. Mommsen, qui jadis et tant de fois a usé de la libérale et franche hospitalité de notre pays, nous insultait, dans ses Lettres aux Italiens *en un langage indigne d'un hôte, indigne d'un noble ennemi !*

Ne relevons pas ce langage, et refoulons nos haines ! Vengeons-nous en allant outre-Rhin reconquérir et la science française du XVIe siècle, qui y est détenue prisonnière, et ces armes qui ont aidé à nous vaincre : allons reprendre aux Allemands les enseignements vulgarisés chez eux ; les institutions qui habituent les peuples à la dignité personnelle, à la discipline, à l'esprit de devoir et de sacrifice, à la foi en tous les dogmes purs de la religion et de la patrie.

Voilà donc Jullian fréquentant l'Université allemande, suivant nombre de séminaires, à Berlin, à Leipzig, à Vienne. Il en étudie l'organisation, visite les bibliothèques et s'enquiert de leur budget, s'intéresse aux revues, etc. Mommsen l'accueille aimablement, mais, interrogé sur le thème choisi par Jullian pour sa thèse, répond « avec son franc-parler ordinaire : c'est un sujet impossible ou ridicule ! ». À la fin de son séjour, lorsque Jullian dresse, à l'intention de Fustel, le bilan des mois passés outre-Rhin, la figure centrale est celle de Mommsen :

Cette année d'Allemagne m'a été, je crois, bien utile. Je puis dire que j'ai vécu de la vie d'étudiant tout en étant assez intimement mêlé à la vie des professeurs. J'ai eu souvent, très souvent, l'occasion de parler à M. Mommsen, j'ai pu enfin avoir une opinion arrêtée sur son compte et, si j'estime et j'admire son talent qui est vraiment immense, il ne m'aura point forcé à honorer et à respecter son caractère. Ce sera toujours un Allemand dangereux ; une réconciliation avec lui est impossible à moins que nous ne voulions lui accorder tout et tout subir de lui. J'ai suivi ses cours, je les ai rédigés ; ils sont de première importance pour l'histoire de la « décentralisation » des provinces romaines : beaucoup de données inédites sur les procédés du gouvernement provincial de Rome. M. Mommsen, en définitive, en revient aux idées que vous avez soutenues, Monsieur, dans vos Institutions. *Son chapitre sur les libertés de la Gaule et sur les coutumes locales moins tolérées que protégées, émane des vôtres. Seulement M. Mommsen n'avouera jamais qu'il doit quelque chose à la science française ; je suis cependant convaincu que sa volte-face est due au mouvement d'idées que vous avez inauguré chez nous. Les gens les plus riches ne se font pas toujours faute d'emprunter – et de ne pas rendre.*

Les agréables flatteries dont Jullian honore son directeur de thèse, les accents quasi guerriers (« Allemand dangereux », « réconciliation impossible »), ne peuvent dissimuler le malaise qu'éprouve le jeune homme devant ce « monument historique » de… 65 ans. Une décennie plus tard, l'*Histoire romaine* est toujours solide comme un roc, sa traduction française demeure la bible dans nos universités. Et Mommsen est toujours là, plus prestigieux que jamais – il vivra jusqu'en 1903, s'éteignant à 86 ans, couronné par le Prix Nobel de littérature. Quoi qu'il en dise, Jullian ne pense pas sérieusement, sauf peut-être en rêve, à s'en prendre à la statue du commandeur. Mais c'est un des thèmes que le milieu agite : « il faudrait refaire l'*Histoire* de Mommsen », et il est flatteur qu'on cite votre nom parmi ceux qui devraient, qui pourraient s'y lancer.

En réalité, on ne rivalise pas avec Mommsen, on le contourne, au mieux on le complète, car si le Maître a abordé maint domaine, certaines de ses synthèses sont denses et donc rapides, et souvent dépourvues du pesant appareil d'érudition qui est devenu la norme depuis quelque temps, une norme que certains ne voient pas s'établir sans regret, à commencer par Fustel de Coulanges qui, à l'approche de la soixantaine, écrit ceci :

> *J'appartiens à une génération qui n'est plus jeune et dans laquelle les travailleurs s'imposaient deux règles : d'abord d'étudier un sujet d'après toutes les sources, observées directement et de près, ensuite de ne présenter au lecteur que le résultat de leurs recherches en lui épargnant l'appareil de l'érudition. L'érudition était pour l'auteur seul et non pour le lecteur ; quelques indications au bas des pages suffisaient au lecteur qu'on invitait à vérifier.*
>
> *Depuis une vingtaine d'années, les procédés habituels ont changé : l'usage, aujourd'hui, est de présenter au lecteur l'appareil de l'érudition plutôt que les résultats. On tient plus à l'échafaudage qu'à la construction. L'érudition a changé ses formes et ses procédés ; elle n'est pas plus profonde et l'exactitude n'est pas d'aujourd'hui, mais l'érudition veut se montrer davantage. On veut avant tout paraître érudit. Plusieurs tiennent même beaucoup plus à le*

paraître qu'à l'être. Au lieu qu'autrefois on sacrifiait volontiers l'apparence, c'est parfois la réalité qu'on sacrifie.

Déclaration quelque peu polémique mais qu'il n'est pas inutile de méditer aujourd'hui encore… Donc, le temps s'est ouvert des longs mémoires où les notes occupent une place importante, parfois autant que le texte lui-même, où la documentation s'expose et se détaille. Or, celle-ci ne cesse de s'accroître, en grande partie grâce à l'impulsion donnée, quelques décennies plus tôt, par la science allemande. Ainsi, s'entreprennent (et se publieront parfois) des œuvres historiques dont plus d'une a sombré dans l'oubli mais qui comptent quelques « grandes » réussites qui vont marquer la fin de ce siècle et le début du suivant, comme celles de Maspéro, de Gsell, de Bouché-Leclercq en France, ou, en Italie, de Pais et de Sanctis. En 1896, lorsque Jullian s'interroge sur la proposition de Hachette, ces *Histoires* sont encore à venir, mais il est dans l'air du temps de s'y lancer. Pourquoi pas une *Histoire de la Gaule ?*

La résurrection de « nos ancêtres »

Une histoire de la Gaule ? Il en existe une : celle d'Amédée Thierry – le frère d'Augustin. En 1828, est parue son *Histoire des Gaulois depuis les temps les plus reculés jusqu'à l'entière soumission de la Gaule à la domination romaine*. Ce fut un succès retentissant, les rééditions se succédèrent, et c'est l'une d'elles qu'avait reçue, comme livre de prix, le brillant élève Jullian Camille, à quatorze ans. La dixième édition venait de sortir en 1877. Thierry lui avait donné une suite, *L'Histoire de la Gaule sous la domination romaine*, trois tomes parus de 1842 à 1847, dont le retentissement fut moindre. À juste titre, car la nouveauté, ç'avait été de consacrer un long ouvrage aux Gaulois « de l'indépendance », de les faire « entrer dans l'histoire ».

Aujourd'hui, l'ouvrage de Thierry procure une curieuse impression par sa documentation hétéroclite qui mêle textes historiques, légendes, considérations linguistiques et anthropologiques, par ses confusions chronologiques, par son insistance sur la « race » celte ou gauloise, originaire d'Asie, puis se divisant en deux rameaux, les Galls et les Kimris, qui connaissent une longue histoire faite de conquêtes et de migrations avant de se réunir sur le sol « gaulois », où les seconds apportent aux premiers le druidisme, clé de voûte du système social. Thierry dresse un tableau à la fois physique, moral, politique et religieux dont nombre de traits devaient se perpétuer : le Gaulois aux cheveux blonds, au teint blanc, à la haute taille, « hardi, bruyant, impétueux, né surtout pour les entreprises du champ de bataille » mais possédant « un esprit ingénieux et actif, propre à tout comprendre et à tout faire », excellent artisan, remarquable orateur. Une citation :

> *Les traits saillants de la famille gauloise, ceux qui la différencient le plus, à mon avis, des autres familles humaines, peuvent se résumer ainsi : une bravoure personnelle que rien n'égale chez les peuples anciens ; un esprit franc et impétueux, ouvert à toutes les impressions, éminemment intelligent ; mais à côté de cela, une mobilité extrême, point de constance, une répugnance marquée aux idées de discipline et d'ordre si puissantes chez les races germaniques, beaucoup d'ostentation, enfin une désunion perpétuelle, fruit de*

> *l'excessive vanité. Si l'on voulait comparer sommairement la famille gauloise à cette famille germanique que nous venons de nommer, on pourrait dire que le sentiment personnel, le « moi » individuel est trop développé chez la première, et que, chez l'autre, il ne l'est pas assez ; aussi trouvons-nous à chaque page de l'histoire des Gaulois, des personnages originaux qui excitent vivement et concentrent sur eux la sympathie, en nous faisant oublier les masses, tandis que, dans l'histoire des Germains, c'est ordinairement des races que ressort tout l'effet.*

Parmi ces « personnages originaux », se dresse pour la première fois la figure de Vercingétorix auquel Thierry consacre une centaine de pages teintées d'un romantisme qui en fait le frère de Ruy Blas ou Hernani, mais on admire aussi le vieux chef Camulogène défendant Lutèce contre Labiénus. Relevons enfin la place qu'accorde Thierry à la géographie et la « thèse » qui sous-tend son ouvrage : ce pays est le nôtre, et de cette « race » gauloise « descendent les dix-neuf vingtièmes d'entre nous, Français ». L'ouvrage de termine par ces lignes :

> *En traçant les récits de ce long ouvrage, plus d'une fois je me suis arrêté d'émotion ; plus d'une fois j'ai cru voir passer devant mes yeux l'image d'hommes sortis d'entre nous ; et j'en ai conclu que nos bonnes et nos mauvaises dispositions ne sont point nées d'hier sur cette terre où nous les laisserons.*

Bien qu'il s'en écarte parfois (et qu'il tienne à le dire), Michelet a beaucoup emprunté à Thierry pour le premier livre de son *Histoire de France*. Ce sont les mêmes Gaulois – ces Galls – qui s'animent sous son souffle :

> *Peuples de guerre et de bruit, ils courent le monde l'épée à la main, moins, ce semble, par avidité que par un vague et vain désir de voir, de savoir, d'agir ; brisant, détruisant, faute de pouvoir produire encore. Ce sont les enfants du monde naissant ; de grands corps mous, blancs et blonds ; de l'élan, peu de force et d'haleine ; jovialité féroce, espoir immense ; vains, n'ayant rien encore rencontré qui tînt devant eux.*

Même sous la domination romaine, la Gaule démontre une personnalité, dotée de spécificités culturelles, artistiques et jouant dans la politique de l'empire un rôle non négligeable. Le druidisme avait préparé la place prise par le christianisme, l'âme celtique et l'âme chrétienne devaient se rejoindre pour créer… l'art gothique. Mais, si Michelet – à l'instar de Thierry – accepte les races pour ces périodes lointaines, il s'en démarque en refusant toute idée de permanence :

> *Ne nous exagérons donc ni l'élément primitif du genre celtique, ni les additions étrangères. Les Celtes y ont fait, sans doute, Rome aussi, la Grèce aussi, les Germains encore. Mais qui a uni, fondu, dénaturé ces éléments, qui les a transmués, transfigurés, qui en a fait un corps, qui en a tiré notre France ? La France elle-même…*

Thierry, Michelet : à ces noms, il faut en ajouter un troisième, celui de Henri Martin dont la monumentale *Histoire de France* en 17 volumes, plusieurs fois rééditée, avait été suivie d'une *Histoire de France populaire*, illustrée de nombreuses gravures. Martin s'est passionné pour les Gaulois, au point de rédiger diverses études sur les Celtes et une pièce de théâtre sur Vercingétorix. Pour lui, nul doute, il existe une race gauloise, aux traits anthropologiques définissables qui déterminent qualités morales et psychiques. Utilisant Thierry et toutes sortes d'autres sources, rattachant aux Gaulois les monuments mégalithiques, mettant l'histoire des religions et la religion elle-même « à toutes les sauces », créant le culte du héros Vercingétorix, accordant aux Gaulois les plus hautes vertus morales et politiques en même temps que le goût de la paix et du travail de la terre, Martin a puissamment contribué à la création du « mythe gaulois » : « la langue des Gaulois (...) a subsisté chez les Bas-Bretons et le caractère des Gaulois a subsisté chez nous tous, comme leur sang a passé de génération en génération jusque dans nos veines ». La France est dotée d'ancêtres chargés de réalité, et, qui plus est, inspirant la sympathie.

L'influence de ces historiens a été d'autant plus forte qu'elle a coïncidé avec les progrès de l'archéologie. Tout au long du XIXe siècle, se sont multipliées les sociétés savantes pour l'étude et le développement de diverses sciences et disciplines auxquelles l'archéologie était souvent liée – par exemple, la Société Éduenne des Lettres, Sciences et Arts, qui se constitue à Autun en 1836.

En 1834, Arcisse de Caumont a créé la Société Française d'Archéologie. À Paris, la même année, naissent les premiers organismes officiels, le Comité des Travaux Historiques et la Commission des Monuments Historiques (dont l'inspecteur général sera longtemps Prosper Mérimée) qui, bien qu'essentiellement tournés vers l'art monumental, n'hésitent pas à aider les recherches archéologiques de terrain. Certes, les civilisations de la Grèce et de Rome brillent de mille feux, et ce n'est guère que leur reflet que l'on cherche sur le territoire de la France, mais un événement va orienter vers les vestiges gaulois la curiosité d'une armée de notables : la décision de Napoléon III d'écrire lui-même une *Histoire de Jules César*.

La *Guerre des Gaules* avait jusqu'alors été étudiée sous plusieurs angles. Elle relatait un moment important de l'histoire de Rome. Elle livrait le portrait d'un personnage fascinant. Elle offrait matière à des réflexions d'ordres stratégique, militaire et diplomatique : les campagnes de César passaient pour des modèles dont on pouvait tirer des enseignements infinis. On était également conscient que la conquête de la Gaule avait constitué un tournant pour le monde : elle avait fondé la puissance de César, lui avait fourni les armées pour remporter les guerres civiles et asseoir les bases d'un nouveau régime qui deviendrait l'empire romain, assurant à l'univers entier (ou presque) la paix et la prospérité – bref, la civilisation.

Avec Napoléon III, la *Guerre des Gaules* s'insère dans un champ qui n'est plus seulement historique. Le propos relève clairement de l'idéologie : il s'agit de montrer que le « césarisme » fait le bonheur des peuples. Cependant, l'empereur, loin de se contenter d'un « essai » reposant sur les données considérées comme acquises à son époque, se lance dans une vaste enquête, mobilisant des érudits, engageant des recherches de terrain, organisant des mouvements de troupes destinés à reproduire ceux des légions, faisant procéder à des relevés topographiques, créant même une commission dite « de la topographie de la Gaule », etc. Son rang et sa cassette fournissent des moyens dont aucune enquête archéologique ne bénéficia jamais – ni auparavant ni depuis lors !

L'entreprise aboutit à des résultats paradoxaux. D'abord Napoléon III ne put mener à son terme l'*Histoire de Jules César* telle qu'il l'avait initialement méditée : le second volume paraît alors qu'il avait 58 ans et que les nuages s'amoncellent en France et aux frontières ; ce fut le dernier, et l'empereur n'avait pas abordé ce qu'il considérait comme l'essentiel, la conquête et l'exercice du pouvoir. Second paradoxe : en se concentrant sur les campagnes de Gaule, l'enquête accorde une importance inattendue à des personnages appelés comme faire-valoir et à des sites que seule la venue de César rendait *a priori* intéressants. Les fouilles de Bibracte livrent toutes sortes de constructions et d'objets, les fossés d'Alésia donnent des armes, la figure de Vercingétorix se dresse au-dessus d'eux. L'empereur s'intéresse à César : des milliers de notables lisent la *Guerre des Gaules*, étudient les mouvements des troupes romaines, suggèrent des emplacements pour les batailles, les sièges, les passages à gué, les ponts, les villes. On se bat pour acquérir l'honneur d'avoir été nommé par César, fût-ce au prix d'une défaite.

La Gaule des manuels

En même temps, les Gaulois font leur apparition dans les manuels de l'enseignement primaire : en 1867, Victor Duruy rend obligatoire l'enseignement de l'histoire, jusqu'alors facultatif et réduit à sa plus simple expression. Le Second Empire ne se réclamant pas d'une légitimité dynastique, la « nouvelle histoire » doit être celle de la nation qu'incarnent, pour chaque « grande période », de « grands hommes ». Le grand homme de l'époque gauloise, c'est bien sûr Vercingétorix. La fin du

Second Empire voit se multiplier sculptures et peintures représentant non seulement le chef arverne mais le « mythe gaulois » sous diverses formes (Ambiorix, Brennus, Camulogène, des druides, la fondation de Marseille, la Gaule, des Gaulois vainqueurs ou vaincus ou chassant ou veillant, etc.). Napoléon III paie sur sa cassette personnelle la statue « colossale » en cuivre repoussé de Vercingétorix par Aimé Millet, érigée à Alise-Sainte-Reine.

La guerre de 1870 donne à ces ferments une force accrue en amplifiant les thèmes du héros-martyr, de la patrie déchirée, de l'union nécessaire. Les épisodes de la guerre des Gaules semblent fournir des sortes d'antécédents : la défaite due au désordre, les levées improvisées, les appels de Vercingétorix et ceux de Gambetta, le siège d'Alésia et le blocus de Paris… Un « récit patriotique » de 1883 commente ainsi la statue de Vercingétorix à Alise :

> *Telle fut la première lutte de notre belle patrie pour son indépendance, tel fut le premier héros qui se dévoua pour elle. Il n'en est pas de plus admirable, et sa destinée malheureuse accroît encore sa gloire par le prestige du martyre. Vercingétorix semble la personnification de cette Gaule agonisante, à laquelle était réservé un si grand avenir.*
>
> *Vercingétorix fut pour la Gaule, avec moins de succès, mais avec le même génie, ce que furent plus tard pour la France Jeanne d'Arc et les Volontaires de 92.*
>
> *Voilà pourquoi la France n'a pas voulu perdre le souvenir de ce héros. Le 28 août mil huit cent soixante cinq, la statue de Vercingétorix a été placée sur la montagne d'Alise, comme un grand exemple de courage et de patriotisme pour les générations futures.*

Vercingétorix, premier héros de la France, entre ainsi dans le panthéon national que la Troisième République, grâce aux réformes de Jules Ferry, offre en exemple aux jeunes écoliers de toutes les régions ; il a incarné l'unité nationale, et s'est sacrifié pour la patrie. Même les ouvrages « de droite » vont finir par accepter ce personnage qui leur paraissait par trop « républicain » : le ralliement d'une partie des catholiques à la république, l'aventure boulangiste jouèrent un rôle dans ce revirement progressif.

En 1877, paraît un livre dont l'importance devait être considérable : *Le Tour de France par deux enfants*. Le dessein de G. Bruno : « nous avons voulu présenter aux enfants la patrie sous ses traits les plus nobles, et la leur montrer grande par l'honneur, par le travail, par le respect religieux du devoir et de la justice ». C'est dans un village d'Auvergne que l'un des jeunes héros du récit, Julien, lit à un petit vannier, Jean-Joseph, l'histoire de Vercingétorix. Ces deux ou trois pages condensent l'essentiel du « message ». Elles sont illustrées de trois gravures : - chariot de guerre des Gaulois, - un autel des anciens Gaulois (un dolmen), - Vercingétorix (la statue de Millet). En voici quelques extraits :

> *La France, notre patrie, était, il y a bien longtemps de cela, presque entièrement couverte de grandes forêts. Il y avait peu de villes, et la moindre ferme de votre village, enfants, eût semblé un palais. La France s'appelait alors la Gaule, et les hommes à demi sauvages qui l'habitaient étaient les Gaulois. Nos ancêtres les Gaulois étaient grands et robustes, avec une peau blanche comme le lait, des yeux bleus et de longs cheveux blonds ou roux qu'ils laissaient flotter sur leurs épaules. Ils estimaient avant toutes*

choses le courage et la liberté. Ils se riaient de la mort, ils se paraient pour le combat comme pour une fête. Leurs femmes, les Gauloises, nos mères dans le passé, ne leur cédaient en rien pour le courage. Elles suivaient leurs époux à la guerre ; des chariots traînaient les enfants et les bagages ; d'énormes chiens féroces escortaient les chars.

L'histoire de ce qui s'est passé en ce temps-là dans la Gaule, notre patrie, est émouvante. Il y a bientôt deux mille ans, un grand général romain, Jules César, qui aurait voulu avoir le monde entier sous sa domination, résolut de conquérir la Gaule. Nos pères se défendirent vaillamment, si vaillamment que les armées de César, composées des meilleurs soldats du monde, furent sept ans avant de soumettre notre patrie. Mais enfin la Gaule, couverte du sang de ses enfants, épuisée par la misère, se rendit.

Un jeune Gaulois, né dans l'Auvergne, résolut alors de chasser les Romains du sol de la patrie. Il parla si éloquemment de son projet à ses compagnons que tous jurèrent de mourir plutôt que de subir le joug romain. En même temps, ils mirent à leur tête le jeune guerrier et lui donnèrent le titre de Vercingétorix, *qui veut dire* chef. *Bientôt Vercingétorix envoya en secret dans toutes les parties de la Gaule des hommes chargés d'exciter les Gaulois à se soulever. On se réunissait la nuit sous l'ombre impénétrable des grandes forêts, auprès des énormes pierres qui servaient d'autels ; on parlait de la liberté, on parlait de la patrie, et l'on promettait de donner sa vie pour elle. (...)*

Enfin, César réussit à enfermer Vercingétorix dans la ville d'Alésia, où celui-ci s'était retiré avec soixante mille hommes. Alésia, assiégée et cernée par les Romains, comme notre grand Paris l'a été de nos jours par les Prussiens, ne tarda pas à ressentir les horreurs de la famine (...).

Le noble cœur de Vercingétorix n'hésita point : il résolut de se livrer lui-même. Au matin, il rassembla le conseil de la ville et y annonça ce qu'il avait résolu. On envoya des parlementaires porter ses propositions à César. Alors, se parant pour son sacrifice héroïque comme pour une fête, Vercingétorix, revêtu de sa plus riche armure, monta sur son cheval de bataille. Il fit ouvrir les portes de la ville, puis s'élança au galop jusqu'à la tente de César. Arrivé en face de son ennemi, il arrête tout d'un coup son cheval, d'un bond saute à terre, jette aux pieds du vainqueur ses armes étincelantes d'or, et fièrement, sans un seul mot, il attend immobile qu'on le charge de chaînes. Vercingétorix avait un beau et noble visage ; sa taille superbe, son attitude altière, sa jeunesse produisirent un moment d'émotion dans le camp de César. Mais celui-ci, insensible au dévouement du jeune chef, le fit enchaîner, le traîna derrière son char de triomphe en rentrant à Rome, et enfin le jeta dans un cachot. Six ans Vercingétorix languit à Rome dans ce cachot noir et infect. Puis César, comme s'il redoutait encore son rival vaincu, le fit étrangler.

— Hélas ! dit Jean-Joseph avec amertume, il était bien cruel ce César.

— Ce n'est pas tout, Jean-Joseph, écoutez :

Enfants, réfléchissez en votre cœur, et demandez-vous lequel de ces deux hommes, dans cette lutte, fut le plus grand.

Laquelle voudriez-vous avoir en vous, de l'âme héroïque du jeune Gaulois, défenseur de vos ancêtres, ou de l'âme ambitieuse et insensible du conquérant romain ?

— Oh ! s'écria Julien tout ému de sa lecture, je n'hésiterais pas, moi, et j'aimerais encore mieux souffrir tout ce qu'a souffert Vercingétorix que d'être cruel comme César.

— Et moi aussi, dit Jean-Joseph. Ah ! je suis content d'être né en Auvergne comme Vercingétorix.

Telle est donc la vulgate enseignée aux enfants – et donc aux adultes ! –, où César n'est pas loin d'être traité de Prussien ou d'être assimilé à Bismarck. Pourtant, aucun manuel ne dissimule la « réussite » que constitua l'époque gallo-romaine en offrant accès à une forme supérieure de civilisation, voire à la civilisation tout court. Au contraire, cette réussite est invoquée, ouvertement ou allusivement, à l'appui des entreprises coloniales de la République. Contradiction ? Non pas : par son sacrifice, Vercingétorix a sauvé l'honneur de la patrie, vaincue par sa désunion, lui permettant d'accepter le front haut les bienfaits procurés par l'alliance du tempérament gaulois et de l'organisation romaine. Au demeurant, mieux valait la domination de Rome que la tyrannie des Germains : César avait eu au moins le mérite de bouter Arioviste et ses hordes hors de *notre* territoire.

La Gaule et l'Université

Et l'enseignement supérieur ? À vrai dire, il ne se passionne guère pour l'histoire de la Gaule, même romaine, si l'on en juge par l'absence complète de chaires consacrées aux « antiquités nationales ». Le

1er décembre 1882, inaugurant à l'École du Louvre un cours d'archéologie nationale qu'il intitule *La Gaule avant les Gaulois d'après les documents et les textes*, Alexandre Bertrand décrit ainsi la situation universitaire :

> *Le cours dont la bienveillance de M. le ministre de l'Instruction publique et des Beaux-Arts a bien voulu nous charger près l'École du Louvre, sur la proposition de notre excellent directeur M. Louis de Ronchaud, est une innovation. Aucun établissement d'instruction publique, en France du moins, n'avait été doté jusqu'ici, d'un cours d'archéologie nationale. Le cours d'archéologie près le Cabinet des médailles et antiques, créé pour Millin en 1806, était et est resté un cours d'archéologie grecque et romaine. Le cours du Collège de France, créé pour Champollion en 1831, était un cours d'archéologie égyptienne, caractère qu'il a perdu un moment seulement et qu'il a repris avec de Rougé et M. Maspéro. Le cours de Sorbonne, si bien placé entre les mains de mon confrère et ami, M. Georges Perrot, est un cours d'archéologie générale. On y étudie l'histoire de l'art. Le cours d'archéologie professé depuis 1847 à l'École des Chartes, avec tant d'éclat, par le regretté Jules Quicherat, était, avant tout, et est resté un cours d'archéologie monumentale.*

La même année, c'est une chaire de littérature celtique qu'Arbois de Jubainville inaugure au Collège de France. Trois ans plus tard, Jullian se porte candidat au Collège. Fustel le soutient – du moins le lui écrit-il : « J'ai dit à plusieurs que si quelqu'un nous donne un jour la pleine vérité sur la Gaule romaine, ce sera vous ».

Mais Jullian, qui n'a que 27 ans, doit laisser la place à René Cagnat, et il lui faudra attendre jusqu'en 1905 pour voir créer à son intention la chaire d'« antiquités nationales ».

En province, situation identique : l'histoire de la Gaule n'est officiellement enseignée nulle part. Cependant, un décret de 1885 vient d'autoriser les municipalités à attribuer à des établissements supérieurs des dotations avec affectation déterminée – c'est ainsi que le Conseil municipal de Paris crée en Sorbonne une chaire d'histoire de la Révolution. Des enseignements d'histoire régionale devaient ainsi voir progressivement le jour, intégrant parfois l'époque antique. Bordeaux se place parmi les premières : elle fonde à la Faculté des Lettres, en 1886, une chaire d'histoire de Bordeaux et du sud-ouest de la France, et la confie à Jullian, jusqu'alors suppléant dans la chaire d'antiquités grecques et latines. Dès lors, il enseigne et l'histoire romaine et l'histoire de Bordeaux, tâche dont il s'acquitte avec passion aux dires de ses auditeurs, tout en écrivant à Fustel : « Je ne désirerais rien tant que de pouvoir enseigner un jour l'histoire de notre chère Gaule telle que les inscriptions, les monuments, les textes, nous doivent permettre de l'écrire aujourd'hui ».

Textes, monuments, inscriptions… Ils doivent, selon Jullian, permettre d'enseigner autrement et donc de réécrire l'histoire de la Gaule. De fait, si l'on tente un rapide bilan des sources disponibles à la fin de XIXe siècle, le renouvellement est… sidérant. Presque tous les auteurs latins et grecs ont été édités selon les normes de la science philologique telles que les a établies Lachmann et qui consistent à établir la « généalogie » des manuscrits de manière à se rapprocher le plus possible de la première « édition » du texte ; la collection

Teubner offre ainsi le texte de la *Guerre des Gaules* établi par Holder, le Strabon de Meineke, Pline l'Ancien de Jan et Mayhoff, etc. Le recueil d'E. Cougny, *Extraits des auteurs grecs concernant la géographie et l'histoire des Gaules*, vient de s'achever avec un sixième volume paru en 1892. A. Holder publie en 1896 le premier volume de son *Alt-celtischer Sprachschatz* qui sera achevé en 1913. Le tome XII du *Corpus Inscriptionum Latinarum*, réunissant les inscriptions de Narbonnaise et des provinces alpestres, est sorti en 1888, et les premiers fascicules du tome XIII, consacré aux Trois Gaules et aux Germanies, vont suivre. Ils ont été en partie préparés par de grands recueils épigraphiques : inscriptions de Vienne par Allmer (1875), de Bordeaux par… Jullian, de Lyon par Allmer et Dissard (1888-1893), du Languedoc, de Nîmes, etc., sans compter de multiples articles. E. Desjardins a publié sa *Géographie de la Gaule d'après la Table de Peutinger* (1869) et surtout sa *Géographie historique et administrative de la Gaule romaine*, dont le quatrième volume sort en 1893. En 1892, H. de la Tour publie l'*Atlas de Monnaies gauloises*, tandis qu'E. Babelon et H. Cohen offrent des ouvrages de référence sur les monnaies romaines de la République et de l'Empire (1886 et 1892). Monuments et objets sont traités dans l'*Abécédaire* de Caumont, dans les catalogues de S. Reinach, et même l'étude de la céramique gallo-romaine a reçu son article fondateur en 1895, *Terra sigillata*, par H. Dragendorff, auquel fera bientôt écho l'ouvrage de Déchelette, *Les vases ornés de la Gaule romaine*, en 1904. Les figurines en terre cuite ont été analysées par A. Blanchet en 1891. Etc. A ces ouvrages généraux ou à ces recueils, s'ajoutent nombre de contributions consacrées à des sites, à des objets, à des monuments, au point que la *Revue Historique*, d'abord, puis la *Revue des*

Études Anciennes créent une chronique annuelle d'histoire romaine (et gallo-romaine) pour la première, des notes et chroniques d'histoire gallo-romaine pour la seconde. À partir de 1897 et de 1899, elles sont tenues par Camille Jullian.

Si elle a quelque chose d'enivrant – elle inspire la certitude et donc le désir d'écrire du neuf –, cette accumulation de données donne aussi le vertige : comment la maîtriser ? Il faut du temps, pour lire mais aussi pour voyager. Il faut des instruments, surtout des bibliothèques, et les meilleures sont à Paris. Voilà pourquoi Jullian associe *Histoire de la Gaule* et Collège de France, et il n'hésite pas à le répéter avec insistance dans sa correspondance avec Arbois :

> *... Ma vie n'est pas de celles qui peuvent former un historien. Depuis que mon* Histoire de Bordeaux *est terminée je ne m'appartiens plus. J'ai soixante cours publics à faire chaque année sur cette histoire. Il faut varier à l'infini, pour mon auditoire, mon enseignement. Pour apprendre quelque chose de nouveau je descends dans l'infiniment petit des documents locaux.*
>
> *Puis les passions politiques sont vives et intransigeantes à Bordeaux. Mon cours est payé par un Conseil municipal qui ne me regarde pas comme un coreligionnaire politique. Je suis épié, espionné, ce qui m'oblige à un équilibre où la vérité, sans doute, profite mais où personne parmi les politiciens ne trouve son compte.*
>
> *Ajoutez la fatigue physique. Puis, de toute part, ce sont des renseignements que je dois donner : quatre thèses, une douzaine de travaux ou de mémoires, toujours sur Bordeaux, se font sous ma*

direction. Je vous le jure, Monsieur, je ne m'appartiens plus (janvier 1898).

Ce que je veux faire, ce qui est mon rêve, très net, très franchement avoué, suivi depuis quinze ans, entrevu un instant, c'est d'entrer au Collège de France. C'est d'y entrer pour y enseigner l'histoire et les antiquités nationales : la Gaule et la Gaule romaine.

Il me semble de plus que cet enseignement est à sa place au Collège de France. Il ne se donne nulle part ailleurs. Il ne peut se donner que là (octobre 1898).

Pourtant, il est un autre obstacle, sans doute le principal. De par sa formation et ses intérêts, Jullian est avant tout un spécialiste de l'époque romaine ; s'il a élargi sa culture, c'est en direction des époques récentes. Ce que nous appelons la protohistoire et la préhistoire lui sont étrangères ou peu s'en faut. Dans le petit livre (petit par le format, non par le nombre de pages : près de 330) qu'il vient de publier en 1892, *Gallia*, le passé pré-romain est à peine évoqué : moins d'une page sur les « anciennes destinées de la Gaule », une quinzaine sur « la Gaule au moment de la conquête » – y compris des illustrations : menhirs et dolmens accompagnent des monnaies et reliefs d'Entremont. Le récit de la conquête, bref et sobre, précède… 290 pages sur la Gaule romaine ! À une époque où la « celtomanie » fait des ravages, où les Gaulois de bronze, de plâtre ou en tableaux peuplent les salons, où Vercingétorix, non content d'inspirer romans, poèmes, drames ou tragédies (et même un opéra), donne son nom à des rues et à des nouveau-nés, est-il possible d'écrire une « grande » Histoire de la Gaule en évacuant l'époque de l'indépendance ? Comment faire pièce à l'œuvre d'Amédée Thierry sans aborder ce qui a fait son succès, la résurrection des Gaulois ?

Jullian, Vercingétorix et la patrie gauloise

Lorsqu'il écrit à Arbois de Jubainville en 1898 la lettre que nous venons de citer, Jullian a déjà tranché : il veut enseigner au Collège de France « la Gaule *et* la Gaule romaine » ; de même, il ne donnera pas à Hachette une « Histoire de la Gaule sous les Romains » mais une « Histoire de la Gaule ». Reste à acquérir les données. Jullian se lance dans des lectures multiples, accumulant des milliers de petites fiches portant des idées et des références. Il voyage, visite des sites et des musées. Mais aussi, surtout, il reprend, la plume à la main, les textes latins et grecs. Le 25 novembre 1900, il publie, chez Hachette, un livre intitulé *Vercingétorix*. Nécessité de faire patienter l'éditeur ? Galop d'essai pour une partie de la future *Histoire ?* Désir de se faire davantage connaître du « grand » public ? Coup de foudre pour le chef gaulois ? Sans doute tout cela à la fois. L'ouvrage reçoit un accueil triomphal, la grande presse lui consacre des critiques dithyrambiques, l'Académie française lui décerne le Grand Prix Gobert, une traduction allemande est aussitôt lancée. Cette même année, 1900, l'Exposition Universelle de Paris venait de présenter la grande statue équestre en bronze, *Vercingétorix*, par Frédéric-Auguste Bartholdi, destinée à orner la place de Jaude de Clermont-Ferrand.

Le succès du livre n'est pas seulement dû à l'*aura* qui entoure son héros. Le talent littéraire de Jullian s'y déploie sous toutes ses facettes : don du récit, art du tableau, variété du style dissimulent la richesse de la documentation. Celle-ci, il est vrai, est essentiellement textuelle : César avant tout, suivi ligne à ligne sans que jamais le lecteur ne s'en lasse et souvent ne s'en doute, Strabon, Plutarque, Dion Cassius, etc. L'archéologie n'est guère présente, sinon par quelques lignes sur les monnaies, les bijoux ou les armes. Des fouilles d'Alésia, Jullian ne tient nul compte, précisant dans l'une de ses rares notes : « sans prétendre en nier le très grand intérêt et l'importance, j'estime que l'on peut se passer de leurs résultats pour expliquer et comprendre le texte de César ». Pas un mot sur Bibracte, la capitale éduenne, où des campagnes de fouilles se déroulaient chaque année depuis trente-trois ans, mettant au jour remparts, maisons, ateliers, temple, etc. Dans *Vercingétorix*, les Gaulois n'ont ni demeure, ni économie, ni vie quotidienne. Mais ils ont gagné bien davantage : une civilisation et une patrie.

Civilisation : Jullian fait justice des clichés largement diffusés de demi-sauvages ne rêvant que d'en découdre. Il insiste sur leur organisation, leurs institutions, leur vie publique, qu'il compare à celles des cités grecques d'avant l'âge classique, les rapports de clientèle qui lui évoquent les « clans » des anciens patriciens romains, la force et l'élévation du druidisme. L'imagerie « romantique » n'en disparaît pas pour autant, elle se transforme, gagnant en éclat ce qu'elle perd de barbarie. Ainsi le portrait de Bituit, le roi arverne de la fin du IIe siècle :

> *Plus éclatante encore était la vision du roi des Arvernes quand il paraissait en appareil de guerre. Qu'on se le figure s'avançant dans les auréoles de son collier et de ses bracelets d'or, sur son char plaqué d'argent, dont les timons étincelants semblaient la foudre forgée en métal ; derrière lui, se dressaient les sangliers de bronze des tribus, insignes mystérieux*

des cités en marche ; non loin de là, la meute formidable de ses chiens de chasse, qui le faisait ressembler autant à un meneur de bêtes qu'à un chef de peuples ; et près de lui enfin, le poète qui, la lyre à la main, chantait les glorieux faits d'armes du roi et de sa nation. Bituit passait ainsi, dans une apothéose de lumière, de bruit et de chants ; et les hommes, imprégnés par tous les sens de la grandeur du roi, les yeux frappés par l'or, les oreilles par les clameurs, la pensée par les vers, s'imaginaient peut-être qu'ils venaient de voir un dieu.

Des composantes analogues se retrouvent dans le portrait de Vercingétorix lui-même. En le brossant, Jullian nous donne une des clés, sinon de son œuvre, du moins de la sensibilité qu'il s'est forgée au fil des ans et qui le conduit à instaurer des relations entre des personnages et des époques différentes de l'histoire. Pour écrire l'*Histoire de Bordeaux*, il s'était notamment appuyé sur Froissart et en était devenu familier. Lorsqu'il veut faire comprendre ce qu'étaient les grands aristocrates gaulois, l'image qui lui vient à l'esprit, c'est le portrait que donne Froissart de Gaston III, comte de Foix au XIVe siècle, surnommé Phœbus en raison de sa chevelure blonde :

En cherchant à comprendre Vercingétorix et ses congénères de l'aristocratie gauloise, j'ai toujours pensé malgré moi à Gaston Phœbus, superbe d'or, d'argent et de brocart, tantôt lancé dans d'infernales chevauchées où des meutes haletantes se mêlaient aux chevaux d'escorte, et tantôt trônant au milieu de ses convives, en face de la cheminée rayonnante de la grande salle de son château, entouré d'hommes d'armes, de chanteurs et de poètes, curieux lui-même de vers harmonieux et de récits imagés, beau conteur et beau diseur à son tour, intelligent, éloquent, rieur, têtu, cruel et dévot.

À plusieurs reprises, le terme « féodal » revient sous la plume de Jullian pour qualifier la société gauloise ou encore l'armée que commande Vercingétorix, « *où la troupe des chevaliers déborde sans cesse sur le conseil des chefs, et où la marche régulière du commandement est tour à tour entravée par les intrigues des barons jaloux, ou accélérée par la brusque poussée d'une émeute soldatesque* ».

Albert Grenier, disciple de Jullian et qui devait lui succéder au Collège de France, a écrit cette phrase lumineuse : « Cherchant Vercingétorix, Jullian a trouvé la Gaule ». La Gaule, ce n'est plus seulement la terre sur laquelle vivent les Gaulois et qu'ils se disputent, c'est une communauté de langue, de culture, de religion – en un mot, une patrie. C'est pour elle que Vercingétorix donna sa vie :

La patrie gauloise, telle que l'Arverne se la représentait, c'était, je crois, la mise en pratique de cette communauté de sang, de cette identité d'origine que les druides enseignaient : avoir les mêmes chefs, les mêmes intérêts, les mêmes ennemis, une « liberté commune ». Que cette union aboutît, dans sa pensée, à un royaume ou à un empire limité, compact, allant du Rhin aux Pyrénées, pourvu d'institutions fédérales, ou qu'elle dût demeurer une fraternité de guerre pour courir et ravager le monde, nous ne le savons pas, et il est possible que Vercingétorix ait rêvé et dit tour à tour l'un et l'autre. Mais, et ceci est certain, il eut la vision d'une patrie celtique supérieure aux clans, aux tribus, aux cités et aux ligues, les unissant toutes et commandant à toutes.

Vercingétorix identifia si bien sa vie avec celle de la patrie gauloise, que, le jour où les dieux eurent condamné son rêve, il ne songea plus qu'à disparaître.

À vrai dire, pris au pied de la lettre, les textes n'autorisaient pas sans extrapolation une vision de ce style. Aussi Jullian prend-il quelques précautions de forme («je crois », « il est possible »….), mais qui sont emportées par le souffle du discours. La conviction qui s'est ancrée en lui le pousse à interpréter dans le sens de l'unité gauloise des passages brefs et peu explicites des auteurs anciens. Sur une phrase de Strabon, il construit un chapitre démontrant l'existence, au IIe siècle avant J.-C., d'un « empire arverne ». Cinq mots de César lui suffisent pour attribuer au père de Vercingétorix la reconstitution, vers 80, d'« un nouvel empire de la Gaule ». Et c'est ce même empire qu'il voit en germe en 52 :

L'union des peuples gaulois pouvait devenir autre chose qu'une conjuration militaire. Elle était le résultat d'un sentiment universel, du désir « de la liberté de tous », d'un accord par amour de la Gaule, et une entente de ce genre ne va pas sans la mise en commun des traditions et des espérances. Un esprit collectif se dégagea d'aspirations semblables, il se forma des ferments d'une civilisation d'empire.

Patrie et… linguistique

La faveur de la grande presse et du public ne se retrouve pas au sein du « monde savant », dont nombre de membres vont réagir avec hostilité. Outre l'aigreur que suscite inévitablement tout universitaire réussissant un succès de librairie et qui se voit taxé de facilité, outre les jalousies instinctives que provoque le style éblouissant du livre, des objections plus sérieuses, plus « scientifiques » sont adressées à la thèse qui le sous-tend et qui semble donner ses lettres de noblesse au discours idéologique dominant : après tout, Jullian fait-il autre chose que d'accorder un fondement historique sérieux et argumenté aux idées qu'inculque à la jeunesse le *Tour de France par deux enfants ?* Arbois de Jubainville prend fort mal *Vercingétorix*, « mauvaise manière d'écrire l'histoire », et il faut que Jullian s'explique : en 1902, il donne à la *Revue celtique* un article intitulé « Du patriotisme gaulois » qui prend la forme d'une lettre à Salomon Reinach. C'est un plaidoyer justificatif : pourquoi Jullian a changé d'idée par rapport à son précédent livre, *Gallia*, comment il explique sa divergence de vue avec les *Institutions* de Fustel, sur quels éléments il fonde sa démarche, etc. Lorsqu'on lit aujourd'hui ces pages, l'argumentaire ne convainc pas toujours, loin s'en faut. Jullian use plus d'habiletés que de preuves, il esquive le débat de fait, passe facilement du particulier au général avec des déclarations comme celle-ci :

> *L'historien et le sociologue doivent toujours se demander si ces vastes groupements humains à nom collectif, hordes nouvelles venues sur les terres d'Europe, ont eu un trésor commun d'idées et de rêves, comment ce trésor s'est formé, a grandi, s'est dissipé… Je ne crois pas que l'on doive faire* (comme Fustel), *du vrai et pur patriotisme, le privilège des sociétés calmes et bien unies.*

La polémique nous fait découvrir un Jullian pugnace, voire vindicatif. Loin de l'ébranler, les attaques l'ancrent dans sa position. On l'accuse – en forçant le trait – de renier la latinité, il ira plus loin encore. Pour s'en convaincre par un exemple concret, il n'est que de comparer le portrait de César que livre *Vercingétorix* à celui que présentera l'*Histoire de la Gaule*. En 1900, César est « l'intelligence la plus souple et la volonté la plus tenace qu'on ait vues dans le monde gréco-romain », son franchissement des Cévennes est qualifié de « triomphe, sans combat, de l'intelligence et de la volonté ». Certes, à l'« aimable et triomphant proconsul », il est reproché – non sans exagération – d'avoir « détruit des sénats entiers, les uns massacrés, d'autres frappés de proscription » ou encore d'avoir, en recrutant des cavaliers germains, « préparé cette fatale catastrophe de l'invasion germanique », mais l'image globale est positive. Dans le livre III de l'*Histoire*, on verra, au contraire, s'accumuler les traits négatifs, les jugements péjoratifs, y compris sur la valeur militaire du général en chef. Son physique ne sera pas épargné, pas plus que sa moralité, littéralement mise en pièces. Des exploits inouïs que constituèrent aux yeux des contemporains les deux traversées de la Manche et les campagnes en Bretagne (l'Angleterre), Jullian taxe le premier de « misérable expédition » et le second d'« un mensonge de plus à la gloire de César ». N'insistons pas : le lecteur découvrira de lui-même la violence de cette hostilité et s'étonnera peut-être, comme un critique allemand, non pas que Jullian ait brûlé ce qu'il avait naguère sinon adoré du moins estimé, mais que, jugeant César avec autant de dureté, il n'en continue pas moins à suivre pas à pas son récit de la guerre des Gaules. Au fond, Jullian donne l'impression d'avoir découvert une vérité profonde qui lui avait jusqu'alors échappé et qu'il lui faut communiquer au monde. Dans sa véhémence, transparaît quelque chose du zèle qui habite le nouveau converti.

Les réserves que suscita *Vercingétorix* démontrent à Jullian la nécessité d'étayer sa thèse en remontant dans le temps bien avant l'époque de son héros : il fallait rechercher ces ferments d'unité, de langue, de traditions, de « culture », de religion. Jullian se lance à fond dans la linguistique, domaine où régnaient, du haut de leurs chaires du Collège de France, Michel Bréal pour les langues classiques, et Arbois de Jubainville pour les langues et littératures celtiques. Une correspondance abondante, parfois orageuse, avec ce dernier, montre Jullian, qui y avait déjà fait des incursions, pénétrant sur les terres du maître, interrogeant, proposant, commentant, cherchant à tirer des conclusions historiques là où les linguistes ne voient que théorie opératoire, rapprochant textes et toponymes, contestant même telle conclusion des spécialistes. En réponse à des remarques acerbes d'Arbois, il écrit ces mots :

> *Je ne veux pas faire de philologie pure ; je m'en sens incapable. Mais ai-je le devoir de m'associer sans réflexion, sans inventaire, sans recherches personnelles, à toutes les conclusions des philologues ? Non certes. Voilà quinze ans que je cherche à me faire une idée personnelle en ces matières. Je vous assure que j'ai lu et relu tout ce qui a été écrit. Que mon scepticisme habituel m'égare, je le veux bien. Mais c'est un devoir pour moi de tout contrôler et, Dieu merci, l'éducation classique que j'ai reçue ne me transforme pas en aveugle jugeant des couleurs. Nous en avons fini avec les historiens qui jugeaient de loin. Je*

ne me reconnais pas le droit d'accepter une opinion sans l'avoir sondée par moi-même. Et cette tendance, Monsieur et vénéré Maître, vous, l'indépendance, vous, la conscience même, vous devriez l'encourager au lieu de la blâmer.

Toujours est-il que Jullian rédige plusieurs articles ou notes sur les mots gaulois, ibériques, sur les toponymes. Il publie, trois ans d'affilée, dans la *Revue des Études Anciennes* (1902-1904), des « Remarques sur la plus ancienne Religion gauloise », aussitôt réunies dans un petit livre d'une centaine de pages sous le titre de *Recherches sur la Religion gauloise*. De ce travail naît la théorie de l'« unité ligure de la Gaule » qui va s'épanouir en un corps de doctrine cohérent dans le livre I de l'*Histoire de la Gaule*. Or donc, « dix siècles et plus avant notre ère », les Ligures peuplaient l'Occident, ils parlaient une langue indo-européenne, l'« italo-celtique » ; ce « fonds » devait donner naissance à deux groupes essentiels de peuples et de langues : le groupe italiote et le groupe celtique. Aux Ligures sont attribués, en Gaule, tous les vestiges de la préhistoire récente. Au VIe siècle, alors que Phocée vient de fonder Marseille, les Celtes se mettent en marche depuis la Frise et le Jutland. Les uns s'établissent sur la rive droite du Rhin et deviendront les Germains ; les autres en Gaule et, soumettant les Ligures, se fondent avec eux : ainsi naîtront les Gaulois, sauf dans le Midi où des Ibères pénétreront jusqu'au Rhône à l'est, jusqu'au pays basque à l'ouest. Tels sont, schématisés à l'excès, les grands traits de la thèse tirée de la linguistique que Jullian transpose dans l'histoire. Ce faisant, il donne à cette théorie la vie, la chair, la substance qu'il tire aussi bien de mentions textuelles que de sources archéologiques.

L'histoire de la Gaule et la guerre de 1914

C'est en pleine rédaction des deux premiers livres de l'*Histoire de la Gaule* que Jullian apprend la nouvelle depuis si longtemps attendue : le 15 janvier 1905, l'Assemblée des Professeurs du Collège de France préfère la création d'une chaire d'Antiquités nationales à celle d'une chaire de sociologie (pour Durkheim), et Jullian y est élu le 2 avril. Le 8 août, il écrit à Arbois : « voilà mes deux premiers volumes finis ». Ils sortent en 1907 et 1908. Le troisième, déjà bien avancé en 1905, est donné à l'impression dès 1908 et paraîtra en 1910. Le quatrième est le dernier rédigé avant la guerre, il est daté de 1914.

Albert Grenier, que nous avons déjà cité comme le disciple par excellence de Jullian, a écrit des pages émouvantes sur la guerre de 1914-1918 telle que la vécut son maître. Citons-le :

> *La guerre n'a que faiblement ralenti son travail. Et cependant il s'était trouvé profondément bouleversé par le cataclysme : il en suivit toutes les heures avec angoisse et passion. Il n'était pas homme à se tenir « au-dessus de la mêlée » et à détourner son regard des siens au moment du combat. De toute son âme, de toutes ses forces, il voulut servir. Il n'avait comme arme que sa science et sa parole ; il les mit au service de son patriotisme.*
>
> *Il a réuni ses discours qui voulaient être des actes, c'est-à-dire les conférences prononcées à diverses occasions de 1914 à 1918, en un petit volume intitulé* Aimons la France. *"Je les réimprime", écrit-il dans la Préface en 1919, "sans changement d'aucune sorte. Au surplus, ni mes sentiments ni mes pensées ne se sont modifiés et, à l'heure présente, je ne les exprimerais pas autrement".*

Outre ces conférences, les leçons « d'ouverture » prononcées par Jullian au début de son cycle annuel de cours au Collège se réfèrent à la guerre. Leurs titres sont les suivants : « Les éléments du passé dans la guerre actuelle », « La place de la guerre dans notre Histoire nationale », « La place de la guerre dans l'Histoire générale : Empire et Patrie », « Les leçons de notre Histoire et la paix de demain », « La victoire de la Patrie ». Par le ton passionné qui les enflamme, ces leçons amplifient des thèmes chers à Jullian, mais d'autres, qu'il avait jusqu'alors à peine effleurés, prennent une importance nouvelle.

Si la patrie tient naturellement le premier rang, une patrie dont Jullian a reconnu l'existence chez les Celtes, sinon plus tôt encore, sur la terre qui sera celle de la France, il lui confère valeur sacrée en l'opposant aux empires, ces monstres qui vivent aux dépens de leurs voisins, qui n'ont ni terre aimée, ni âme collective, ni vraie liberté, tenus qu'ils sont par des despotes. La Gaule, La France sont des patries ; Rome, l'Allemagne, des empires. Les empires s'écroulent, les patries revivent toujours, comme le montrent la Gaule et la France :

> *Deux mille ans, soixante générations d'hommes vivant dans le même horizon, y contemplant sans cesse, pour lui porter leurs hommages, une figure supérieure de beauté morale, voyez ce qu'un tel passé donne à une patrie de souveraine et vénérable grandeur.*

Comme l'Allemagne, l'empire romain a conquis, massacré, détruit, se transformant en « cimetière d'anciennes patries », et cela avec la complicité même des Gaulois – n'ont-ils pas appelé eux-mêmes d'abord Arioviste, puis César ?

Vaincue, mutilée, asservie par l'Empire romain, la Gaule pouvait cependant ne point mourir comme patrie. Elle n'avait qu'à attendre et préparer dans le silence et l'espoir le temps où la chute de Rome lui permettrait de reparaître avec ses traditions et sous les héritiers de ses chefs. (...) Cette foi en l'avenir, cette religion du passé, cet entretien de sa personnalité morale, firent défaut à la Gaule. Une fois soumise à Rome, elle confirma elle-même sa défaite et sa servitude par l'abandon de tout ce qui avait fait sa grandeur aux heures de la liberté ; et elle se condamna volontairement à une mort sans remède, à une de ces morts dont on ne peut plus en appeler même à Dieu. (...) Alors, ayant perdu sa foi, qui l'aurait maintenue dans l'espérance, perdu sa langue, qui l'unissait à ses ancêtres, et perdu, avec le souvenir d'elle-même, la conscience de son identité morale, sans plus un regard vers l'avenir, sans plus un lien avec le passé, elle accepta de descendre dans l'abîme des êtres disparus. Et, pour que le sol de France devînt une seconde fois le domaine d'une nation, il fallut attendre de nombreux siècles d'actions mystérieuses, pendant lesquels la vertu de la terre et le sang des hommes façonnèrent lentement la figure d'une patrie nouvelle.

Durant ces années de guerre, Jullian écrit les tomes V et VI de l'*Histoire*, consacrés à la civilisation gallo-romaine, et qui paraissent en 1920. L'année suivante, il fait paraître un nouvel ouvrage, *De la Gaule à la France*, sorte de poème symphonique organisant les thèmes de l'unité, de la patrie, de la terre et des hommes, mais aussi développant puissamment ceux de la prédestination et de la continuité, en dépit de la rupture constituée par la domination romaine et du coup de grâce donné par les invasions germaniques. Le livre s'achève avec la *Chanson de Roland*, et Jullian conclut ainsi :

> *La* Chanson de Roland *est une chanson de notre terre. Nous voyons cette terre en ses frontières sacrées : cette rive du Rhin... ce rivage de l'Océan..., ce sommet des Pyrénées. Nous voyons cette terre en ses sanctuaires fameux... ce cimetière de Saint-Seurin à Bordeaux... Et nous la voyons dans ses routes, sur ce chemin d'Aix-la-Chapelle à Roncevaux où ont passé tant de rois en vainqueurs et où passent tant de pèlerins cherchant à réaliser le rêve de leur foi.*
>
> *C'est la chanson de notre histoire en son plus beau jour d'autrefois... C'est la chanson de notre caractère et de notre humeur. Roland, le héros, est, comme Vercingétorix le Gaulois, un chef de guerre et un beau parleur. Il ressemble à chacun de nous : il est colère, imprudent, mobile, sincère. Il a horreur de la trahison, de la lâcheté, du mensonge. L'idéal du poète qui chante sa gloire est un idéal de justice et de droit.*
>
> *Elle est bien, enfin, cette* Chanson de Roland, *la chanson de la France, notre poème national. Le nom de la France la domine tout entière, la France, patrie « douce » entre toutes, la « grand terre », mère des guerriers, inviolable et forte, sûre d'elle-même mais servante de Dieu et éducatrices des hommes.*
>
> *La France a achevé le long travail de sa croissance et trouvé la loi de sa destinée... Les heures les plus difficiles se sont écoulées, elle est sortie saine et sauve des crises impériales qui ont menacé sa vie. Elle peut aller à l'avenir en toute confiance si ses chefs savent la comprendre et écouter parfois les*

poètes qui chantent ses rêves et les historiens qui racontent son passé.

En 1924, Camille Jullian est élu à l'Académie française. Il a 66 ans. La même année, il achève les tomes VII et VIII de l'*Histoire*, consacrés au Bas-Empire qui sont édités en 1926. Se souvient-il que, trente-sept années auparavant, jeune professeur à Bordeaux, il écrivait à Fustel :

> *Je profite des loisirs que me fait l'imprimeur des* Inscriptions de Bordeaux *pour rédiger un peu de ma* Gaule romaine. *J'ai commencé à dessein par le troisième volume et j'ai étudié le règne des trois Sévère en Gaule : Septime, Antonin et Alexandre. Puis je me mettrai à l'invasion du milieu du IIIe siècle et enfin à la réorganisation de la Gaule sous Constance-Chlore.*

Ombres et… Lumières

Tel est donc le contexte dans lequel fut écrite l'*Histoire de la Gaule*. Aujourd'hui, quatre-vingt-six ans se sont écoulés depuis la parution du premier tome, soixante-sept depuis celle du huitième. Pourtant, nul ouvrage analogue n'est venu se substituer à elle, en dépit de déclarations périodiques : « il faudrait refaire *le* Jullian » (comme on le disait, à son époque, *du* Mommsen). Mais nul ne s'y est frotté. Si l'on fait un tri parmi les critiques le plus souvent et le plus légitimement adressées à l'auteur et à son œuvre, deux catégories se détachent, celles qui relèvent de la méthodologie, celles qui portent sur la documentation.

« La documentation a vieilli ». Heureusement, sinon que penser des chercheurs qui, depuis Jullian, ont travaillé sur la Gaule ! En réalité, il faut ici opérer une distinction entre les sources « classiques » et les autres. Jullian connaît *tous* les textes grecs et latins relatifs aux Celtes et à la Gaule pré-romaine et romaine, au point que les références qu'il donne dans ses notes constituent un *corpus* quasiment complet. Remarquable épigraphiste, il a disposé de l'essentiel des données. Les deux piliers sur lesquels s'est érigée l'histoire de l'antiquité sont donc bien là, ceux qui forment la base d'une histoire essentiellement événementielle – lorsqu'il est des événements à retracer – et institutionnelle. L'existence de recueils numismatiques corrects va dans le même sens. S'agissant d'histoire de l'art, la situation est différente. Pour la Gaule pré-romaine, pas de recueil, pratiquement pas d'études, et Jullian ignore les collections celtiques des grands musées européens. L'art gallo-romain est mieux connu : Jullian a pu bénéficier des premiers volumes du *Recueil* de sculptures d'Espérandieu, il a vu de « grandes » mosaïques et, s'il ignore à peu près tout de la peinture, les « arts mineurs » sont documentés. Enfin, l'architecture, depuis le *stimulus* donné par Caumont, est bien illustrée : livres, recueils, planches, relevés ont été consacrés aux « grands » monuments, et des plans de maisons et de *villae* rurales ont été publiés.

Pourtant, l'architecture monumentale tient peu de place dans l'*Histoire de la Gaule*, et l'impression prévaut que Jullian n'a pas utilisé ou a sous-utilisé les informations dont il disposait. Il ne s'en est jamais expliqué, et cette constatation surprend d'autant plus qu'il consacra sa leçon inaugurale au Collège de France à « la vie et l'étude des monuments français », et qu'il engagea lui-même, en 1916, Albert Grenier à poursuivre, pour l'époque gallo-romaine, le *Manuel d'Archéologie préhistorique* de Joseph Déchelette, mort au front. Un extrait de la leçon inaugurale aide cependant à comprendre. Jullian y évoque les arènes de Lutèce, proches du lieu où il parle :

> *Tout un siècle peut revivre de leur examen. Cette bâtisse, mais c'est la pierre prenant possession du sol de Paris, la construction lapidaire de l'époque romaine substituée au bois ou au torchis de l'époque celtique ; les matériaux qui résistent remplaçant les matériaux qui s'effritent ; c'est le Gaulois renonçant aux aventures lointaines et se fixant sur le domaine qui lui est assigné. Cet édifice encore, mais c'est un immense lieu de réunion où même une peuplade peut prendre place, c'est un rendez-vous d'impressions et de passions semblables : en se bâtissant un amphithéâtre, les Gaulois de Paris inauguraient chez eux cette fraternité municipale qui était pour Aristote l'idéal de la société humaine. Et enfin, ces sensations qu'ils allaient chercher sur ces gradins étaient, en ce temps-là, de celles qui agitaient tout l'univers, depuis Tripoli la sablonneuse jusqu'à York la brumeuse, depuis Cadix à demi flottante sur l'Océan jusqu'à Palmyre à demi ensevelie dans le désert ; elles étaient devenues générales à la moitié de l'humanité, dès le jour où, suivant le mot d'un grand penseur d'histoire* (Ernest Lavisse), *où Rome fut pour le monde une manière d'être. -Et ainsi, ces ruines de la rue Monge ne témoignent pas seulement de la main d'un ouvrier et du plan d'un architecte, mais aussi des sentiments d'un peuple ; elles reflètent, pour une partie, l'esprit d'une génération d'hommes ; elles sont, tout autant que la formule d'Aristote, révélatrices d'idées et nourricières d'études.*

On ne saurait dire plus fortement que le monument – amphithéâtre ou dolmen – doit contribuer à « l'analyse des pensées et des croyances d'une société qui naît, qui se développe et qui meurt », et donc que l'étude technique, le classement typologique et évolutif se situent aux franges du travail historique. Les textes fournissent la succession des grandes époques (ligure, celte, gallo-romaine divisée en Haut et Bas-Empire) et, au sein de chacune, les monuments sont appelés – comme les auteurs anciens et les inscriptions – à témoigner en bloc, pour aider à l'établissement du tableau global, de l'« état de civilisation ».

Il n'en va pas autrement des mobiliers archéologiques. Lorsque Jullian rédige ses volumes I et II, il ne sait pas que les théories de Bertrand et Mortillet sur les phases de la préhistoire sont totalement dépassées, qu'un nouveau système chronologique se met en place, notamment pour les Âges des Métaux, fondé sur l'étude typologique des armes et des parures, sur la comparaison des fonds de musées et sur de nouvelles fouilles. Il ne prête pas attention aux travaux de Montélius et, lorsque Déchelette lui communique les notes manuscrites exposant les grandes divisions qui articulent son *Manuel* et qui présentent, par rapport aux théories de Bertrand, des décalages considérables, si quelque inquiétude le saisit (« il se peut que je me trompe… ce n'est pas sans crainte que je laisse imprimer ces lignes »), il ne s'en tient pas moins « à l'impression donnée par les textes ». L'archéologie gallo-romaine, qui lui est infiniment plus familière, s'insère de la même façon à l'intérieur des cadres constitués par les textes – auteurs, épigraphie. À supposer que la documentation archéologique eût été beaucoup plus fournie, Jullian l'aurait-il sollicitée davantage ? Rien n'est moins sûr.

De même, la sociologie, l'ethnologie, les études comparatistes, qui prenaient à son époque l'essor que l'on sait, ne lui ont inspiré que des réserves, en dépit de quelques enthousiasmes – comme celui qui le saisit, comme beaucoup de ses contemporains, à la lecture du *Rameau d'Or*. Au delà des rapports complexes et discutés qu'entretint son maître Fustel avec la sociologie naissante, et lui-même avec Fustel, au-delà des relations orageuses qui l'unirent à Arbois de Jubainville, le refus de Jullian d'entrer dans les grandes polémiques de l'époque – et, plus encore, d'y porter intérêt – traduit la conviction, ancrée dès sa jeunesse, de la complétude des documents historiques gréco-romains. Voilà pourquoi les sources médiévales galloises et irlandaises sont délibérément écartées de son étude, ce qu'il justifie, dans une longue note au début du volume II, en avançant les arguments suivants : 1) ces pays sont ceux où la conquête gauloise fut tardive ou incomplète ou inexistante et donc « c'est la chose au monde la plus hypothétique que l'origine gauloise des êtres et des traditions de ce pays » ; 2) même si c'était bien de cas, « les choses ont tellement pu changer dans les douze siècles qui ont suivi l'ère chrétienne ! » ; 3) les documents sont en grande partie des œuvres artificielles qui « sont loin de donner l'écho fidèle de l'Irlande elle-même » ; 4) « les analogies que l'on constate entre le monde gaulois et le monde irlandais ne sont pas différentes de celles que l'on peut retrouver entre le premier et les Germains ou les Grecs : elles paraissent de même nature que ces rapprochements que les études sociologiques permettent aujourd'hui d'établir entre les populations les plus diverses » – cette dernière phrase étant propre à faire frémir le sociologue le moins susceptible ! Et pourtant, de même qu'il a prononcé un « plaidoyer pour la préhistoire » et consacré à celle-ci quatre ans de cours de 1907 à 1911, de même qu'il a lancé le *Manuel d'Archéologie gallo-romaine*, Jullian encouragea Henri Hubert à écrire ses livres sur les Celtes, première « histoire archéologique et ethnographique », œuvre d'un « durkheimien » auquel prêta la main… Marcel Mauss.

En revanche, Jullian a profondément adhéré à l'essor de la géographie humaine. Élève de Vidal de la Blache à l'École Normale Supérieure, il avait appris – écrit Albert Grenier – « non seulement à "regarder le sol" mais à l'analyser et à le comprendre, à dégager la loi, non pas de l'évolution qui l'a formé – ce n'est pas la tâche de l'historien – mais de celle qui a fixé à la surface du sol les groupements humains et même, qui a façonné les hommes en leur imposant une partie de leurs habitudes et leurs relations. C. Jullian n'a jamais séparé l'histoire de ce qu'on a appelé la "géographie humaine". Quelques-uns parmi les plus brillants des articles qu'il a écrits à toutes les périodes de sa vie relèvent directement de cette discipline. Il ne croit pas sans doute à un déterminisme absolu de la terre sur l'homme ; toute région offre des possibilités diverses ; le choix humain s'exerce entre elles ; les circonstances imposent selon les temps des partis différents. L'homme n'échappe pas cependant, dans ses choix, à une limitation et même à des directions que l'historien doit apercevoir et préciser ». L'*Histoire de la Gaule* offre ainsi à la géographie non seulement plusieurs chapitres mais surtout une présence de tous les instants : intervenant dans les récits historiques comme dans les tableaux consacrés aux peuples ou aux cités, elle soustend la vie matérielle et même spirituelle. Si elle reprend les thèmes contemporains sur l'importance de la forêt, sur l'équilibre agro-pastoral, l'*Histoire de la Gaule* ne développe aucunement les thèses de la prédestination ou le néovitalisme auxquelles Jullian cédera plus tard. Il aime à décrire les paysages, à parler de la terre, à survoler – comme d'avion – les fleuves, les montagnes, les terroirs et les villes qui s'y nichent.

Jullian aime aussi raconter. Ce don du récit qui fit le succès de son *Vercingétorix* ne se déploie pas seulement dans le livre III, le plus « événementiel » de tous et dans l'exposé des invasions. Il parcourt l'intégralité de l'ouvrage. Alors même que le style est travaillé, on a l'impression qu'une voix vous raconte une histoire. Non seulement parce que l'auteur intervient fréquemment en disant « je », mais aussi parce que l'idée et le concret se mêlent sans cesse. Jullian donne vie à tout ce qu'il évoque. On se rappelle le débat sur l'érudition : pour l'auteur seul ou aussi pour le lecteur ? Il a tranché en réservant aux notes références, précisions, discussions érudites, tandis que le texte courant offrait un discours continu et limpide. La formule est à ce point réussie qu'on a pu écrire que Jullian avait, en fait, écrit deux *Histoires :* celle du texte et celle des notes ! Voilà qui fait comprendre l'accueil favorable, jamais démenti, que lui ont réservé et le public et le monde universitaire.

L'Histoire de la Gaule aujourd'hui

Pour conclure, impossible d'échapper à la question : que demeure-t-il, aujourd'hui, de l'*Histoire de la Gaule* ? En la rééditant en 1993, qu'offre-t-on au lecteur ? Une grande œuvre qui a marqué son époque et a influé sur le développement des études consacrées à l'histoire ancienne et à l'archéologie de notre pays ? Le témoin d'un moment de la science historique ? Le miroir d'une époque et de certains courants idéologiques ? Un chef-d'œuvre à la fois d'écriture et d'érudition ? Certainement tout cela. Lui offre-t-on aussi une histoire de la Gaule « valable », au moins pour l'essentiel ? Les pages qui précèdent fournissent les éléments de la réponse : lorsque Jullian dispose d'un *corpus* étendu de textes et d'inscriptions, il est inégalable et demeure la base de toute étude. Certains thèmes et certaines périodes sont, à cet égard, privilégiés, et d'autres défavorisés, inégalité que le lecteur appréciera d'un coup d'œil en évaluant la nature et le nombre de références. Ainsi, les récits consacrés à la fondation et au rayonnement de Marseille dans le livre I, à la conquête romaine au livre III, aux événements jusqu'en 70 dans le livre IV, à ceux de 284 à 395 dans le livre VII, s'ils suscitent parfois discussion, ont conservé leur substance. De même, lorsque Jullian dresse l'état de la Gaule à la fin de l'indépendance en s'appuyant sur César, Strabon et Diodore, son « explication de texte » est lumineuse. L'analyse de la vie publique gallo-romaine garde son actualité dans ses aspects administratifs, intellectuels, littéraires, voire religieux. En revanche, la thèse ligure a pris l'eau ; se sont défraîchis les tableaux de la vie économique, quotidienne, artistique, bref de l'état « matériel » de la Gaule indépendante et même romaine. Bilan contrasté, donc, mais qui n'en suscite par moins l'admiration, car combien d'*Histoires* écrites à la même époque ont sombré corps et biens ! Il est vrai que celle-ci ne se contente pas de livrer des informations et des théories, elle offre aussi ce plaisir rare que procure un grand savant lorsqu'il expose dans une langue souveraine le fruit de ses recherches et la force de ses convictions. Et cette magie opère toujours.

***

Pour reprendre une formule consacrée, si le lecteur veut en savoir plus, il peut se reporter à un livre d'Albert Grenier (le disciple de Jullian), *Camille Jullian, un demi-siècle de science historique et de progrès français (1880-1930)*, Paris, Albin-Michel, 1944. Moins hagiographique (c'est le moins qu'on puisse dire), l'ouvrage collectif *Camille Jullian, l'histoire de la Gaule et le nationalisme français,* Presses Universitaires de Lyon, 1991. Parallèlement à la réédition de l'*Histoire de la Gaule*, la même année, parut, aux éditions de Fallois, *La Gaule romaine,* de Fustel de Coulanges, c'est-à-dire le premier tome de l'*Histoire des Institutions politiques de l'ancienne France*, dont Jullian, on l'a vu, avait assuré la relecture et l'édition. L'ouvrage est précédé d'une remarquable présentation due à Henri Lavagne. On voit s'opposer à Jullian le point de vue « pro-romain » (pour simplifier).

Nous avons donc, avec Jullian, brossé le tableau du XIXe siècle et du début du XXe siècle. Insistons sur la force des images mentales que ces générations ont créées. Tableaux, gravures, sculptures – et les nombreux monuments aux morts qui mettent en scène, après 1918, des Gaulois ou Vercingétorix. Le coq sur les maillots des équipes de France.

Ce n'est pas ici le lieu de décrire le désastre que connut l'archéologie française (surtout la protohistoire) après la première guerre mondiale et jusqu'aux alentours des années 1970. Ce désastre contribua à renforcer les clichés, les poncifs hérités du XIXe siècle. Les Gaulois vivant dans des huttes au milieu des forêts, chassant le sanglier et passant leur temps à se quereller entre eux. Aujourd'hui encore, dans les manuels scolaires, de telles inepties sont monnaie courante. Pardon, je me trompe en disant « aujourd'hui », car, il y a peu, les inspecteurs généraux de l'Éducation nationale ont fait approuver par le Ministre Bayrou la suppression de toute information sur la « protohistoire » de la Gaule : on parle des « grottes ornées » du paléolithique, puis l'on ne retrouvera la Gaule que lorsque César aura la bonté de venir la conquérir. Le reste, qui a fait l'objet des fouilles les plus nombreuses, les plus productives de ces vingt dernières années, le reste…, pas d'intérêt. Ô mânes de Camille Jullian !

Chapitre I

LA GAULE PROTOHISTORIQUE

Panorama :
« Les Gaulois n'étaient pas des barbares »

Venons-en à notre époque. Comment les historiens voient-ils aujourd'hui la Gaule et les Gaulois ? Pour dresser un panorama général – dont nous préciserons ensuite tel ou tel point –, voici un (ou une) interview que m'avait demandé, il y a quelque temps, la revue L'Histoire. *Le titre choisi par la rédaction est révélateur :* Les Gaulois n'étaient pas des barbares. *C'est dire qu'en avril 1994, ladite rédaction était persuadée que ses lecteurs (qui n'appartiennent pourtant pas au « Lumpenproletariat ») pensaient majoritairement le contraire, que le vieux message des manuels scolaires demeurait ancré dans les esprits. De quoi décourager la foule de collègues qui s'étaient évertués ou s'évertuaient à prouver l'inverse. J'ai donc labouré, une fois de plus, le même sillon avec la même charrue, dont seules quelques pièces ont été récemment remplacées. Comme je venais d'écrire la* Présentation de l'Histoire de la Gaule, *ce texte en reprend parfois certaines données, mais il était difficile de les supprimer sans affecter la logique d'ensemble.*

L'Histoire : *Christian Goudineau, que sait-on de l'histoire des Gaulois ?*

Christian Goudineau : Peu de chose. Et cela pour plusieurs raisons. La première, c'est que, à la différence des Grecs et des Romains, les Gaulois n'ont pas écrit leur histoire. Ils élaboraient des récits épiques, des poèmes, déclamés ou chantés, accompagnés de musique, associant légendes et « hauts faits » (un peu comme les chansons de geste), qui se transmettaient oralement et s'enrichissaient de génération en génération.

Mais la conquête romaine mit un terme à cette transmission, et il ne nous en est rien parvenu. Donc, si l'on excepte *La Guerre des Gaules* de César (qui ne concerne que la dernière période de la civilisation gauloise), nous ne disposons que de rares textes, mi-historiques mi-ethnographiques, rédigés par des auteurs grecs ou latins, à la fois brefs et très orientés par le regard que porte le « civilisé » sur le « barbare ».

H : *Et les autres raisons ?*

C. G. : Celles-là relèvent de l'historiographie moderne. Pendant des siècles, les érudits et les « antiquaires », lorsqu'ils s'intéressaient au passé antique de la France, ne recherchaient guère que les traces de la civilisation romaine, voire grecque (dans le Midi), à travers les monuments, les œuvres d'art, les inscriptions. Il a fallu attendre le XIXe siècle pour que les Gaulois attirent vraiment l'attention des historiens. À ce moment-là, toutes sortes de phénomènes ont joué, depuis la réhabilitation des vertus des peuples « primitifs » jusqu'à la sensibilité romantique. Songez que c'est en 1828 que paraît la première « grande » *Histoire des Gaulois*. Elle est l'œuvre d'Amédée Thierry – j'insiste sur le prénom, Amédée, car on connaît surtout son frère, Augustin, l'auteur de l'*Histoire de la conquête de l'Angleterre par les Normands* et d'ouvrages restés fameux sur le tiers état. Eh bien, Amédée fut aussi historien et son *Histoire des Gaulois depuis les temps les plus reculés jusqu'à l'entière soumission de la Gaule à la domination gauloise* (ouf !) remporta un immense succès et fut rééditée une dizaine de fois.

H : *Quelle image donnait-elle des Gaulois ?*

C. G. : Vous avez raison de parler d'« image ». Car, si elle présentait des théories – que nous dirions fumeuses – sur leurs origines (par exemple, elle faisait des Gaulois, comme d'ailleurs des Grecs, des Romains et des Germains, les descendants du peuple des *« Aryas »* établi en Tartarie), cette *Histoire* a surtout créé l'image du Gaulois aux cheveux blonds et au teint blanc, à la haute taille, parlant haut, né pour faire la guerre, mais aussi bon artisan. C'est aussi Amédée Thierry qui a « inventé » le personnage de Vercingétorix, sorte de héros romantique, frère d'Hernani et de Ruy Blas ! Enfin, il a développé la thèse selon laquelle nous « descendons » tous des Gaulois. Il précise même que de cette *« race »* gauloise *« descendent les dix-neuf vingtièmes d'entre nous, Français »*. Cette thèse fut, d'une certaine manière, reprise par Michelet – qui, lui, récuse la notion de race. On la retrouve aussi dans une autre grande *Histoire de France* au succès prodigieux, celle d'Henri Martin.

En 1875, Henri Martin publie une *Histoire populaire de la France* largement inspirée, pour ce qui concerne l'histoire de la Gaule, de l'œuvre monumentale d'Amédée Thierry. Les grands traits du « mythe gaulois » sont fixés. Ils connaîtront un bel avenir dans les écoles de la IIIe République.

H : *Y avait-il des raisons idéologiques à ce succès des Gaulois au XIXe siècle ?*

C. G. : Bien sûr, et de plusieurs sortes. D'abord, l'époque voit la fin de l'histoire « dynastique » : la nouvelle histoire doit être celle de la nation, et ce sont de « grands hommes » qui l'incarnent. Vercingétorix va ainsi prendre place à côté de Jeanne d'Arc et des héros de Valmy. Et pendant la guerre de 1870, la France combattant Bismarck est assimilée à la Gaule combattant César : c'est la patrie face au représentant d'un « empire » belliqueux.

Entrent également en ligne de compte le thème de la désunion qui provoque le malheur et, plus important encore, le thème du héros rédempteur. Ajoutons enfin qu'après tout, la défaite d'Alésia a fait entrer la Gaule dans le monde de la civilisation romaine et lui a permis de s'épanouir, comme la France amène des peuples africains ou asiatiques à un niveau supérieur de civilisation. Le sacrifice de Vercingétorix permet donc d'accepter, le front haut, les bienfaits de Rome. Vous voyez, tout cela est complexe quoique complémentaire !

H : *Et l'archéologie, qu'a-t-elle apporté à cette histoire des Gaulois ?*

C. G. : L'archéologie gallo-romaine (essentiellement monumentale) et l'archéologie préhistorique commençaient alors à se constituer. Les Gaulois étaient un peu « perdus » entre les deux : on leur attribuait aussi bien les alignements de Carnac ou les armes de l'âge du bronze que la céramique du Ier siècle ap. J.-C. Ce n'est qu'à la fin du XIXe siècle, et surtout du début du XXe, que l'archéologie « protohistorique » trouve ses repères. Il y avait pourtant eu de « grandes » fouilles gauloises dès l'époque de Napoléon III, à Alésia, à Bibracte, à Gergovie, même si leur objectif consistait essentiellement à retrouver les lieux cités par Jules César et les traces des combats qu'il décrit.

H : *Remontons dans le temps. Sous quelle forme apparaît chez nous la première civilisation gauloise – ou plutôt pour utiliser un terme plus approprié, la première civilisation celtique ?*

C. G. : Apparemment, à partir des VIIIe et VIIe siècles se créent de petites principautés qui vont progressivement se développer, depuis le centre de l'Europe jusqu'à la Bourgogne – au maximum jusqu'à Bourges. Elles sont organisées autour d'une place centrale fortifiée, et leurs chefs se font enterrer dans des tombes qu'on appelle « princières » en raison de leur somptuosité : elles sont recouvertes d'un énorme tumulus, et les défunts, richement parés, reposent sur un char de cérémonie, entourés d'offrandes magnifiques.

H : *D'où venaient ces richesses ?*

C. G. : On met généralement cette opulence en rapport avec le grand développement du commerce Nord-Sud à l'initiative des Grecs et des Étrusques, demandeurs notamment d'étain. Sur les itinéraires privilégiés de ces échanges se constituent donc des pouvoirs qui les contrôlent, qui accumulent de nouvelles ressources. La hiérarchie sociale s'accentue, selon un phénomène que l'histoire moderne connaît bien : les petits monarques se créent une cour, une capitale, adoptent des pratiques venues de loin (les banquets, le vin, etc.), reçoivent des cadeaux, comme le célèbre vase de Vix. C'est peut-être l'équivalent des présents dont les multinationales ou les gouvernements occidentaux ont comblé (ou comblent) tel « responsable » africain ou sud-américain ! La tombe de Vix, celle de Hochdorf (dans le Bade-Wurtemberg) sont les manifestations les plus brillantes de cette période.

H : *Quand et comment se termine-t-elle ?*

C. G. : On en discute. Ce monde s'effondre dans la première moitié du Ve siècle av. J.-C., entre 500 et 450.

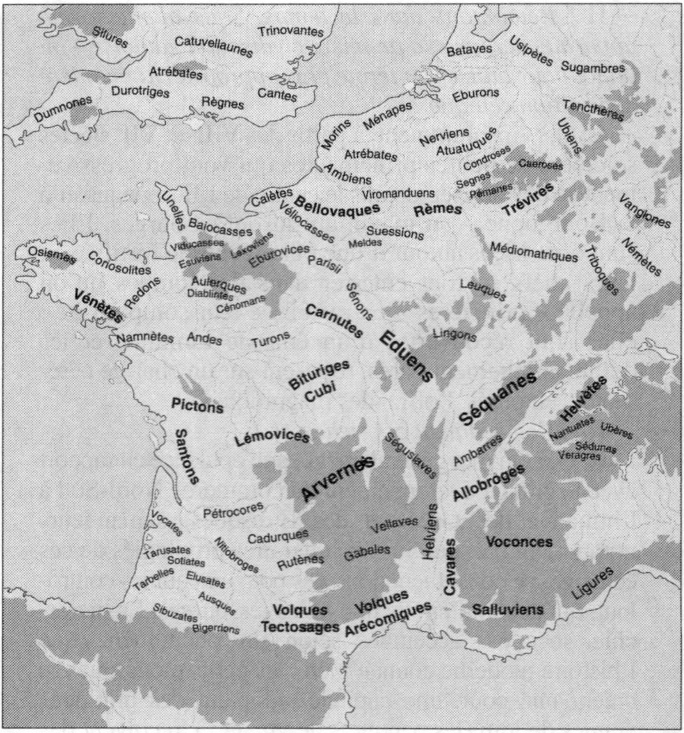

Carte des peuples de la Gaule aux IIe-Ier siècles avant J.-C. La localisation des peuples se fonde à la fois sur les textes des historiens grecs et romains (particulièrement Strabon et César) et sur le fait que la plupart des "cités" (civitates) *gallo-romaines respectèrent à peu près les territoires protohistoriques.*

Est-ce sous l'effet de tensions sociales internes ? Est-ce parce que les circuits économiques se sont transformés ? La réponse n'est pas assurée. Et la période qui suit – disons de 450 jusqu'au IIe siècle av. J.-C. – est la moins bien connue des chercheurs, car, si nous avons retrouvé des nécropoles, nous ignorons à peu près tout des habitats. Il y eut de grands bouleversements : des migrations vers l'Italie (c'est en 390 av. J.-C. que les « Gaulois » prennent Rome), l'installation de groupes gaulois en Italie du Nord (que les Romains nommeront Gaule cisalpine), des expéditions vers l'Est, en Grèce et en Asie Mineure. C'est également à cette époque que des peuples venus d'au-delà du Rhin s'implantent en Gaule.

H : *Sait-on lesquels ?*

C. G. : Partiellement. Ainsi, une forte proportion de ceux que César nomme « Belges » provient d'outre-Rhin. De même, l'étude des tombes de Champagne révèle l'arrivée d'une population venant d'Europe centrale, de Bohême : certaines parures, comme des anneaux de cheville, sont étrangères aux coutumes locales. Mais en l'espace de deux générations, ces particularismes s'estompent et les rites redeviennent homogènes. Il ne faut donc pas imaginer des hordes déferlant vers le pays. La migration est à l'époque un phénomène normal, courant, souvent organisé avec l'accord des peuples qui peuvent accueillir de nouveaux venus parce qu'ils ont besoin de bras pour mettre de nouvelles terres en valeur.

H : *Quelle est l'organisation sociale qui prévaut à cette époque ?*

C. G. : Faute d'habitats, il faut s'en tenir aux tombes. Elles ne révèlent plus de forte hiérarchie, de tombes exceptionnelles. Toutefois, cette uniformisation n'a qu'un temps. Dans le courant du IIIe siècle av. J.-C., on assiste à un regroupement de l'habitat. Ce sont d'abord de petites agglomérations « ouvertes », c'est-à-dire dépourvues de remparts. Puis, au siècle suivant, naissent, en tout cas dans le centre de la Gaule, ce que nous appelons les *oppida*, c'est-à-dire des sites fortifiés au centre d'un territoire. Signe que de nouveaux pouvoirs se sont constitués et veulent manifester leur puissance par une capitale, des remparts, etc.

H : *Quelles sont leurs bases économiques ? Le commerce, comme pour les « princes celtes » ?*

C. G. : Non. Cette fois, tout repose indiscutablement sur l'exploitation du sol, l'agriculture et l'élevage. On peut l'affirmer en s'appuyant sur toutes sortes de sources. Les textes grecs ou latins, d'abord, qui mettent l'accent sur la fécondité agricole de la Gaule. Les fouilles, ensuite qui mettent au jour nombre de petits établissements ruraux. L'étude de l'outillage, enfin, qui montre qu'à cette époque ont été mis au point la plupart des outils qui allaient former, jusqu'au XIXe siècle, le fond de toute exploitation rurale, depuis la faux jusqu'aux forces pour tondre les moutons. L'araire a également été amélioré : grâce à l'ajout d'un soc de fer, il permet désormais de labourer les terres lourdes. Il en va de même pour les instruments à abattre et à travailler le bois, ainsi que pour l'outillage artisanal, etc. Ajoutons que c'est aussi une époque cruciale pour le développement de la métallurgie et de l'exploitation de ressources minières.

H : *Connaît-on les noms de ces peuples puissants ?*

C. G. : On peut considérer, *grosso modo*, que les peuples nommés par César étaient en place dans les années 150 av. J.-C. Tous n'avaient pas la même importance. Dans le Midi, dans le Centre (des Séquanes aux Santons, d'est en ouest), se sont constitués de vastes territoires. En revanche, la partie septentrionale est formée d'une mosaïque de peuples plus petits. Mais chacun avait le sens de son identité ; il suffit, pour s'en convaincre, de constater la généralisation du monnayage.

H : *Comment se présentait un oppidum ?*

C. G. : Malheureusement, on n'en a guère fouillé sur une superficie importante, sauf à Bibracte. On connaît surtout leur étendue – qui peut atteindre 2 à 300 hectares –, leurs remparts, de différents types, associant souvent un poutrage de bois et des parements de pierre, et leur rôle : capitales administratives, éventuels refuges pour les populations rurales, mais aussi marchés périodiques, centres artisanaux, lieux de rassemblements religieux. L'exemple des villes méditerranéennes a sans doute joué : nombre de Gaulois ont parcouru le monde en tant que mercenaires, des liens avaient sûrement subsisté, ou été rétablis, entre les Gaulois de Gaule et ceux qui peuplaient l'Italie du Nord.

H : *Les Gaulois entretenaient donc des relations avec les peuples voisins ?*

C. G. : Bien sûr. On a tendance à considérer la Gaule comme une entité isolée, hors du monde. Rien n'est plus faux ! Tout le Midi, depuis la fondation de Marseille en 600 av. J.-C., était en relation avec les grandes puissances méditerranéennes. Mais les autres peuples ne vivaient pas en autarcie ! Ainsi les textes nous apprennent que les Éduens, qui occupaient l'actuelle Bourgogne, étaient, au IIe siècle av. J.-C., liés à Rome par une alliance qui remontait peut-être au siècle précédent. Il s'agissait d'une alliance très forte puisque les Éduens étaient déclarés « *frères* » du peuple romain et, plus encore, « *frères du même sang* », une formule qui n'est utilisée par Rome qu'à l'égard des Troyens – dont les Romains se disaient les descendants. Il faut croire que ces Gaulois s'étaient forgé une légende remontant également à la guerre de Troie, et que cette légende avait été reconnue par Rome. Elle montre la force et l'officialité de ces liens.

H : *Mais pourquoi une telle alliance ?*

C. G. : Sans doute est-elle analogue à celle que Rome avait nouée, aux environs de 400 av. J.-C., avec Marseille : la cité phocéenne représentait les intérêts de Rome dans le Midi, veillait à faire régner l'ordre. Dans la mesure où, depuis les migrations du IVe siècle av. J.-C., la Gaule passe aux yeux des Romains pour une source de dangers, les Éduens sont une garantie, des gendarmes en quelque sorte !

H : *Il n'y avait pas de motifs commerciaux, à cette entente politique ?*

C. G. : Bien sûr, tout est lié. Au IIe siècle av. J.-C., on assiste à une intensification des échanges, qu'illustrent notamment les épaves, chargées de vin italien, retrouvées par l'archéologie sous-marine. On estime que 500 000 à 1 million d'amphores arrivaient annuellement en Gaule, c'est-à-dire, puisque une amphore contient 25 litres, de 125 000 à 250 000 hectolitres !

H : *Et qu'offraient les Gaulois en échange ?*

C. G. : De l'étain, principalement en provenance des îles Britanniques et transitant par la Gaule et divers produits comme le cuir, les salaisons, le bétail. Mais l'essentiel consistait en esclaves. C'est en effet l'époque où l'esclavage atteint son apogée en Italie à cause de l'extension des grands domaines et parce que, pour tenir son rang, un aristocrate romain doit entretenir une armada de serviteurs.

H : *Quelles ont été les conséquences de ce commerce sur la société gauloise ?*

C. G. : Nous ne pouvons, dans ce domaine, avancer que des hypothèses. Le développement de ce commerce favorise de nouveau l'instauration de pouvoirs forts ou les renforce. La fourniture d'esclaves introduit aussi un processus de tensions croissantes : d'abord on prélève ceux-ci parmi ses compatriotes, ensuite on va les chercher chez les peuples voisins, au début en s'entendant avec leurs dirigeants, puis en ayant recours aux razzias, aux expéditions guerrières pour faire des prisonniers. Pour faire admettre ce trafic, les chefs qui s'y livrent doivent montrer et redistribuer une partie de la richesse qui en provient, d'où l'aspect prestigieux des remparts qui ceignent certains *oppida*, d'où également les grandes fêtes ou banquets dont les textes nous parlent. Et les contestations d'une telle politique ne devaient pas manquer, comme César le laisse deviner.

H : *A-t-on idée de la forme prise par ces « pouvoirs forts » ? Régimes oligarchiques, royautés ?*

C. G. : Au IIe siècle av. J.-C., il s'agissait probablement de royautés. Les textes décrivent les rois arvernes – les ancêtres de Vercingétorix – offrant des festins fabuleux et paradant sur leur char de guerre couvert de plaques d'argent, en jetant à la foule des pièces d'or… Au Ier siècle av. J.-C., en revanche, la royauté semble minoritaire. Des régimes aristocratiques se sont mis en place, avec un sénat représentant les grandes familles, et des magistrats. Grâce à César, on sait, par exemple, que les Éduens étaient régis par une constitution aux mécanismes très complexes.

H : *En fait, ce sont de véritables États ?*

C. G. : Tout à fait. Avec des archives, une administration…

H : *Mais ils n'écrivaient pas ?*

C. G. : Là encore, il y a confusion. César nous indique que les druides, dépositaires de la doctrine religieuse, ne la transmettent qu'oralement. Mais il signale les documents de recensement qu'il a trouvés dans le camp des Helvètes et qui étaient écrits « en lettres grecques ». C'est dire que les comptes, les testaments, les pièces administratives devaient être rédigés en langue celtique (gauloise, si vous préférez) transcrite en utilisant l'alphabet grec. D'ailleurs, dans le Midi, on a retrouvé des inscriptions sur pierre utilisant ce système – on les appelle « gallo-grecques ».

H : *Vous décrivez une Gaule ayant de nombreux contacts avec ses voisins, notamment avec l'Italie. Se sont-ils traduits par des réalités qui dépassent les simples échanges de marchandises ?*

C. G. : Il est sûr que l'archéologie retrouve surtout des objets importés – des amphores, des céramiques, des vases de bronze ou d'argent. Mais il y eut davantage. Prenons deux exemples. Les monnaies d'abord. À l'origine, depuis les débuts du IIIe siècle av. J.-C., les monnaies gauloises étaient en or et imitaient celles de Philippe II de Macédoine. À partir des années 120 av. J.-C., les grands peuples du centre de la Gaule – les Éduens, les Séquanes, les Helvètes, les Lingons, puis les Bituriges et les Santons – adoptent, comme l'Italie et Rome, le monnayage d'argent. Ils créent des deniers qui sont alignés en poids, c'est-à-dire en valeur, sur la drachme de Marseille et sur le demi-denier romain. Bien plus, certains de ces deniers transposent des motifs iconographiques présents sur les monnaies de la République romaine : des dieux, des animaux et surtout des personnages debout ou à cheval. Les grands chefs séquanes, éduens, lingons… se mettent donc à frapper monnaie à leur image.

H : *Et le second exemple ?*

C. G. : Il nous est livré par les fouilles de sauvetage qui ont eu lieu, en 1989 et 1990, lors du creusement d'un parking à Besançon. On a fouillé un tout petit secteur de la ville gauloise, qui s'appelait *Vesontio*. Les archéologiques y ont découvert quelques habitations à colombage, de nombreuses amphores et de la céramique venant d'Italie. Jusque-là, rien que de normal. Mais, dans l'une de ces maisons, ils ont mis au jour des objets exceptionnels : des perles en ambre, une fibule en argent, un collier, des éperons – le propriétaire de la demeure montait donc à cheval et pratiquait la chasse, car on a aussi recueilli des ossements de sangliers.

Parmi les autres ossements d'animaux, on a identifié un morceau de métatarse d'un bœuf de grande taille. Or, le bœuf gaulois était petit. Jusqu'à cette découverte, on considérait qu'il avait été, sinon remplacé, du moins en partie « complété », à l'époque gallo-romaine, par un bœuf originaire d'Italie, beaucoup plus grand. Mais ce changement était daté du Ier siècle ap. J.-C. Alors, trouver vers 120-80 av. J.-C. les vestiges d'un grand bœuf italien, c'est surprenant. Autre trouvaille : celle d'une tige de bronze plate portant des divisions. Il s'agit en fait d'un étalon de mesure gradué correspondant à un demipied romain !

On peut donc se demander jusqu'à quel degré s'exerçait l'influence italienne : exportation de techniques, d'animaux reproducteurs ? Ou bien présence d'Italiens en Gaule, et pas seulement de commerçants ? Rappelons-nous que César indique qu'Orléans, Châlon-sur-Saône et Mâcon formaient des centres actifs de commerce, avec forte présence romaine.

On pourrait ajouter une découverte récente faite à Vaise, près de Lyon, où une construction datant des environs de 100 av. J.-C. porte des enduits peints du même style que ceux que l'on a retrouvés à Pompéi, et une toiture en tuiles !

H : *Peut-on dire alors que le pays était « gallo-romain » avant même les conquêtes de César ?*

C. G. : Non, sûrement pas, il ne s'agit pas de passer d'un extrême à l'autre. Ce que je voulais montrer, c'est qu'il faut en finir avec la conception d'une Gaule farouchement retranchée, de Gaulois vivant comme des demi-sauvages, sans cadres étatiques solides, sans relations « internationales ». Nous avons affaire, en réalité, surtout pour le centre de la Gaule, à des « cités » parfaitement constituées, ayant contacts et échanges avec le monde extérieur. Nous avons encore des difficultés à l'admettre, sans doute en raison de la force des clichés diffusés au XIXe siècle et que la plupart des Romains, d'ailleurs, partageaient.

H : *Dans tout cet entretien, un mot n'a pas été prononcé, celui de religion. Que sait-on de nouveau sur la religion gauloise ?*

C. G. : Là encore, faute de textes gaulois, comment en savoir beaucoup ? D'autant que l'archéologie est souvent démunie pour déterminer si telle statue ou tel vestige est de nature profane ou religieuse. Les seules nouveautés concernent les sanctuaires, en particulier ceux qui attestent des rituels étranges : expositions de trophées humains, animaux pourrissant en plein air, etc. Encore qu'il s'agisse de réalités concentrées dans le Nord et qu'elles n'aient pas subsisté, semble-t-il, au-delà du milieu du IIe siècle av. J.-C. – du moins pour les êtres humains.

H : *Pour conclure, que reste-t-il, selon vous, de l'héritage gaulois ?*

C. G. : Question difficile ! Je dirai en vrac : la première organisation d'ensemble de notre territoire, les grands défrichements, le peuplement homogène du monde rural, la création d'outillages et de techniques qui ont perduré. Et puis des noms de lieux (montagnes, rivières, lieux-dits) qui se sont perpétués en dépit de la disparition de la langue celtique.

Certains se plaisent à dire que, dans le tempérament français, se perpétuent des traits « gaulois » – mais c'est revenir à Amédée Thierry ! Dira-t-on que, dans l'art contemporain, se retrouvent des motifs, une inspiration, une tendance à l'abstraction qui rappellent l'art celtique ? Il serait difficile de parler d'héritage, les liens de transmission n'étant guère directs ! Mais il n'est pas besoin d'avoir hérité pour s'intéresser à ses prédécesseurs (ne disons pas : ancêtres !), et les recherches récentes ont montré que la civilisation gauloise, longtemps méconnue, méritait qu'on s'y attache avec sérieux pour en déceler la grande richesse.

Chronologie

VIIIe-VIe av. J.-C. : époque dite des « princes celtes » qui s'achève vers 470-450.

600 av. J.-C. : fondation de Marseille.

IVe siècle av. J.-C. : incursions des Gaulois en Italie (390 av. J.-C. : prise de Rome) et occupation de l'Italie du Nord (Cisalpine).

Début IIIe siècle av. J.-C. : incursions celtiques en Macédoine et en Grèce (279 av. J.-C. : sac de Delphes), passage en Asie Mineure où sera fondé un royaume « galate ».

IIIe siècle av. J.-C. : des migrations touchent la Gaule. Constitution progressive des cadres politiques.
En Italie, combats entre Gaulois et Romains.
En Asie Mineure, les rois de Pergame imposent leur tutelle aux Galates.

Début IIe siècle av. J.-C. : Rome remporte des succès décisifs sur les peuples gaulois d'Italie et s'empare de leurs territoires.

Conclusion d'une alliance avec les Éduens de Gaule (date incertaine).

154 av. J.-C. : première intervention de Rome dans le Sud de la Gaule (région de Nice et d'Antibes).

124-120 av. J.-C. : à l'appel de Marseille, les légions interviennent en Provence, battent les Ligures, les Voconces et les Salluviens. Elles écrasent les Allobroges et leurs alliés arvernes. Le Midi passe sous le contrôle de Rome qui crée une province.

118 av. J.-C. : fondation de Narbonne.

113-101 av. J.-C. : migration des Cimbres et des Teutons en Gaule et en Espagne.

76-74 av. J.-C. : soulèvement d'une partie de la *provincia* à l'occasion de la révolte de Sertorius en Espagne.

Vers 70 av. J.-C. : Arioviste, chef germain, intervient dans l'Est de la Gaule.

62 -61 av. J.-C. : soulèvement des Allobroges.

61 av. J.-C. : la migration helvète est décidée.

58 av. J.-C. : début de la guerre des Gaules.

À ce « panorama » rapide, il y a foule d'arguments à apporter, dont certains viendront ultérieurement. Mon principal souci tenait à « casser » l'image des Gaulois vivant en dehors du monde, nourrissant des particularismes et refusant tout apport étranger : ce petit bout occidental de l'Europe celtique a été en perpétuelle évolution. De plus, on ne me fera jamais croire que les similitudes de rites funéraires, d'habitats, de tel ou tel objet manufacturé, etc., observés sur un axe est-ouest long de 1 500 kilomètres, voire davantage, puissent être dues à l'activité de quelques malheureux colporteurs traversant l'Europe avec un chariot tiré par deux mulets. C'est plutôt au haut Moyen Âge qu'il faut se référer pour se faire une idée : les échanges sont intenses, relevant aussi bien de l'économie que de la diplomatie. Si les plaques-boucles (comme les fibules) circulent sur de vastes distances, ce n'est pas en raison d'un commerce particulier ou du génie d'un « manager ». Avec elles, des messages et des messagers, des idées, des politiques. Nous avons perdu la notion du temps, et n'imaginons plus guère que des ambassadeurs puissent passer plusieurs semaines, voire des mois, à dos de cheval. En outre, dans notre monde occidental policé, la notion de « migration » s'est réduite à l'« immigration clandestine ». Or, durant toute la protohistoire (mais aussi bien récemment en Orient), les hommes bougent. Les textes antiques nous livrent, de ces mouvements, des images catastrophiques (des hordes déferlant en Italie ou en Grèce) pour la même raison qu'aujourd'hui : le « civilisé » rejette le « barbare ». Si des barbares vont chez d'autres barbares, pas d'inconvénient : n'étaient les intérêts économiques, la télévision et la conviction que l'humanitaire peut vaguement servir à l'image de l'homme politique, pas mal de coins de la planète seraient à feu et à sang – disons, encore plus qu'ils ne le sont. Nul doute qu'il y eut dans l'antiquité des migrations violentes, notamment celles qui furent dictées par une catastrophe naturelle (les Cimbres et les Teutons probablement) et par un « boom » démographique. Rome, engagée dans la conquête de l'Italie et persuadée qu'elle avait vocation à gouverner le monde, vit d'un mauvais œil des Gaulois venir occuper l'Italie du nord (qui, pourtant, ne lui appartenait nullement). Mais nombre de mouvements migratoires – d'importance sans doute très variable, du Néolithique à l'Âge du Fer – ne se sont pas forcément accompagnés de violences. De vastes territoires étaient disponibles pour le défrichement et la mise en culture. Des accords, des prévisions, voire des négociations, ont dû s'échanger (comme pour la migration des Helvètes, à l'époque de César). Du coup, se mélangent des hommes et des femmes porteurs d'habitudes différentes quoique apparentées, et même le langage en ressent les conséquences – ce qui ne simplifie pas la tâche de mes collègues linguistes ! Donc, non seulement les Gaulois ne doivent pas être considérés comme des « retirés du monde », mais ils représentent les acteurs et l'aboutissement (provisoire) de milliers d'événements et de chamboulements que jamais l'archéologie ne saura retracer.

Ma seconde insistance portait sur les relations avec l'Italie. Je ne la commente pas ici, nous en reparlerons avec plus de détails dans le chapitre traitant de la conquête romaine.

Enfin, dans la mesure où cette interview « couvrait » une longue période et de nombreuses questions, c'est le moment de signaler au lecteur – au cas où il l'ignorerait– qu'il existe une « somme » sur les Celtes : le Catalogue de près de 800 pages édité en Italie en 1991 à l'occasion de la superbe « mostra » présentée dans le Palazzo Grassi de Venise. Ce catalogue offre à la fois des synthèses thématiques et des notices plus courtes concernant des sites et des objets. Il a été traduit en français, et se trouve encore dans les librairies sous le titre Les Celtes, *éd. Bompiani, Milan. Je recommande aussi un remarquable livre de Barry Cunliffe,* The ancient Celts, *paru l'an dernier : Oxford University Press, 1997.*

Par la barbe et la moustache de nos aïeux !…

Les tableaux, les sculptures, les gravures du XIXe siècle, la bande dessinée actuelle, certains « péplums » ont vulgarisé l'image de Gaulois moustachus, parfois également barbus. D'autres « poncifs » s'attachent à leur physique. J'ai voulu ré-examiner certains de ces « poncifs » dans l'article qui suit.

Quoi de commun entre Astérix, Obélix, Abraracourcix – et même le breton Jolitorax ? Le premier est petit (mais costaud), le deuxième « musclé » (dit-il), le troisième franchement obèse (il doit faire des régimes), le dernier étique (il mange mal). Astérix est blond, les autres châtain ou roux. Leurs vêtements diffèrent sensiblement. Pourtant, nul ne les confondra avec des Romains, même en civil. Car les Gaulois – et le Breton – ont les cheveux longs et portent la moustache. Pas d'uniformité : Astérix et Jolitorax se contentent d'une coupe négligée assez discrète (cheveux flottant sur la nuque et sur les tempes), tandis qu'Obélix et le chef se tressent des nattes. Les moustaches sont aussi inégalement fournies et soignées – le Breton remporte le concours. Pas de barbe, sauf chez les personnages liés à la religion : le druide Panoramix, le barde Assurancetourix.

La bande dessinée est l'héritière plus ou moins consciente d'une création iconographique qui a parcouru tout le XIXe siècle et dont les diverses expressions ont peuplé les salons de peinture et de sculpture, les magazines, et enfin… les manuels scolaires. Dessinateurs, peintres et sculpteurs s'appuyaient évidemment sur des études « savantes », celles des historiens de l'époque reprenant les textes anciens et quelques rares œuvres d'art antiques.

Aujourd'hui, si nous n'avons pas plus de textes que nos devanciers, nous disposons d'une iconographie dont ils ignoraient une grande partie : quelques statues, des représentations sur des objets artisanaux, et surtout le vaste répertoire des monnaies gauloises. Pouvons-nous en dire plus qu'eux ?

Commençons par rappeler d'où provient l'image traditionnelle du Gaulois. Elle dérive des sculptures de l'école de Pergame, de la seconde moitié du IIIe siècle avant J.-C. À cette époque, faute d'avoir réussi à s'établir en Grèce, des « bandes » celtiques avaient fini par créer un « royaume » au cœur de l'Asie Mineure, que les Grecs appelaient la Galatie, de même qu'ils nommaient Galates leurs habitants. Ceux-ci, loin de se contenter de cultiver leurs terres, multipliaient les raids contre les cités côtières. La guerre contre les Galates était une sorte d'exercice obligé et répétitif, qui devint également un thème artistique et littéraire, notamment dans le royaume de Pergame. Des ensembles sculpturaux fameux – dont on connaît surtout le « Gaulois mourant » – connurent une postérité brillante, grâce à des copies romaines : le groupe « Ludovisi », les « Gaulois » du musée du Capitole de Rome ou de Venise. Ils sont grands, athlétiques, moustachus et portent des cheveux longs. Mais ces Galates sont-ils représentatifs de tous les Celtes, de tous les Gaulois ?

Les textes s'accordent pour attribuer aux Celtes (ou Gaulois) trois traits distinctifs :

1. *Ils ont le teint blanc*. Voici un florilège. Vers la fin du Ier siècle avant J.-C., Diodore de Sicile : « les Gaulois ont la chair flasque et blanche ». Au IIe siècle après J.-C., le fameux médecin Galien (né à Pergame !) : « les Celtes ont la peau froide, moite, blanche et sans poils ». Cette blancheur de la peau inspira, au IVe siècle, à saint Jérôme une étymologie du mot « galate » : celui-ci proviendrait du grec « gala » (le lait). Vu l'amour du vin prêté aux Celtes par d'autres auteurs, la proposition est attendrissante !

2. *Leur taille est impressionnante*. C'est un leitmotiv qui remonte à l'époque des migrations celtiques en Italie, mais que l'on retrouve aussi bien au Ier siècle avant J.-C. chez Diodore, Strabon et même César qui écrit : « aux yeux de la plupart des Gaulois, notre petite taille, à côté de leur haute stature, est objet de mépris ». En réalité, c'est un lieu commun appliqué aux « peuples du nord » indistinctement : les Cimbres et les Teutons, les Germains, etc. César lui-même montre ses soldats terrorisés à l'idée d'en découdre avec ces derniers, en raison, notamment, de leur « haute stature » (*ingenti magnitudine corporum*). Ainsi, les Français imaginent les Suédoises avec des mensurations exceptionnelles, particulièrement… en hauteur.

3. *Ils ont des ornements pileux développés*. Le texte le plus éloquent est celui de Diodore, d'après Poséidonios (qui visita la Gaule vers 100 avant J.-C.) :

> *Les Gaulois ont le corps grand, la peau humide et blanche, les cheveux blonds par nature : mais ils s'appliquent à accroître artificiellement le caractère spécifique de leur couleur naturelle : se lavant sans*

cesse les cheveux avec un lait de chaux, ils les relèvent des tempes vers le sommet de la tête et la nuque, de sorte que leur aspect ressemble à ceux des Satyres et des Pans : car leurs cheveux s'épaississent du fait de ce traitement, au point de ne différer en rien d'une crinière de cheval. Quant à la barbe, certains se la rasent, d'autres la laissent pousser modérément. Les nobles, eux, se rasent de près les joues, mais laissent pousser leurs moustaches, au point que leur bouche en est cachée : aussi lorsqu'ils mangent, leur moustache est embarrassée d'aliments, et, lorsqu'ils boivent, la boisson circule à travers elle comme à travers un filtre.

Comme les précédents, il ne faut pas prendre ce texte au premier degré. Les cheveux blonds : c'est aussi un lieu commun, comme on voit par une citation d'un auteur de l'époque d'Auguste, Manilius, selon lequel « les Germains sont plus blonds que les Gaulois » (pour nous, les Suédois par rapport aux Belges). Les linguistes ont noté que le nom du peuple des Baiocasses (autour de Bayeux) signifierait « ceux qui ont la chevelure blonde », preuve d'une certaine originalité ! Enfin et surtout, les textes insistent sur la décoloration ou la teinture : Pline l'Ancien évoque le *sapo*, teinture inventée par les Gaulois pour décolorer leurs cheveux.

Les cheveux longs : voilà qui évoque l'expression *Gallia comata*, la Gaule chevelue, expression que certains ont voulu comprendre comme « la Gaule couverte de forêts ». Il n'en est pas question : entre autres auteurs, Pline précise que « les Gaulois et les habitants des Alpes sont appelés « chevelus » parce que, de tous les animaux, c'est l'homme qui a les poils de la tête les plus longs lorsque, comme les Gaulois, il ne les coupe pas ».

Détail d'une statue couramment dénommée le "Gaulois mourant". Elle faisait partie d'un ensemble commémorant une victoire du roi de Pergame, Attale Ier, sur les Galates d'Asie Mineure. Noter le torque, la moustache et la chevelure en mèches courtes. Seconde moitié du IIIe siècle avant J.-C.

Il ne les coupe pas, mais qu'en fait-il ? Les nombreuses représentations que nous livrent, pour les IIe et Ier siècle avant J.-C., les statues et les monnaies provenant de l'ensemble du monde celtique démontrent à quel point la chevelure était l'objet de soins incroyables. Or, nous ne voyons ces chevelures qu'en noir et blanc. Elles offraient peut-être d'autres caractéristiques, si l'on se fie aux légendes irlandaises, dont voici un extrait :

« Trois nuances de cheveux sur lui ; brune au ras de la tête ; rouge sang au milieu ; un diadème d'or recouvrant le tout. Belle était l'ordonnance de cette coiffure qui formait trois enroulements ».

Est-il absurde de se demander si, chez les peuples gaulois comme chez tant d'autres que connaissent les ethnologues, l'organisation et la couleur de la chevelure ne constituaient pas des signes distinctifs, avec des variantes à la fois de peuple à peuple et selon la hiérarchie sociale ? Peut-être est-ce aller trop loin, mais, à coup sûr, la *Gallia comata* représente quelque chose de frappant : la Gaule chevelue, c'est la Gaule qui se coiffe !

La moustache, la barbe. Pour ceux qui auraient l'impression d'aborder une question pittoresque ne tirant guère à conséquence, rappelons un texte de Pline l'Ancien : *« Le premier accord tacite entre les peuples a porté sur l'adoption des lettres ioniennes (…). Le second accord entre les peuples a consisté à introduire les barbiers, toutefois avec quelque retard à Rome (…). Le troisième accord a porté sur la notation des heures »*.

On ne saurait mieux démontrer l'importance prêtée par les Romains au traitement de la pilosité masculine ! L'usage du barbier relevait de la civilisation au plus haut degré !

Revenons aux Celtes. Les plus anciennes représentations les montrent moustachus et barbus. L'exemple le

Découverte de la statue de Glauberg en 1996.

Vue partielle de la tête d'une statue d'Entremont (Bouches-du-Rhône) montrant le soin apporté à la chevelure. IIe siècle avant J.-C. Musée Granet, Aix-en-Provence.

plus éloquent est fourni par la statue récemment découverte à Glauberg (vers 500-450 avant J.-C.), dont l'iconographie inspire, aux Vᵉ et IVᵉ siècles, la décoration de divers objets, notamment des anses d'œnochoés (cruches à vin) de la région rhénane, motifs auxquels certains auteurs attribuent une valeur religieuse qui n'est pas prouvée.

Aux IIIᵉ et IIᵉ siècles, les représentations se multiplient, le « combat contre les Gaulois (ou les Galates) » devenant, on l'a dit, une sorte de thème obligé aussi bien en Asie Mineure qu'en Italie. Les statues de Pergame comme les reliefs de Civitalba figurent des têtes aux cheveux longs, souvent bouclés, ornées de moustaches que n'accompagnent plus de barbes. Les plus anciennes statues de pierre de la Gaule méridionale, celles de Roquepertuse (Bouches-du-Rhône) qui remontent à la charnière des IIIᵉ et IIᵉ siècles, comprenaient, à côté de corps acéphales, une pièce réunissant deux têtes (le fameux « hermès » ou « bicéphale ») en apparence chauves et glabres. Récemment, en recherchant sur la pierre des traces de peinture, on a pu mettre en évidence des « traces noires » sur la tête (cheveux), au-dessus des yeux (sourcils) et sur les yeux eux-mêmes (cerne des paupières et cils), entre le nez et la bouche (moustache) et, dans un cas, sur le menton (barbe). Alors, barbe ou non ?

Nous pourrions renvoyer au texte de Diodore, précédemment cité : « quant à la barbe, certains se la rasent, d'autres se la laissent pousser modérément ». Cependant, les sculptures de cette époque posent des problèmes qu'on ne saurait régler avec autant de désinvolture. Tentons de les sérier :

• De nombreuses têtes portent la moustache sans barbe. C'est le cas de celles du linteau de Nages et de la tête tchèque de Zehrovice (inspirée, apparemment d'un cabochon). Les têtes qui décorent les fameuses phalères de Manerbio sont également moustachues. On trouve en Grande-Bretagne de petits masques de bronze tout à fait semblables (Welwyn, Hertfordshire). Il y a donc bien une iconographie du « Gaulois moustachu » largement répandue dans le monde celtique.

• Pourtant, tous les monnayages « réalistes » que diffusent les deniers d'argent gaulois à partir des années 120 avant J.-C. ne montrent plus que des magistrats et des chefs au visage glabre – à l'image des Romains. Les statues d'Entremont elles-mêmes, sauf pour telle ou telle « tête coupée », n'offrent aucune trace de moustache ou de barbe. Est-il possible d'imaginer que ces « ornements » auraient été figurés par la peinture, toute trace en ayant depuis lors disparu ? Vu le soin apporté à la chevelure, on en doutera, ce d'autant plus que, à en croire Diodore, la moustache était si abondante et si longue que les aliments s'y accrochaient et que la boisson y était « filtrée » !

Notons également le passage où César, ayant débarqué en Bretagne (l'Angleterre), signale les principales différences entre ces Bretons et les Gaulois. Parmi elles, il indique que les habitants de l'île « portent les cheveux pendants et se rasent complètement sauf la tête et la lèvre supérieure ». Donc, ils ne se coiffent pas les cheveux et portent la moustache. Or, ces Bretons ont conservé certains traits que les Gaulois ont abandonnés depuis quelque temps, par exemple l'usage des chars de guerre. La moustache ne serait-elle pas l'une de ses survivances, celle d'une mode ancienne ?

• Faut-il faire intervenir l'âge ? Les jeunes seraient glabres, les vieux barbus ? On ne saurait l'affirmer pour la période de l'indépendance. Mais, sous le règne de

L'image traditionnelle des Gaulois telle que la diffuse le monnayage romain. Ce denier d'argent de 48 av. J.-C., frappé par L. Hostilius Saserna, reprend de vieux thèmes iconographiques.

À gauche : le Gaulois sur son char de guerre (pratique abandonnée depuis longtemps). À droite, la tête « conventionnelle » du Gaulois : cheveux non coiffés, moutache et barbe. Les monnayages gaulois, eux, montrent au contraire des chevelures savamment élaborées.

À gauche, statère d'or attribué au peuple gaulois des Vénètes (région de Vannes). La chevelure est organisée en trois registres ondulés et est cernée de bouclettes. Il est difficile de distinguer entre les traits réalistes et les motifs décoratifs. À droite, statère attribué au peuple gaulois des Aulerques Diablintes (région de Jublains, Mayenne). Chevelure abondamment bouclée avec peut-être une couronne de feuillage ou un bandeau.

À gauche, monnaie d'argent attribuée aux Boïens, peuple celtique d'Europe centrale. Chevelure bouclée que l'on peut comparer à celle de la tête d'Entremont.
À droite, monnaie également boïenne rappelant certaines coiffures contemporaines qui n'ont rien d'hirsute.

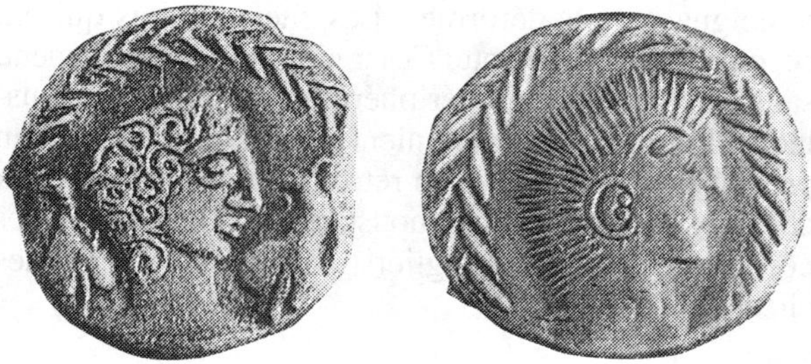

Tibère (14-37 après J.-C.), le fameux « Pilier des Nautes » dédié par cette corporation du peuple des *Parisii* (autour de Lutèce), nous montre, à côté de la dédicace, trois séries de personnages : des gens en toge – dont la tête a disparu –, des « vieux » barbus et moustachus, des « jeunes » qui, eux, sont glabres – à moins que nous ne leur attribuions tel âge en fonction de leur pilosité ? La sculpture étant bien postérieure à la conquête, mieux vaut ne pas prendre position.

• Enfin, sachant qu'il est souvent difficile de trancher entre les représentations divines et humaines, constatons que le célèbre chaudron de Gundestrup, qui mêle hommes et dieux, montre les guerriers totalement glabres, alors que les dieux (ou les héros) portent soit barbe et moustache, soit l'une ou l'autre, soit ni l'une ni l'autre. Autrement dit, chaque divinité avait son apparence individualisée.

Pour conclure : l'image du Celte ou du Gaulois hirsute, barbu et moustachu (ou seulement moustachu) demande à être fortement nuancée. Le soin des cheveux avait pris chez les aristocrates un raffinement étonnant. La pilosité du visage a connu des variations chronologiques, géographiques et probablement sociologiques, dont les conventions iconographiques nous rendent des témoignages très déformés. Les chefs gaulois qui ont accompagné ou combattu César n'avaient probablement, sauf dans telle région périphérique, ni barbe ni moustache. Pourtant, sur les deniers célébrant la victoire du proconsul sur la Gaule, on retrouvera des Gaulois aux cheveux non coiffés, à la moustache et à la barbe raides comme des soies de sangliers… Telle est la force des clichés.

Bien que cet article ne soit pas bien vieux (à peine deux ans), de nouvelles données concernant la sculpture (auxquelles je ferai allusion à la fin de ce chapitre) sont venues conforter mes impressions : si les sculptures barbues et moustachues de Roquepertuse doivent être assignées, non pas aux alentours de 200 comme on le pensait jusqu'à présent, mais à une date x… dans le courant du Ve, ou même du IVe siècle, ma thèse (les « ornements pileux » ont progressivement perdu de leur importance) se trouve confortée. Par la moustache de mes aïeux, voilà qui me plaît… Mais les « clichés » vont sûrement persister longtemps.

L'Eldorado gaulois et le problème du mercenariat

L'or, l'or, les trésors, le faste, la richesse... Encore un thème qui revient comme un leitmotiv dans la littérature gréco-romaine consacrée aux Celtes et aux Gaulois, et qui ne pouvait qu'être renforcé par la découverte des « tombes princières » du premier Âge du Fer et des débuts de la Tène. « Les Gaulois regorgeaient d'or ». Il y a une quinzaine d'années, une jeune collègue, Béatrice Cauuet, a engagé des recherches de toutes sortes (enquêtes minéralogiques, toponymiques et, in fine, *des fouilles archéologiques) pour retrouver les « aurières » des Gaulois. Elle les a repérées, elle en a fouillé : leur exploitation remontait au VIe siècle, et d'immenses progrès technologiques se faisaient jour à partir du IIIe siècle. Un colloque, très réussi, a rassemblé à Limoges les spécialistes de la question il y a trois ou quatre ans. On m'avait demandé de présenter un exposé introductif.*

J'ai repris les textes antiques pour les confronter aux données archéologiques. Très vite, des questions m'ont assailli. Tout d'abord, cet « amour de l'or » des Gaulois, sur lequel tous les auteurs anciens insistaient avec tant de force, m'a paru étrange : il fallait l'expliquer. Ensuite, les exploitations aurifères ne me paraissaient pas, à elles seules, pouvoir rendre compte du « stock d'or » détenu par la Gaule. Et, même si l'on supposait une vaste thésaurisation depuis trois mille ans accompagnée de refontes régulières, cela suffisait-il ? Mon enquête m'a conduit à privilégier une piste : celle du mercenariat.

À ce phénomène, l'on n'attache pas l'importance qu'il mérite. Celtes et Gaulois ont offert aux principautés et aux royaumes hellénistiques des centaines de milliers de guerriers, cavaliers et fantassins. La première mention est même antérieure à l'époque hellénistique, puisqu'on la trouve chez Xénophon dans un contexte de 369 avant J.-C. Et je n'insisterai jamais assez sur la phrase de Justin, l'abréviateur de l'historien Trogue-Pompée, lequel écrivait qu'« aucun des monarques orientaux n'aurait engagé une guerre sans des mercenaires gaulois » *(*Épit., *25, 2). Pour moi, le mercenariat est complémentaire des migrations. Pourquoi ? D'abord, parce que ceux qui partent conservent des liens avec ceux qui sont restés — et les mercenaires sont voués à revenir, s'ils ont survécu. Ensuite, parce que, dans les deux cas, il ne s'agit pas de quelques individus mais de groupes organisés, avec des chefs, et souvent les familles qui suivent. En résultent non seulement des richesses (de l'or), mais toutes sortes d'expériences. Des soldats celtes (gaulois) ont vu les plus grandes villes du monde, ont baragouiné du grec, sont revenus chez eux tout autres qu'ils n'étaient partis.*

Chacun se rappelle les pages dans lesquelles Voltaire décrit l'arrivée de Candide et de son compagnon Cacambo dans un pays merveilleux, admirablement cultivé, peuplé d'hommes et de femmes à la beauté singulière, que des voitures tirées par de gros moutons rouges emportent à une vitesse incroyable. Sur la place du premier village qu'abordent nos voyageurs, quelques enfants couverts de brocarts d'or tout déchirés jouent au palet avec « *d'assez larges pièces rondes, jaunes, rouges, vertes, qui jetaient un éclat singulier : c'était de l'or, c'était des émeraudes, des rubis dont le moindre aurait été le plus grand ornement du trône du Mongol* ». Candide se rend vite compte que ces richesses ne constituent que des objets sans valeur : on les trouve partout. Il vient d'entrer dans l'El Dorado.

Voltaire a tourné en caricature un mythe – un mirage – qui avait coûté la vie à des milliers d'hommes, à tous ces aventuriers qui, après le premier voyage de Christophe Colomb, s'étaient lancés à la quête des « fabuleuses richesses » de l'Amérique centrale, puis méridionale. Le pays de l'or était aussi celui des Amazones aussi bien que de la fontaine de Jouvence. Cortés, ses rivaux et ses épigones n'eurent de cesse que de trouver les mines extraordinaires, les montagnes d'argent, les cités aux toits d'or que décrivaient les récits indiens et qui les entraînèrent de plus en plus loin. Parmi les faits qu'on leur relata, celui du cacique recouvert d'or : l'El Dorado. Il nous a été transmis par l'un de ces conquistadors qui l'entendit en 1534 à Quito : une tribu de l'actuelle Colombie, lors d'une cérémonie rituelle, recouvrait d'or le corps d'un de ses caciques, et il se baignait dans un lac sacré où l'on jetait en offrande aux dieux des objets d'or et d'argent. S'ensuivit plus d'un siècle et demi à rechercher la fabuleuse contrée. Elle ne fut jamais trouvée.

Le mythe que l'on vient de résumer à grands traits comporte trois caractéristiques. Dans le pays fabuleux, l'or se trouve à foison, on le ramasse sans peine. D'autre part, les habitants se revêtent d'or, ou du moins certains d'entre eux. Enfin, l'on jette or et argent en offrande aux dieux dans des lacs sacrés. Les auteurs grecs et romains ont écrit l'équivalent… sur la Gaule.

L'or sans effort :

> *Dans toute la Gaule, il n'y a pratiquement pas d'argent, mais beaucoup d'or, que la nature fournit aux indigènes sans travail de mine et sans effort. En effet, le courant des rivières ayant des méandres et frappant les pentes des montagnes qui les bordent et en arrachant de grandes mottes, est plein de poudre d'or ; les hommes qui n'ont pas d'autre travail rassemblent, pulvérisent ou écrasent les mottes qui contiennent la poudre et, après avoir lavé à grande eau l'élément terreux naturel, confient la poudre à des fours en vue de la fonte* (Diodore de Sicile, V, 27).

Ou encore, à propos des mines des Tarbelles d'Aquitaine (région de Tarbes) :

> *Chez eux se situent les mines d'or les plus performantes de toutes : en creusant des puits de faible profondeur, on trouve des plaques d'or qui remplissent la main et qui, souvent, ne réclament qu'un léger affinage ; le reste consiste en paillettes et en pépites – ne demandant elles aussi que peu de travail* (Strabon, IV, 2, 1).

L'or comme parure :

> [Les Gaulois] *l'utilisent pour la parure, les hommes aussi bien que les femmes. Ils portent des bracelets aux poignets et aux bras, autour du cou d'épais colliers d'or massif, des bagues énormes et même des cuirasses d'or* (Diodore, V, 27).
>
> *Non seulement ils portent des parures d'or (colliers au cou, bracelets aux bras et aux chevilles),*

mais les personnages de haut rang portent des vêtements de couleur brillante brodés d'or » (Strabon, IV, 4, 5).

L'or, offrande aux dieux :

> *Dans les sanctuaires consacrés dans leur pays est répandue une grande quantité d'or consacrée aux dieux, et aucun indigène n'y touche par scrupule religieux* (Diodore, V, 27).
>
> *La contrée est riche en or, elle appartient à une population qui, à la fois, craint les dieux et ignore le luxe. Rien d'étonnant donc à ce qu'ils aient déposé des trésors en de nombreux points de la Celtique, tout particulièrement dans les lacs qui leur garantissaient l'inviolabilité et où ils jetèrent des lingots d'or et d'argent* (Strabon, IV, 1, 13).

Ces textes proviennent d'auteurs qui se fondent sur les relations antérieures à la conquête romaine. La Gaule passait donc pour un El Dorado antique ! Mythe ou réalité ?

Que les Gaulois aient possédé beaucoup d'or ne peut se mettre en doute. S'appuyant sur des sources officielles, l'écrivain Suétone, dans sa *Vie de César,* 54, indique que celui-ci « *en Gaule, pilla les chapelles et les temples des dieux, qui étaient remplis d'offrandes, détruisit les villes plus souvent par goût du pillage qu'à titre de représailles. Il en résulta qu'il regorgeait d'or et qu'il en répartit la vente en Italie et dans les provinces à raison de trois mille sesterces la livre* ».

Ce texte est fort important : il donne des chiffres. Trois mille sesterces, c'est au moins 25 % en dessous du cours normal, celui que César devait rétablir peu après, en 48 avant J.-C., en frappant des *aurei*, des pièces d'or qui vaudront 4 000 sesterces la livre.

César n'avait pas pour autant asséché le stock d'or gaulois puisque, moins d'un siècle plus tard, lors d'un triomphe de l'Empereur Claude sur la Bretagne (l'Angleterre), la Gaule Chevelue offrit une couronne d'or de 9 000 livres (à peu près trois tonnes). À titre de comparaison, rappelons que Sylla, en 81 avant J.-C., lors de son triomphe sur Mithridate, avait fait porter 15 000 livres d'or (cinq tonnes), ou encore que Pline l'Ancien fixe à 20 000 livres la production annuelle, à son époque, des mines d'Espagne. Aucun doute : la Gaule possède beaucoup d'or (c'est encore le cas : les Français, à eux seuls, détiennent le sixième de l'or privé mondial !). Les auteurs anciens en ont tiré la conclusion que le sol de la Gaule était riche en or. Conclusion en apparence logique, mais est-elle vraie ?

Depuis une quinzaine d'années, la recherche sur les mines d'or de Gaule a pris un nouvel essor grâce à des prospections systématiques dont certaines ont été suivies de fouilles, notamment dans le Limousin et, actuellement, dans les Pyrénées. Ont été mis en évidence des travaux d'extraction engagés dès le Ve siècle avant J.-C. et menés à ciel ouvert, puis, à partir de la fin du IIIe siècle, l'exploitation par galeries souterraines, toutes sortes de procédés complexes étant mis en œuvre depuis le boisage jusqu'au percement de galeries d'exhaure drainant la mine jusqu'à des profondeurs atteignant une vingtaine de mètres. Mais ces gisements de quartz aurifère ne semblent pas avoir offert des rendements exceptionnels, et leur exploitation paraît s'être arrêtée avant même la conquête romaine. Évidemment, il est impossible d'apprécier la quantité de métal précieux tirée de ces mines et, encore moins, de l'orpaillage, mais il semble assuré que la Gaule n'avait rien de l'El Dorado suggéré par les textes.

Dans ce cas, comment expliquer l'importance de l'or détenu par les Gaulois ? Il faut, à tout le moins, proposer une autre source d'approvisionnement. Or, nous en connaissons une : le mercenariat, lequel se trouve généralement associé à des paiements en or.

Voici une affaire significative qui se déroula en 168 avant J.-C. Cette année-là, le roi de Macédoine Persée s'apprête à lancer contre les armées romaines une campagne qui lui permettra, espère-t-il, de venger son père, Philippe V, victime en 197 de la cuisante défaite de Cynoscéphales, après laquelle le consul Flaminius avait proclamé, lors des Jeux Isthmiques, la liberté des cités grecques. Jouant sur les divisions opposant celles-ci, tentant de se faire des alliés aussi bien à l'ouest qu'à l'est, Persée engage des négociations que nous ont rapportées Polybe et Tite-Live.

D'abord, des contacts sont pris avec le roi illyrien Genthios :

> *Hippias, que Persée avait envoyé auprès de Genthios, était revenu de sa mission avant la mauvaise saison, en annonçant que l'Illyrien ne demandait pas mieux que d'entrer en guerre contre les Romains, à condition qu'on lui donnât trois cents talents et les garanties qui convenaient pour l'ensemble des risques à courir. Estimant que le concours de Genthios lui était indispensable, Persée, dès qu'il connut sa réponse, désigna Pantauchos, qui comptait parmi ses « amis » du premier rang, et le chargea de se rendre à son tour chez l'Illyrien avec mission de lui faire connaître son accord au sujet de l'argent et d'échanger avec lui les serments d'alliance* (Polybe, XXIX, 3).

De même, Persée se tourne vers le roi de Pergame, Eumène, lequel lui fait savoir ses conditions :

> *Pour se tenir tranquille et s'abstenir de faire campagne aux côtés des Romains sur terre comme sur mer, Eumène exigeait cinq cents talents, et, pour s'entremettre afin de faire cesser les hostilités, il en demandait quinze cents. Il se déclarait prêt pour cela à fournir des otages et autres garanties* (Polybe, XXIX, 8).

Le talent représentant 29,196 kg d'argent, c'est donc 9 tonnes d'argent que Persée s'engage à remettre au roi illyrien. Quant à Eumène, il réclame 15 tonnes d'argent pour sa neutralité, et 45 pour s'entremettre.

Persée cherche aussi, disent Polybe et Tite-Live, à passer un accord avec des « Gaulois » dont un fort contingent était arrivé (à sa demande, semble-t-il) en Illyrie :

> *Les Gaulois étaient au nombre de dix mille cavaliers et d'autant de fantassins (...). Ils avaient fixé leurs conditions à dix pièces d'or par cavalier et de cinq par fantassin ; leur chef en recevrait mille* (Tite-Live, XLIV, 27).

Les auteurs anciens expliquent que son avarice causa la perte de Persée, car, bien que immensément riche, il *« eut le vertige à l'idée d'une si grande quantité d'or : il en perdit la tête et, par lésinerie, refusa »* (Plutarque, *Vie de Paul-Emile,* VIII). Il tenta aussi de ruser avec Genthios. Mal lui en prit : quelque temps plus tard, il fut écrasé par les légions romaines à la bataille de Pydna, et ce fut la fin de la Macédoine.

Les récits concordants de Polybe et Tite-Live – mais aussi d'Appien et de Plutarque – offrent un premier trait intéressant : alors que le roi illyrien et celui de Pergame demandent des sommes en argent, les Gaulois traitent en monnaies d'or – ce qui ne relève pas d'une stratégie économique, car, au cours de l'époque hellénistique, l'or ne cessa de perdre de la valeur par rapport à l'argent. Mais les sources anciennes multiplient les occurrences prouvant que les « Gaulois » se font payer en or. D'abord, les rançons qu'ils exigent sont en poids d'or : on se rappelle évidemment la plus fameuse, celle que Brennus imposa à Rome vers 390 (mille ou deux mille livres selon les sources), à quoi l'on peut ajouter l'exemple de Byzance dans les années 227-220 :

> *Ces Gaulois avaient quitté leur pays en même temps que ceux de Brennos et, après avoir réchappé de l'expédition contre Delphes, ils avaient atteint l'Hellespont. Le pays aux alentours de Byzance leur avait plu et, au lieu de passer en Asie, ils étaient restés là. Ayant soumis les Thraces et établi leur capitale à Tylis, ils firent peser sur Byzance une terrible menace. Dans les premiers temps, lors des incursions qu'ils faisaient sous leur premier roi, Comontorios, les Byzantins leur payaient chaque fois de trois à cinq mille pièces d'or et une année même jusqu'à dix mille, pour que leur territoire fût épargné* (Polybe, IV, 46).

De même, c'est en or que les mercenaires « gaulois » exigent leur solde. Au cas de Persée précédemment évoqué, on peut ajouter celui des soldats gaulois recrutés par Carthage et auxquels, en 241, faute de fonds, on demanda de patienter en remettant à chacun « *une pièce d'or pour ses besoins immédiats* » (Polybe, II, 66). L'année précédente, raconte Justin (XXVII, 2), dans le royaume séleucide, le frère du souverain régnant avait recruté « une armée de Gaulois mercenaires » pour conquérir le trône, mais ceux-ci se retournèrent contre lui *« afin de piller l'Asie plus librement après avoir exterminé toute la race royale » ;* pour se tirer d'affaire, Antiochus « *paya son rachat en or* ». Les Gaulois cisalpins eux-mêmes, Insubres et Boïens, pour engager en 233 des mercenaires gésates *« des Alpes et de la vallée du Rhône, entreprirent d'éveiller les convoitises de leurs rois (...) auxquels ils offrirent immédiatement une grande quantité d'or »* (Polybe, II, 22). En 218, si les Gaulois du midi de la Gaule acceptent de soutenir Hannibal, c'est – explique Tite-Live (XXI, 20) – en raison de l'or qu'apporte le chef carthaginois, or dont cette nation gauloise est *avidissima*. Quelques années plus tard, Hasdrubal est accueilli avec transports par les Gaulois *« parce qu'il apportait, disait-on, de grosses sommes d'or »* (Tite-Live, XXVII, 36).

L'or est aussi le principal mobile du pillage. Lors de leur raid sur Delphes, les Gaulois de Brennus *« s'inquiètent moins de la religion que du butin, et moins de commettre un sacrilège que d'amasser de l'or »* (Justin, XXIV, 6). Le mot « or » n'est pas ici l'équivalent de « richesses », il est employé *stricto sensu*, puisque Justin montre Brennus n'hésitant pas *« pour animer les siens, à leur faire entrevoir la possession d'un magnifique butin, affirmant que ces statues, ces chars qu'ils apercevaient de loin étaient d'or massif et que leur poids surpassait même ce qu'on en pouvait juger sur l'apparence »*.

Cet amour de l'or est si connu que, lorsque le Sénat romain veut remercier par des cadeaux des rois ou des délégués gaulois, il n'oublie pas le métal précieux. Ainsi, en 170, un roi gaulois dénommé Cincibilus envoie à Rome une délégation conduite par son frère pour se plaindre des agissements de C. Cassius, consul l'année précédente et qui aurait *« dévasté le territoire des peuples des Alpes, leurs alliés et emmené en servitude plusieurs milliers d'habitants » ;* le Sénat assure qu'il mènera son enquête, fait aux députés un présent de deux mille as et *« donna au prince gaulois et à son frère »*, entre autre, *« deux colliers d'or pesant cinq livres »* (Tite-Live, XLIII, 7). Peu après, s'engagent les hostilités avec Persée :

> *Pendant cette guerre, une députation vint à Rome de la part d'un petit roi de la Gaule transalpine pour offrir des secours contre la Macédoine. Ce roi s'appelait Balanos ; mais on ignore sur quelle peuplade il régnait. Le sénat remercia les envoyés et leur donna en présent un collier d'or de deux livres, des coupes d'or qui en pesaient quatre, un cheval caparaçonné et une armure de cavalier* (Tite-Live, XLIV, 14).

Revenons au passage de Polybe que nous citions précédemment. Les conditions posées à Persée par les « Gaulois » étaient, rappelons-le, les suivantes : dix mille cavaliers à payer dix pièces d'or chacun ; dix mille fantassins à raison de cinq pièces chacun, et mille pièces pour le chef. Soit un total de 160 000 pièces d'or. Le poids des statères macédoniens étant de 8,6 g, ce total représente 1,376 tonne d'or monnayé. À lire les auteurs qui ont narré l'épisode, ces tarifs étaient normaux, et seule l'avarice de Persée le poussa à les refuser. Sachant l'immense développement du mercenariat celtique à partir du IIIe siècle, il faut penser que de grandes quantités d'or furent ainsi rapportées. La Gaule en reçut sa part, ce dont on peut juger moins d'après les monnaies d'or « étrangères » trouvées sur son sol (elles sont fort rares, sans doute parce que la presque totalité de ces pièces furent soit fondues soit refrappées) que par le fait que les monnaies d'or frappées en Gaule ont imité, outre les statères de Philippe II, bien d'autres modèles de Macédoine, d'Asie Mineure, de Thrace, de Grande-Grèce, de Carthage et même de Rome.

L'insistance des auteurs sur l'amour de l'or des Gaulois – ou des Celtes – indique que ce métal jouait chez ces derniers un rôle particulier, un rôle tel que la jouissance et donc le renouvellement d'importantes quantités étaient considérés comme nécessaires. Les dépôts dans les sanctuaires ou les lacs que mentionnent Diodore et Strabon, et dont l'archéologie a prouvé la réalité, invitent à chercher une explication dans le domaine de la religion. Comme chez d'autres peuples anciens ou modernes, l'or appartient-il aux dieux et doit-il leur revenir ? Porté par les défunts dans la tombe, leur assure-t-il l'immortalité ? Porté par le guerrier durant le combat, lui garantit-il soit la protection divine soit la survie dans l'autre monde ? Serait-ce, en particulier, le rôle, la « vertu » du collier commun aux dieux et aux hommes, le fameux torque gaulois si souvent cité et à ce point symbolique que Titus Manlius reçut le surnom de *Torquatus* (et ses descendants furent appelés les *Torquati*) pour avoir, vers 340, lors d'une expédition contre les Gaulois Sénons, « *arraché au cours d'un combat singulier un collier d'or à un barbare* » (Florus, I, 8). Parmi les dépouilles prélevées sur les Gaulois cisalpins lors des guerres des IIIe et IIe siècles, les torques tiennent souvent le premier rang, par exemple en 196, lorsque les Insubres « *perdirent plus de 40 000 hommes, 507 étendards militaires, 433 chariots et un grand nombre de colliers d'or dont l'un surtout, remarquable par son poids, qui fut, selon l'historien Claudius, offert à Jupiter et placé dans son temple au Capitole* » (Tite-Live, XXXIII, 36), ou encore en 180, quand P. Cornelius, lors de son triomphe sur les Boïens, fit porter devant lui, entre autre, « *1461 colliers d'or et 247 livres pesant d'or* » (Tite-Live, XXXVI, 40).

Le torque constitue aussi l'offrande privilégiée aux dieux, qu'il provienne du butin guerrier ou non. Les textes confirment amplement les représentations figurées, en premier lieu le passage où Justin narre l'épisode survenu durant le siège mis devant Marseille, à la fin du IVe siècle, par les Gaulois dirigés par Catumandus. Une nuit, ce dernier vit en songe une déesse. Le lendemain « *il demanda qu'il lui fût accordé d'entrer dans la ville et d'adorer les dieux (des Massaliotes) ; arrivé sur la colline de Minerve, il aperçut sous les portiques la statue de la déesse qu'il avait vue durant son repos (...). Il donna un collier d'or à la déesse et conclut une amitié perpétuelle avec les Massaliens* ». De même, à Auguste, empereur mais aussi dieu, les Gaulois (c'est-à-dire peut-être les *Tres Galliae* rassemblées au sanctuaire confédéral de Condate) offrirent un torque de 100 livres, soit 32,7 kg (Quintilien, *Inst. Or.,* VI, 3, 79).

L'or appartient aux dieux, il doit leur revenir. Ceux qui le portent ici-bas n'en sont que les dépositaires provisoires. De même, on hésitera à assurer que les pièces qu'on appelle les « monnaies d'or » gauloises ou celtiques aient réellement eu, au moins dans un premier temps, la fonction économique d'un numéraire, alors même que les peuples voisins frappaient l'argent.

Vus de l'extérieur, ces phénomènes ne pouvaient que susciter les thèmes rapportés par les auteurs grecs et romains : soif d'or démesurée due à des comportements barbares extravagants, et, par voie de conséquence, incroyable fécondité de la Gaule (au sens large) en métal jaune. Le mythe de l'El Dorado gaulois repose donc, comme bien d'autres, sur une fausse conclusion apportée à des observations exactes quoique mal comprises.

Les Actes du colloque de Limoges sont actuellement sous presse dans les Suppléments de la revue Aquitania. Les lecteurs intéressés par ce thème peuvent aussi consulter le superbe catalogue L'or des Helvètes, Trésors celtiques en Suisse, *édité en 1991 par le Musée National Suisse de Zurich.*

Bibracte, capitale des Éduens

Au cours de ma vie, j'ai eu deux « coups de cœur » archéologiques, c'est-à-dire la sensation inouïe de me trouver devant des sites d'une beauté confondante, et que j'avais envie d'interroger — qui parleraient peut-être. Le premier, ce fut Vaison (que l'ordre chronologique m'oblige à renvoyer plus loin), le second : Bibracte, le Mont-Beuvray.

*En 1978, alors que je préparais le tome Ier de l'*Histoire de la France urbaine *(salut et merci, Georges Duby !), voulant étudier les villes de Bourgogne, je m'installai une semaine près d'Autun. Je rencontrai Jean-Paul Guillaumet qui préparait alors sa thèse sur Bibracte, dont, je l'avoue, j'ignorais à peu près tout. Quelques conversations ; une visite qui tenait plutôt de l'expédition, tant il fallait se frayer un chemin au milieu des taillis ; rigoureusement rien à voir sinon quelques coins d'une forêt miraculeuse. Et, tout en haut, la pureté absolue du ciel, du panorama, de l'environnement. Je me plongeai dans la bibliographie, lus un peu de Bulliot, un peu de Déchelette, et je compris mal l'abandon des recherches depuis plus de soixante-dix ans : de ce site était partie la théorie d'un monde celtique européen.*

La vie présente des hasards étranges. À la fin de l'année 1980, je n'avais nulle idée qu'un conseiller général de

Château-Chinon (ville dont j'ignorais d'ailleurs la localisation) deviendrait sous peu président de la République. Je ne savais pas davantage qu'un certain Jack Lang s'intéressait, entre autre, à l'archéologie, et pensait déjà (au cas où…) à lancer quelques « grandes » opérations sur le territoire national. C'est donc en toute innocence que je répondis à l'une de mes connaissances, qui elle-même connaissait ces deux hauts (et futurs encore plus hauts) personnages et m'interrogeait sur « le chantier » que je préconiserais : le Beuvray ! Comment aurais-je imaginé que François Mitterrand en parcourait les pentes, pour méditer ou pour ramasser des champignons ?

Je ne sais de quel poids pesa mon avis. Toujours est-il que l'affaire se fit. Puisque je parle ici librement, ce fut longtemps une galère. Les hommes politiques imaginent que leur parole, leur décision peuvent renverser les obstacles. Certains crurent qu'il suffirait d'abattre quelques arbres pour ressusciter une capitale gauloise dont les maisons seraient intactes, toutes neuves, et puis l'on aurait des rues, des temples, des vases entiers, des milliers de monnaies splendides. Dieu merci, les appuis ne manquèrent pas pour engager une vraie démarche scientifique. Mais d'autres difficultés surgirent : la contestation de certains collègues considérant que les sommes (importantes) dépensées à Bibracte seraient mieux utilisées par eux-mêmes ; la nécessité d'organiser des campagnes régulières sous des cieux peu cléments et avec des infrastructures ultra-réduites ; surtout, la résistance du site lui-même, avec son immense superficie, sa forêt, ses vestiges arasés rétifs aux méthodes de prospection habituelles. Il a fallu ramer, et j'ai une grande admiration pour tous ceux qui ramèrent. Personnellement, j'avais été nommé par le Ministre de la Culture Vice-président du Conseil Supérieur de la Recherche archéologique, et, à ce titre, président du

Conseil scientifique de Bibracte. J'ai dû aussi prendre la présidence (que de présidences !) de l'association qui allait servir de « préfiguration » pour une structure plus importante (une Société Anonyme d'Économie Mixte) chargée d'exécuter les « grands travaux » décidés par le président de la République : une base archéologique, un musée, des logements – et les fouilles. Là encore, ce furent des années incroyables, durant lesquelles j'ai rencontré toutes sortes de gens : des truands (tel celui qui proposait un projet fondé sur une fréquentation de 700 000 visiteurs – au cœur du Morvan !), des illuminés pas désintéressés (on ferait un métro sous le Mont, puis le touriste gagnerait le sommet par un ascenseur à baies vitrées pour observer la succession des âges), des administrateurs et des « politiques » composant une palette étonnante en termes de qualité intellectuelle. Cependant, il doit exister une espèce de régulation, car un projet paradoxal, pointu, difficile a pu aboutir grâce à de multiples compétences et dévouements. J'en ai retiré la leçon encourageante que les irresponsables finissaient par perdre et les « bons » par gagner – non sans luttes, sans déperdition de temps et… d'argent ! Mais je me sens aujourd'hui « globalement » heureux des réalisations et de la recherche. Je pense à ceux qui ont pris les premiers risques. Quelle merveille que l'architecte Falocci ait reçu l'équerre d'argent pour le musée qu'il a construit, quel bonheur, pour ceux qui ont organisé et rempli ce musée dans des conditions hallucinantes, de voir combien il est aujourd'hui fréquenté et apprécié ! Enfin, à tous les sceptiques qui n'avaient pas compris – ou pas voulu comprendre – toutes les difficultés que je viens de rappeler, à tous ceux qui exigeaient des publications rapides alors que tant de fers étaient au feu, satisfaction va être donnée, les résultats sont là, les ouvrages arrivent. Bibracte était un pari, je crois qu'il est tenu. Je m'y suis beaucoup investi, j'ai souvent eu peur, plus souvent encore je me suis senti épuisé. Mais cela valait la peine.

Les deux articles qui suivent ont quatre ans d'âge. Le premier retrace les recherches anciennes. Le second synthétise dix ans de fouilles de 1984 à 1994. Celles-ci furent arrêtées en 1996, pour un temps de « respiration » (classement, préparation des publications). Elles ont repris l'année dernière. La prochaine livraison de la revue Gallia *comprendra un long article de synthèse. D'autre part, le Centre archéologique du Beuvray (58370 Glux-en-Glenne) a lancé une collection de monographies et de recueils d'articles.*

Au printemps de l'an 58 av. J.-C., César, gouverneur de la Gaule cisalpine (l'Italie du Nord) et la Gaule transalpine (le midi de la Gaule), se lance à la poursuite des Helvètes qui, par dizaines de milliers, avec femmes et enfants, viennent de quitter leur territoire (la Suisse actuelle) pour aller s'installer en Saintonge au terme d'une longue migration. Ils ont traversé la Franche-Comté et pénétré en Bourgogne, le pays occupé par les Éduens, vieux alliés de Rome. Jugeant que cette migration peut déstabiliser la Gaule et menacer la province romaine du Midi, César se lance vers le nord, franchit la Saône et rejoint les Helvètes au cœur du Morvan. Mais la rapidité de son mouvement lui pose un problème de ravitaillement : l'intendance n'a pas suivi.

> *Comme deux jours en tout et pour tout le séparaient du moment où il faudrait distribuer du blé aux troupes et comme d'autre part Bibracte, de beaucoup la plus grande et la plus riche place des Éduens, n'était pas à plus de dix-huit milles, il pensa qu'il fallait s'occuper*

de l'approvisionnement, et, laissant les Helvètes, il se dirigea vers Bibracte (*BG*I, 23).

Le mouvement de César est rapporté aux Helvètes, qui décident de tenter le sort des armes. La bataille, longue et mouvementée, tourne en leur défaveur : ils perdent les deux tiers de leurs effectifs, et, sur l'ordre de César, les survivants regagnent l'Helvétie.

Bibracte : Mont Beuvray ou Autun ?

Ainsi se déroule le premier épisode de la « guerre des Gaules », qui voit le nom de Bibracte entrer dans l'histoire. Six années plus tard, en 52, lors de l'insurrection générale, Bibracte est de nouveau plusieurs fois mentionnée, car César s'interroge : ses alliés éduens rejoindront-ils la cause défendue par Vercingétorix ? On sait qu'ils se déterminèrent en ce sens, et c'est à Bibracte que Vercingétorix fut confirmé dans le commandement en chef de l'armée gauloise coalisée. Lorsque l'entreprise eut pris fin à Alésia, César, victorieux, établit ses quartiers d'hiver à Bibracte où, en quelques semaines, il rédigea ses *Commentaires sur la guerre gauloise*. Puis un profond silence s'étend sur Bibracte. Passent les années. Le fils adoptif de César, Octave, devient l'empereur Auguste. Textes et inscriptions nous signalent que la capitale des Éduens a reçu de lui son nom : *Augustodunum*, la « citadelle d'Auguste », un nom qui, au fil du temps, se transformera en celui que porte aujourd'hui la ville d'Autun.

Lorsque, à partir du XVIe siècle, naît et se développe l'intérêt pour le passé local, lorsque savants « antiquaires » mais aussi seigneurs et hommes d'Église se passionnent pour l'origine de leurs villes, la relecture de César conduit à poser la question : en quel lieu était sise Bibracte, la capitale gauloise des Éduens ? Deux thèses vont s'affronter, parfois avec violence. La première veut la situer à Autun, considérant donc que la ville romaine a occupé le même site que la ville gauloise. La seconde place Bibracte à une vingtaine de kilomètres à l'ouest d'Autun, sur un massif montagneux dénommé Bevrect ou Beuvrect, aujourd'hui le mont Beuvray.

Sur quels arguments se fondent les tenants du Beuvray ? D'abord, sur la parenté des noms Bevrect-Bibracte. Ensuite, sur une tradition transmise par les chroniqueurs du XVe siècle. Également sur l'existence d'une foire qui se tenait tous les premiers mercredi, jeudi et vendredi de mai et dont des titres du début du XIIIe siècle attestaient la grande ancienneté et prospérité. Enfin, sur des trouvailles de poteries, de monnaies et sur des observations comme celles que rapporte en 1725 le curé de Saint-Léger-sous-Beuvray :

> *Il y a dans la partie qui est du côté de Saint-Léger une esplanade assez spacieuse, enceinte d'anciens fossés et d'une partie de murailles dont les vestiges se voient en plusieurs endroits. L'enceinte de ces murailles s'étend encore sur le déclin de la montagne, de manière qu'elles paraissent avoir renfermé l'espace d'une grande ville. Les murailles qui sont tombées en partie ont comblé les fossés, et forment une espèce de glacis par la terre qui y est crue par-dessus ; il y a des endroits où les pierres de ces murailles se trouvent répandues, parce qu'elles ont été remuées par le labourage qu'on y a fait à la pioche pour y semer du grain. Il y a plusieurs fontaines sur cette montagne dont l'eau est très vive : des anciens du pays m'ont*

assuré y avoir vu des puits, mais qui ont été comblés à cause des bestiaux qui y pâturent. Ils m'ont ajouté y avoir trouvé plusieurs médailles comme aussi des anneaux d'or et d'argent.

Pourquoi ces murailles, ces trouvailles, pourquoi cette foire, pourquoi les nombreux actes de piété et de superstition auprès des fontaines ou des sources du Beuvray, sinon parce que Bibracte repose sous les champs et sous les bois ?

Au XVIIIe siècle, la polémique semble tourner définitivement à l'avantage d'Autun, au point même que, durant la Révolution, pour effacer la mémoire du « tyran » Auguste encore trop présent sous ce nom, hérité d'*Augustodunum*, on rebaptisa Autun… Bibracte ! Changement qui ne dura guère mais symptomatique.

C'est sous le Second Empire que l'« affaire » se réveille. Un membre de la jeune Société éduenne des lettres, sciences et arts, fondée à Autun en 1836, s'intéresse presque par hasard au Beuvray. Il s'appelle Jacques-Gabriel Bulliot ; il est négociant en vins et doté d'une solide culture classique. Guidé par un paysan, il découvre, à travers les bois de la montagne, d'« étranges retranchements ayant nécessité de prodigieux mouvements de terre : ce n'était point là un ouvrage romain mais le circuit d'une ville ignorée » – Bibracte, bien sûr ! Mais Bulliot ne s'attira que des sourires amusés.

La bataille de Bulliot

Il en alla autrement lorsqu'on apprit que l'empereur Napoléon III s'était lancé dans la rédaction d'une *Histoire de Jules César* et qu'il faisait étudier avec minutie les identifications de tous les noms de lieux cités dans la *Guerre des Gaules*. Bibracte était au centre des interrogations de l'illustre écrivain, non seulement en raison de son importance propre mais aussi parce que, de son emplacement, dépendait celui de la bataille livrée par César aux Helvètes : l'un et l'autre étaient distants, à lire César, « de dix-huit milles » (27 km). C'est cela qu'exposa à Bulliot un envoyé de l'empereur, le commandant Stoffel :

> *Sur ces entrefaites, je reçus la visite du colonel Stoffel, alors commandant, chargé d'explorations diverses par Napoléon III. M. Stoffel venait de reconnaître le* murus *établi par César du lac Léman au Jura, pour barrer le passage aux Helvètes – il avait reconstitué en entier ce grand obstacle et cherchait, pour le moment, l'emplacement du champ de bataille où ils avaient été anéantis.* "J'ai beau promener, *me dit-il,* mon compas sur la carte, à la distance indiquée par César, en prenant Autun pour pivot, je ne rencontre aucun terrain répondant aux indications des *Commentaires*. – Ce résultat est inévitable, *répondis-je*, vous ne trouverez l'emplacement qu'en partant du Beuvray, c'est-à-dire de Bibracte." *À son sourire d'incrédulité et aux objections qu'il me fit, avec courtoisie d'ailleurs*, "je n'ai pas la prétention, *ajoutai-je*, de peser sur vos appréciations, mais venu pour un but déterminé, vous ne vous engagez guère en acceptant mon offre de vous conduire au Beuvray". *Il refusa, alléguant que, pressé, il reviendrait me trouver en juillet. Évidemment il ne prenait pas alors notre conversation au sérieux. Je ne l'ai jamais revu.*

Le courant n'avait pas passé entre les deux hommes. Pourtant, Stoffel avait dû être ébranlé par les arguments de Bulliot, puisque, peu après, il chargea un autre membre de la Société éduenne, Xavier Garenne, d'ouvrir des sondages sur le Beuvray. Garenne, muni de 200 francs, engagea une équipe d'ouvriers, fit de nombreux « trous » durant… trois jours (!) qui rencontrèrent partout des murs. On était en 1865. Garenne écrivit un livre intitulé *Bibracte*, sur lequel Bulliot n'émet pas un mot de commentaire. À la fois parce que l'ouvrage était nul et parce que Bulliot, comme on dit, « l'avait mauvaise ». Mais il y a parfois une morale, qui, en l'occurrence, prit comme agent l'archevêque de Reims. Après la brève campagne de Garenne, le vicomte d'Aboville, qui possédait presque la totalité du plateau du Beuvray, fit lui-même des fouilles qui, à leur tour, révélèrent nombre de vestiges. C'est ici qu'intervient l'archevêque. Écoutons Bulliot :

> *Membre de la Société éduenne dès sa jeunesse, auteur, avec l'abbé Rochet, de la remarquable édition des* Panégyriques *d'Eumène, publiée par la Société, et dont les notes concluaient vigoureusement à l'adoption d'Autun comme siège de Bibracte, M*gr *Landriot partageait très sincèrement cette opinion. Il ne manquait jamais de me taquiner sur ce qu'il appelait « ma Bibracte ». La vue des fouilles de M. d'Aboville fut pour lui matière à réflexion. « Je ne sais, me dit-il, si c'est Bibracte, mais en tout cas c'est sérieux ». On se sépara.*
>
> *L'Empereur, l'année suivante, étant au camp de Châlons, invita l'archevêque de Reims à venir y célébrer les saints offices, un dimanche. La question du Beuvray était alors à l'ordre du jour. L'archevêque fit part à Napoléon III de ce qu'il avait vu, exprimant la pensée que la reprise des recherches devait donner*

des résultats. « Je le ferais volontiers, reprit l'Empereur, mais je n'ai personne sous la main pour suivre un pareil travail. » Mgr *Landriot lui dit alors qu'un de ses amis, familiarisé depuis dix ans avec la question de Bibracte, accepterait volontiers cette tâche, et me nomma ; il m'avisa ensuite de cet entretien. Je reçus après une lettre de M. de Reffye, officier d'ordonnance de l'Empereur, m'indiquant une audience aux Tuileries, où Sa Majesté m'a donné directement ses premières instructions, en m'annonçant le chiffre de la première somme qu'elle affectait aux travaux. Ce chiffre était de 4 000 francs, et fut répété durant deux autres années ; total 12 000 francs, pris sur la cassette de Sa Majesté, ainsi qu'on l'a constaté dans les papiers saisis aux Tuileries après le 4 septembre 1870.*

Déchelette élargit les recherches

Bulliot fouilla le Beuvray de 1867 à 1895. À l'exception de quelques irréductibles, il emporta très vite la conviction générale : Bibracte était bien là. Démonstration qui permit de localiser la « bataille des Helvètes » au sud du Beuvray entre le village de Montmort et la colline d'Armecy. Mais ces fouilles eurent pour principal intérêt de mettre au jour des structures et des objets dont le nombre et la qualité attestaient l'importance de l'*oppidum* gaulois. Remparts, voies, ateliers d'artisans, maisons, un temple et ses annexes, des monnaies par centaines, des amas d'amphores, ustensiles, bijoux, céramiques, etc. Lorsqu'il avait entrepris son exploration au Beuvray, en 1867, Bulliot avait cinquante ans. Le temps passant et les campagnes se succédant, il eut souci de

s'adjoindre un plus jeune que lui, capable de l'as-
puis de prendre la relève. Il fit partager sa passion à un neveu, nommé Joseph Déchelette, qui, après avoir fait « ses humanités », avait repris à Roanne l'entreprise familiale de textile. En 1895, lorsque Bulliot décide de passer la main, le neveu a trente-trois ans et il médite déjà de se consacrer entièrement à l'archéologie. À son tour, il va mener onze campagnes sur le Beuvray, de 1897 à 1907.

Avec Joseph Déchelette, l'étude de Bibracte passe à un degré supérieur. Si le neveu est aussi attaché que l'oncle au passé régional, ses intérêts et sa culture sont d'une tout autre ampleur : c'est aux civilisations anciennes de la France, de l'âge de pierre jusqu'à l'époque romaine, qu'il consacre le plus clair de son temps et de sa fortune, lisant et voyageant beaucoup, entretenant des relations étroites avec les savants de l'Europe entière. Pour lui, Bibracte n'est pas seulement la capitale des Éduens, c'est l'un des témoins des grandes villes (*oppida*) que la civilisation celtique a su édifier avant de succomber devant Rome, et dont on retrouve d'autres exemples en France (Gergovie, Alésia), en Allemagne (Manching) et jusqu'en Bohême, à Stradonitz, la fouille de son ami Pic.

Déchelette mourut au front le 4 octobre 1914. Peu auparavant était parue la troisième partie de son *Manuel d'archéologie préhistorique, celtique et gallo-romaine*, consacrée au second âge du fer. C'est là que, en quelques pages, il présente la synthèse des fouilles de Bibracte, quarante années de recherches :

> *Les forteresses gauloises n'étaient point de simples lieux de refuge destinés uniquement à recueillir en cas d'alerte les gens et les bestiaux, mais de véritables*

*villes occupées par une population fixe comprenant divers corps de métiers. Elles se composaient toutefois de rustiques chaumières, ne ressemblant nullement aux luxueuses habitations élevées après la conquête. L'*oppidum *était aussi l'*emporium, *le marché de la cité : les villes importantes de la Gaule renfermaient des comptoirs de commerce, des magasins et des ateliers. Les* Commentaires *nous montrent avec quel empressement les trafiquants romains, au péril de leur vie, s'étaient installés dans les principales villes gauloises, notamment à Genabum (Orléans) et à Châlon-sur-Saône, pour en accaparer le négoce (...).*

*Bibracte, capitale des Éduens, situés sur les plateaux du mont Beuvray, à 27 kilomètres d'Autun, a reçu depuis bien des années le titre de Pompéi gauloise. Il faut entendre par là que, par un privilège longtemps unique en Gaule, elle a gardé dans un état exceptionnel de conservation les substructions de ses demeures maçonnées, ensevelies non sous les cendres d'un volcan, mais sous une couche légère de terre végétale : humbles demeures en pierre sèches dont l'exploration a permis de reconstituer en partie le plan général de l'*oppidum *(...).*

C'est grâce à sa situation géographique que Bibracte a pu devenir un des marchés ou emporta les mieux achalandés de la Gaule centrale. Le mont Beuvray a le privilège de se trouver en communication directe avec la vallée de la Loire et le bassin de la Seine. Les sources de l'Yonne jaillissent à quatre kilomètres de son pied. D'autre part, la vallée de la Saône n'en est distante que de dix à douze lieues. Un peu en aval du plateau, le tracé du retranchement se reconnaît de loin, sur certains points, au relief plus prononcé des arbres qui croissent sur ses éboulis. Ce rempart, dont le développement atteint cinq kilomètres, enveloppe quatre sommets dont le plus élevé, à l'est, atteint 822 mètres d'altitude.

Au nord-est, s'étend la petite vallée de la Come-Chaudron, quartier des métallurgistes et des émailleurs (...).

Les habitations de Bibracte construites soit en bois, soit en pierres sèches liées par de la terre argileuse sans mortier de chaux affectent toutes un plan rectangulaire. Leur forme générale ne rappelle en rien les cabanes rondes des tribus celtiques, décrites par les historiens grecs. Les angles des murs et les montants des ouvertures sont en pierres de taille, dont le parement, malgré la dureté de la roche qui est le granit de la région, a été aplani avec soin. Le plus souvent ces demeures sont à demi-souterraines. On y descend par un escalier intérieur de plusieurs marches, disposition que les rigueurs de la saison d'hiver, à cette altitude, expliquent aisément. La fig. 9 reproduit la vue d'une maison déblayée par nous en 1898, dans la Pâture du Couvent. Elle peut être donnée pour type des demeures maçonnées les plus modestes et ne comprend qu'une seule pièce rectangulaire sans aucune subdivision.

Les aires sont ordinairement revêtues d'une simple couche d'argile battue ; d'autres fois, un lit de tuileaux concassés, sans aucune trace de ciment, constitue une sorte de pavement grossier.

La plupart des toitures étaient sans doute en paille, comme celles des chaumières actuelles du Morvan, mais la tuile romaine à rebord se rencontre déjà.

Le nombre de pièces est nécessairement variable, suivant la condition des habitants. Les cases des fondeurs et des forgerons de la Come-Chaudron ne sont que de petits réduits obscurs sans subdivisions intérieures, tandis que le quartier du Parc aux Chevaux renferme de vastes constructions bâties sur le plan classique des demeures pompéiennes. L'une de ces dernières ne couvre pas moins de 1 150 mètres carrés et se divise en une trentaine de compartiments disposés autour d'un atrium central, à plan carré. Elle était sans doute occupée par un des riches Éduens fixés à Bibracte vers l'époque de César, au moment où commençait la pénétration de la civilisation italique dans la Gaule centrale.

Des ateliers de forgerons, de fondeurs, d'émailleurs, faisaient de la ville un centre important d'industrie.

Les substructions de ces ateliers et les fonds d'habitations ont livré de nombreux débris d'objets de toute sorte, qui nous donnent des indications précises sur l'état de l'industrie gauloise et sur les relations commerciales des Éduens avec l'Italie. À l'industrie indigène appartiennent les objets de fer et de bronze, les outils, instruments et parures, les bronzes émaillés, des poteries variées, notamment des vases peints à décor géométrique, sans doute fabriqués dans une région voisine, des chenets d'argile à tête de bélier, etc.

*D'Italie et sans doute de Marseille où elles abondent venaient notamment des amphores vinaires ; quelques petits vases céramiques sont originaires des officines d'Arezzo et de l'Italie du Nord. On ne déblaie jamais aucune des habitations de Bibracte sans y recueillir un certain nombre de monnaies. Il y avait donc dans les ateliers et les boutiques de l'*emporium *une circulation monétaire considérable. En 1899, l'inventaire des monnaies trouvées au cours* *des fouilles méthodiques ne comprenait pas moins de 1 579 exemplaires. Les pièces gauloises et massaliotes comprenaient 4 monnaies en or, 202 en argent, 119 bronzes frappés et 708 bronzes coulés. Ce qui fait le principal intérêt de ces monnaies gauloises, c'est la variété des types. Un grand nombre des peuples dont l'ensemble constituait la nation celtique possédaient un monnayage local. Tout naturellement le numéraire éduen est le plus abondamment représenté. Les pièces romaines se composent de deniers en argent de la République et de monnaies impériales de l'époque d'Auguste, dont la série s'arrête cinq ou six ans avant l'ère chrétienne. C'est donc à cette date que doivent remonter l'abandon de l'*oppidum *et le transfert de ses habitants à* Augustodunum *(Autun).*

*Cependant il est un quartier qui n'a cessé d'être fréquenté, au moins une fois par an, après la destruction de l'*oppidum *: c'est l'emplacement du Champ de foire, sorte de forum, avec les abords du petit temple qui l'avoisine. En 1679, on découvrit à Autun, dans un puits alors comblé, un médaillon de bronze portant l'inscription suivante :*
DEAE. BIBRACTI
P. CAPRIL. PACATVS
IIIIIIVIR. AVGVSTA
V.S.L.M
"À la déesse Bibracte, Publius Caprilius Pacatus, Sévir augustal, avec reconnaissance, en accomplissement de son vœu".

On retira du même puits un vase en bronze contenant des monnaies dont les plus récentes dataient de Valentinien. Deux autres inscriptions, dédiées à la déesse Bibracte, dont l'une gravée sur la base d'une *statue de femme, furent encore retrouvées à Autun. Il est très naturel qu'après l'abandon de l'*oppidum *le culte de la déesse locale soit resté populaire à* Augustodunum. *Bien qu'aucune inscription ne lui ait été dédiée à Bibracte ou du moins n'ait été retrouvée, il paraît certain que le temple reconnu sur le plateau du mont Beuvray lui était consacré.*

Les fouilles ont permis de retrouver sur son emplacement un ensemble complexe de substructions appartenant à diverses époques. Au-dessous des fondations de deux chapelles chrétiennes apparurent celles d'un sanctuaire antique se composant d'une cella rectangulaire (8,80 x 7 m), flanquée de deux galeries latérales faisant portiques. Au chevet, tourné à l'orient, s'ouvrait un petit sacellum *en retraite, élevé de quelques degrés et séparé de la nef par un rang de colonnes en briques et en grès. De rares fragments de marbre blanc ornés de cannelures, de menus débris de porphyre, vert et brun, et de mosaïque en verre, dénotaient une certaine richesse dans l'ornementation. D'abondantes monnaies indiquaient l'âge du monument : construit sans doute aux premiers temps de la conquête, il subsista jusqu'au IVe siècle, car aux monnaies gauloises étaient mêlées une douzaine de pièces impériales. Les plus récentes étaient encore deux bronzes de Valentinien.*

La foire du mont Beuvray, renommée au Moyen Âge dans toutes les provinces de France, a très probablement pour origine une fête relieuse, célébrée aux temps celtiques près du petit sanctuaire.

*Les fouilles, sur ce point de l'*oppidum, *ont permis de reconnaître, de chaque côté de la voie centrale, une rangée de boutiques, occupées par les marchands et les artisans. Elles étaient précédées d'auvents,* *portés par des colonnettes de brique. Des monnaies, des poteries et objets divers de tous les siècles, depuis l'époque gauloise jusqu'à nos jours, témoignent de la persistance de cette foire, persistance tout à fait singulière en raison de l'isolement et des difficultés d'accès du Beuvray.*

Grâce aux travaux de Bulliot et de Déchelette, Bibracte était devenue le site de référence pour ces grands *oppida* gaulois et celtiques : ses architectures et son matériel faisaient autorité. Paradoxe : la mort de Déchelette avait interrompu les travaux archéologiques, le Beuvray, systématiquement reboisé, se recouvrait d'une épaisse forêt. Comme témoins des recherches passées ne se voyaient qu'une chapelle et un modeste monument dédié à Jacques-Gabriel Bulliot. Bibracte s'était de nouveau assoupie, au grand dépit des archéologues qui savaient qu'elle n'avait pas, et de beaucoup, livré tous ses secrets...

La reprise des recherches

Situation paradoxale, car les fouilles du Beuvray constituent l'un des apports majeurs à tout ce que l'on écrit sur le monde celtique des IIe-Ier siècles avant J.-C. Bibracte, c'est l'*oppidum* par excellence, et l'on reproduit à l'envie les plans et les dessins publiés par Bulliot et par Déchelette, on les « modélise » même, distinguant des « quartiers » consacrés respectivement à l'artisanat, à la résidence des grands et aux cultes, distinction qui conduit à recréer les « fonctions » principales de l'*oppidum* celtique. De même, les objets retrouvés à Bibracte (céramiques et métal) jouent le rôle de « fossiles directeurs » pour de nombreux sites européens. Mais de ces fouilles, on ne voit plus rien, et le matériel archéologique lui-même, à part quelques pièces exposées, est enfoui dans les réserves du Musée d'Autun, dans celles du Musée des Antiquités nationales de Saint-Germain-en-Laye ou encore du Musée Joseph Déchelette de Roanne.

À mesure que passa le temps, le silence de Bibracte devint de moins en moins acceptable. Dans les années 70, la recherche sur la civilisation celtique, longtemps assoupie, reprit en France un peu de vigueur. De grandes fouilles s'ouvraient à l'étranger. De plus, les méthodes archéologiques, en s'inspirant de celles qu'avait mises au point la préhistoire, affinaient les chronologies et les typologies. On voulait, il fallait en savoir plus sur Bibracte : Bulliot et Déchelette n'avaient-ils pas fouillé seulement les niveaux supérieurs, ceux qui correspondaient à la fin de l'existence du site ? N'existait-il pas des couches plus anciennes et à quand remontaient-elles ? Quelle date assigner au rempart ? L'organisation urbanistique – même rudimentaire – attribuée à l'*oppidum* n'était-elle pas d'époque romaine plutôt que celtique ? Et si Bibracte était bien stratifiée, ne pourrait-on préciser la datation du matériel, comme les fibules et les céramiques ? Enfin, sur ce site-clé, dans la capitale du peuple éduen, allié de Rome depuis longtemps, n'en apprendrait-on pas beaucoup sur les relations avec l'Italie, voire avec le monde méridional en général, avant même la guerre des Gaules ?

Toutes ces questions que posait la communauté scientifique rencontrèrent en 1982 la volonté du Ministre de la Culture, M. Jack Lang, d'ouvrir en France un grand chantier archéologique international qui dynamiserait la recherche sur la civilisation gauloise en lui donnant des moyens exceptionnels, à la hauteur de ceux dont bénéficiaient certaines opérations dites « de sauvetage ». Le choix du Mont-Beuvray reçut l'approbation et l'appui du Président de la République, familier des lieux et instruit de leur importance à la fois symbolique et historique. Le 17 septembre 1985, M. François Mitterrand invita des équipes de toute l'Europe à s'associer à l'entreprise. Ce qui fut fait : aux chercheurs français du CNRS, de l'Université de Paris I et de l'École du Louvre, vinrent s'adjoindre des professeurs et des étudiants venus d'Allemagne, de Belgique, d'Écosse, d'Espagne, de Hongrie, d'Italie, de la République Tchèque et de Suisse. Parallèlement, dans le cadre des Grands Travaux de province, s'engagèrent la construction d'un Centre archéologique européen et celle d'un musée qui présenterait, outre Bibracte, la civilisation celtique dans sa phase terminale, celle dite des *oppida*.

Reprendre, après soixante-dix ans d'interruption, les fouilles de Bibracte n'était pas une mince affaire. D'abord, il y avait la forêt, par endroits presque impénétrable. Elle rendait les repérages difficiles, surtout d'après des plans anciens dont le degré de précision n'était pas connu. De plus, les arbres avaient pu bouleverser les couches archéologiques : où en trouverait-on d'intactes ? Le climat n'était pas des plus favorables à la fouille, les 800 m du Beuvray invitant les nuages à de fréquents arrosages ! Enfin, se posait un problème stratégique : au sein des 165 hectares qu'enclosait le rempart trouvé par Bulliot, fallait-il pratiquer des sondages stratigraphiques précis et donc limités qui permettraient d'appréhender les différents niveaux du site ? Fallait-il préférer de grands décapages – mais on se heurtait au problème posé par le couvert forestier – ? Devait-on se concentrer sur des éléments forts du site, comme le rempart, le temple sommital ou telle grande maison « à la romaine », dont la datation importait pour beaucoup d'archéologues et d'historiens ? Il fut décidé de marier, dans la mesure du possible, ces diverses approches en engageant des prospections systématiques faisant appel à toutes les techniques connues, en fouillant le rempart à la porte du Rebout, le temple du sommet, la Fontaine Saint-Pierre et la maison dite PC1, en pratiquant des sondages à divers endroits – notamment sur la Terrasse – et en lançant l'étude d'une vaste zone à la Pâture du couvent (cf. plan). Parallèlement, furent lancées des études pluridisciplinaires portant sur l'environnement, l'artisanat métallurgique, ainsi que des essais d'archéologie expérimentale.

L'apport des nouvelles fouilles

Tout d'abord, les recherches ont modifié ou précisé les connaissances sur l'étendue et la chronologie de l'*oppidum*. Les fouilles de Bulliot avaient retrouvé le rempart de Bibracte, construit selon la technique dite du *murus gallicus* d'après l'expression utilisée par César (*Guerre des Gaules*, VII, 23), qui associait un poutrage de bois et des parements de pierre. Or, les prospections ont démontré que cette enceinte était en grande partie « doublée » par d'autres remparts extérieurs à elle, qui portaient la superficie enclose à plus de 200 hectares. Quant à la chronologie, si l'on excepte des traces d'occupation restreinte au néolithique et au premier Âge du Fer, il est aujourd'hui établi que l'*oppidum* gaulois s'est établi sur le Beuvray aux environs de 150-130 avant J.-C., et qu'il a vécu en tant que tel jusqu'à l'époque augustéenne. Après quoi, demeurèrent fréquentés des lieux liés au culte (le temple du sommet, la Fontaine Saint-Pierre), autour desquels une grande foire annuelle se perpétua jusqu'au XIXe siècle. Signalons qu'un couvent de Cordeliers fut fondé au Moyen âge, dont un secteur conserve

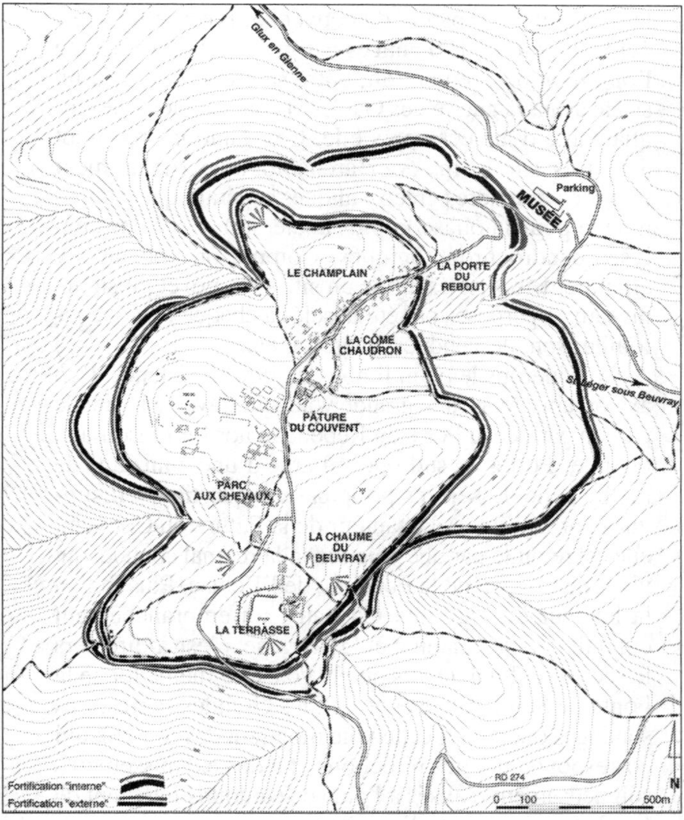

*Plan de l'*oppidum *de Bibracte, état 1997. Document. Centre Archéologique Européen du Mont-Beuvray.*

le souvenir : la « pâture du couvent ». L'essentiel, c'est évidemment les 150 années assignées à l'existence de l'*oppidum* proprement dit, entre sa création près d'un siècle avant la guerre des Gaules et son abandon une cinquantaine d'années après elle. Ces datations reposent à la fois sur le matériel archéologique (notamment importé : amphores gréco-italiques et céramique campanienne pour la phase la plus ancienne) et sur des analyses dendrochronologiques. Comme on pouvait s'y attendre, Bibracte est donc un site stratifié, et plusieurs niveaux superposés ont été décelés à chaque fois que les fouilles sont descendues en profondeur.

Considérons le plan. Il nous montre l'existence d'un axe organisateur : une grande voie, qui traverse le site de part en part, de la Porte du Rebout au nord-est jusqu'aux Grandes Portes au sud-ouest. Large d'une quinzaine de mètres, elle dessert les principaux « quartiers » distingués par Bulliot. À la hauteur de la Pâture du Couvent, elle est rejointe par une voie secondaire, mal connue, qui vient de l'ouest, de la Fontaine de l'Écluse. Plus loin, à la hauteur du Parc aux Chevaux, un embranchement conduit vers la Chaume et la Terrasse, c'est-à-dire vers le secteur cultuel, tandis que la voie elle-même longe la Fontaine Saint-Pierre et rejoint les Grandes Portes. Les sondages opérés sur cette voie montrent des niveaux qui correspondent à des réfections et à des exhaussements soigneusement réalisés à l'aide de cailloutis intégrant de nombreux fragments d'amphores.

C'est par la Porte du Rebout que cette voie franchissait le « rempart Bulliot » pour pénétrer dans l'*oppidum*. À cet endroit, les fouilles ont repéré cinq ouvrages successifs, depuis une palissade néolithique jusqu'à une puissante levée de terre (mur de type dit « belge » selon les typologies consacrées). Le « rempart Bulliot » avait été précédé par un autre rempart d'époque gauloise, et lui-même connut deux états. La porte était dotée de dimensions considérables : une vingtaine de mètres de largeur, ce qui conduit à imaginer un dispositif double, avec deux portes encadrant un massif central. Un essai d'archéologie expérimentale, outre qu'il a permis de mieux mettre en lumière les techniques de construction, a eu pour mérite de préciser la quantité de matériaux nécessaires pour édifier ce *murus gallicus* long de 5 km : de 10 à 20 000 stères de bois, de 10 à 20 000 m^3 de terre et de pierrailles, 50 à 60 000 clous représentant une trentaine de tonnes de fer. Les poutres du rempart, faites en chêne de 15 à 30 cm de diamètre, supposent un déboisement d'au moins 100 hectares, probablement bien davantage car la région ne produit pas de chênaies mais une forêt mixte. Et il faut ajouter le bois de chauffe nécessaire à la réduction du minerai et à la fabrication des clous. Donc, des chiffres considérables, que l'on doit au moins doubler pour tenir compte de la découverte de nouveaux remparts que nous avons précédemment signalée. Si l'on prend aussi en considération les besoins en bois de charpente et en bois de chauffe de l'ensemble de l'*oppidum* – en particulier pour l'artisanat –, s'impose la probabilité d'un paysage largement déboisé. Contrairement à aujourd'hui, où la forêt est omniprésente, les pentes de l'*oppidum* devaient être très éclaircies et les remparts s'apercevoir de fort loin.

Après avoir franchi la Porte du Rebout, la grande voie poursuivait son ascension en séparant les secteurs de la Come-Chaudron, sur la gauche, et du Champlain, sur la droite, secteurs où Bulliot avait mis au jour nombre de boutiques, de « bazars » et surtout d'ateliers artisanaux consacrés au travail du métal et particulièrement à l'émaillage. Les recherches récentes n'ont pas porté sur cette zone où les résineux ont dû faire des ravages sur des structures archéologiques fragiles. Pourtant, un atelier artisanal a été fouillé à proximité de la Porte du Rebout, et l'on a pu constater qu'il se composait de deux parties. La première, au sol recouvert d'une épaisse couche de cendre mêlée de fragments de charbon de bois, comportait des fours et des fragments de creusets. La seconde a livré des fosses dont certaines conservaient la trace de pièces en bois, un four à basse température, des fragments de moules et de métal, des fibules en cours de fabrication, une enclume en pierre, des rivets, etc. Se distinguent ainsi la zone où les alliages étaient réalisés ou fondus et celle où les objets de bronze étaient façonnés et finis. Les trouvailles provenant de cet atelier de bronzier font l'objet d'études en laboratoire qui nous en apprendront sur les techniques gauloises. À ce propos, signalons les recherches effectuées sur la composition de l'émail, sur celle des alliages, ainsi que la reconstitution expérimentale de la « chaîne » de fabrication d'un type de fibules.

La Pâture du Couvent avait fait l'objet des fouilles de Déchelette qui y avait retrouvé un ensemble, qu'il avait baptisé « atelier de forges », ainsi que des constructions enterrées dans lesquelles il voyait des « maisons gauloises ». L'étude de ce secteur a été reprise en élargissant considérablement la surface étudiée. Des équipes de médiévistes ont fouillé le couvent, mettant au jour l'église, le cloître, les pièces d'habitation et des bâtiments annexes, toutes ces constructions ayant connu divers états. Les niveaux antiques, eux, s'étageaient de l'époque augustéenne, pour les plus récents, à la seconde moitié du IIe siècle avant J.-C. pour les plus anciens. Dès l'origine, les constructions, en matériaux périssables sur poteaux porteurs, s'alignaient sur la grande voie. Les

Le bassin de granit découvert à la "Pâture du couvent".

sols de terre comportaient fosses, silos et foyers aménagés. À l'ouest de la voie, une rue perpendiculaire desservait, d'une part, l'« atelier de forges » et, d'autre part, une série d'habitations comportant des caves – dont Déchelette n'avait pas compris la nature. Cette zone, de par sa stratigraphie et de par les éléments d'urbanisme qu'il révèle, constitue un secteur-clé de l'*oppidum*.

Mais la Pâture du Couvent retient aussi l'attention par la découverte d'un monument exceptionnel, implanté presque au milieu de la grande voie. Il s'agit d'un bassin en grand appareil de granit rose, de plan ovale, long de 14,50 m et large de 3,65 m. Sa construction savante , l'orientation de ses axes, la technique méditerranéenne de sa taille en font un exemplaire unique au sein du monde celtique et conduisent à s'interroger sur sa signification : marque-t-il l'« omphalos », le centre de Bibracte, le point privilégié d'un rite de fondation ? Il y a deux mois, en remuant d'anciens remblais de l'époque des fouilles de Déchelette, on a retrouvé une sculpture de pierre représentant une « tête coupée » : indice du caractère « sacré », symbolique de ce secteur ? Son exploration étant loin d'être achevée, attendons la suite des travaux…

Continuons de suivre la grande voie, qui atteint le Parc aux Chevaux. La grande maison PC1 a fait l'objet de sondages stratigraphiques, qui ont révélé l'existence de cinq niveaux superposés. Les deux derniers (qui, à leur tour, se subdivisent) datent de l'époque romaine et emploient les techniques de la maçonnerie. On voit d'abord se former trois habitations contiguës, ensuite réunies en une seule. La présence d'hypocaustes, de pavements en *opus signinum* attestent la force du processus de romanisation. Mais ces états « romains » sont précédés pas trois autres, en matériaux périssables, dont les campagnes à venir permettront de dresser le plan, répondant ainsi à une question fondamentale : s'il s'agit là des résidences des « grands », comportaient-elles à l'époque celtique ne serait-ce qu'un peu de l'éclat qu'elles revêtirent après la guerre des Gaules ? Quoi qu'il en soit, la relecture des données archéologiques de ce secteur conduit à revenir sur la conception qu'en avait inspirée Bulliot : loin de constituer, même à l'époque augustéenne, un quartier résidentiel quasi-urbain, il conserve un caractère semi-rural, quelques maisons « à la romaine », pour la plupart proches de la grande voie, se disséminant au milieu d'un paysage où enclos et clôtures matérialisent un ancien parcellaire cadastral.

À la sortie du Parc au Chevaux, la Fontaine Saint-Pierre a été de tout temps un lieu de vénération. Elle n'avait jamais été fouillée. Les recherches ont montré qu'un édifice primitif de forme rectangulaire, long de

20 m et large de 10, avait été plusieurs fois remanié, transformé par la création de nouveaux bassins, par l'adjonction de salles thermales, etc. et ce au moins jusqu'au IIIe siècle après J.-C. L'état le plus ancien serait attribuable au IIe siècle avant J.-C., une analyse dendrochronologique donnant une date de 126 avant J.-C. Les murs correspondant à cet état sont construits en moellons de pierres assemblés au mortier de chaux, et sont revêtus d'une chape d'argile et d'un cuvelage de bois. Diverses trouvailles – monnaies, oreille de bronze – attestent qu'outre son rôle utilitaire la Fontaine eut dès le début un caractère sacré. Les sédiments, fort riches en matériaux organiques, ont permis des analyses de pollens et de macro-restes, qui ont révélé des traces de battage de céréales, des plantes aromatiques (fenouil, céleri) et du pavot. Les céréales sont associées à des graines de mauvaises herbes typiques de terrains calcaires, ce qui signifie soit que ces céréales venaient de loin soit que les Éduens utilisaient déjà la technique signalée par Pline : « Les Éduens et les Pictons ont rendu leurs champs très fertiles avec de la chaux ».

Au sud de l'*oppidum*, Bulliot avait fouillé à l'endroit dit la Chaume et fait quelques sondages sur la Terrasse. À la Chaume, il avait dégagé, le long de la voie, des bâtiments qu'il appelait « loges marchandes », et une esplanade où se dressait un temple et qu'encadraient des portiques et des boutiques – ensemble auquel il avait donné le nom de *forum*, interprétation depuis longtemps réfutée –. Pour connaître la datation de ce lieu cultuel, des fouilles ont été faites dans le temple et à ses abords. Elles ont confirmé que l'édifice le plus ancien remontait à l'époque augustéenne. Son plan correspondait à celui de nombreux *fana* (ou temples de tradition celtique) découverts en tant de lieux en Gaule, avec un corps central en forme de tour carrée, entouré d'une galerie de même plan. Sa fréquentation est attestée jusqu'au IIIe siècle (comme celle de la Fontaine Saint-Pierre), et une hypothèse récente suggère qu'un sanctuaire au dieu Mithra fut construit à proximité vers la fin du IIe siècle. A l'emplacement du *fanum*, s'édifièrent une église du haut Moyen Âge puis une seconde église au XIIIe siècle, et enfin, sur les ruines de cette dernière, un oratoire du XVIIe.

La datation augustéenne du *fanum* oblige à rechercher d'autres lieux pour les cultes d'époque celtique. Pourtant, la continuité des sites religieux est un phénomène bien connu. Aussi l'attention s'est-elle portée sur la Terrasse, une éminence nettement délimitée, sur environ un hectare, par un talus encore bien visible aujourd'hui. Bulliot y avait vu les vestiges du rempart et du fossé d'un camp romain – celui des légions stationnées à Bibracte, durant l'hiver 52-51 au cours duquel César écrivit sa *Guerre des Gaules*. Mais, depuis l'époque de Bulliot, la recherche européenne a mis en évidence l'existence d'« enclos » quadrangulaires (désignés sous le vocable allemand de « Viereckschanzen »), de surface analogue à la Terrasse, également délimités par un talus et un fossé, et à l'intérieur desquels on trouve parfois une ou deux petites constructions, parfois un puits et souvent… rien, comme si le site avait fait l'objet de pratiques ne laissant nulle trace, voire exigeant un nettoyage méticuleux. La trouvaille exceptionnelle de quelques armes ou de statues suggère une interprétation de ces espaces comme des lieux « cultuels » ou « rituels ». La Terrasse serait-elle l'un d'eux et constituerait-elle le lieu de culte d'époque gauloise, auquel serait venu se substituer le *fanum* gallo-romain ? Les fouilles ont confirmé le caractère symbolique des « fortifications » et ont montré qu'elles étaient doublées, à l'extérieur, par trois petits fossés. À l'intérieur, ni matériel ni structure. L'hypothèse de la « Viereckschanze » en sort fortifiée.

On ne saurait clore le dossier des recherches récentes sans mentionner une fouille encore en cours. Il s'agit d'une opération de sauvetage liée à la construction du musée et du parc de stationnement automobile qui le desservira. Au Col du Rebout, au nord-est de l'*oppidum*, presque au contact du rempart extérieur doublant le « rempart Bulliot », une nécropole a été mise au jour. Elle est composée d'enclos carrés, de dimensions variables, orientés nord-sud. Dans ces enclos, on trouve une tombe centrale en fosse contenant une urne cinéraire et un dépôt d'offrandes de quelques vases et objets métalliques ou de verre. À l'extérieur des enclos, d'autres fosses recueillent parfois des restes incinérés, parfois des inhumations d'enfants. Des traces de bûchers sont visibles. La nécropole s'étend de part et d'autre de la voie qui conduit à l'*oppidum*, et le matériel archéologique couvre toute la durée de l'occupation du site, du IIe siècle à l'époque augustéenne. C'est la première fois qu'est mise au jour une nécropole liée à un *oppidum* celtique.

Parmi les nombreuses pistes de recherche qu'ouvrent tous ces travaux, nous insisterons sur les indices qui convergent pour suggérer des contacts anciens avec le Midi et, particulièrement, avec l'Italie. Grande place de commerce, Bibracte constituait un lieu d'échanges ou de redistribution entre le monde méditerranéen et le monde celtique, comme l'attestent le numéraire – monnaies romaines et massaliotes, monnaies frappées par divers peuples gaulois, y compris de Gaule belgique – et aussi les masses considérables d'amphores retrouvées dans les dépotoirs ou concassées pour former des sols de rues ou de maisons. Le plus fort contingent est formé des Dressel 1 qui contenaient le vin de Campanie et du Latium.

Mais ces relations commerciales se sont accompagnées de tout un jeu d'influences qui transparaissent dans la technique de construction de la Fontaine Saint-Pierre et du bassin et (peut-être) dans l'adoption de certains principes d'urbanisme. On ne saurait trop s'en étonner : César signale la présence active de négociants romains à Châlon et à Mâcon, et un passage de la *Guerre des Gaules* pourrait même laisser entendre que des colons italiens s'étaient établis sur le territoire éduen.

Telles sont, présentées dans leurs très grandes lignes, les principales données fournies par les recherches récentes. Bibracte a retrouvé vie. Le Mont-Beuvray lui aussi s'est réveillé. D'ici quelques mois, le musée s'ouvrira aux visiteurs. Des parcours mèneront le public sur les principaux points de fouille, et il faut espérer que la mise en valeur des vestiges, retardée, comme souvent en France, par l'inertie de l'administration des Monuments Historiques, aura progressé. La forêt, débroussaillée, éclaircie, et le ciel changeant du Morvan donneront aux témoins du passé le supplément d'âme qui naît de la magie des lieux.

Marseille et la Gaule

Du Mont-Beuvray, il vous faut gagner la gare du Creusot-Montchanin, et le TGV vous emporte en deux-trois heures vers le Midi. Dépaysement total : ce n'est plus le même ciel, ni les mêmes cultures (« culture, Kultur ? »). Comme d'autres, j'ai longtemps été persuadé qu'il y avait le Midi et le reste de la Gaule (combien de temps fallait-il, il y a vingt siècles pour se rendre de Bibracte à Marseille ?). C'est en quittant le premier pour habiter dans « le reste », puis en visitant ce dernier et en cherchant à le connaître, que j'ai changé de sentiment. Non que je conteste l'existence d'une zone méditerranéenne avec ses spécificités, ni celle d'une autre zone que d'aucuns appellent « tempérée » avec des caractères différents. Mais, pour leur archéologie, la coupure entre l'une et l'autre me paraît correspondre en grande partie à l'histoire de la recherche.

Le Midi a été la terre d'accueil privilégiée pour les « classiques » – notamment ceux qui avaient « fait » Athènes ou Rome. Même si leur principal objet de recherche portait sur l'Italie ou la Grèce, il n'était pas absolument « honteux » d'accorder quelque attention à une terre qui, après avoir reçu une colonie grecque (Massalia), s'était appelée la provincia, *la province, la Provence. En revanche, les terres du nord n'étaient guère dignes de retenir l'attention : tout juste Gergovie, Alésia, parce que les légions y avaient commencé leur œuvre civilisatrice... Donc, dans les grandes universités méridionales (Aix-en-Provence, Montpellier, et jusqu'à Toulouse), l'archéologie régionale « gauloise » ne fut jamais tenue pour inintéressante.* Mais *cette archéologie s'inscrivit longtemps dans une certaine optique. D'un côté, des indigènes (ligures ou celtes ou gaulois). Et puis, comme chantait Brel, « et puis il y a Frieda qu'est belle comme un soleil » : Marseille, Massalia, Massilia. Les Grecs. La cité phocéenne (l'OM, « le club phocéen » selon* L'Équipe*). Le vin, l'huile, les bateaux. Un domaine. Le « grand » commerce. Une constitution connue par Aristote. Marseille, phare de la civilisation. Marseille d'abord toute seule au milieu des barbares d'Occident, puis alliée de Rome – le second phare.*

Marseille a logiquement fasciné des générations de chercheurs, à commencer par Camille Jullian, « phocéen » de naissance, et il faudrait en citer bien d'autres, de Michel Clerc à Fernand Benoit. Pour eux, il s'agissait moins de connaître Massalia elle-même (réputée, hélas, « sans antiquités », ses vestiges anciens ayant presque tous été détruits au fil du temps) que d'évaluer son influence : on parla de l'« hellénisation » du Midi, de celle de la Gaule – ou bien, en jargonnant pour faire mode, d'« acculturation » des Gaulois. Comment Marseille avait « appris » aux « indigènes » des méthodes de construction, des techniques agricoles, en quoi elle les avait intégrés dans un vaste système commercial, comment elle les avait amenés à écrire et à connaître certaines formes artistiques. Bref, elle les avait civilisés, selon un mouvement quasiment continu.

Marseille, ce fut aussi le « scandale » du quartier de la Bourse en 1967, la lutte que menèrent deux collègues, Maurice Euzennat et François Salviat, pour persuader les pouvoirs politiques d'arrêter le massacre et d'ouvrir ce qui fut le premier grand chantier d'« archéologie urbaine », avec les résultats que l'on sait : la mise au jour de la corne du port, l'entrée de la ville, trois remparts successifs, archaïque, classique, hellénistique, des remaniements d'époque romaine, des monceaux de matériel archéologique, la certitude que Massalia occupait une superficie gigantesque (50 hectares) à l'aune des oppida *indigènes voisins (3,5 ha pour Entremont). Depuis lors, d'autres fouilles ont eu lieu, retrouvant des maisons, des thermes, et – surtout – les rivages et les aménagements successifs du port (près de l'Hôtel de Ville).*

Paradoxe : l'« aura » massaliote allait alors perdre de sa force. Pourquoi ? Parce qu'une génération de jeunes chercheurs méridionaux – surtout languedociens –, formés aux méthodes de fouilles de la préhistoire et les perfectionnant eux-mêmes, habités de certaines des idées que 1968 représenta tant bien que mal, engagèrent des fouilles sur des oppida *pour y rechercher des « racines ». Ils voulaient connaître les « autochtones », démontrer que le Midi n'était pas une terre coloniale modelée par Grecs et Romains. Ces efforts, couronnés de réussite, ressuscitèrent de mini-régions, créèrent des instruments pour évaluer les cultures matérielles, offrirent aussi aux yeux du public des sites superbes, aux remparts admirablement conservés, aux quartiers organisés, témoins d'une civilisation (ou de civilisations) qui n'avait rien de fruste.*

La réflexion – et la production – des historiens obéit à des mouvements pendulaires selon des cycles qu'il faudrait étudier, mais qui obéissent probablement aux successions des générations tout en débordant les normes de l'INSEE (on dépasse les 25 ans : les générations de « chercheurs » se succèdent plus lentement). On se mit à douter de l'influence de Marseille. Était-il sûr qu'elle ait fait autre chose que du commerce – et encore, celui-ci était-il vraiment si important ? Quant à avoir influencé l'urbanisme et l'art, des continuités « internes » aux sites indigènes remettaient le dogme en question.

Lorsqu'une doctrine donne des signes de faiblesse (supposée), certains de ses anciens tenants se précipitent pour lui porter le coup fatal. Or donc, après la petite révolution que constitua la redécouverte des oppida *et du monde indigène, après le chamboulement qui réforma les méthodes (on comptait les tessons, on faisait des tableaux d'après leur origine, on « quantifiait »), des conversions se produisirent, beaucoup changèrent de religion. Oui, l'important, c'est l'autochtone – pardonnez-moi, mon Père, d'avoir prêché le contraire. La Gaule « intérieure » elle-même bougeait, les fouilles nouvelles brouillaient les anciens repères.*

Puis, la nouvelle génération – celle qui commença à fouiller et à écrire aux alentours de 68 – prit de la bouteille et ne fut plus du tout nouvelle. Le pendule bougea. On considéra que, pour comprendre le micro, le mini – et le régional tout court, il n'était peut-être pas inutile de les insérer dans des cadres un peu plus vastes. Après tout, le Languedoc occidental pouvait être rapproché du Languedoc oriental, et tous les deux de la Catalogne, de la Provence, voire de l'Italie septentrionale. Pourquoi ne pas remonter un peu vers le nord ? Et surtout, certaines « clés » ne seraient-elles pas détenues par… Marseille – et, plus tard, par la colonisation romaine ? Tiens donc. Mais ces reconversions sont encore récentes, et n'ont pas porté tous leurs fruits.

En 1990, fut organisé un grand colloque « Marseille grecque et la Gaule » – évidemment dans la cité « phocéenne ». Ce fut une affaire assez compliquée (entre administrations), dont j'ai présidé je ne sais trop quoi. Peu importe. Les communications furent à la fois très nombreuses et très riches. Le texte qui suit constitue la « conclusion générale » de cette manifestation. Il est un *peu « hard », il fait référence à des communications que le lecteur pourra retrouver dans la publication (*Études massaliètes*, 3, Centre Camille Jullian, Aix-en-Provence, 1992), mais j'espère que mes allusions sont assez limpides pour que chacun comprenne les enjeux.*

Ce que j'ai tenté (appuyé par certains collègues) ? Freiner un peu le pendule dans sa course. Dire : soyons raisonnables. Autant il était exagéré d'imaginer une Massalia « institutrice des Gaules », autant un scepticisme absolu sur sa place, son rôle, me paraît impossible. Marseille fut une grande cité. Qu'elle n'ait pas colonisé l'Europe occidentale, d'accord. Qu'elle n'ait rien fait, non. Ne tombons pas d'un excès à l'autre.

Ce serait pure folie de prétendre tirer des conclusions d'un colloque aussi riche en communications et en nouveautés. Aussi ne m'y risquerai-je pas et me contenterai-je de quelques commentaires que je centrerai sur deux périodes : le VIe siècle et les IIIe-IIe siècles. Non que le Ve et le IVe siècles ne m'intéressent pas. Cependant, il me semble que les problèmes les plus aigus, les questions les plus controversées et le plus d'actualité se sont portés – comme il est courant – sur la période initiale et sur le déclin (ou supposé déclin). Mais auparavant, je voudrais faire quelques remarques générales.

En premier lieu, une constatation : le succès de cette rencontre repose en grande partie sur le travail d'une génération de chercheurs, un quart de siècle durant lequel ont exercé leur activité des gens de tous âges, mais spécialement des collègues qui ont aujourd'hui de 40 à 50 ans, qui ont mené un nombre impressionnant de travaux de terrain, sur terre comme sous l'eau. Ils ont pris pour champ d'étude privilégié le Midi de la Gaule. Cela ne doit pas être oublié, d'abord parce que nous leur devons cet hommage – leurs efforts sont à l'origine de ce colloque – mais aussi parce que leur action a fait progresser la recherche en Gaule méridionale, tandis que – je n'hésite pas à le dire – le reste de la Gaule stagnait, à de très rares exceptions près. On le sait bien, les cartes de répartition de tel ou tel mobilier traduisent souvent l'activité des chercheurs plus que la distribution réelle (si le terme a un sens) des céramiques ou des vases métalliques. Lorsque des équipes se constituent, que de grands chantiers sont ouverts, que des travaux universitaires sont lancés sur le Midi de la Gaule alors qu'il ne se passe presque rien sur le reste du territoire (du moins pour les problèmes qui nous ont ici intéressés), peut-on apprécier sereinement la confrontation entre, d'un côté, une fantastique accumulation des données et, de l'autre, une très faible progression ? Et si ces équipes s'étaient créées en Bourgogne ou dans le Jura ? De même, le développement de l'archéologie sous-marine a posé – ou réactualisé – des questions comme celle de l'incroyable afflux des amphores Dressel 1. Nous devons conserver à l'esprit les conditions de la recherche – qui tiennent à son organisation et à sa géographie – avant de tirer des conclusions catégoriques. N'oublions pas non plus le hasard : Marseille ne fait l'objet que de fouilles d'urgence. Et si l'on tombait un jour prochain sur un entrepôt du Ve siècle (ou de toute autre époque) qu'un incendie aurait détruit ? Que deviendraient les statistiques que nous établissons en rassemblant des données éparses ? J'irai encore plus loin : combien d'années se sont écoulées avant que telle coupe produite à Athènes ait rejoint la Bourgogne, y ait fait de l'usage, ait (peut-être) changé de mains, éventuellement de père en fils, pour se retrouver *in fine* dans une tombe ? Voilà au moins trois raisons qui m'amènent à penser que nous devons user de la plus grande prudence avant de tirer des leçons historiques.

Ma deuxième impression tient à la modification, sinon toujours des problématiques, du moins du vocabulaire. « Marseille et la Gaule » : l'expression est bien différente de « l'hellénisation de la Gaule » et, de fait, ce terme d'hellénisation si courant il y a une vingtaine d'années n'a été utilisé par aucun orateur, à l'exception d'un seul, qui voulait s'en servir comme contrepoint à la « romanisation ». Ô mânes de Camille Jullian, de Fernand Benoît -et de bien d'autres !... Même le terme d'« acculturation » s'est trouvé sinon absolument radié du moins contourné : je ne l'ai entendu que dans deux communications, alors qu'il y a cinq ou six ans nous l'aurions rencontré des dizaines de fois. Est-ce à dire qu'il ne paraît plus correspondre à un concept assez fin au regard des modèles et des grilles anthropologiques plus sophistiquées que certains ont présentés ?

Ma troisième impression, c'est l'étonnement que j'ai ressenti face à certaines lacunes. Sans doute, il était inutile de revenir sur les problèmes de la chôra massaliote qui ont fait l'objet d'une publication récente, mais comment expliquer l'absence du Languedoc au sein de ce colloque ? Mis à part des allusions ou quelques références dans tel exposé général, nous n'avons rien entendu sur ses *oppida*, presque rien sur Lattes, par un mot sur Agde ! Or, c'est bien dans cette région que s'est lancé le grand mouvement de l'archéologie auquel je faisais allusion il y a peu, qu'ont été obtenus des résultats à la fois spectaculaires et riches en enseignements pour le thème qui nous a occupés. Même si nul colloque ne peut prétendre à l'exhaustivité, cette lacune est de taille.

Enfin, ma dernière impression d'ensemble, un peu attristée, (probablement parce que, durant mon enseignement à Aix, j'ai beaucoup parlé de Marseille), c'est que le rôle de la « capitale phocéenne » – comme disent les journaux – sort de nos travaux quelque peu diminué, voire banalisé. Même si l'enthousiasme de nos prédécesseurs peut paraître exagéré, je me demande si notre réaction à nous ne va pas trop loin dans l'autre sens. Il a bien fallu des fondements objectifs à l'immense prestige dont Marseille a joui aussi bien dans le monde grec que dans le monde romain. Avons-nous le droit d'oublier que, à peine deux générations après sa fondation, Massalia pouvait édifier un « trésor » en marbre à Delphes (le second offert par une ville grecque !) et que, à l'autre bout de la chaîne chronologique, c'est à elle que Rome avait confié le contrôle de la Provence ? Quoi qu'il apparaisse dans les statistiques du matériel de nos fouilles, conservons à la mémoire l'impression que nourrit toute l'Antiquité : Massalia est grande, l'une des très grandes.

Une première série de questions a été posée par les orateurs qui ont évoqué la fondation de Marseille et son rôle par rapport au monde qui occupait ce qu'on appellera ultérieurement la Celtique – et même des régions s'étendant encore davantage vers l'Est. « Monde immense », a rappelé P. Lévêque. De fait, n'oublions pas que la (future) Gaule, à elle seule, représente trois fois l'Italie, plus de cinq fois la Grèce. Le monde « hallstattien » est encore beaucoup plus vaste !

Les textes antiques – parfois postérieurs, il est vrai, à l'époque de la fondation – sont unanimes pour mettre l'accent sur le caractère commercial de cette création. Certes, ils ne disent pas qu'il s'agissait de commercer avec la Celtique (je conserve le terme par commodité), mais n'est-ce pas parce qu'il allait sans dire ? Une simple escale sur la route maritime Italie-Espagne (et inversement) justifierait-elle les récits légendaires qui nous ont été transmis ? Le prestige dont jouissait Marseille, que j'ai rappelé il y a un instant, ne repose-t-il pas sur le fait qu'elle constitue l'une des très rares colonies grecques qui se trouve à l'orée d'un territoire non de quelques km^2 ou quelques dizaines de km^2, mais plutôt de milliers, de centaines de milliers (qu'on ne sait d'ailleurs estimer à l'époque) ? Même en plein Ier siècle avant J.-C., elle est encore décrite en ces termes par Cicéron. A quelle autre la comparer ? Aux deux ou trois tournées vers les Thraces, l'Afrique ou l'Orient ?

Une seconde question, c'est celle de l'« aile » ou de l'« ombre » étrusque. Marseille aurait rencontré « de la difficulté » pour s'affirmer vis-à-vis des Étrusques et deux générations au moins auraient été nécessaires pour se libérer de cette « concurrence ». Je ne suis pas sûr que le problème soit bien posé. D'abord, parce que l'implantation d'une colonie ne se fait pas du jour au lendemain - on le sait par maints exemples antiques et modernes. Il faut du temps pour réaliser l'installation matérielle, faire surgir de terre des constructions, occuper et aménager des sols -surtout pour des cultures à rendement différé, comme la vigne et l'olivier. L'installation « politique » n'est pas simple non plus, même si des accords antérieurs l'ont prévue, et n'oublions pas les problèmes matrimoniaux ! Surtout, pour établir les bases d'un commerce avec un monde presque inconnu, contacts, explorations d'abord proches puis plus lointains exigent de la patience. Surtout si des réseaux, si faibles soient-ils, ont été constitués par d'autres. Enfin – j'en reparlerai pour le IIe et le Ier siècles –, nous avons tendance à recréer une sorte de « patriotisme » qui empêcherait des Grecs de s'insérer dans des réseaux étrusques, ou même de redistribuer des marchandises étrusques (plus aisées à acquérir, vu leur proximité). C'est attribuer aux commerçants des comportements qu'ils n'ont jamais eus à aucune époque sauf sur injonction du pouvoir politique (rarement respectée). Opposer un « commerce grec » à un « commerce étrusque », c'est une solution de facilité dont les preuves sont minces, car l'origine des produits ne désigne ni les transporteurs ni les intermédiaires, et les épaves elles-mêmes ne lèvent pas l'ambiguïté. Le commerce n'a pas de patrie : business is business. Je lance mon entreprise avec ce qui est disponible sur le marché, et ce qui me procurera le meilleur bénéfice : c'est d'ailleurs l'intérêt de ma cité. Un Malouin n'a jamais hésité à se procurer des produits à Nantes, ou un Hollandais au Portugal pour les revendre très loin, et leur patriotisme (au moins pour les Malouins !) ne saurait être mis en doute. Peut-être portons-nous un regard simplificateur sur ces « trafics ». Quoique n'ayant pas l'intention d'évoquer le Ve siècle, je me permettrai cependant une incise qui va dans le même sens : est-il certain que les statistiques qu'on nous présente sur les importations venues d'Attique puissent être prises au premier degré ? Des événements comme les guerres médiques et – surtout – la guerre du Péloponnèse ne doivent-ils pas être pris en considération ? La production, l'exportation des produits d'Athènes n'ont-elles pas pris un coup ? Bref, ne faudrait-il pas distinguer avec un peu plus de soin les comportements commerciaux, le patriotisme de cité et ne pas oublier le cours de l'histoire ?

Les rapports entre Marseille et le monde hallstattien ont fait l'objet de communications importantes qui ont posé clairement le problème essentiel : les relations commerciales ont-elles joué un rôle dans la structuration et (ou) le développement de pouvoirs forts s'étendant sur des territoires importants pour l'époque – les « principautés », selon le terme couramment utilisé ? En fait, deux points de vue se sont opposés.

Le premier constate que des sociétés autochtones de faible niveau économique et démographique, vivant en autarcie ou à peu près, ne connaissant que des formes élémentaires d'habitat groupé, ne passent à un stade « supérieur » de développement (constitution de pouvoirs forts, emprise territoriale élargie, renforcement ou développement de l'habitat groupé, voire « proto-urbanisation ») que grâce aux ferments qui viennent de l'extérieur ou plutôt aux contacts avec l'extérieur : les villes, les cités-États de Mésopotamie n'ont pas pour origine le seul développement des domaines agricoles, mais celui du commerce avec l'extérieur. L'histoire moderne nous a aussi montré quels chocs peut produire l'irruption d'étrangers -ou de demandes étrangères-, chocs d'autant plus violents que les relations s'exercent sur de plus longues distances, car ils sont relayés et s'exercent sur des sociétés de moins en moins aptes à les subir. Les résultats, ce sont souvent la concentration des pouvoirs – on traite plus facilement avec des chefs –, la division sociale entre les partisans de ces nouvelles pratiques et ceux qui s'y opposent au nom de la « tradition », le développement par les premiers des pratiques de prestige censées démontrer les bénéfices économiques et culturels procurés par leur politique. N'évoquons pas ici l'exacerbation que connaissent ces phénomènes lorsque s'introduit l'élément capital qu'est l'esclavage : nous n'en avons pas d'indice pour cette époque. Voilà une lecture possible des bouleversements connus par le monde hallstattien de l'Est et du Centre-Est, une piste pour le développement et le déplacement des « principautés ».

Mais on peut partir d'une autre position. Des structures hiérarchisées existent déjà -les indices se trouvent-ils dans le mégalithisme ou dans certaines tombes du Bronze ? Elles peuvent susciter d'elles-mêmes quelques importations de produits étrangers. Le vin, si exotique, si rare, si cher, si inouï, et les services qui l'accompagnent, viendraient accentuer la hiérarchie sociale. Et si les princes échangeaient entre eux ces dons prestigieux venus de si loin ?

Faut-il trancher – ou plutôt : avons-nous les éléments qui permettent de trancher – entre ces deux conceptions ? Ne les ayant pas personnellement, je me contenterai d'attirer l'attention sur deux ou trois points. D'abord, il me semble imprudent de refuser catégoriquement l'idée que tel prince hallstattien ait pu introduire à sa cour (pour parler vite) quelque chose qui aurait ressemblé au symposium gréco-étrusque. Quand bien même on aurait puisé de l'hydromel dans le grand chaudron de la tombe de Hochdorf et qu'on l'aurait bu dans des cornes d'aurochs, il reste que les divers récipients retrouvés traduisent l'existence d'un petit groupe qui banquetait autour du prince et que la banquette de 3 m de long (« klinè ») sur laquelle celui-ci fut déposé après sa mort a dû tenir un rôle dans ces festivités. Or, elle porte, entre autres, des motifs de danseurs affrontés. Interpréter l'association à Vix du cratère et des coupes attiques n'est pas plus facile. Mais Torelli – dont je regrette l'absence – n'a-t-il pas avancé la possible existence de liens, à haute époque, entre les aristocraties celtique et étrusque ? J'ai peur que nous ne soyons encore pénétrés d'une vision manichéenne opposant deux mondes censés avoir été irréductibles l'un à l'autre, alors que la réalité a dû être infiniment plus complexe. Personnellement, je croirais assez à des contacts entre aristocraties, dont nulle trace ne nous est perceptible – ou à peu près.

D'autre part, lorsque des sociétés géographiquement et économiquement très éloignées connaissent leurs premiers contacts, on ne saurait exclure des termes d'échange (ou de troc) très inégaux, très déséquilibrés. En revanche, plus la tête du commerce (en l'occurrence Marseille) est proche des partenaires économiques, plus les équilibres s'établissent rapidement : les autochtones apprennent très vite la valeur relative des biens échangés, un système s'instaure, fondé sur l'entente (une quasi- « loi du marché ») – sauf si le partenaire « étranger » emploie la force pour fausser le jeu. Le Languedoc, la Provence ont appris en quelques années ou décennies ce que les sociétés hallstattiennes n'ont peut-être jamais su.

Quelle que soit la position que l'on adopte à l'égard de ces questions complexes, l'important est de conserver une seule et même logique. Personnellement, je ne ferais pas passer à la trappe le commerce de l'étain, surtout en observant les trouvailles de la haute vallée de la Loire, voire de Bourges. Mais admettons la thèse selon laquelle le commerce entre Marseille et l'intérieur de la Gaule ait été très réduit. Dans ce cas, il devient impossible d'attribuer l'amoindrissement du dynamisme massaliote à la « crise » qui aurait secoué les principautés hallstattiennes et entraîné leur effondrement. De même, ladite crise ne saurait s'expliquer par les effets perturbateurs des contacts avec l'« étranger » (sauf à prouver l'existence d'une autre voie commerciale, cette fois importante).

Voilà donc une question dont nos travaux auront démontré la complexité, celle-ci expliquant la variété des approches et le nombre des incertitudes.

Passons à l'époque hellénistique. Nous avons quitté une Massalia toute jeune, enthousiaste selon certains, hésitante selon d'autres. Nous retrouvons vers 300 une grande cité qui a surmonté ses difficultés – si tant est qu'elle en ait connu –, que le monde entier connaît, qui a lancé des explorations extra-ordinaires, au point que les récits de Pythéas ont engendré des réactions souvent sceptiques. Par ailleurs, il est clair qu'elle a charpenté ses moyens, ses réseaux, qu'elle a mis en place des instruments solides, des entreprises, des bureaux, toutes sortes de relais où les autochtones jouent un rôle essentiel. Sous son influence, le Midi s'est structuré d'une manière que la terminologie anglo-saxonne éclaire avec acuité. A partir du milieu du IVe siècle enfin, elle a commencé à installer, de la frontière italienne jusqu'à l'Hérault, des points d'appui à la fois militaires et politiques qu'on appelle d'habitude ses « colonies ».

Rappelons-nous aussi que le monde méditerranéen a appris, souvent dans la douleur, à connaître les Celtes qu'on commence à appeler Gaulois. Il y a eu ou il y aura la prise de Rome, l'occupation de l'Italie du Nord, le sac de Delphes, l'installation de Galates au centre de l'Asie mineure. Vont s'ouvrir les très dures campagnes opposant Rome aux peuples de Cisalpine. Après les guerres puniques, durant lesquelles Marseille joua un rôle apprécié tandis que Hannibal reçut des aides gauloises (surtout en Italie), le IIIe siècle voit la structuration en Gaule intérieure de nouveaux pouvoirs dont la puissance et l'étendue se manifesteront au IIe siècle. N'oublions pas non plus la force des liens, noués à l'époque étrusque, qui unissent Rome à Marseille et qu'illustrent à la fois des privilèges concrets et de belles histoires.

Du coup, il faut contester les points de vue partiels. Une cité comme Massalia doit être considérée pour l'ensemble de ses activités, de ses influences, et non pas seulement sous l'angle de la diffusion de ses propres produits. Nous sommes encore esclaves de schémas anciens ou de théories traditionnelles qui opposent *emporia* et exploitation de terroirs, places de commerce et colonies, sans parler de la thèse encore si vivante du déclin commercial de Massalia en raison de la concurrence italienne. Est-ce en ces termes qu'il faut examiner les évolutions que nous entr'apercevons ? Je n'en suis pas sûr.

Personnellement, je mettrais d'abord l'accent sur les transformations que connaît le milieu indigène au IIIe siècle. Comme en Gaule intérieure, le Midi voit se constituer de nouveaux pouvoirs qui, entre autres, s'affirment par la création d'*oppida* aux remparts « orgueilleux » mais surtout qui regroupent et fédèrent des territoires jusqu'alors probablement indépendants. Passons sur le rôle éventuel joué par des Celtes « de l'intérieur » – polémique inutile pour notre propos – mais constatons quand même que les « grands » peuples Volques, Salluviens, Voconces ou Allobroges présentent des traits qui les apparentent à ceux que l'histoire fera connaître en Gaule intérieure peu de temps après -et que des alliances se sont nouées entre ceux-ci et ceux-là. L'exemple de la Cisalpine a pu jouer aussi : les peuples languedociens, à en croire Tite-Live (XXI, 20), ne se déclarèrent-ils pas solitaires de leurs frères d'Italie de Nord lorsque des ambassadeurs de Rome tentèrent de les convaincre de s'opposer à la marche d'Hannibal ?

Du coup, le paysage se transforme radicalement. Traiter avec de « petits chefs » contrôlant quelques dizaines de km^2 est autrement plus facile que de trouver en face de soi des aristocraties ou des royautés dont l'autorité s'étend sur de vastes régions. Avec les nouveaux pouvoirs, les termes de la discussion ne sont plus les mêmes car les rapports de force ont changé.

Si l'on oublie ce contexte, on risque de parler dans le vide. Pour ma part, je dirais ceci : pour la première fois, Massalia trouve des interlocuteurs de son niveau ou presque, qui ont les moyens de s'opposer à elle, de refuser ses conditions, d'affirmer les leurs – ne serait-ce que pour traiter. C'est la reconnaissance de tels rapports de force qui a pu conduire à la création des « épiteichismata », pour employer le terme de Strabon. D'autant plus que les phénomènes que je décris en quelques phrases ont dû s'étaler dans le temps, affecter à divers moments diverses régions. Peut-être même, aux yeux des responsables massaliotes, ils ont paru au début accidentels et réversibles.

La constitution de ces (con)fédérations indigènes risque aussi de dérégler nos instruments d'analyse. Les statistiques que nous dressons à partir des catégories de matériel trouvées sur tel site permettent des conclusions si nous accordons à l'établissement en question une autonomie politico-économique. En revanche, lorsque le même établissement devient partie prenante d'un système politique qui l'englobe et le dépasse, comment interpréter ? La « confiscation » des surplus dégagés (qu'on suppose par référence au passé) doit-elle être attribuée à Marseille (qui aurait imposé un tribut) ou bien au nouveau pouvoir régional soucieux de développer une politique d'armement, de prestige – ou n'importe quelle autre ?

Enfin, dernière remarque de méthode : le développement incontestable des exportations italiennes en Gaule doit-il être apprécié en termes de concurrence ? Une *emporia* italienne se serait-elle substituée à l'*emporia* massaliote ? A cette question, on ne peut répondre de but en blanc. D'abord, il s'agit de savoir si cette substitution (relative) s'est accompagnée d'une augmentation quantitative des produits, car là est le nœud de l'affaire. S'il y a eu accroissement global important, l'appréciation en termes de concurrence n'a pas de sens, car l'intensification du trafic profite à tous, Massaliotes, Italiens et indigènes : de nouveaux relais doivent être créés, les points de redistribution se multiplient ou se développent, il faut davantage de bateaux, de chariots, de convoyeurs, etc. Or, l'on restreint trop souvent l'analyse au Midi de la Gaule en oubliant le gigantesque marché qui s'est ouvert depuis le milieu et surtout la fin du IIe siècle dans cette Celtique du centre qui en arrivera à créer ce que Colbert de Beaulieu a appelé la « zone du denier ». Et même pour le Midi, l'on s'obsède souvent sur le nombre d'amphores en oubliant que le passage à une économie monétaire (du moins en partie) transforme les données ou plutôt les rend plus « opaques » – on trouve plus facilement les tessons d'amphores que les monnaies : les premiers sont jetés, les secondes circulent ou bien sont thésaurisées, et c'est miracle que ces trésors nous parviennent. D'ailleurs, même les statistiques sur les amphores trouvées dans le Midi me paraissent peu aisées à interpréter : il y a dix ans, on considérait que le vin italien avait dépassé en quantité celui qu'exportait Massalia ; aujourd'hui, la tendance s'est inversée. Demeurons prudents : après tout, les fouilles de Marseille, si on les prenait au premier degré, montreraient que le vin massaliote a disparu au IIe siècle – qui le croît ?

Notre vision est donc fortement brouillée, parce que l'époque est compliquée, parce que le Midi comme la Gaule intérieure entrent dans l'histoire du monde comme partenaires à part entière disposant de moyens politiques et militaires qui entraîneront à terme l'intervention des légions. Je me permets de le répéter : les comparaisons diachroniques site par site laissent échapper le phénomène d'ensemble.

En revanche, si l'on admet que se sont instaurées de nouvelles relations entre des pouvoirs forts, on peut mieux comprendre certains phénomènes, naguère décrits en faisant appel au concept d'« acculturation ».

Il a été montré que, dans le domaine agraire, les éventuelles influences massaliotes ne s'étaient exercées que faiblement et sur un périmètre restreint. Pour employer des termes modernes, Marseille a-t-elle vendu sa technologie militaire ? On a discuté du problème des remparts comme ceux de Saint-Blaise : ont-ils été montés par des Massaliotes répondant à une demande indigène ou bien par des indigènes instruits par des ingénieurs massaliotes ? Marseille a-t-elle « vendu » des remparts moins « avancés » que les siens, d'un moins bon niveau technique ? Faut-il chercher d'autres influences ? Les communicants n'ont pas été d'accord, mais il est important que le problème ait été posé, et je ne vois pas pourquoi on ne l'étendrait pas aussi aux armements offensifs (les machines) et à d'autres types de constructions : lorsqu'une aristocratie indigène, appuyée sur ses ressources en hommes et en terroirs, traite avec une puissance étrangère, ce sont généralement les techniques de pointe (à utiliser contre ses rivales) et les monuments de prestige qu'elle réclame. (...)

L'étude des inscriptions et des graffites gallo-grecs nous a cependant ouvert des pistes fécondes en posant trois ou quatre affirmations claires. Non, les Massaliotes n'avaient pas besoin d'écrire le gaulois en lettres grecques. La volonté, l'initiative sont venues du monde indigène. Les premiers documents consistent en des stèles et en des graffites de propriété – non en contrats ou pièces comptables (contrairement à ce qui s'est passé avec l'ibère). Puis viendront des dédicaces publiques. Autrement dit, l'écriture traduit la même volonté d'affirmation de soi que celle dont les remparts, l'urbanisme, les monuments, la statuaire nous ont gardé d'autres témoignages. Il est vain de poser la question d'un « retard » : « comment est-il possible qu'on n'ait pas écrit alors que Marseille était présente depuis plus de quatre siècles » ? L'écriture du gaulois ne s'est faite que lorsque les structures politiques et sociales l'ont permis – disons même : exigé. Lorsqu'une aristocratie a voulu produire les signes de son pouvoir, lorsque des individus ont voulu se nommer en même temps qu'ils se faisaient représenter. Ce désir relève peut-être de l'« acculturation », mais les processus adoptés lui échappent.

L'époque hellénistique nous montre donc la co-existence de deux mondes qui s'affrontent tout en ne refusant ni les dialogues, ni les contrats, ni les emprunts. Une situation très différente de celle qu'avaient connue les siècles précédents. Le Midi connaît une période d'équilibre instable, s'y créent des tensions analogues à celles qui se sont fait jour en Orient. La politique de Rome, chargeant Massalia de le contrôler de même que les Éduens devaient contrôler la Gaule intérieure, se fondait sur une évaluation optimiste des forces en présence. Il fallut envoyer les légions contre les Ligures, les Voconces et les Salluviens, puis, presque aussitôt, contre les Allobroges et leurs « patrons », les Arvernes.

Pour conclure, je dirai que ce colloque a apporté foule de résultats et ouvert nombre de pistes. Comme il

Documents "gallo-grecs".
En haut : "Riutmos", nom du propriétaire de la poterie sur laquelle ce graffite a été gravé (Martigues, Bouches-du-Rhône).
En bas, deux inscriptions sur pierre : à g., "Vébrumaros a offert (ce monument) à Taranos, en action de grâces" (Orgon, Bouches-du-Rhône) ; à dr., "Ségomaros fils de Villos, magistrat de Nîmes, a dédié à Bélisama ce bois sacré" (Vaison-la-Romaine).

est normal, il a aussi lancé des questions. Mon impression personnelle, c'est que nous en repartons avec plusieurs certitudes.

D'abord celle qu'un thème comme « Marseille et la Gaule » suppose la connaissance de toutes sortes de contextes et de problématiques archéologiques, historiques (voire préhistoriques), anthropologiques, ethnologiques dont la confrontation est d'autant moins facile que chaque domaine connaît ses propres incertitudes et que les « spécialistes » s'affrontent sur les données, les comparaisons et l'interprétation – comme on a vu pour l'architecture. L'envie de tirer des leçons est ancrée en nous, au point que nous nous accrochons soit avec angoisse soit (ce qui est pire) avec le sentiment de l'évidence à telle bribe de texte ou à telle donnée archéologique pour donner des conclusions... fragiles. La confrontation qui s'est produite entre diverses communications aura (peut-être) l'effet bénéfique de relativiser les certitudes et (rêvons) d'amoindrir les intolérances.

En deuxième lieu, je crois que nous nous sommes aperçus que cette vaste question demandait à être « périodisée ». Ce qui n'était pas évident au départ, dans la mesure où nous avons longtemps vécu dans l'idée d'une « hellénisation » progressive. L'hellénisation en a pris un sacré coup, ce qui est normal puisqu'elle reposait sur des ambiguïtés et sur des conceptions contestables. Au début, face à un monde peu organisé, c'est l'affirmation de Marseille, son développement, ses initiatives. Puis, des pouvoirs se constituent qui vont devenir des interlocuteurs, voire des opposants. Le poids de l'Italie ne cesse de croître. Le monde change, en Gaule intérieure, et partout ailleurs. Les conduites se transforment, l'économie monétaire se crée et se développe. Les schémas simples doivent évoluer.

Enfin, notre idée de l'« acculturation » n'est plus celle des années 70 ou 80. Elle échappe également au poncif de la « résistance » (je garderai ma cuisine, mes jattes et mes urnes). Elle accorde désormais au monde indigène des capacités de demandes, d'initiatives qui tranchent avec la passivité dont on a souvent fait le propre de l'« acculturé ». Ce changement de conception ne nous facilite pas la tâche, car il exige, pour la moindre suggestion, des subtilités que ne fournissent guère nos instruments d'analyse, qu'ils se fondent sur des statistiques ou sur des comparaisons stylistiques, les unes et les autres s'appuyant sur un fonds documentaire aléatoire, pour ne pas dire désespéré. Mais mieux vaut cette approche réaliste – si l'on en garde la conscience – que tant d'illusions passées et encore parfois présentes.

À ce colloque, ont pris part les collègues dont les noms suivent et que j'ai tus dans ce texte de synthèse, mais que je remercie, car, sans eux, cette conclusion n'aurait pu être écrite. Par ordre d'intervention, ce furent :

Jean-Claude Jacob, Jean-Paul Morel, Enric Sanmarti-Greco, Claire Guyot-Rougemont, Georges Rougemont, Didier Pralon, Danièle et Yves Roman, Maurice Euzennat, Lucien-François Gantès, Henri Tréziny, Pol Trousset, Roger Guéry, Guy Bertucchi, François Salviat, Paulette Ghiron-Bistagne, Jacques Coupry, François Villard, Pierre Rouillard, Patrice Pomey, Luc Long, Jordi Miron, Giuliano Volpe, Antoinette Hesnard, Claude Brenot, Jean-Claude Richard, Michel Bats, Jean-Pierre Brun, Pierre-Yves Lambert, Marie-Claire Amouretti, Patrice Arcelin, Anne Roth-Congès, Pierre Gros, Pierre Lévêque, Patrice Brun, Michael Dietler, Claude Rolley, Franck Perrin, Catherine Bellon, Jean-Marc Séguier, Michel Vidal.

La Gaule transalpine à l'époque hellénistique

En 1977, les Presses universitaires de France me demandèrent d'écrire pour la Nouvelle Clio *un chapitre sur la Gaule transalpine qui prendrait place dans un livre intitulé* Rome et la conquête du monde méditerranéen (grosso modo, *du III*e *siècle au I*er *siècle avant J.-C.). J'acceptai d'enthousiasme, non seulement parce que le directeur de l'ouvrage s'appelait Claude Nicolet, mais aussi parce que j'éprouvais le besoin de faire un point après une dizaine d'années passées dans le Midi. Où en étaient nos connaissances, et même que savait-on de plus depuis dix ans – orgueil ou inconscience ? L'ouvrage fut réédité en 1989 avec quelques mises au point.*

J'ai déjà exposé, à propos de Marseille, les conflits idéologiques et scientifiques qui opposaient les « classiques » aux « autochtones » – je simplifie bien sûr. J'étais partagé : ma formation me rangeait aux côtés des premiers, mais les diables ou les anges qui me parlaient la nuit me rendaient souvent complices des seconds. Tout en fouillant moi-même à Vaison (du « classique »), j'avais, comme directeur des antiquités, encouragé au maximum ceux qui exploraient des oppida, finissant par diriger la fouille de celui de Taradeau (de 1974 à 1976). Passons. Il s'agissait, dans cette petite synthèse, de ré-équilibrer le « classique » et le « non-classique », d'associer aux textes anciens les découvertes archéologiques les plus récentes. L'exercice, aujourd'hui, paraît évident. Il ne l'était pas à l'époque, et c'est pourquoi je suis heureux qu'il ait été retenu dans cet ouvrage.

J'ai dû beaucoup amputer ce texte, car la formule de la collection Nouvelle Clio (excellente) se fonde sur des renvois bibliographiques incessants qui auraient été ici hors de mise. En outre, dans la mesure où il excédait la fin de la protohistoire, j'en ai supprimé les dernières pages.

Sources et problèmes

Les deux siècles qui précèdent l'avènement d'Auguste projettent le midi de la Gaule dans l'histoire. La conquête de l'Italie du Nord, la seconde guerre punique, le rôle croissant de Marseille, l'intervention des légions en Transalpine : autant de facteurs qui provoquent la multiplication des témoignages. Les sources littéraires, d'origine grecque et latine, jusqu'alors très rares, offrent une documentation plus ample. C'est aussi pour cette période que le développement de la recherche archéologique a fourni les matériaux les plus abondants. On pourrait croire qu'à quelques détails près le point a été fait des mutations connues par la région et analysées dans plusieurs synthèses récentes. En réalité, les incertitudes demeurent nombreuses.

Cet état de fait tient en partie à la nature des sources littéraires antiques, écrites et transmises dans des conditions très diverses :

a) Peu de sources se fondent sur des témoignages directs. Seuls Polybe (vers 150 av. J.-C.) et Posidonius (au début du Ier siècle av. J.-C.) ont parcouru le midi de la Gaule. Du second, on ne connaît que les notations conservées par Strabon. Des *Histoires* de Trogue-Pompée (époque d'Auguste), né en territoire voconce et utilisant une source grecque (et peut-être des chroniques massaliotes), il ne nous reste que des citations et un *Abrégé* rédigé par Justin au IIe ou au IIIe siècle.

b) Peu de sources sont contemporaines des événements qu'elles décrivent. Cicéron (*Pro Quinctio*, *Pro Fonteio*) et César *(BG, BC)* se trouvent dans ce cas, mais le premier n'est pas venu en Gaule, et le second n'évoque que rarement la Gaule méridionale.

c) La plupart de nos sources sont donc postérieures et, au mieux, de seconde main : Tite-Live, Strabon (dont le livre IV, consacré à la Gaule, est achevé après 17 apr. J.-C.), Dion Cassius (début IIIe siècle), Étienne de Byzance (fin Ve siècle), etc.

d) Certaines d'entre elles peuvent être orientées (Cicéron, César). Surtout, elles s'intéressent peu aux populations autochtones.

L'archéologie peut corriger en partie ces lacunes, mais le propre même des découvertes archéologiques est de laisser un très vaste champ à l'interprétation.

L'analyse doit d'abord porter sur la notion de « Gaule transalpine ». Par ce terme, on désigne la partie de la Gaule qui, à partir d'Auguste, formera la province de Narbonnaise, c'est-à-dire un ensemble limité par le rivage méditerranéen du Var aux Pyrénées, par les Alpes, le lac Léman et le cours supérieur du Rhône au nord-est (Lyon excepté), par les contreforts du Massif central et des Cévennes, tout en englobant à l'ouest Toulouse et son terroir.

Cette unité d'époque impériale est couramment reportée de façon implicite à l'époque antérieure. Or, rien n'indique qu'elle ait été reconnue ni surtout organisée avant une date récente.

Strabon (III, 4, 19) écrit : « Les auteurs antérieurs appelaient Ibérie tout le pays situé au-delà du Rhône et de l'isthme formé par le resserrement des golfes galatiques », affirmation confirmée par les sources anciennes (celle d'Aviénus, *Ora Maritima*, 612-613, celle du Pseudo-Scymnos, 206-208). À quand remonte l'attribution (scientifique) du Languedoc et du Roussillon à la Gaule ? On ne sait, mais la date en est récente, et cette donnée essentielle ne doit pas être oubliée.

La situation au milieu du IIIe siècle

Les populations autochtones

De part et d'autre du Rhône, des populations dont le fond remonte (au moins) au néolithique et que les auteurs grecs appellent « Ligures » et parfois Ibères à l'ouest du Rhône ont développé une civilisation qui, à travers des faciès régionaux et locaux diversifiés, présente une indiscutable originalité au regard du reste de la Celtique. Originalité qui tient, pour l'essentiel, aux conditions de vie propres au Midi et, pour une part moindre, aux contacts avec le monde méditerranéen.

Depuis le VIIe siècle, mais surtout à partir des VIe et Ve, se sont multipliés les *oppida*, villages de hauteur défendus par le relief et par leur rempart en pierres sèches, regroupant dans des habitations en matériaux légers agriculteurs, éleveurs et parfois un noyau d'artisans, sans qu'on sache toujours si de tels habitats sont permanents, saisonniers ou occasionnels.

Au milieu du IIIe, deux techniques sont solidement implantées : depuis le Ve siècle, la construction de tours carrées renforçant les courtines (mont Garou, Var ; Entremont, Bouches-du-Rhône ; Roque de Viou, Gard), et surtout le plan rectangulaire des cases d'habitation que l'on assemble en îlots allongés séparés par des rues. Évolution propre au terme de trois siècles d'expérience ? Influence grecque ? L'alternative est simpliste : si une inspiration extérieure est probable, les solutions varient : plan orienté sur les remparts à Entremont, indépendant d'eux à Nages, Gard.

L'assimilation de techniques importées est bien attestée par l'existence, dès le VIe siècle, à côté d'une céramique modelée nettement majoritaire, de poteries faites au tour. De même, depuis deux siècles, la sculpture de pierre, d'abord rudimentaire (stèles de Mouriès, Bouches-du-Rhône), a mis la technique méditerranéenne au service d'une iconographie indigène : bustes de Sainte-Anastasie (Gard), « xoanon » de La Courtine (Var), guerrier de Grézan (Gard) (pièces de datation d'ailleurs imprécise).

Resterait à déterminer si la plupart de ces caractères sont généraux ou s'ils concernent plus particulièrement les sites proches de la vallée du Rhône ou du littoral, zones où les recherches se sont surtout exercées. De fait, à mesure qu'on s'en éloigne, les vestiges d'un abondant commerce avec Marseille ou par son entremise (amphores, mortiers, premières céramiques campaniennes, monnaies) semblent se raréfier.

Le problème dont débattent à satiété les auteurs modernes est celui-ci : dans quelle mesure et pendant combien de temps ces populations « ligures » ou « ibères » sont-elles demeurées à l'écart de tout apport ethnique extérieur ? En d'autres termes : puisque nos sources du Ier siècle av. J.-C ; attestent l'existence de confédérations portant des noms celtiques (Volques, Allobroge, Cavares, etc.) ou appelées par les auteurs « celtoligures » (Strabon, IV, 6, 3, pour les Salyens), à quelle époque les Celtes sont-ils « arrivés » dans le Midi ? C'est là un problème complexe lié à la pauvreté de nos sources et, donc, à la tentation de les surinterpréter.

La divergence entre les sources anciennes et les sources récentes peut se justifier par une adaptation du vocabulaire, jusqu'alors imprécis, aux connaissances acquises par la multiplication des contacts. La parenté ethnique entre les populations du Midi et les Gaulois d'Italie est affirmée par Polybe (III, 48) et par les peuples du Languedoc eux-mêmes à lire Tite-Live (XXI, 20 : *« Ils savaient que les hommes de leur race étaient chassés par les Romains de toute l'Italie, accablés de tributs et persécutions »*). Trogue-Pompée, plaçant la fondation de Marseille sur le territoire des Ségobriges (nom celtique) ou narrant le siège mis devant elle par les troupes celtiques de Catumandos (Justin, XLV, 3) peut reprendre des chroniques massaliotes dignes de foi.

D'autre part, on ne décèle pas de rupture archéologique au cours du IIIe siècle, sauf à privilégier destructions partielles ou incendies, qu'on trouve à toute époque. Habitats et modes de vie évoluent progressivement. En Languedoc occidental, la persistance linguistique de l'ibérique est attestée jusqu'à une date récente. Plus près de Marseille, des graffiti gallo-grecs sont apparus déjà.

À l'invasion brutale et récente de peuples ou même de groupes qui constitueraient une élite, il faut préférer des mouvements successifs, parfois violents, mais antérieurs au IIIe siècle, et la fusion des nouveaux venus au sein de civilisations constituées, aux traditions modelées par les conditions du pays, qu'ils infléchiront en bien des domaines (armement, iconographie), la « celtisation » étant d'autant plus forte qu'on s'écarte de l'aire méditerranéenne : Toulousain, moyenne vallée du Rhône. Rivalités, luttes entre ces peuples, fluctuations des frontières durent sans doute jusqu'à la conquête.

Marseille

Au milieu du IIIe siècle, Marseille compte parmi les grandes puissances du monde occidental. Si tant et qu'elle ait connu entre 450 et 350 une certaine stagnation, elle donne depuis un siècle de nombreux signes de vitalité que symbolisent les explorations qui mènent Pythéas jusqu'en Baltique. Des Marseillais sillonnent les routes commerciales de la Méditerranée. Le port sert de relais entre les productions importées de Grande-Grèce et de Campanie (céramiques italiotes et campaniennes), voire de l'Orient (amphores vinaires de Rhodes) et, venus de la Celtique, les chargements d'étain de Bretagne et d'Armorique. Marseille elle-même échange, surtout dans le Midi, son vin, ses productions de céramique, ses conserves contre des produits qui n'ont pas laissé de traces ; céréales, bétail, peaux, sel, peut-être esclaves. Son monnayage s'accroît et se diversifie. Le traité conclu avec Rome au début du IVe siècle (Trogue-Pompée *ap.* Justin, XLIII, 5) accorde, entre autres clauses, à ses marchands, l'exemption des droits de douane sur le territoire romain et, à ses citoyens, l'accès aux jeux dans les places réservées au Sénat.

La ville elle-même couvre une cinquantaine d'hectares, surface énorme au regard des *oppida* indigènes, dont les plus importants ne dépassent que rarement 5 ha. Sur le littoral, elle a essaimé des comptoirs : Agathè (Agde), Tauroeis (Le Brusc, Var), Olbia (près de Hyères, Var), Antipolis (Antibes) et Nikaia (Nice). Qu'elle ait également conquis, par la force et parfois peut-être par la négociation, un vaste domaine « *chôra* » ne se met plus en doute.

Les problèmes qui subsistent concernent l'extension de ce domaine, les étapes de sa constitution et la nature de ses liens avec Marseille.

a) Extension. – Il faut distinguer, à la suite de Strabon (IV, 1, 5) trois réalités différentes :

- le terroir primitif de Marseille, très limité ;

- les comptoirs. Outre les cinq mentionnés ci-dessus, d'autres noms sont fournis par divers auteurs : Thélinè par Aviénus (*Ora Mar.*, 689-691) qui l'identifie à Arles, Rhodanousia par le Pseudo-Scymnos (208), sur le Rhône, non localisée ;

- le domaine. Composé de « certaines des plaines périphériques » (Strabon, *ibid.*). On se fonde, pour le délimiter, sur plusieurs séries de documents. Polybe (III, 41, 4) indique que la « première embouchure du Rhône » est nommée « massaliotique ». D'autre part, neuf villes sont citées par Étienne de Byzance d'après des sources variées comme villes « de Massalie » ou « en Massalie ». Deux seules sont identifiables avec certitude : Cavaillon et Avignon. Cette dernière, comme Glanon (Saint-Rémy-de-Provence), a émis un monnayage calqué sur les émissions de Marseille. À Glanon, en outre, les fouilles ont mis au jour une salle d'assemblée de type grec (mais de datation imprécise). De nombreux éléments suggèrent donc une « *chôra* » contrôlant à la fois des voies commerciales et des terres, s'étendant à l'ouest jusqu'au delta (avec Saint-Blaise comme point fort) et remontant le long du sillon rhodanien jusqu'à hauteur d'Avignon (avec Arles et Rhodanousia sur le Rhône, Cavaillon au passage de la Durance). Ajoutons les Stoechades (îles d'Hyères) et les îles de Lérins (Strabon, IV, 1, 10).

b) Chronologie. – Strabon (IV, 1, 5) esquisse un ordre chronologique. L'archéologie n'apporte de données sûres que pour le petit établissement d'Olbia, fondé vers 350. De recherches récentes à Arles ont retrouvé des niveaux remontant au VIe et des structures du IVe. Sans vouloir fixer une date trop haute à la création d'un domaine qui ne s'est pas fait en un jour et a dû connaître des fluctuations, il est impossible de suivre les auteurs, qui l'assignent à la fin du IIe. Au milieu du IIIe, il a toutes chances d'être constitué.

c) Statut. – La constitution de Marseille est connue par Aristote. Les comptoirs étaient-ils administrés par des *episcopoi* comme on l'a dit d'après une inscription d'époque impériale (*CIL*, V, 2, 7914) ? L'influence politique de Marseille à l'est du Rhône au IIIe siècle est bien marquée par les difficultés rencontrées par Hannibal et par le fait que ce sont des Gaulois, *hospites* des Massaliotes, qui fournirent les renseignements sur l'expédition d'Hasdrubal (Tite-Live, XXVII, 36). Marseille utilise d'ailleurs les services de mercenaires gaulois (Polybe, III, 41, 9 ; César, *BC*, 1, 34).

Ultime question : Marseille a-t-elle, au IIIe, conservé des liens institutionnels avec les établissements fondés en terre ibérique soit par Phocée soit par elle-même (Strabon, III, 4, 2 et 6), dont Ampurias (Emporion) est le mieux connu ? Quoi qu'il en soit, on ne croit plus aujourd'hui que leur existence ait amené Marseille à engager Rome en même temps qu'elle dans une politique anti-carthaginoise en Espagne. Mais leur sort ne pouvait laisser Marseille indifférente.

Des guerres puniques à 125 avant J.-C.

La participation de Marseille, nulle durant la première guerre punique, fut plus active durant la seconde. Notons que le seul engagement massaliote dans une bataille (navale) nous est connu par une source adoptant l'optique carthaginoise (un fragment de Sosylos), Polybe (III, 95) et Tite-Live (XXII, 19) minimisant son rôle. Par ailleurs, Romains et Carthaginois s'intéressèrent au midi de la Gaule en 218 (Tite-Live, XXI, 19). À signaler qu'en Languedoc certaines destructions ont été mises en rapport avec l'avancée punique.

L'aide apportée par Marseille ne put que conforter ses bonnes relations avec Rome. De fait, en 197-196, une ambassade massaliote introduit au Sénat romain une délégation de Lampsaque (*SIG*, 3, 591) et, en 130, c'est en faveur de Phocée qu'intervient Marseille (Justin, XXXVII, I, 1). Plus importantes, les deux requêtes qui engagent Rome dans des expéditions militaires.

En 181, c'est de l'activité des pirates ligures que les Massaliotes se plaignent (Tite-Live, XL, 18). Une petite flotte romaine règle l'affaire. On a parfois vu dans cet appel le premier signe d'une faiblesse massaliote qui n'allait que s'accentuer. En fait, la Ligurie étant province consulaire depuis sept ans, une intervention unilatérale de Marseille était exclue.

En 154, l'affaire est plus grave. On en trouve le récit dans Polybe, XXXIII, 8-11. Deux peuplades ligures, les Oxybiens et les Déciates, assiègent les comptoirs de Nice et d'Antibes. Une ambassade romaine est rejetée à la mer. Le consul Q. Opimius vainc successivement les deux peuples. « Il livra aussitôt aux Massaliotes tout ce qu'il jugea bon de leur donner comme territoires et, pour l'avenir, contraignit les Ligures à leur remettre des otages. » (...)

En ces deux circonstances, la conduite du Sénat n'a pas pour unique mobile d'appuyer un allié. Depuis la création des provinces d'Espagne (c'est à partir de 197 que deux préteurs supplémentaires sont élus pour les prendre en charge), la voie maritime et la voie terrestre, dont l'importance avait été mise en lumière par les expéditions puniques par mer comme par terre, intéressent Rome plus directement encore. Les attaques dont furent victimes deux magistrats se rendant en Espagne (en 189, L. Baebius Dives : Tite-Live, XXXVII, 57 ; en 173, N. Fabius Buteo : *ibid.*, XLII, 4) montrent l'insécurité de la route entre l'Italie et le domaine de Marseille.

Au-delà de ces interventions à l'est du Rhône se pose un problème plus vaste : la possibilité que le Roussillon et le Languedoc (au moins dans sa partie occidentale) soient passés sous le contrôle et l'administration de Rome dès la première moitié du IIe siècle. Suggérée par Mommsen, l'hypothèse ne reçut aucun crédit. Pourtant, de nombreux arguments plaident en sa faveur.

a) Arguments théoriques. On sait qu'une province n'a pas forcément de limites géographiques précises, spécialement quand elle fait face à des peuples n'ayant pas de rapports légaux avec Rome. C'est bien le cas de l'Espagne citérieure face au Languedoc – dont nous avons rappelé les liens avec l'Ibérie.

b) Deux textes ont toujours posé des difficultés aux historiens :

- Polybe, III, 39, 8 (contexte de l'an 218) : « De la Nouvelle Carthage jusqu'à l'Ebre, il y a 2 600 stades ; de l'Ebre à Emporion, 1 600 ; d'Emporion jusqu'au passage du Rhône, encore 1 600 environ. Ce parcours a été depuis lors soigneusement mesuré par les Romains qui y ont placé des bornes tous les huit stades. » Polybe mourut probablement vers 125-124 ; bien mieux, le livre III passe pour avoir été publié avant 146. L'hypothèse de l'interpolation est désespérée. Les milliaires pourraient donc dater, des Pyrénées au Rhône, d'avant 146, ce qui laisserait supposer un contrôle de Rome.

- Cicéron, *De Rep.*, III, 9, 16. L'un des participants au dialogue, pour démontrer la relativité de la justice, donne cet exemple : « Nous (les Romains), parangons de justice, n'interdisons-nous pas aux peuples transalpins de planter l'olivier et la vigne afin de valoriser nos oliveraies et nos vignobles ? » Composé vers 53-52, le dialogue est censé se dérouler en 129. Beaucoup ont plaidé l'anachronisme. Mais, s'appliquant au Languedoc où divers indices laissent supposer au moins des essais, la mesure se comprend bien.

c) Un contrôle romain antérieur à 125 calmerait les polémiques qui opposent les numismates quant à la création du monnayage languedocien, la chronologie basse se fondant sur la date traditionnelle de 125-120 pour la réduction au statut provincial.

d) Il reste enfin des arguments négatifs mais non sans force : pourquoi, lors des opérations de 125 à 122, aucune action n'est-elle signalée à l'ouest du Rhône ? Est-il imaginable que Rome ait pu créer une colonie à Narbonne en 118 si le milieu venait seulement d'être pacifié ?

Les années 220-125 voient un vigoureux essor des relations commerciales avec l'Italie. Les amphores italiques supplantent progressivement les amphores massaliotes. La céramique campanienne inonde les sites du Midi, et des imitations régionales voient le jour, à Marseille probablement et près des Pyrénées (Roussillon ou Espagne). La circulation monétaire, pour l'essentiel à base de numéraire massaliote, s'intensifie. Ces faits ne peuvent s'expliquer que par le développement continu des ressources du monde indigène.

L'évolution des habitats est sensible durant cette période : augmentation de la surface occupée à Ensérune, Nages, Entremont, etc., construction de nouvelles enceintes sur ces mêmes sites et ailleurs, marquées par des tours semi-elliptiques dont l'une prend un aspect monumental (noyau préromain de la tour Magne à Nîmes, et autres). La case unique demeure majoritaire mais les habitations plus différenciées apparaissent (Ensérune, Nages, Entremont).

À Ensérune, des colonnes à chapiteaux sont façonnées par une main-d'œuvre locale. Des équipements collectifs (collecteurs, drains) sont aménagés. Des monuments publics en forme de portique, dont on a retrouvé le plan à Entremont et sur d'autres sites proches du delta, des éléments de piliers et de linteaux, le développement de la sculpture en relief ou en ronde bosse, la découverte de trésors de monnaies et de bijoux : voilà qui prouve l'existence de forts « surplus », même si leur bénéfice est réservé à une élite.

De cette aristocratie, les statues trouvées en terre salyenne fournissent une représentation : guerriers en cuirasse, une rapière au côté, femmes au long voile à franges. La pose « officielle » montre les hommes trônant, assis « en tailleur », la main sur la tête ou sur un groupe de têtes coupées aux yeux clos, celles des ennemis tués au combat, selon une coutume rapportée un peu plus tard par Posidonius (Strabon, IV, 4, 5, et Diodore de Sicile, V, 29, 5). Armes et bijoux appartiennent au répertoire celtique.

Cependant, les modes de la vie quotidienne se poursuivent apparemment sans changement. L'analyse de la faune ne traduit pas d'évolution dans l'élevage ni dans l'alimentation. Seule nouveauté : la culture de l'olivier est attestée à l'est du Rhône par des découvertes de pressoirs (Entremont), La Courtine (Var). La poterie modelée, si elle s'enrichit par l'adoption de quelques formes importées, demeure traditionnelle.

La forme prise par les pouvoirs politiques n'est connue qu'à l'est du Rhône, où le roi des Salyens est entouré de « dunastai » (Appien, *Celt.*, 12). Probablement en est-il de même à l'ouest, bien que, entre les mentions de Tite-Live concernant les *reguli* (XXI, 24) et les légendes monétaires plus tardives des *basileis*, nous ne disposions d'aucun renseignement.

Resterait à connaître les liens unissant les peuples du Midi à ceux de la Celtique. Les relations commerciales sont bien prouvées pour l'armement et les bijoux. Une alliance entre les Allobroges et les Arvernes est attestée par les événements de 121. Y eut-il davantage, et le Midi se trouvait-il dans l'orbite arverne ? Les indices en sont maigres.

L'hégémonie qu'on prête aux Arvernes sur la Gaule du IIe siècle se fonde sur un texte de Strabon (IV, 2, 3) et sur les analyses numismatiques de J.-B. Colbert de Beaulieu qu'il n'y a pas lieu de discuter ici. Les Arvernes auraient-ils lancé leurs clients à l'assaut de Marseille ? Rien ne prouve de tels rapports.

Est-ce au sentiment d'un danger pressant qu'il faut attribuer la construction du nouveau rempart en grand appareil dont Marseille s'entoure dans le courant du IIe siècle ? Sans doute, même si dans ce cas comme dans celui des enceintes indigènes, volonté de défense et opération de prestige se distinguent malaisément. Marseille disposait d'alliés au sein même des peuples qui l'entouraient : dans la capitale des Salyens, 900 habitants autour d'un certain Craton (Diodore, XXXIV, 23). Les réalités sont donc peut-être moins tranchées qu'on ne dit couramment, et la part d'initiative des impérialismes romains voire massaliote risque de se trouver mésestimée.

Depuis la rédaction de ce texte, de nouveaux chantiers se sont ouverts ou développés (je pense en premier lieu à celui de Lattes), et les opérations de sauvetage se sont aussi multipliées (par exemple, à Martigues). De nouvelles données ont été recueillies, qui précisent tel ou tel point, que l'on trouvera dans un livre excellent, celui de Michel Py, Les Gaulois du Midi, *Hachette, 1993. En combinant cet ouvrage – et sa bibliographie – avec les* Actes du Colloque Marseille grecque et la Gaule – *et ses références –, le lecteur disposera de l'essentiel. La lecture de la revue* Documents d'Archéologie méridionale, *qui propose non seulement des articles mais aussi des dossiers thématiques, complétera l'information.*

Aujourd'hui, si j'avais un reproche à adresser à ces pages consacrées à la « Gaule transalpine », je dirais qu'elles reflètent encore trop le « particularisme méridional » que j'ai précédemment regretté. J'ai aussi accordé trop de confiance à certaines assertions des historiens grecs : je ne crois plus guère aux Ligures, Celto-ligures, etc., ou plutôt je pense que ces dénominations reflètent des connaissances approximatives, et nous conduisent sur des voies sans issue. Le Midi était « celtisé » depuis longtemps, même si la région a connu de profonds changements durant la période « hellénistique », changements qui peuvent être dus à la nouvelle organisation dont nous avons parlé pour la Gaule intérieure (toujours cette distinction, décidément !). Alliances, « protectorats », patronages, liens entre peuples ou entre personnes (mariages, clientèles) : tout cela a dû compter – mais l'archéologie ne peut en retrouver les traces.

La religion gauloise d'après César

Dans mon interview à L'Histoire, *j'étais resté plus que discret sur la religion gauloise – alors que mon interlocutrice voulait à tout prix m'en faire parler. En réalité, doutant que l'archéologie puisse faire ressurgir autre chose qu'un reflet des civilisations sur lesquelles elle se penche, je vois mal comment – faute de textes, ou avec de si rares textes, si peu explicites –, nous pourrions aujourd'hui entrer dans un domaine aussi complexe que celui de la religion. Parler religion gauloise ?... J'ai envie de renvoyer au livre de Jean-Louis Brunaux,* Les religions gauloises *(notez le pluriel), éd. Errance, 1995. Un ouvrage qui se lit d'un trait, que j'ai trouvé éblouissant, mais qui – son auteur en est le premier conscient – ne doit atteindre qu'une part minuscule des croyances et des conduites, même pour ce qu'il connaît le mieux : est-il sûr, à la limite, que les « sanctuaires » de Gaule belgique, avec leurs expositions de corps sans tête et ces animaux pourrissant dans des fossés, ou encore ces sortes de momies placées dans des fosses au milieu de places publiques – leur tête émergeant du sol –, est-il sûr que tout cela relève du « religieux » ? Rappelons-nous combien de théories se sont succédé sur le mégalithisme !*

Un exemple plus proche montre à quelle vitesse changent les choses : les spécialistes du premier Âge du Fer considéraient que certains vastes tumulus du VIe ou du

V^e^ *siècle étaient couronnés à leur sommet d'une grande statue – celle qui représentait le « prince » inhumé sous la masse de terre et de pierrailles composant ces énormes tertres. J'ai suivi leur avis, comme on lira ci-après. Survient la trouvaille de Glauberg en 1996, qui conforte la théorie dominante. Mais… mais la poursuite des fouilles à Glauberg change la donne, comme vient de le faire connaître un article paru, en mars dernier, dans la revue* Archäologie in Deutschland, *dont voici un résumé :*

> En 1996, l'équipe de Fritz-Rudolf Herrmann découvre à Glauberg, en Hesse (Allemagne) une statue celtique en grès exceptionnelle, presque complète – seuls les pieds manquent – au bas d'un tumulus princier du Ve siècle avant notre ère. Mesurant 1,86 m de haut et pesant environ 230 kg, le personnage porte sur la tête une « couronne » comportant deux proéminences en forme de grandes feuilles. L'homme est vêtu d'une armure, porte une épée et un bouclier, ainsi qu'une parure autour du cou et des bracelets aux bras. Seules quatre statues comparables, datant du Ve siècle, étaient connues, mais ou trop fortement stylisées ou trop fragmentaires. Or, la richesse des détails de la première statue retrouvée à Glauberg rappelle celle de Hirschlanden, datée du VIe siècle, qui représente un homme nu portant un casque ou un chapeau conique, paré d'un torque et armé d'un poignard.
>
> Si les fragments d'une seconde statue du même type ont été retrouvés sur le même site, la découverte récente de la tête incomplète d'une troisième statue en grès est fondamentale. Fabriquée comme les précédentes, elle ne semble cependant pas de la même époque. Elle est conservée du cou au front,

sur une hauteur de 26 cm, mais les contours sont détruits et l'occiput a disparu. Le visage, de facture grossière, est par contre peu endommagé, permettant de distinguer des yeux qui ne sont pas à la même hauteur, la présence d'une moustache et d'une barbe qui se lisent par l'inclinaison vers le bas de la commissure des lèvres et la forme triangulaire du menton. Le cou, curieusement, a une forme conique, et non cylindrique comme on la retrouve dans les statues complètes. Le personnage portait un torque orné, et sur la tête cette couronne caractéristique en forme de feuilles que l'on peut, graphiquement, reconstituer.

Compte tenu de la présence du torque et de la « couronne », on peut raisonnablement penser que le reste du corps de la statue ressemblait à celles que l'on connaît, avec l'épée et le bouclier, symboles du guerrier.

Trois statues au sommet d'un tumulus – et de dates différentes ? Le doute commence à vous envahir, doute qui se renforce lorsque vous allez rechercher les conditions des trouvailles anciennes. Ces statues n'ont jamais été trouvées sur le sommet d'un tumulus, mais dans les environs – des environs souvent vagues. Que faut-il alors restituer ? Des « temples funéraires » ? Si c'est le cas, doit-on imaginer des « princes » divinisés ? Je ne sais pas, je dirais même que ce genre d'hypothèse m'inquiète, ce n'est pas mon milieu, je me sens mal à l'aise – mais, lorsqu'on parle rituels (et la religion est là), comment peut-on exclure d'aller trop loin ? Dumézil exprimait des idées intéressantes sur ce thème, en soupirant.

Or, l'expérience m'a appris ceci : vous pouvez dire à peu près n'importe quoi sur l'antiquité, vous pouvez massacrer des fouilles, torturer des textes, proposer des théories abracadabrantes sur tel monument ou telle œuvre d'art, vous serez (peut-être) critiqué mais ne subirez pas de rejet. En revanche, si vous osez toucher à la religion, si vous proposez quelques hypothèses novatrices, voici l'Inquisition qui s'avance avec ses fers rougeoyants. Je ne citerai qu'un exemple.

Les deux textes qui suivent auront paru peu avant ce livre, dans un ouvrage, dont le thème porte, pour simplifier, sur la persistance des dieux gaulois à l'époque gallo-romaine. Entre autre, devait être présenté le fameux « chaudron » de Gundestrup, cette pièce unique trouvée dans une tourbière danoise au siècle dernier, et dont les plaques d'argent au repoussé représentent à la fois des personnages et des scènes qui ont fait couler des flots d'encre, mais dont la nature religieuse ou mythique n'a jamais été mise en doute. Toutes sortes de « lectures » ont été proposées de cette admirable imagerie, dont la réalité celtique n'est pas contestable, même si le style suggère des influences orientales – probablement de Thrace. Aucune de ces interprétations n'a jamais emporté la conviction générale.

Il y a quelques mois (juin-juillet 1998), paraissait dans la revue L'Archéologue *un article signé Paul Verdier proposant une nouvelle hypothèse : le « chaudron » (en réalité, vase rituel) mettrait en scène, sous forme imagée, des conceptions qui – comme dans la plupart des religions anciennes – seraient en rapport avec les astres. Il analysait la plaque constituant le fond, où l'on voit : un taureau mort, un lézard, un ours, un chien, et un petit personnage brandissant une épée ; un décor végétal (lierre et fleurs) orne la scène. L'auteur pose la question : où retrouve-t-on ensemble ces différentes composantes ? Réponse : dans le ciel. Ce sont des constellations : le Taureau, le Lézard, l'Ourse, le Chien, Orion et la Voie Lactée. Et si le Taureau est mort, c'est sans doute pour signifier la fin de l'« ère zodiacale du Taureau ». La lecture de cet article me laissa... sidéré ! L'évidence ! Bien sûr, à partir de là, il fallait réfléchir, ne pas s'emballer, mais la piste était fabuleuse.*

Prenant langue avec l'auteur, j'appris qu'il avait proposé cet article à l'une de nos « grandes » revues scientifiques, laquelle l'avait refusé sans un mot d'explication. Aux directeurs de l'ouvrage dont j'ai parlé, je suggérai, puisqu'ils comptaient présenter le « chaudron », de faire état de l'« hypothèse Verdier ». Réponse : « trop audacieux ». Dans ces domaines, que signifie l'audace ?

Ils ont peut-être raison. Moi-même, je ne me dissimule pas les objections : comment serions-nous sûrs que les Celtes ont nommé les constellations de la même façon que les Mésopotamiens, les Grecs ou les gens de la Renaissance ? Mais il faut retourner l'argument : admettons que ce soit possible, quelles conséquences en tirons-nous ? Qu'il y a un fonds commun, des échanges, un savoir partagé ? Si nous refusons systématiquement ce genre de raisonnement, comment progresser ? Au moins, que le débat s'instaure !

*Ce « coup de sang » est presque aussi long que les deux contributions qui suivent ! La première (que j'ai abrégée) concerne les dieux et la question classique de l'*interpretatio *: César, en énumérant les dieux honorés par les Gaulois et auxquels il donne des noms latins, « galèje »-t-il ? La seconde concerne la sculpture gauloise : les Gaulois auraient-ils représenté leurs dieux ?*

Aussi étonnant qu'il paraisse, César n'évoque guère la religion gauloise, sauf dans le grand passage « ethnographique » du livre VI : « des mœurs de la Gaule ». Depuis deux siècles, ces quelques pages ont fait couler

Le "chaudron" de Gundestrup : vue d'ensemble et plaque du fond. Le mot "chaudron" est inexact : un objet aussi précieux avait évidemment une fonction autre que culinaire. Il s'agit plutôt d'un vase rituel. Le fait qu'il ait été soigneusement démonté et dissimulé dans une tourbière indique son caractère sacré.

des flots d'encre. Pourquoi ? Parce qu'elles présentent de fortes ressemblances avec des textes écrits par deux auteurs un peu plus récents, Diodore de Sicile et Strabon, dont nous savons que l'inspirateur fut un personnage extraordinaire, philosophe, géographe, historien, ethnographe : Poséidonios d'Apamée, qui avait visité la Gaule, au moins la Gaule méridionale, beaucoup observé, entendu, lu, écrit, et cela à la charnière entre le IIe et le Ier siècle avant J.-C. Ses œuvres, dont nous avons à peu près tout perdu, ont inspiré nombre d'ouvrages. César lui-même avait probablement été son élève dans sa jeunesse, il connaissait en tout cas ses écrits.

La question que nous allons poser ici paraîtra invraisemblable à un lecteur d'aujourd'hui : est-il possible que César, après avoir passé plusieurs années en Gaule, côtoyé nombre de Gaulois – surtout de l'aristocratie –, se soit borné, lorsqu'il évoque la religion desdits Gaulois, à recopier ou transposer des « topos » remontant à des temps plus anciens, en particulier des pages de Poséidonios (qui, lui-même, faisait sûrement état de traditions antérieures) ? La réponse est affirmative.

Pour le comprendre, il faut concevoir, d'abord, qu'en intercalant dans son œuvre quelques passages « savants », César obéissait à une règle du genre historique : on montre sa culture, on intéresse le lecteur. D'autre part, comme l'exprime si bien Pline l'Ancien, les phénomènes humains étant à peu près immuables, les descriptions de mœurs sont cumulatives : ce qui a été écrit aux Ve, IVe, IIIe s., etc. jusqu'à nos jours, ne doit pas être pris en termes d'évolution mais d'enrichissement. Tout s'ajoute, les strates se superposent aux strates – comme on savait bien à Rome où des rites, des cultes et des prêtrises archaïques subsistaient à côté de conduites et de croyances « modernes ».

Les pages que César consacre à la religion (VI, 13-18) tournent autour de trois sujets principaux : les druides, les sacrifices humains, les dieux. Seuls, les deux premiers trouvent des équivalents chez Diodore et Strabon, indice qu'ils ont été inspirés par les ouvrages de Poséidonios. Le développement sur les dieux, lui, est original. Avant de proposer un commentaire de ces trois thèmes, rappelons au lecteur que nous ne disposons d'aucune source écrite autochtone : quelle foi accorder à des descriptions « étrangères » ? L'ethnologie contemporaine a démontré combien d'approximations, de généralisations, de réductions comprennent les « excursus » que les premiers « explorateurs » ont consacrés à la religion des peuples qu'ils découvraient. Pourtant, les analyses de Poséidonios ont inspiré non seulement des exégèses mais aussi des conduites – le mouvement druidique est vivace aujourd'hui, notamment en Grande-Bretagne.

Les druides, donc. Ils ont le savoir, à la fois scientifique (César insiste sur leur incroyable compétence en matière d'astronomie), littéraire (leurs seconds sont des poètes et des musiciens) et religieux (dogmes et rituels sacrificiels). La description évoque des situations très anciennes, analogues à celles que connut le Moyen-Orient deux ou trois millénaires auparavant, où ce savoir s'accompagnait de responsabilités importantes, directement liées au pouvoir : tenue des comptes, direction des archives. Il y eut probablement une époque où, chez les Celtes, les druides occupaient une place prééminente dans un édifice étatique séparant malaisément le religieux du politique. Mais, à l'époque de César, ils l'ont manifestement perdue : le général romain ne cite aucun druide au cours de ses campagnes. Mieux encore, il mentionne à plusieurs reprises l'éduen Diviciac comme un magistrat de ce peuple, alors que Cicéron, dans le *de Divinatione*, raconte qu'il s'est entretenu avec lui en sa qualité de « druide gaulois » ! Comment comprendre, sinon en supposant qu'un vieux système s'est effondré, que le pouvoir religieux a perdu son ascendant – peut-être à mesure que la monarchie a laissé place à des organisations aristocratiques ou oligarchiques ?

Du savoir druidique, nous avons des preuves. Rappelons les mots de César : les druides *« se livrent à de nombreuses spéculations sur les astres et leurs mouvements, sur les dimensions du monde et celles de la terre, sur la nature des choses, sur la puissance des dieux et leurs attributions »*. Des analyses récentes sont venues éclairer ces vues : en reprenant l'étude de deux documents célèbres, le calendrier de Coligny et le chaudron de Gundestrup, un collègue a démontré que l'un et l'autre illustraient une conception et un savoir liés à la recherche astronomique. Le calendrier constitue une sorte de « matrice » ordonnant les ans, les mois, les jours selon un ordre remontant à une origine des temps – et nous pouvons encore l'utiliser, par exemple pour prédire les éclipses de lune. Le chaudron – nom impropre pour ce vase qui dut jouer un rôle rituel de premier plan – met en images des conceptions savantes qui ont pris la forme de mythes et se sont probablement traduites en fêtes populaires.

Donc, contrairement à ce que l'on fait souvent, le fonds de la religion celtique doit être recherché en partant du haut : une théologie fondée sur le mouvement des astres, ces puissances qui nous gouvernent et qui semblent éternelles. À partir de telles considérations, les druides ont, comme d'autres, créé des histoires, des figures divines ou héroïques, voire humaines. Ils ont partagé avec nombre de civilisations l'identification de telle constellation à une ourse, un lézard ou un autre animal, voire personnage, ce qui incite à penser soit qu'un même milieu savant était à l'origine de ces vues, soit que les milieux savants communiquaient entre eux aux IIIe ou IIe millénaires avant Jésus-Christ, et que ne circulaient pas seulement les vases campaniformes ou telle forme d'épée !

Sur les sacrifices humains, qui constituent le deuxième « topos » de ces textes et que reprend César, on peut aller vite, en rappelant deux faits. Le premier : toutes les civilisations antiques ont connu cette pratique à des degrés divers, y compris Rome à des périodes récentes, mais aucun texte ne vient présenter, pour la Gaule, d'exemples précis. En second lieu, l'analyse des « charniers » retrouvés, ces dernières années, dans les sanctuaires « belges » tend à réfuter l'hypothèse de sacrifices humains : il s'agirait plutôt de rites portant sur les cadavres d'ennemis pris sur les champs de bataille.

Le troisième thème concerne les dieux de la Gaule, et il n'est présent que dans le *de Bello Gallico* :

« Le dieu qu'ils honorent le plus est Mercure : ses statues sont les plus nombreuses, ils le considèrent comme l'inventeur de tous les arts, il est pour eux le dieu qui indique la route à suivre, qui guide le voyageur, il est celui qui est le plus capable de faire gagner de l'argent et de protéger le commerce. Après lui ils adorent Apollon, Mars, Jupiter et Minerve. Ils se font de ces dieux à peu près la même idée que les autres peuples : Apollon guérit les maladies, Minerve enseigne les principes des travaux manuels, Jupiter est le maître des dieux, Mars préside aux guerres. »

Passage étrange, qui ne se comprend que si l'on se met dans la peau d'un lecteur romain : César transpose, à la fois pour expliquer et pour démontrer que la religion gauloise – au moins dans son panthéon – n'est pas si étrangère à celle de l'Italie. Nous qui, par de rares autres textes ou inscriptions, avons connu les noms d'Esus, Teutatès, Taranis, Belisama, Epona, etc., pourrions crier au scandale. Pourtant, si l'on fait, pour les trois premiers siècles de la période gallo-romaine, l'inventaire des inscriptions et des représentations divines, c'est la liste de César qui se trouve reproduite, parfois dans l'ordre, comme c'est le cas en Lyonnaise ! Celui qui a inspiré cette « interprétation » avait donc longuement réfléchi aux choses de la religion, et connaissait intimement la Gaule et l'Italie.

Pour conclure, le tableau de la Gaule religieuse dressé – rapidement – par César mêle des traits fort anciens et des réalités plus récentes, celles-ci dues à la multiplication des contacts avec le monde méditerranéen. C'est pour l'essentiel un tableau « savant », on pourrait dire « intellectuel », où les anciens fondements astronomiques et théologiques impressionnent les observateurs romains, où l'on se préoccupe des panthéons et de la signification des dieux. Les pratiques religieuses du peuple n'y occupent aucune place, pas plus que les différences de peuple à peuple ou de région à région. César savait parfaitement que des rites se déroulaient dans les campagnes, près des sources ou sur les montagnes – l'Italie en présentait autant d'exemples que la Gaule. Mais son analyse se situait au niveau des conceptions théologiques : lui-même n'était-il pas le *pontifex maximus* (le suprême pontife) de Rome ?

Les Gaulois ont-ils représenté leurs dieux ? Le problème de la statuaire protohistorique

Dans l'ouvrage intitulé *Bibliothèque historique*, Diodore de Sicile, qui écrivait dans la seconde moitié du Ier siècle avant J.-C., raconte une anecdote liée à la prise de Delphes par les Gaulois vers 280 avant J.-C. : le chef de l'expédition, Brennus, entre dans le sanctuaire, qu'il espérait regorgeant d'or et d'argent. Il n'y voit que des statues de bois et de pierre, celles des dieux. Alors, il éclate de rire : comment pouvait-on représenter les dieux sous forme humaine ?

Lorsqu'il finit les sept premiers livres de la *Guerre des Gaules*, durant l'hiver 52-51 avant J.-C., soit un peu plus de deux siècles plus tard, César écrit les lignes consacrées aux dieux de la Gaule que nous avons précédemment citées, où il indique, entre autre, que *« le dieu qu'ils honorent le plus est Mercure ; ses statues sont les plus nombreuses »*. Statues ? Le mot latin est *signa*, que l'on peut, à la rigueur, traduire par « représentations » ou « images », mais cela fait-il une grande différence ? Quelques auteurs modernes ont répondu par l'affirmative, alléguant un passage du poète Lucain ; celui-ci, un siècle plus tard, évoquant la guerre civile entre César et Pompée, décrivait une forêt sacrée (peut-être la Sainte-Baume), site de sacrifices humains, désertée par les oiseaux et les bêtes sauvages, sans nul souffle de vent, et où se dressaient *« les sinistres simulacres des dieux, dépourvus de tout art »*. Anti-césarien farouche, Lucain fustigeait le sacrilège de César abattant la forêt pour équiper une flotte. Sa description reprend les « topoi » romains les plus anciens et les plus fréquents sur la religion gauloise. Mais les « simulacres sans art » n'auraient-ils pas un rapport avec des statues de bois comme celles retrouvées aux sources de la Seine, à Chamalières, ailleurs encore ? Donc, César aurait vu des statues de bois, depuis lors disparues ? Mais alors, les Gaulois représentaient leurs dieux ? Le problème, on le voit, n'est pas simple. Faute de pouvoir le régler par les sources philologiques, il faut se fier aux documents archéologiques.

Jusqu'à une date récente, les statues de pierre anthropomorphes de l'Âge du Fer se concentraient dans une zone relativement restreinte, de part et d'autre de la basse vallée du Rhône, les « collections » les plus importantes provenant de la région nîmoise et des Bouches-du-Rhône (Entremont, près d'Aix-en-Provence, Roquepertuse, à une vingtaine de kilomètres au sud de celle-ci et enfin *Glanum* – Saint-Rémy-de-Provence), quelques pièces isolées et fragmentaires venant s'ajouter deci-delà, aux confins. Nombre de ces statues représentaient à l'évidence de hauts personnages en position « officielle », portant cuirasse et bijoux, tenant à la main une ou plusieurs têtes coupées (celles des ennemis vaincus au combat) attestant leur valeur. La plupart observaient la position « bouddhique ».

Trouvées en dehors de tout contexte stratigraphique, ces pièces furent datées selon différents critères. Entremont n'ayant vécu qu'un temps relativement court, des environs de 200 à 90-70 avant J.-C., ses sculptures furent attribuées à la fin du IIe siècle. À Roquepertuse, les fouilles anciennes n'avaient apporté que peu de données archéologiques, et c'est sur des critères stylistiques (un certain « archaïsme ») que fut proposée une datation à la fin du IIIe ou dans la première moitié du IIe siècle. À *Glanum*, on s'accordait généralement pour les premières décennies du Ier siècle. Donc, à part une ou deux pièces assez différentes (les bustes nîmois de Sainte-Anastasie et le guerrier, également nîmois, de Grézan), toutes ces statues étaient considérées comme appartenant à la fin de l'époque hellénistique.

En Gaule intérieure, la situation était simple : on ne connaissait rien qui fût antérieur à l'époque romaine. Dans le reste du monde celtique, la fouille de grands tumulus avait démontré que certains d'entre eux portaient à leur sommet, vers la fin du VIe et les débuts du Ve siècle, d'énormes statues relativement rudimentaires, l'exemple le mieux connu étant celui de Hirschlanden, mais nulle de ces rares pièces ne s'apparentait à la sculpture méridionale. Quant à la tête dite de Zehrovice, en Tchéquie, cette ronde-bosse évoquait plutôt la transposition en pierre d'un cabochon d'orfèvrerie.

La théorie courante était donc la suivante : à part quelques pièces anciennes couronnant des tumulus, les Celtes n'avaient réellement pratiqué la sculpture qu'à la fin de l'Âge du Fer, et exclusivement dans le Midi, sous l'influence de Marseille afin de représenter leurs grands « seigneurs ». Cette thèse vient de s'écrouler.

Tout d'abord, l'exclusivité du Midi a été remise en cause par la trouvaille de sculptures en Gaule intérieure. À Vix, près de Châtillon-sur-Seine, dans un enclos vraisemblablement cultuel et un contexte archéologique ancien (V^{e} avant J.-C. ?). À Paule (Côtes-d'Armor), à l'intérieur d'une « ferme fortifiée », dans des niveaux fin IIe-début Ier siècle avant J.-C. Et il existe probablement

Sculptures de Roquepertuse (Bouches-du-Rhône).
Ci-contre, l'une des faces de la pièce appelée l'"Hermès".
Ci-dessous, l'une des statues acéphales.

Deux témoignages de la sculpture gauloise. À g., l'une des statues trouvées à Paule (Côtes d'Armor), datable des environs de 100 avant J.-C. (cliché Y. Ménez) À dr., l'un des nombreux "pèlerins" des sources de la Seine. Seules des conditions exceptionnelles permettent de retrouver les pièces en bois.

La figurine ornant le vase de Glauberg.

d'autres pièces dans les musées ou dans leurs réserves, que la « théorie » a jusqu'alors attribuées à la période gallo-romaine et qui devront être sérieusement vieillies.

Parallèlement, un programme de recherche lancé autour de Roquepertuse semait le doute quant à la chronologie traditionnelle. L'étude architecturale du « portique » abritant les statues, la découverte de traces de peintures sur ces sculptures (ainsi que sur celles de *Glanum*), la reprise des fouilles sur le site lui-même, toutes ces opérations laissaient àpenser que les datations étaient trop basses. Mais de combien ? On l'ignorait.

Le coup de tonnerre se produisit bien loin de la Provence : dans la Hesse, à Glauberg (près de Francfort-sur-le-Main), site archéologique bien connu depuis le XIXe siècle, *oppidum* celtique des VIe-Ve s., également important établissement alaman, puis franc. Des campagnes y furent menées à partir de 1994. Elles découvrirent une impressionnante « allée processionnelle » conduisant à un tumulus abritant deux sépultures, que nous ne décrirons pas ici. L'une d'entre elles contenait un objet extraordinaire : une « cruche à bec » (Schnabelkanne) en bronze, de facture celtique, décorée sur sa partie supérieure de trois figurines : deux sphynges et un petit personnage assis en tailleur. Un simple coup d'œil suffit : le style, l'habillement, la posture, c'est Roquepertuse ! Or la tombe est datée de La Tène A, vers 470-440 avant J.-C. Deux ans plus tard, en 1996, près du tumulus, fut découverte une statue en grès, haute de 1,86 m, représentant un personnage portant cuirasse, bouclier et poignard, doté d'une coiffe spéciale, une sorte de couronne avec deux proéminences verticales en forme de feuilles de gui – un motif connu dans l'art celtique et qui se retrouve également sur la sculpture qu'on appelle l'« Hermès » de Roquepertuse !

L'étude de la statuaire méridionale est donc à refaire sur de nouvelles bases, notamment en étudiant les vêtements et les armures. Certaines de ces pièces vont « remonter » au Ve, voire au VIe s. avant J.-C., particulièrement à Roquepertuse et à *Glanum*, datation qui s'accordera mieux avec les décors peints qui relèvent en Grèce et en Étrurie de l'époque classique. Ne glosons pas sur la « révolution » que devront subir nombre de thèses sur la celtisation et l'hellénisation du Midi, revenons à la question initiale : hommes ou dieux ?

La figurine de la cruche de Glauberg, entre deux sphynges, peut-elle être un dieu ? On en doutera. Les grandes statues surmontant un tumulus représentent plutôt le prince ou le roi, mais la couronne à feuilles de gui peut suggérer une divinisation, ou à tout le moins le caractère sacré du monarque regroupant en sa personne pouvoir religieux et pouvoir temporel, double fonction que pourraient symboliser aussi les statues de Roquepertuse (et de *Glanum* ?). À Paule, on penserait plutôt à des portraits d'ancêtres, dont l'un fut peut-être barde. À Entremont, dont la datation n'est pas à mettre en doute, ce sont bien les images des aristocrates, hommes et femmes, qui nous sont présentées.

En réalité, l'étude de la sculpture nous informe sur l'évolution du pouvoir au cours du deuxième Âge du Fer, un pouvoir qui, d'une conception mi-divine mi-humaine, aboutit aux aristocraties décrites par César. Dans toutes ces pièces, on ne voit aucun dieu. Diodore de Sicile avait-il donc raison ? César avait-il tort ?

On conclurait volontiers en ce sens, s'il n'y avait la numismatique, le chaudron de Gundestrup et … la sculpture « gallo-romaine » – dont, je l'ai dit, la datation peut parfois laisser indécis. Les motifs de nombre de monnayages font manifestement référence à des mythes ou à des scènes de nature religieuse, et, s'il nous est impossible de dire si telle représentation figure des dieux, des déesses, des héros ou des humains, il est probable que les premiers n'en sont pas systématiquement absents. Quant au « chaudron », il prouve que, à la fin de l'époque hellénistique, dans une région du Danube proche de la Thrace, les Celtes représentaient bien des dieux.

Le sac de Delphes et l'épisode de Brennus se placent à la fin du IIIe siècle, le récit de César en 52. C'est entre ces deux dates que les Celtes, et particulièrement les Gaulois, sont passés d'une conception « mentale » de la divinité à une conception « anthropomorphique ». Ou, plus exactement, que s'est branchée sur le « fonds théologique savant » une mise en images qui correspondait aux pratiques des civilisations gréco-romaines de mieux en mieux connues, de plus en plus fréquentées. Le mouvement n'en était qu'à son début, le bois était sans doute plus utilisé que la pierre. Mais, de ces statues, on en trouvera. Nous en avons peut-être déjà sans le savoir.

L'éditeur a voulu ces deux articles, alors qu'ils sont quasiment inédits, et il a employé le mot « révolutionnaire » pour le second. Je ne suis pour rien dans ladite révolution qui est due aux fouilles de mon collègue allemand Herrmann. Mais il est vrai que, découvrant les photographies du petit personnage de la « Schnabelkanne » de Glauberg, je suis resté aussi interdit qu'après la lecture de l'article de Paul Verdier sur le « chaudron » de Gundestrup. La ressemblance – que dis-je : la quasi-identité – avec la sculpture de Roquepertuse m'a laissé éberlué. Quant aux conséquences de ces rapprochements, nous avons aujourd'hui bien du mal à les évaluer, mais elles risquent d'être de poids !

Conséquences d'abord chronologiques : des statues méridionales vont être vieillies de trois ou quatre siècles. Mais la chronologie n'a, dans l'affaire, qu'un intérêt secondaire. Si, à Roquepertuse, à Glanum*, sans doute ailleurs, au Ve siècle avant J.-C. (je me force à ne pas aller plus haut), des statues de pierre sont semblables à ce que l'on trouve dans la Hesse, au cœur du monde « celtique », chez ceux qu'on appelle les « princes celtes », que faut-il penser ? D'abord, très humblement, reconnaître à quel point les erreurs peuvent être profondes dans notre « discipline », et, en l'occurrence, ce seront des cas d'école. Constater ensuite – enseignement mille fois inculqué et jamais retenu – que des « objets » comme les statues sortent du lot commun : elles relèvent d'une sphère échappant à la vie quotidienne, on les vénère, protège, entretient – sinon nous n'aurions pas dans nos églises des Vierges romanes. Enfin, pour revenir à l'histoire, nous trouvons bien dans le Midi, à date haute, nos amis les Celtes, non ? Je n'insiste pas, ayant peur de lasser en reprenant ce leitmotiv une fois de trop.*

***

Nous en avons fini avec la Gaule dite de l'Âge du Fer. À coup sûr, celle qui a été présentée dans les pages précédentes diffère profondément de la Gaule de Jullian : quatre générations de chercheurs, et surtout les deux dernières, ont apporté des contributions décisives.

In fine*, je souhaite poser la question : de ce tableau, pouvons-nous nous satisfaire ? À la fin de mes conférences, il arrive souvent qu'un membre de l'assistance me demande : « mais, en réalité, qui sont les Celtes ? Qui sont les Gaulois ? » Je propose la réponse classique : les Grecs employaient le mot « Celtes », les Romains (pour des raisons qui ne sont pas élucidées) le nom de « Gaulois » – mais* ce sont les mêmes populations. Ma réponse – qui n'en est guère une, en ce sens qu'elle est technique et qu'elle élude le problème de fond – suffit le plus souvent, mais il arrive aussi que mon questionneur insiste : « Vous ne m'avez pas compris : ce que je voudrais savoir, c'est l'origine des Celtes, et le moment où ils sont arrivés chez nous ». De nouveau, j'offre une argumentation « technique » : les premières mentions des Celtes apparaissent dans les textes à la fin du VIe (Hécatée, puis Hérodote), on les situe en Europe centrale et occidentale, etc. Pourtant, la réponse que je devrais faire tient en cette phrase : « Madame ou Monsieur, j'aimerais le savoir moi aussi, et malheureusement je ne le sais pas ».

De fait, il ne faut pas nous leurrer. Le fond du discours qui a organisé ce chapitre est très « conventionnel ». Il repose sur la convention selon laquelle il n'est pas de Celtes avant l'Âge du Fer. Ladite convention représente d'ailleurs l'élargissement d'une convention un peu plus ancienne pour laquelle les mots celte et celtique ne pouvaient être employés avant le début du second Âge du Fer. Le grand catalogue de l'exposition de Venise, dont j'ai précédemment parlé, est intéressant à cet égard : il montre la quasi-unanimité du milieu scientifique pour remplacer la convention ancienne, mais la nouvelle attitude n'est nullement argumentée.

La difficulté vient du fait que les vieilles théories sur les « invasions » celtiques ont pris l'eau. Lorsque j'étais jeune, les choses étaient claires : des Celtes étaient « arrivés » en Europe occidentale vers 500-450 avant J.-C. Une invasion, parfait. Quelques collègues originaux évoquaient des Celtes « plus anciens », des « proto-Celtes », mais on ne leur accordait guère de crédit. Les trouvailles archéologiques assurant une filiation entre les tombes à char depuis le VIIIe siècle jusqu'au Ve, les théories sur la constitution et le développement des « principautés », les études typologiques, *tout cela fit s'écrouler progressivement la thèse de l'invasion, et même de l'« arrivée » au Ve siècle. Il fallut se décider – ce fut un déchirement pour certains – à rompre avec les textes grecs. Même les linguistes apportèrent leur écot : dans la région des lacs, en Italie du nord, des inscriptions utilisant une variété d'alphabet étrusque (dit de Lugano) relevaient d'une langue celtique (dite lépontique) qui correspondait à la civilisation que les archéologues ont nommée « de Golasecca », culture qui remonte au VIIe s. avant J.-C. Un grand pas avait été fait.*

Ce pas est-il suffisant ? Difficile à dire, ou plutôt : comment savoir ? Nous disposons de tableaux chronologiques de plus en plus diversifiés pour le Néolithique et les Âges des métaux, se fondant sur des « cultures », sur des sites, sur des évolutions d'objets, etc. Mais comment verrions-nous les Celtes « apparaître » en tel ou tel point du tableau récapitulatif à la date de 3000, 2500, 1500 ou telle autre ? La langue ne laisse de trace que si elle passe dans des écrits. La « macro-analyse » ne nous est pas plus secourable, car elle se fonde essentiellement sur l'économique. Je veux bien croire que les grands traits de l'Europe « centro-occidentale » (peuplement, mises en cultures…) étaient déjà constitués au IVe millénaire, cela ne m'avance guère : ces « grands traits » étaient-ils dus aux Celtes, à des Celtes ?

J'en tire deux leçons. La première : nous nous heurtons ici à des difficultés classiques : mettre en rapport des données textuelles et des données archéologiques – la linguistique et ses arborescences ne nous étant d'aucun secours. La seconde : ne nous moquons pas trop des auteurs ou des gravures du XIXe représentant les druides sacrifiant sur des dolmens. Amédée Thierry, Camille Jullian ont posé des questions et tenté d'y répondre. Aujourd'hui, alors que nous disposons d'infiniment plus de données, ces mêmes questions fondamentales demeurent sans réponses, sinon « techniques ». Seule différence : nous avons appris la prudence, mais est-ce toujours une vertu ?

Chapitre II

LA CONQUÊTE ROMAINE

Elle paraît d'une grande simplicité. Nous avons des textes qui mentionnent des événements, qui les datent : conquête du Midi à partir de 125 avant J.-C., conquête de la Gaule « intérieure » par César de 58 à 51, parachèvement par Auguste soumettant les peuples des Alpes et des Pyrénées durant la première partie de son règne.

Lorsque je fus élu au Collège de France, il y a quinze ans, me sentant tenu d'en savoir davantage sur la Gaule « non méditerranéenne », je commençai naturellement par reprendre César, et je relus la Guerre des Gaules. *J'y tombai littéralement. Pendant cinq ou six années, j'ai dévoré je ne sais combien de livres et d'articles sur César, sur la guerre, sur le livre lui-même, accumulant fiches, interrogations et... frustrations. Le texte de César m'en apprenait sur les Gaulois beaucoup moins que je n'avais espéré. Sur ses opérations et sa politique, le général romain, à en croire nombre d'auteurs, cherchait à duper, ce que j'aurais été prêt à croire si ces thèses n'avaient souffert de la faiblesse de leur arrière-plan historique et d'une grande ignorance des recherches archéologiques les plus récentes. Pour le reste, nombre de contributions s'attachaient, soit à la personnalité de César (bon ou mauvais, génial ou chanceux, clément ou sanguinaire, etc.), soit à des points précis (lieux de bataille, campements, itinéraires, corps de troupes, etc.).*

Rares étaient celles qui envisageaient des problèmes plus généraux, sauf à évoquer la conquête de la Gaule dans le cadre de l'« impérialisme » romain ou de l'économie romaine, mais en allant vite.

La proposition d'écrire un ouvrage sur César et la Gaule *m'a donc à la fois attiré et… inquiété. Si j'évoque ce livre, c'est parce qu'il a inspiré la plupart des articles qui suivent, qui en sont complémentaires. Attirance : à la lumière des découvertes des dernières années (les amphores Dressel I, la « zone du denier », les fouilles de Bibracte, d'autres encore), un tableau un peu neuf (quoique hypothétique) pourrait être brossé quant aux origines, aux causes, aux contextes de la guerre des Gaules. Inquiétude : il faudrait aborder des sujets difficiles à maîtriser (à commencer par César lui-même), ou psychologiquement « brûlants » (Gergovie, Alésia). Je décidai de tenter l'aventure.*

J'ai donc essayé de remettre en perspective la « guerre des Gaules », en l'observant à la fois du côté de Rome et du côté des Gaulois, de l'histoire et de l'archéologie. César et la Gaule *fut écrit d'un jet, c'est-à-dire trop vite. Il aurait fallu peaufiner, argumenter davantage, mais (comme pour Bibracte et pour Vaison) ce fut « un coup de cœur ». Curieusement, les critiques qu'il s'attira portèrent sur des points imprévus.*

Bien sûr, j'eus droit au lot d'imprécations émises par les nombreux tenants des « vraies » Gergovie, Alésia ou Uxellodunum, *qui me reprochèrent d'ailleurs moins de m'en tenir aux localisations « traditionnelles » proposées par Napoléon III (lequel avait des moyens que nul ne pourra plus jamais mobiliser) que d'avoir déclaré – avec un brin de provocation – que ces localisations m'indifféraient, que je préférais entrevoir les causes et les conséquences, laissant aux spécialistes de la recherche militaire le soin de repérer Alésia ou Gergovie, au même titre que Waterloo ou*

Rocroy – dont j'ignore personnellement l'emplacement exact. Passons.

Les objections les plus virulentes relevaient d'un thème simple : j'avais commis un crime de lèse-César. En quoi ? Apparemment, d'abord, pour n'avoir pas manifesté assez d'admiration à l'égard du général romain. Pour avoir mis en doute que César ait médité la conquête de la Gaule, pièce essentielle à la conception qu'il nourrissait de son futur empire (pourtant Strabon, VII, 3, 5, écrit que César avait préparé une expédition non pas vers la Gaule mais vers l'Europe centrale pour en découdre avec le roi Byrebistas). Pour avoir écrit que la Gaule « tomba » entre ses mains en raison de la défection de ses alliés, et non parce qu'il l'avait décidé. Pour avoir enfin « brouillé » l'action de son génie en accordant trop d'importance aux phénomènes socio-économiques. Il est vrai que, si ce sont des crimes, je les ai commis.

Toute conquête opérée par une puissance aux dépens d'une puissance voisine (le cas des expéditions lointaines, par exemple coloniales, est évidemment différent) amène inéluctablement à évaluer les situations de l'une et de l'autre, leurs relations antérieures, les ferments à l'œuvre, les forces en présence, et l'affaire est encore plus compliquée lorsque, comme pour la Gaule, l'une des deux « puissances » n'est en réalité que la juxtaposition de « peuples », de cités aux liens occasionnels. Ce tableau-bilan doit être dressé, même si peu d'historiens osent aujourd'hui en tirer des conséquences catégoriques, du style : « le terrain était prêt pour la conquête ». Les volontés politiques et, à la limite extrême, l'ambition ou le génie d'un individu peuvent servir de détonateur, de déclencheur, mais rares furent les conquêtes réussies (c'est-à-dire vouées à une certaine durée) sans que les futurs conquis n'aient partagé avec les futurs conquérants un minimum de facteurs en termes d'économie, d'organisation sociale, voire politique, et parfois au-delà.

Voilà ce que les articles qui suivent cherchent à suggérer, tout en offrant les principales données « événementielles ». Le premier, qui s'attache à la conquête du Midi, réunit deux contributions, auxquelles j'ai joint, en encadrés, deux petits textes sur Entremont et sur un prince helvien.

La conquête du Midi de la Gaule

Avant même la fin de la seconde guerre punique, Rome avait repris possession des territoires ibériques qui lui avaient un temps échappé. Au début du IIe siècle avant J.-C., elle venait de s'assurer le contrôle définitif de la Gaule Cisalpine (l'Italie du nord). Entre celle-ci et l'Ibérie, s'étendait un long parcours, celui qui traversait le midi de la Gaule. Rome n'y était jamais intervenue : cette vaste région était « contrôlée » par la vieille alliée, Massalia, la colonie phocéenne. Mais, dans le courant du IIIe siècle, les autochtones, jusqu'alors éparpillés en une multitude de petits peuples, s'étaient constitués en fédérations ou confédérations, des pouvoirs forts s'étaient établis, Voconces, Salluviens, Cavares, Allobroges, Volques Arécomiques et Tectosages, Helviens, contrôlaient de vastes territoires et s'édifiaient d'orgueilleuses capitales fortifiées. Leurs aristocraties avaient lié des relations avec leurs homologues de Gaule centrale, en particulier avec les Arvernes dont l'influence, au IIe siècle, avait pris une extension considérable, au point que l'on parlait d'un « empire arverne » et que se colportaient des récits sur la fabuleuse richesse et sur l'extravagance inouïe de leurs rois.

Rome tenait à la stabilité et à la tranquillité du Midi. Ses côtes étaient riches en ports et en abris, indispensables à une navigation commerciale en plein essor. Depuis l'Italie du nord, une voie naturelle partait de Turin, traversait les Alpes, suivait la Durance, franchissait le Rhône à Tarascon et empruntait les plaines languedociennes pour atteindre les provinces ibériques. Or, sur cette voie comme dans l'ensemble de la région, sur terre et sur mer, l'insécurité ne cessa de grandir. En 189, un magistrat romain se rendant en Ibérie est attaqué durant son voyage (Tite-Live, XXXVII, 57) ; et il en va de même quelques années plus tard en 173 (Tite-Live, XLII, 4). En 181, Massalia dépose une plainte officielle auprès du Sénat : des pirates de la côte ligure (entre Gênes et Antibes) attaquaient ses bateaux. Rome envoya une flotte qui régla l'affaire en peu de temps.

En 154, l'affaire est plus grave. Nous la connaissons par un texte de Polybe (XXXIII, 8-10). Deux peuplades ligures, les Oxybiens et les Déciates – qu'on localise entre l'embouchure de l'Argens et le Var – mettent le siège devant les deux comptoirs massaliotes de Nikaia (Nice) et Antipolis (Antibes), tandis que les Massaliotes étaient eux-mêmes « bloqués chez eux » (par les Salluviens ?). Rome envoie une commission enquêter chez les Ligures Oxybiens, qui rejette ses membres à la mer. Aussitôt, le Sénat *« envoie l'un des deux consuls, Q. Opimius Postumius, avec une armée »*, laquelle vainc successivement les deux peuplades qui se rendent. À la suite de cette victoire, *« Q. Opimius livra aux Massaliotes tout ce qu'il lui parut possible de leur donner comme territoires et, pour l'avenir, contraignit les Ligures à leur remettre des otages, qui seraient relevés à date fixe. Il désarma d'autre part les troupes qui lui avaient livré bataille, répartit ses soldats entre les diverses villes et s'installa pour passer l'hiver dans le pays »*.

Le calme ne dura pas longtemps, moins de trente ans. En 125, Massalia fait de nouveau appel à Rome. Malheureusement, les événements ne nous sont connus que par de brèves mentions : les livres de l'*Histoire* de Tite-Live sont perdus pour l'époque postérieure à 167 avant J.-C., et nous n'en conservons que de brefs résumés réalisés ultérieurement : les *Periochae*. La *periocha* du livre LX indique sobrement : « *M. Fulvius Flaccus envoyé au secours des Massaliens, dont les Gaulois Salluviens ravageaient le territoire, soumet, le premier, par les armes les Liguriens de la Gaule transalpine* ». Passage qu'il faut comprendre ainsi : le terme « Liguriens » (ou Ligures) recouvre, chez Tite-Live, l'ensemble des peuples de cette partie de la Gaule. De fait, les Actes Triomphaux – les documents officiels recensant les triomphes accordés aux généraux de Rome – indiquent que Fulvius, qui était l'un des consuls de l'année 125, obtint le triomphe pour l'avoir emporté « sur les Ligures (pris ici au sens strict : les peuplades à l'est de l'Argens), les Voconces (établis entre la Durance et l'Isère) et les Salluviens (entre le Rhône et l'Argens, donc au contact même de Marseille ».

Cette campagne ne suffit pas, puisque l'année suivante, en 124, ce fut le consul C. Sextius Calvinus qui fut à son tour dépêché en Transalpine et qui remporta la victoire (et ultérieurement le triomphe) sur les trois mêmes peuples. Les textes évoquent davantage son action, car il prit la capitale des Salluviens et fonda Aix. Ainsi, Diodore de Sicile (XXXIV, 23) écrit que les habitants de cette capitale furent déportés, à l'exception d'un fort parti hellénisé ami de Rome composé de 900 habitants auxquels furent rendus leurs biens. Notons que la « capitale » est généralement identifiée au site d'Entremont, près d'Aix, encore qu'on ait récemment proposé de la localiser à Saint-Blaise. Strabon (IV, 1, 5) indique

« *Sextius, celui qui vainquit les Salyens* (équivalent grec de Salluviens), *après avoir fondé non loin de Massalia une ville qui porte à la fois son nom et celui d'« Eaux chaudes »* (Aquae Sextiae) *établit au même endroit une garnison et refoula les barbares en arrière du littoral, et il remit aux Massaliotes le terrain que les barbares avaient abandonné.* »

Combats autour d'Entremont

Curieuse histoire que celle d'Entremont. Les jeunes professeurs du petit séminaire d'Aix qui, en avril 1817, repérèrent dans le mur d'un « bastidon » des sculptures pré-romaines en remploi, ne se doutaient pas que leur trouvaille entraînerait, beaucoup plus tard, une querelle aux accents presque guerriers. C'est aussi en pleine guerre, la seconde guerre mondiale, que les Allemands, qui venaient d'envahir la zone libre et avaient installé sur le plateau d'Entremont un poste de DCA, découvrirent, en creusant une citerne, de nouvelles sculptures. La paix revenue, le Directeur de la Circonscription archéologique de Provence, Fernand Benoit, secondé par Robert Ambard, engagea des fouilles qui devaient se prolonger jusqu'en 1969, et dont les résultats conduisirent l'État à acquérir la propriété du site.

Ces recherches inspirèrent à F. Benoit deux certitudes.

La première : il s'agissait de la capitale du peuple des Salyens (ou Salluviens), une capitale dont l'édification avait connu trois phases. De la plus ancienne, ne subsistaient que des pièces de remploi, des stèles en calcaire attestant un sanctuaire primitif ou une nécropole. Puis se construisit au IIIe siècle avant J.-C. une agglomération d'environ un hectare défendue par une enceinte munie de tours carrées (Entremont II). Une étape ultérieure vit l'agrandissement de cette place, dont la superficie fut plus que triplée, un nouveau rempart étant édifié comportant des tours plus imposantes aux angles arrondis (Entremont III). Dans l'urbanisme, dans un bâtiment public (un sanctuaire), se lisaient ces évolutions.

Deuxième conclusion de F. Benoit : cette « ville » avait fait l'objet de deux attaques successives de la part des légions romaines, dont les indices se repéraient dans deux niveaux superposés séparés par une réfection hâtive. La première, en 125, vit la « forteresse » résister et réparer rapidement les dégâts qu'elle avait subis. En revanche, l'année suivante, en 124, C. Sextius la prit d'assaut : *« la ville fut soumise à un violent bombardement de catapultes, ainsi que le montre la présence de boulets de basalte ou de pierre (...) la défense paraît avoir été opiniâtre, ainsi que l'atteste la découverte dans la rue IX (...) d'une soixantaine de balles* (de fronde) *et de fers de* pilum. *La ville fut pillée : les* dolia *à provisions brisés dans les rues ; plusieurs cachettes de monnaies, creusées à l'angle des cases, avaient été vidées de leur contenu »* (F. Benoit, *Entremont*, éd. Ophrys, rééd. 1981). C'est à la suite de ce « sac » que Sextius fonda Aix-en-Provence, en 122, comme le rapportent Diodore de Sicile, Strabon et Tite-Live.

Le scénario écrit par F. Benoit séduisit à une époque où l'archéologie « historique » française s'accrochait aux textes, tentant de les illustrer plutôt que de chercher à construire ses propres cadres méthodologiques et chronologiques. Mais le développement de la protohistoire méridionale modifia la situation dans les années 70-80. Des voix s'élevèrent pour contester ces correspondances trop parfaites entre les événements relatés par les auteurs antiques et les réalités archéologiques. En Languedoc, l'« invasion » attribuée aux Volques vers 220 avant J.-C. fut remise en question ; en Provence, on s'interrogea de même sur les traces laissées par la « conquête » de 125-123. Les progrès dans l'analyse et la datation des matériels métalliques, céramiques, amphoriques, redoublaient les interrogations.

Des fouilles furent reprises de 1983 à 1989, qui modifièrent les données. Rajeunissant la première occupation du site (début du IIIe siècle), plaçant vers 150 l'extension de l'*oppidum*, elles prenaient position sur les deux destructions : la première se daterait vers 125-120, la seconde vers 110-90. Pourtant, là encore, les textes étaient invoqués à l'appui de ces datations. Pour la première destruction, c'était la conquête de Fulvius Flaccus ou de Sextius Calvinus. Pour la seconde, ce pouvait être la victoire remportée d'après la *Periocha* LXXIII de Tite-Live, par C. Caelius « sur les Salluviens révoltés ».

Parallèlement, s'élevaient d'autres voix, pour attirer l'attention sur le fait qu'aucune source, antique ou récente, ne permettait d'assurer que la capitale des Salyens ait bien été Entremont !

On voit ici les problèmes que posent les concordances supposées entre les textes et l'archéologie. Lorsque les débats portant sur des périodes pour lesquelles les « fossiles directeurs » ne sont pas datables avec une précision inférieure à une trentaine d'années, l'hésitation est forcément de mise. D'autre part, il n'est pas sûr que les textes aient relaté tous les événements militaires de l'époque. L'esprit critique doit donc demeurer vigilant. En revanche, l'hyper-critique ne sert de rien, car elle bloque un débat qu'il vaut mieux tenter de faire avancer.

Pour conclure, gageons qu'Entremont a bien été « détruite » en 125-122 et qu'Aix fut fondée au même moment. Mais une destruction peut ne pas être totale, une « prise » peut aussi revêtir des aspects symboliques (une brèche dans la fortification), politiques (la *deditio*), voire rituels, et que ne s'ensuit pas forcément un abandon définitif. Le vocabulaire des textes ne doit pas être pris automatiquement au pied de la lettre.

Cependant, rien n'était définitivement réglé puisque, en 122 encore, Rome jugea nécessaire d'envoyer le proconsul Cnéus Domitius Ahénobarbus. En fait, la guerre s'étendait avec l'entrée en scène des Allobroges (du Dauphiné et de la Savoie), alliés des Salluviens – ils avaient accordé asile au roi salluvien Teutomalios –, et surtout des Arvernes, « patrons » de ces mêmes Allobroges, et desquels les Éduens de Bourgogne et du Morvan, vieux alliés de Rome, ne cessaient de se plaindre auprès du Sénat. Grâce à des mentions un peu plus nombreuses que précédemment, nous connaissons à peu près le déroulement des faits. Les Arvernes dépêchèrent une ambassade qui échoua (Appien, *Celtica*, 12). On s'en remit donc aux armes. La *Periocha* du livre LXI de Tite-Live indique :

> *Le proconsul Cn. Domitius remporte, près de Vindalium, une victoire sur les Allobroges, qui s'étaient attiré cette guerre pour avoir reçu dans sa fuite et aidé de tous leurs moyens, Teutomalius, roi des Salluviens, et pour avoir ravagé le territoire des Ædues, alliés du peuple romain (...). Le consul Q. Fabius Maximus, petit-fils de Paul Émile, remporte une victoire sur les Allobroges et sur Bituitus, roi des Arvernes. Cent vingt mille hommes de l'armée de Bituitus furent taillés en pièces. Lui-même, étant parti pour Rome afin de satisfaire aux ordres du Sénat, fut retenu et mis en surveillance à Albe, parce que son retour en Gaule paraissait dangereux. On ordonne aussi par un décret de saisir son fils Congentiatus, et de l'envoyer à Rome. Les Allobroges sont reçus à discrétion.*

D'autres textes permettent de préciser : Domitius écrasa les Allobroges à *Vindalium*, endroit de localisation incertaine, sans doute sur la Sorgue. L'armée de Fabius, dépêchée en renfort, défit une coalition des Arvernes et des Allobroges au confluent de l'Isère et du Rhône. Fabius, pour avoir reçu la reddition des Allobroges, obtint, outre le triomphe, le surnom *Allobrogicus* (Valère Maxime, IX, 6, 3). Domitius, lui, reçut le triomphe « sur les Arvernes », mais ce fut plus tard (peut-être en 117), car il demeura en Transalpine : Rome avait décidé de faire du Midi de la Gaule une nouvelle province, et il s'agissait de mettre sur pied son organisation. Il fit d'importants travaux sur la route qui allait porter son nom, la via *Domitia*, d'Espagne en Italie, qui traverse le Languedoc, franchit le Rhône entre Beaucaire et Tarascon, puis, par Cavaillon, Apt, Sisteron, Gap et Briançon, rejoint le col du Mont-Genèvre et descend ensuite vers Turin. Cette voie – dont un milliaire portant le nom de Domitius a été retrouvé à Treilles, à 30 km de Narbonne – deviendra la grande route pour la circulation des troupes, des magistrats et des courriers. Domitius établit une garnison à *Tolosa* (Toulouse) aux marges occidentales de la nouvelle province, fonda peut-être *Forum Domitii* (Montbazin) et accueillit la nouvelle colonie de Narbonne, qui porta le nom du dieu de la guerre, Mars : *Narbo Martius*, fondée en 118. C'était la deuxième colonie, après Carthage, que Rome établissait hors du sol de la péninsule italienne.

Peu après, la Gaule – comme d'autres régions – fut secouée par la grande migration des Cimbres, des Teutons et des Ambrons, de 113 à 102. Lors de ces années qui virent les armées romaines subir d'écrasantes défaites en Transalpine avant que Marius ne redressât la situation et ne vînt à bout des « barbares », on a peu de renseignements sur la conduite des peuples méridionaux, et le seul fait bien attesté est la révolte des Volques

Tectosages de la région de Toulouse, qui infligèrent une défaite aux légions (Dion Cassius, XXVII, 90). C'est pour les punir que, l'année suivante, le consul romain C. Servilius Caepio mit à sac leurs établissements et pilla leurs sanctuaires qui regorgeaient d'offrandes – le fameux « or de Toulouse » (sacrilège qui lui porta malheur car il fut ensuite exilé pour vol). Notons également qu'une peuplade helvète, les Tigurins, avait également pris les armes et que, en 107, *« elle tailla en pièces le consul L. Cassius et son armée sur la frontière des Allobroges ; les soldats qui avaient échappé à ce désastre entrent en composition avec les ennemis et obtiennent la vie sauve en livrant des otages et la moitié de tout ce qu'ils possèdent »* (Tite-Live, *Per.*, LXV). César rappellera l'épisode (*BG*, I, 7).

Pour l'année 90, la *Periocha* LXXIII de Tite-Live signale que *« dans la Gaule transalpine, les Salluviens révoltés sont vaincus par C. Caecilius ».* Faut-il mettre cette révolte en relation avec la « guerre sociale » qui avait éclaté l'année précédente opposant Rome à ses « alliés » d'Italie réclamant qu'on leur reconnaisse des droits ? Cette mention de Tite-Live a retenu l'intérêt des archéologues : c'est à cet épisode que l'on attribue depuis peu la destruction définitive d'Entremont, capitale ou, au moins, grand établissement des Salluviens. Quelques années plus tard, en 81, C. Valérius Flaccus obtient le triomphe « sur la Celtibérie et la Gaule » ; or, il avait été gouverneur de Transalpine en 83. Quels peuples s'étaient révoltés ? On ne sait.

Lorsque Sertorius lança son opération de sécession en Ibérie et remporta victoire sur victoire sur les troupes romaines envoyées pour le mettre à raison, des peuples de Transalpine entrèrent à leur tour en rébellion. Les Voconces à coup sûr, sans doute les Allobroges, les

Volques et les Helviens. Fin 77, Pompée, revêtu d'un mandat extraordinaire pour redresser la situation, traverse la Gaule méridionale en se frayant, dit Cicéron (*Imp. Cn. P.*, XI, 30), *« un chemin parmi les morts »*, et il écrit au Sénat : *« j'ai récupéré la Gaule »* (Salluste, *Hist.*, II, 98, 9). Ses troupes hivernent au moins deux fois en Languedoc. Fontéius, gouverneur pendant trois ans (de 74 à 72) de la Transalpine, combat les Voconces et leur inflige des traitements si durs qu'ils seront l'un des chefs d'accusation du procès intenté contre lui en 69. Mais on ignore tout des opérations militaires liées à ces soulèvements. Dans le *Pro Fonteio* qu'il prononça pour défendre Fontéius, Cicéron se contente de vagues allusions à Narbonne assiégée (au sens propre ou figuré ?) et au « salut » de Marseille qui aurait été menacé.

En 66, deux allusions de Cicéron (*lettres à Atticus,* 1, 1, 2 ; 1, 13, 2) nous apprennent que les Allobroges, de nouveau révoltés, sont matés par C. Calpurnius Piso. En 63, ils envoient une délégation à Rome qui joue un rôle de premier plan pour la répression de la « conjuration de Catilina », fournissant au consul Cicéron les preuves dont il avait besoin (Salluste, *Catilina*, XL-XLI). Cette ambassade, dit Salluste, voulait attirer l'attention du Sénat sur le fait que les Allobroges, comme les autres Gaulois de Transalpine, *« sont accablés de dettes (en raison des impositions) publiques et privées : il n'est rien de si pénible qu'ils ne soient disposés à faire passionnément pour délivrer leur cité de la dette »*. Les délégués repartirent avec quelques récompenses mais, quant au problème de fond, rien n'était réglé et ils durent se contenter de bonnes paroles. L'année suivante, ils reprennent les armes.

Dion Cassius (XXXVII, 47-48) nous a donné le récit de cet ultime soulèvement (62-61 avant J.-C.), nommant le chef gaulois Catugnatos, qui finit par être vaincu près de la ville de *Solonium* (non identifiée) par le gouverneur romain C. Pomptinus ; est également citée une autre ville, *Ouentia,* parfois identifiée à Valence.

Lorsque César, en 58, prend le gouvernement de la *provincia* de Transalpine, qu'est devenue la nouvelle province ? Si l'on excepte le cas des Allobroges (qui inspirent une vive inquiétude au proconsul : *« ce peuple ne paraissait pas encore bien disposé à l'égard de Rome » : BG,* I, 6), le dernier soulèvement d'importance remonte à une vingtaine d'années. Donc, le calme règne.

(Nous plaçons ici la fin de l'article consacré à la Gaule transalpine à l'époque hellénistique, qui concerne l'organisation de la province de Transalpine, de la conquête à la guerre des Gaules).

La création de la province de Transalpine

Traditionnellement, elle est placée entre 122 et 118 et attribuée à Domitius. Certains avaient émis de nombreuses réserves et suggéré une date postérieure à 100. Ch. Ebel, *Transalpine Gaul, The emergence of a Roman province*, Leyde, 1976, renversant les perspectives, a proposé le schéma suivant : pendant un demi-siècle, pas de province proprement dite, les territoires à l'ouest du Rhône faisant partie de l'Espagne citérieure, ceux de l'est étant contrôlés par Marseille et surveillés par le gouverneur de la Cisalpine ; la constitution d'une province par le gouverneur et la Cisalpine ; la constitution d'une province des Alpes aux Pyrénées remonterait seulement au temps des guerres sertoriennes et aurait été l'œuvre de Pompée. Bien qu'hypothétique, l'analyse ne manque pas de force.

La complexité du problème est liée à la pauvreté de nos sources. Les seules mesures légales connues sont les confiscations décidées par le Sénat à date haute (*Pro F.*, 12), puis par Pompée (*ibid.*, 14). Aucune loi d'organisation n'est mentionnée, aucun gouverneur de Transalpine n'est cité en tant que tel avant Fontéius. Un texte de Pline (*NH*, III, 18) montre qu'à l'époque de Pompée les Pyrénées ne constituaient pas la limite nord de l'Espagne citérieure. Après Fontéius, les deux Gaules (cisalpine et transalpine) sont placées sous la responsabilité du même gouverneur.

Il ne s'agit pas de nier la réduction au statut provincial vers 122-120, prouvée *a contrario* par César (*BG*, I, 45, 2-3). Mais le caractère lointain et flou de l'administration romaine n'est guère contestable. Les institutions des peuples évoluent-elles ? La royauté semble disparaître, sauf en Languedoc, au profit de *principes,* de chefs dont certains commencent à être appelés *praetores.*

Question difficile à résoudre : la date d'octroi du statut de *civitas foederata* aux Voconces, attesté sous l'Empire (Pline, *NH*, III, 4, 37 et VIII, 78). Peut-être est-elle en rapport avec les révoltes allobroges des années 66-60. Période d'incertitude, donc. Un seul point est bien assuré : l'extension des possessions et des privilèges massaliotes.

Marseille

Les textes attestent la remise de territoires indigènes à Marseille en 154, en 123 et durant le séjour de Pompée. Peut-être y eut-il d'autres attributions (*Pro F.*, 12). En outre, Marius lui remit les fosses mariennes dont elle tira grand profit (Strabon, IV, 1, 8). Le *Pro Fonteio* célèbre sa fidélité, son souci des intérêts romains (§ 45) mais aussi sa force. Nul doute que cette période ne représente l'apogée de sa puissance et de son influence. Il reste cependant plusieurs points qui font l'objet de discussions.

a) L'accroissement territorial consiste-t-il en une extension de sa juridiction propre ou en une attribution financière ? Les textes (rares) plaident en faveur de la première solution : « Ceux qui ont dû quitter leurs terres » (*Pro F.*, 14) et César (*BC*, I, 35, 4) : « Pompée leur a remis au nom de l'État des territoires des Volques Arécomiques et des Helviens. » A partir des années 76-70, le domaine contrôlé par Marseille s'étend donc sur les deux rives du Rhône, assez haut vers le nord puisque les Helviens sont concernés.

b) Quelle est la portée de l'influence culturelle de Marseille ? C'est à cette époque que se développent les inscriptions gallo-grecques (de langue celtique mais en alphabet grec) dans la moyenne et la basse vallée du Rhône, et que se multiplient les graffiti sur céramique. L'alphabet grec se répand aussi en Gaule intérieure à en croire César (*BG*, I, 29 et VI, 14). Faut-il prendre à la lettre Strabon, IV, 1, 5 : « Marseille servait d'école aux barbares, elle faisait des Gaulois des philhellènes » ?

c) L'influence architecturale massaliote se distingue mal de l'apport italien. Quelques rares maisons à cour intérieure, à Ensérune et à Glanon peuvent remonter à cette époque. Un cas relève de la maison à *atrium* (Ensérune), un autre de la formule *atrium*-péristyle (Glanon, Maison d'Atys). Les colonnes récentes d'Ensérune), celles du portique hellénistique de Glanon couronnées de chapiteaux à têtes se rattachent difficilement à une école stylistique déterminée.

Outre l'extension de la « chôra » massaliote où se trouvent terre à labour (Strabon, III, 4, 17), vignes (Plutarque, *Marius*, 37 ; Athénée, IV, 152c) et oliviers, cultivés à l'aide d'une main-d'œuvre indigène (Strabon, *ibid.*), le fait marquant est moins l'établissement de colons à Narbonne que l'accaparement de terres par des citoyens romains qui acclimatent sur place les méthodes italiennes.

Le *Pro Fonteio* signale la présence en Gaule d'*aratores*, de *pecuarii* (§12), d'*agricolae* (§10). Le *Pro Quinctio* livre d'importantes précisions. Prononcé par Cicéron en 81 à propos d'une liquidation d'héritage, il montre deux Romains fonder une association de commerce pour importer les produits de Gaule – parmi lesquels des esclaves (§23-24). La société possède des terres de culture et de vastes pâturages (§12). Les propriétaires sont sur place, avec une main-d'œuvre servile. L'un d'eux possède des biens fonciers pour son propre compte. La situation (qui remonte à la fin du IIe siècle) paraît courante.

(…) Il est difficile d'exclure toute préoccupation commerciale de la part de Rome avant Fontéius. La création d'Aix, Narbonne et Toulouse relève autant de la géographie commerciale que de la stratégie. Les accords avec les Éduens et peut-être les Séquanes (Plutarque, *Marius,* 24) plaident dans le même sens. *Pro Fonteio*, 12 : « *La Gaule est remplie de commerçants romains (…). Pas un Gaulois ne traite d'affaire sans passer par un citoyen romain* » : la description d'un état de droit peut correspondre en grande partie à l'état de fait.

L'intensification des relations commerciales est bien marquée par le grand nombre d'épaves retrouvées. Les cargaisons : amphores vinaires d'Italie, céramique campanienne (mais aussi commune) et, en appoint, fruits secs, condiments, poissons en saumure. L'image est évidemment incomplète et à sens unique, le trafic Gaule-Italie n'apparaissant pas.

La demande de vin est confirmée par le *Pro Fonteio*. Fontéius avait institué une taxe sur les amphores de vin empruntant la route Narbonne-Toulouse (§§19-20), taxe sans doute proportionnelle à la distance et plus élevée si le produit quittait la province. Elle avantageait les *publicani* chargés de la recouvrer, au détriment du consommateur.

Enfin, l'accroissement de la masse monétaire, observé sur tous les sites, et la création de nombreux monnayages sur l'étalon du denier ne peuvent être indépendants du développement de l'économie d'échanges.

Les débuts de la « romanisation » ?

La réduction au statut provincial imposait tribut, corvées, fournitures d'auxiliaires, entretien des armées stationnées ou de passage, etc., toutes contraintes illustrées par le *Pro Fonteio* et qui pouvaient conduire à un endettement considérable. La confiscation de terres dut peser lourd. Dans ce contexte, l'accroissement des importations italiennes traduit sans doute l'accentuation du pouvoir d'une aristocratie soutenue par Rome aux dépens de la masse.

En dépit des railleries de Cicéron (*Pro Font.*, 33) la relative intégration des « élites » se marque par le recours aux processus légaux contre les magistrats concussionnaires (Fontéius, Calpurnius Piso, Muréna). Les monnayages locaux à légendes nominales témoignent peut-être de l'ostentation d'une aristocratie, au même titre que les nouvelles maisons d'Ensérune et de Saint-Rémy.

L'octroi, dès cette époque, du droit de cité est illustré par deux cas : celui de C. Valerius Caburus, notable helvien, fait citoyen romain par C. Valerius Flaccus, gouverneur d'Espagne citérieure en 83 (César, *BG*, I, 47), et celui du grand-père de Trogue-Pompée qui reçut la cité de Pompée lors des guerres sertoriennes (Justin, XLIII, 5, 11). L'analyse des gentilices d'époque impériale réserve un rôle prééminent à Pompée ; en revanche, on se méfiera de ceux qui semblent renvoyer à une époque haute, comme *Domitius* ou *Fabius,* qui peuvent en fait se référer aux descendants des anciens pro-consuls. Le nombre de nouveaux citoyens ne dut pas être énorme.

De fait, l'archéologie restitue des habitats et des modes de vie dans le droit fil des époques précédentes.

Non seulement la vie continue dans les *oppida* – si l'on excepte les sites, proches de Marseille, détruits à la fin du IIe siècle – mais on y constate des agrandissements et des réfections d'enceintes. De nouveaux établissements fortifiés sont même créés, dont l'un a fourni des vestiges du rite des têtes coupées, indice probable de la persistance de luttes entre peuples voisins. À côté de nouvelles productions, souvent tournées, la poterie modelée maintient son répertoire traditionnel de formes fermées. Les rites funéraires demeurent liés à l'incinération, même si l'on note des faciès régionaux : fosses ou caissons de pierre majoritaires près du Rhône, puits profonds dans la haute vallée de l'Aude et dans le Toulousain.

Il faut peut-être nuancer cette image : l'archéologie privilégie les sites de hauteur, qui ont échappé à l'urbanisation. Il reste que les seules créations romaines sûres se limitent à Aix et Toulouse (mais sous quelle forme ?), à Narbonne, à Saint-Bertand-de-Comminges (fondation pompéienne) et – peut-être – *Forum Domitii* (Montbazin, Hérault) et *Forum Voconii* (Les Blaïs, Var). Les Romains évoqués par le *Pro Fonteio* ont dû résider aussi ailleurs, notamment dans les établissements rhodaniens (Avignon, Cavaillon, Carpentras, Valence, peut-être Vienne) qu'ils ont pu contribuer à développer.

À propos de C. Valérius Procillus, un prince Helvien qui parlait… gaulois

L'épisode est bien connu. En 58 avant J.-C., César vient de défaire les Helvètes ; les chefs des principes cités gauloises déplorent alors devant lui les malheurs que subit la Gaule du fait des Germains et de leur chef, Arioviste (*BG*, I, 30-32). Il les réconforte et se fait fort de régler l'affaire. Il envoie des députés à Arioviste. L'ambassade n'aboutit pas. S'ensuit une prise de position antagoniste des deux armées (*BG*, I, 33-46). Arioviste demande une seconde entrevue soit avec César lui-même soit avec l'un de ses *legati*.

César estime une nouvelle rencontre inopportune : l'avant-veille, les Germains n'avaient pu s'empêcher de se livrer à des escarmouches – inadmissible rupture de la trêve. Il redoute également d'envoyer un de ses *legati :* le danger n'était pas mince (*magno cum periculo*) face à ces sauvages (*hominibus feris*). Il choisit donc la solution qui lui semble la plus appropriée (*commodissium*). Voici le texte (*BG*, I, 47) :

Commodissimum visum est C. Valerium Procillum, C. Valerii Caburi filium, summa virtute et humanitate adulescentem, cujus paler a C. Valerio Flacco civitate donatus erat, et propter fidem et propter linguae gallicae scientiam, qua multa jam Ariovistus longinqua consuetudine utebatur, et quod in eo peccandi Germanis causa non essel, ad eum itere. C'est-à-dire : « La meilleure solution lui parut d'envoyer à Arioviste C. Valérius Procillus, fils de C. Valérius Caburus, jeune homme de grande valeur et de haute culture, dont le père avait reçu la citoyenneté romaine de C. Valérius Flaccus. (Le recommandaient pour cette mission), sa loyauté, son excellente connaissance de la langue gauloise – qu'une pratique déjà longue avait rendue familière à Arioviste – et le fait que les Germains n'avaient aucune raison de le maltraiter ».

C. Valérius Procillus était helvien ; son père avait été *princeps* de cette *civitas* (*BG*, VII, 65) et avait probablement reçu la citoyenneté romaine *virtutis causa, i.e.* en raison de son activité militaire, comme auxiliaire ou comme chef d'auxiliaires gaulois dans les armées romaines.

César justifie son choix, entre autre, par l'excellente connaissance que Procillus – prince gaulois – possède de la langue... gauloise : notation pour le moins étrange ! On passe sur cette bizarrerie en portant l'attention sur Arioviste qui a appris le gaulois. En fait, César aurait dû dépêcher à Arioviste un Gaulois qui parlât parfaitement le latin – ce qui était sûrement le cas de Procillus mais qui ne nous est pas présenté ainsi. Pourquoi ?

Dans le passage que nous avons cité, César attribue au jeune Procillus les plus hautes valeurs que Rome puisse reconnaître : *virtus, humanitas, fides*. À la fin du livre I, lorsqu'il récupère son malheureux député qu'Arioviste avait mis aux fers (I, 53), il exprime sa *voluptas* d'avoir arraché à l'ennemi *suum familiarem et hospitem*. Procillus avait donc été l'hôte de César, il était entré dans l'intimité de sa *familia*. Ce qui ne pouvait se produire qu'à Rome.

Il n'est qu'une solution pour rendre compte de ces diverses notations : que Procillus ait passé une bonne partie de sa jeunesse à Rome. Il y a acquis les vrais vertus d'un citoyen romain, y compris cette manière d'être sociale et culturelle qu'on appelle *humanitas*. Il a fréquenté la *familia* de César. Il parle, évidemment, latin – mais il sait aussi le gaulois. Peut-être les lecteurs de César le connaissent-ils.

On ne s'étonnera pas de constater que Rome a adopté pour la Gaule transalpine le système bien connu qui consiste à « confisquer » et à éduquer les enfants des *principes,* mais il est intéressant d'en trouver l'attestation.

On ne manquera cependant pas d'observer que ce « parfait jeune homme romanisé » a été envoyé auprès d'Arioviste parce que César jugeait indigne de s'y rendre lui-même et trop dangereux de dépêcher ses *legati.* Comme quoi, entre de « vrais » citoyens romains et un Gaulois « assimilé », il subsistait quelque différence...

Quelques mots de commentaires. Aujourd'hui encore, certains des points évoqués dans ce texte continuent de poser des questions. D'abord, le sort du Languedoc avant les événements de 125 : était-il ou non (au moins partiellement) dans l'orbite romaine, depuis l'Ibérie citérieure ? Mystère. Le second problème concerne la création de la province de Gallia Transalpina *: la thèse d'Ebel, à laquelle je m'étais rallié, a récemment suscité des critiques qui invitent à revenir à une date haute (vers 120), mais sans absolue certitude. Enfin, la tendance actuelle est de considérer la « romanisation » de la nouvelle province comme plus rapide et plus profonde qu'on ne le pensait il y a encore peu.*

César et la *Guerre des Gaules*

Venons-en maintenant à la Gaule « intérieure », à la guerre des Gaules et à la… Guerre des Gaules.

En 1993, les Éditions de l'Imprimerie Nationale me demandèrent, pour leur collection « Acteurs de l'Histoire », une édition de la Guerre des Gaules *de César. Je fus flatté. Puis, on discuta : de quoi s'agissait-il ? Présenter ? Annoter ? Oui, mais aussi, si possible, de traduire. L'idée de retraduire l'ouvrage m'épouvanta. J'étais bien conscient de certaines faiblesses des traductions françaises les plus diffusées (M. Rat chez Garnier, L.-A. Constans aux Belles-Lettres), mais, s'il est facile de critiquer tel ou tel point de détail (quarante ans après), reprendre l'ouvrage, c'était autre chose. Je m'y refusai et je le regrette parce que je pense que la* Guerre des Gaules *doit être un peu « modernisée », non pas en des termes vulgaires, voire canailles ou provocateurs, comme on l'a vu récemment (pour faire neuf), mais pour échapper à l'ambiance – comment dire ? – un peu solennelle, sacralisée, à laquelle beaucoup de textes antiques portent instinctivement ceux qui les traduisent. Je n'en ai pas eu le courage, car atteindre le niveau de Constans représente une gageure. Sa traduction est belle (parfois trop), mais je la respecte. Je me contentai donc de présenter et d'annoter.*

Voici la présentation.

L'an 390 avant J.-C., les Gaulois assiègent Rome. Tous les habitants abandonnent la ville pour défendre l'*Arx* – la citadelle –, à l'exception des vieux patriciens qui, revêtant leurs habits de parade, s'installent dans le vestibule de leurs demeures, sur des sièges d'ivoire. Les Gaulois entrent dans une ville morte.

Tite-Live, V, 42 - *Saisis de peur au milieu de ce désert et craignant en se dispersant de tomber dans quelque piège, ils se rassemblent au forum et dans les rues environnantes. Là, ils trouvent les maisons des plébéiens fermées, celles des nobles ouvertes. Ils eurent plus d'hésitation à pénétrer dans celles-ci que dans celles-là. Car ils se sentaient pris de respect en voyant assis sur le seuil de leurs demeures des personnages que leur attitude, leur costume, leur air grave et solennel rendaient pareils à des dieux. Immobiles, ils les contemplaient, telles des statues. D'après ce que l'on raconte, c'est Marcus Papirius, dont un Gaulois s'était permis de toucher la barbe qu'il laissait pousser selon la mode du temps, qui, en frappant celui-ci sur la tête avec son bâton d'ivoire, déchaîna la fureur des Gaulois. Il fut le premier massacré. Après lui, tous les autres patriciens trouvés dans leurs maisons. L'extermination des nobles une fois achevée, personne ne fut épargné. Ensuite on pilla les maisons et on y mit le feu.*

Quelque temps passa :

Tite-Live, V, 48 - *Alors le Sénat se réunit et chargea les tribuns militaires de traiter avec l'ennemi. Il y eut une entrevue du tribun militaire Quintus Sulpicius et du chef des Gaulois Brennus. Un accord fut conclu et on estima à mille livres d'or la rançon d'un peuple appelé à devenir bientôt le maître du monde. À cette honte vint s'ajouter un outrage : les Gaulois avaient apporté des poids et, comme le tribun les refusait, l'insolent ennemi y ajouta son épée et fit entendre ces paroles intolérables pour les Romains : « Malheur aux vaincus !*

Ces deux épisodes ont été relatés par le grand historien Tite-Live, qui écrivait sous le règne d'Auguste. Si le scénario a toutes chances d'avoir été inventé bien après les événements, sa force a traversé les siècles : le vaincu se montre supérieur au vainqueur, car celui-ci ignore toute dignité. Ces accents dramatiques expriment à quel point la prise de Rome par les Gaulois avait traumatisé la conscience nationale, et comment, pour surmonter l'outrage, il fallut charger le vainqueur. Transmis, voire « embellis », de génération en génération, de tels récits construisent et nomment l'ennemi héréditaire : les Gaulois. La monumentale *Histoire* de Tite-Live récapitule, au fil des livres, au fil des ans, tous les conflits qui opposèrent Rome et, plus largement, le monde civilisé à ces barbares. Les raids qui ceux-ci lancèrent en direction de l'Italie, de la Grèce – où ils osèrent, chose inouïe, s'en prendre au sanctuaire de Delphes, lieu sacré de l'hellénisme –, leur mainmise sur l'Italie du Nord et les guerres qui s'ensuivirent, leur alliance avec Hannibal, leurs attaques contre Marseille, *Massalia*, la vieille alliée de Rome ; et, *in fine*, la longue guerre que César avait dû mener pour les réduire.

Vers 60 avant J.-C., à la veille du déclenchement des campagnes césariennes, Rome n'était plus ce petit État d'Italie centrale qui avait payé rançon à Brennus. Sa domination s'était étendue sur nombre de pays méditerranéens (carte 1). Depuis près de deux siècles, elle avait imposé sa loi, non sans difficulté, à ce qu'on appelait la Gaule cisalpine – le nord de la péninsule italienne. À la

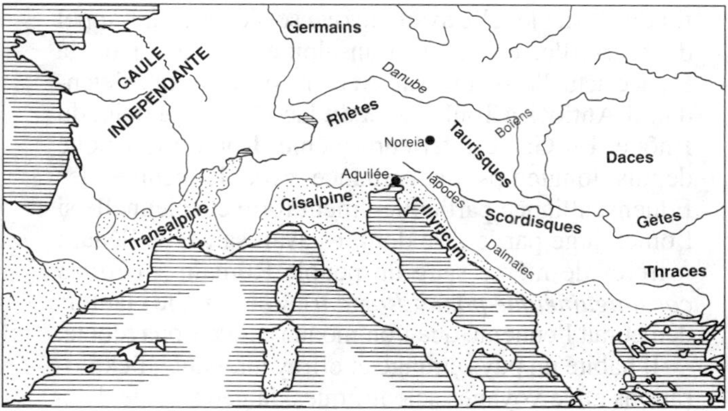
Germains
GAULE
INDEPENDANTE
Danube
Rhètes
Boïens
Noreia
Taurisques
Daces
Aquilée
Iapodes
Cisalpine
Illyricum
Scordisques
Gètes
Transalpine
Dalmates
Thraces

1

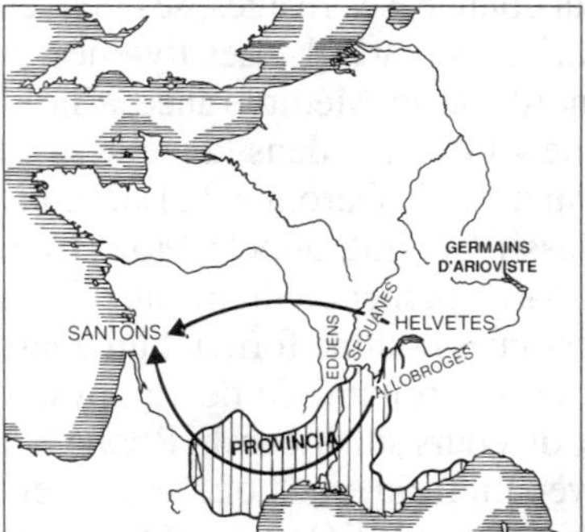
GERMAINS
D'ARIOVISTE
SANTONS
SEQUANES
HELVETES
EDUENS
ALLOBROGES
PROVINCIA

2

3

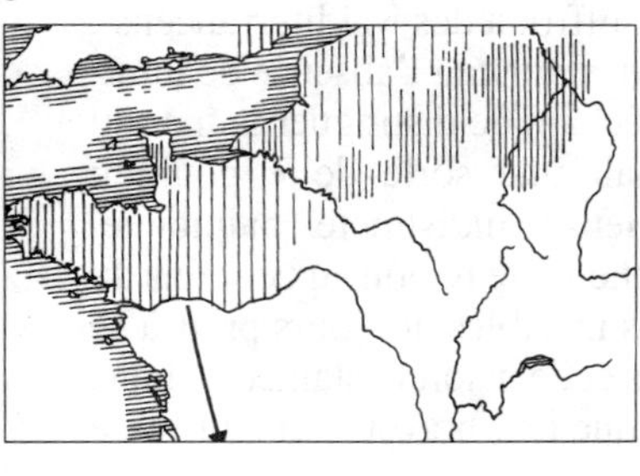

4

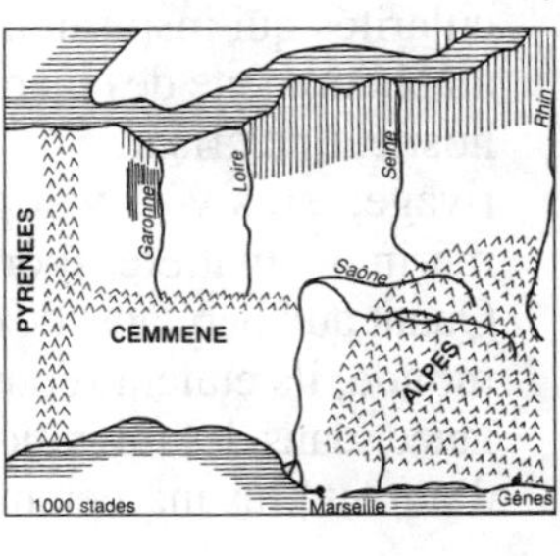
Rhin
Seine
Loire
Garonne
PYRENEES
Saône
CEMMENE
ALPES
1000 stades
Marseille
Gênes

fin du IIe siècle, elle avait envoyé ses légions, à l'appel de Marseille, en Gaule transalpine – le Midi de la France actuelle – et y avait créé une province qui s'étendait d'Antibes à Toulouse et du lac Léman au delta du Rhône. En Gaule intérieure même, Rome avait noué depuis longtemps une alliance avec le peuple des Éduens, alliance particulièrement forte et solennelle si l'on en juge par le titre dont les avait salués le Sénat : « frères de même sang du peuple Romain » (*fratres consanguineique populi Romani*). Pourtant, le Gaulois demeurait l'ennemi, que l'on moque et que l'on redoute.

Il habite un pays étrange et effrayant. Faute d'explorations et de voyages scientifiques, la géographie de la Gaule est mal connue, ses rivages, ses fleuves, ses montagnes mal orientés (carte 4). Les Pyrénées s'étendent, du sud au nord, de la Méditerranée à la grande mer qu'on nomme « Océan », dans laquelle se jettent, coulant du sud au nord, la Garonne, la Loire, la Seine et le Rhin. Le Massif Central, appelé Mont Cemmène, est orienté ouest-est, perpendiculaire aux Pyrénées. Les Alpes sont conçues comme formant un quart de cercle. Dans la partie non romanisée de ce pays, au nord du Cemmène et du cours supérieur du Rhône, on disait que régnait, l'hiver, un froid cruel, que soufflaient des vents violents. Les rivages de l'Océan présentaient des particularités qui inspiraient l'effroi à des Méditerranéens : au phénomène des marées, s'ajoutait l'absence de luminosité, une grisaille empêchant de distinguer la mer du rivage, et s'y développait une sorte de « poumon marin », matière spongieuse, indistincte, palpitante. Quant aux habitants de cette vaste région aux confins du monde, ils étaient réputés instables, toujours prêts à se lancer dans des migrations et de naturel batailleur – traits d'autant plus inquiétants que leur bravoure et leur force forçaient l'admiration –, versatiles et sans parole. En outre, ils s'habillaient en « patch-work » bariolé, les hommes se couvraient de bijoux, ils faisaient du vin un usage immodéré au point de le boire pur, et les nobles offraient des banquets d'un faste incroyable. Terminons par le plus horrible : leur religion monstrueuse exigeait des sacrifices humains.

Bref, pour à peu près tout Romain, le Gaulois est un être féroce, sacrilège et pillard qui s'est emparé du Capitole et a massacré les sénateurs – comme, pour nous, les Anglais ont brûlé Jeanne d'Arc. Rome leur a livré des batailles terribles, elle a soumis certains d'entre eux, mais méfiance : ils sont différents. Par-delà les Alpes, au nord du Cemmène, vers l'Océan et vers le Rhin, subsiste un monde inquiétant qui peut se mettre en branle d'un jour à l'autre. La Gaule est un danger potentiel, permanent.

En mars de l'année 58 avant J.-C., Rome apprit qu'un peuple de cette Gaule intérieure, les Helvètes, se lançait dans une vaste migration (carte 2) destinée – en théorie – à le conduire sur le territoire des Santons (notre Saintonge). L'inquiétude fut générale : n'allaient-ils pas pénétrer dans la province de Transalpine, et, de là, peut-être se lancer vers l'Italie ? Il revenait au gouverneur de ladite province de prendre toutes les mesures nécessaires. Depuis le 1er janvier, ce gouvernement était tenu par Caius Julius Caesar.

Les conditions dans lesquelles César avait reçu ce proconsulat de Transalpine méritent d'être rappelées, car elles démentent la théorie encore couramment admise qu'il avait prémédité ses campagnes gauloises, voire la conquête de la Gaule. Depuis une quinzaine d'années, la *nobilitas* de Rome, composée des vieilles familles descendant d'un illustre ancêtre et de celles, moins anciennes, qui avaient donné des magistrats à la république, cette *nobilitas* qui formait le Sénat avait suivi avec une inquiétude grandissante sa curieuse ascension. Issu lui-même de la *gens Julia* qui se flattait de remonter à Iule, le fils d'Enée le Troyen qui avait pour mère… la déesse Vénus, César était aussi le neveu de Marius dont le seul nom suscitait encore la haine de la *nobilitas* bien qu'il fût mort depuis le début 86. Or, tout en observant les différentes étapes du *cursus* des magistratures, il ne manquait pas de se poser en descendant de Marius, réhabilitant sa mémoire et s'attirant par là les faveurs du peuple qu'il savait aussi flatter – disait-on – par de grandes manifestations, comme les combats de gladiateurs qu'il organisa en 65, au cours desquels s'affrontèrent 320 paires de combattants revêtus de cuirasses d'argent ! Sans ces coups d'éclat, sa « carrière » eût paru banale, à mille lieues de la gloire de Pompée, son aîné d'à peine six ans (né en 106), qu'avaient illustré d'étincelantes campagnes contre Sertorius, contre les pirates qui infestaient les mers, enfin la plus récente contre Mithridate, Pompée qui, ayant pacifié l'Orient, revenait à Rome en 61 avec un butin colossal et une popularité à son comble. César n'avait guère à son actif qu'une modeste questure en Espagne méridionale, son élection par le peuple à la charge de grand pontife au terme d'une campagne qui lui coûta une fortune, l'exercice de l'édilité et de la préture. À son passif (aux yeux de la *nobilitas*), quelques scandales et le soupçon d'avoir joué un rôle, au moins passif, dans la conjuration de Catilina.

En 61, César exerça le gouvernement de l'Espagne ultérieure, où il réussit de belle manière, remportant quelques victoires et faisant naviguer ses troupes sur l'Océan, entre Cadix et la Corogne. Pompée, de retour à Rome où il avait organisé, pour célébrer son triomphe, deux journées d'un faste incroyable, commença de rencontrer au Sénat des oppositions imprévues : on renvoyait sans cesse la ratification des mesures qu'il avait prises pour réorganiser l'Orient, de l'Égypte à l'Asie Mineure, ainsi que l'assignation de terres qu'il avait promise à ses vétérans. Sa gloire en indisposait plus d'un, Caton le méprisait ouvertement, Cicéron atermoyait, et son vieil ennemi Crassus, le richissime homme d'affaires, disposait d'assez d'influence pour faire échec aux propositions de décrets ou de lois.

Nous ignorons à quel moment précis se noua en secret l'alliance informelle que les historiens désignent improprement sous le terme de « premier triumvirat ». C'est probablement dans le second semestre de l'an 60 que César prit l'initiative de rapprocher Pompée et Crassus, leur démontrant que leur opposition ne profitait qu'à d'autres. S'ils s'entendaient, ils pourraient à eux trois, avec leurs moyens et leurs influences, dominer Rome – et le monde. Il suffisait de s'organiser, de prévoir leur tour de rôle – ou celui d'hommes à eux – dans les hautes magistratures et dans les gouvernements de province, de faire élire de « bons » tribuns.

L'élection de César au consulat constitua le premier effet de l'accord. Dès le début de l'année 59, se succédèrent les mesures : ratification des actes de Pompée en Orient, loi agraire pour ses vétérans, loi accordant aux sociétés adjudicataires des impôts provinciaux – dans lesquelles Crassus détenait de puissants intérêts – une remise de 33 %, etc.

Mais un problème restait en suspens : de quelles provinces César recevrait-il le gouvernement à l'issue de son consulat ? À l'initiative d'un tribun, Vatinius, le peuple vota une loi qui, annulant des dispositions précédentes du Sénat, confiait à César pour cinq ans la Gaule cisalpine et l'Illyricum. Il aurait trois légions à sa disposition, choisirait lui-même ses légats, pourrait fonder des colonies. La Gaule Transalpine ne figurait pas dans cette attribution, pour la raison qu'elle possédait un gouverneur, Quintus Metellus Celer. Certains historiens antiques indiquent que César ne peut dissimuler sa joie après le vote de la *lex Vatinia*. Pourquoi ? Il est loisible de l'imaginer : les provinces qui lui étaient promises demeuraient deux des rares à partir desquelles pouvaient être lancées des campagnes militaires, sources de gloire et… de profit. Au nord de la Cisalpine et de l'Illyricum, s'étendaient de vastes territoires bornés par un fleuve immense, mythique : le Danube ; ils étaient tenus par des peuples aux noms étranges, parmi lesquels Rome connaissait, pour s'y être frottés, les Rhètes, les Scordisques, les Taurisques et les Iapodes, qui, du haut de leurs montagnes, pouvaient fondre sur l'Italie. En arrière de ces contreforts, de riches plaines étaient parcourues par les marchands venus des bords du Pont-Euxin - la Mer Noire – ou y retournant. Même en dehors de tout péril immédiat, la perspective de reculer les frontières de l'empire romain jusqu'au Danube pouvait séduire César : comme Alexandre, il atteindrait un fleuve légendaire, conquerrait un nouveau monde et l'ouvrirait au commerce italien, non sans que les combats aient fourni une multitude de prisonniers à vendre comme esclaves. L'*utilitas* (l'intérêt économique) rejoignait le désir de *laus* (la renommée).

C'est probablement pour préparer ces futures campagnes que César, consul, prit une décision dont il devait ultérieurement se repentir. Elle s'inscrivait dans le cadre des affaires de la Gaule intérieure. Au IIe siècle avant J.-C., les Éduens, alliés de Rome, avaient vu les Arvernes leur contester la primauté. Lors des guerres qui avaient abouti à la création de la province de Transalpine, les légions avaient infligé à ces Arvernes une cuisante déroute, mais Rome leur avait laissé l'indépendance. Leur prestige passa aux mains des Séquanes de Franche-Comté. La rivalité Éduens-Arvernes se transposa donc en des conflits Éduens-Séquanes, les deux peuples étant séparés par la Saône. Pour s'assurer la suprématie, les Séquanes firent appel à un chef germain, Arioviste, et ce concours leur permit de remporter une écrasante victoire en 61. En dépit d'appels pressants, Rome n'avait pas prêté secours à ses « frères » éduens. Mais les Séquanes durent payer chèrement le concours d'Arioviste, qui établit 120 000 hommes sur leur territoire. Se retournant contre lui, les Séquanes et leurs alliés avaient été vaincus en un lieu nommé *Admagetobriga*.

Or donc, en 59, à l'initiative de César, le Sénat de Rome salua Arioviste des titres de « roi et ami du peuple Romain », lui qui avait défait les « frères » éduens et qui imposait son joug aux Séquanes, lesquels avaient aidé Rome une quarantaine d'années plus tôt, lors de la grande migration des Cimbres, des Teutons et des Ambrons ! Une seule explication à cette étrangeté : songeant à ses campagnes, César voulait se prémunir à l'ouest, du côté de la Gaule intérieure. Arioviste ferait tampon, empêchant les Gaulois de prêter main-forte aux peuples danubiens, comme eux de souche celtique.

Les hasards de l'histoire firent voler les prévisions en éclats. Quintus Metellus Celer, le proconsul de Gaule Transalpine, mourut subitement dans des circonstances mystérieuses. Du coup, le sénat ajouta cette province au gouvernement de la Cisalpine et de l'Illyricum prévu pour César. C'est quelques mois plus tard, on l'a dit, en mars 1958, que le nouveau gouverneur, encore à Rome, apprit que les Helvètes se mettaient en marche. Tous ses projets étaient caducs : c'est en Gaule qu'il allait devoir intervenir : « *César, à la nouvelle que les Helvètes prétendaient faire route à travers notre province, se hâte de quitter Rome et gagne à marches forcées la Gaule transalpine* ». Ainsi s'ouvrent les huit années que l'on appelle habituellement la guerre des Gaules.

La *Guerre des Gaules* réunit les sept livres écrits par César sur ses campagnes annuelles de 58 à 52. Après sa mort, un de ses anciens officiers, Hirtius, rédigea un huitième livre décrivant les opérations de l'année 51 et le règlement définitif des affaires gauloises en 50. Cet ensemble fut réuni dans l'Antiquité à d'autres ouvrages consacrés aux guerres menées par César – guerre civile, guerres d'Alexandrie, d'Afrique, d'Espagne – sous un titre général qui ne nous est pas connu avec certitude, probablement C. *Julii Caesaris Commentarii rerum gestarum*, soit « Notes (ou : Documents) sur les actions menées par C. Julius César ». À l'opposé de notre mot « commentaires », les *commentarii* latins livrent en théorie des données brutes, si possible par ordre chronologique, et c'est pourquoi chaque livre de la *Guerre des Gaules* présente les événements d'une année.

Données brutes ? Voilà bien longtemps que l'objectivité de la *Guerre des Gaules* a été mise en doute, et que s'affrontent sur ce thème anti- et pro-césariens, les premiers dénonçant comme Montaigne « les fausses couleurs de quoi il veut couvrir sa mauvaise et pestilente ambition » ou, comme Jérôme Carcopino, « l'infernale duplicité de son génie », les seconds, comme Camille Jullian, faisant « globalement » confiance à l'écrivain et au général.

Si l'on veut poser la question de la véracité de César, il convient de ne pas oublier l'essentiel, à savoir que la *Guerre des Gaules* s'inscrit dans un contexte politique et sociologique. Si elle n'a pas été préméditée, comme on vient de le montrer, l'entreprise menée par César en Gaule répondait au désir du proconsul d'acquérir gloire et richesse, désir que ses contemporains jugeaient d'autant plus normal qu'ils le nourrissaient eux-mêmes. Mais ces ambitions personnelles devaient trouver leur justification dans le bien de l'État, du peuple Romain, et elles devaient respecter le code non-écrit qui s'imposait aux magistrats de Rome. Le *Bellum Gallicum* n'a d'autre but que d'apporter la preuve que César avait cherché à préserver et à renforcer la sécurité de Rome, de l'Italie et des provinces, à faire régner le respect dû à la « majesté du peuple Romain », à défendre les peuples alliés et amis, voire à leur faire obtenir de plus grands avantages. L'ouvrage offre une *démonstration* à l'usage de la classe politique romaine, il vise à imposer la conclusion que César ne pouvait agir ni autrement ni mieux, que toutes ses actions s'étaient déployées et enchaînées de la manière la plus orthodoxe, dans un total respect des usages établis et de la tradition. Au service de cette démonstration, se déployait l'art du grand orateur, le talent d'un immense écrivain et la méthode d'un passionné de grammaire. S'ajouta un coup de génie transposé d'un historien grec, Xénophon : César créa une distanciation entre l'écrivain (lui-même) et son objet (lui-même) en utilisant la troisième personne du singulier, ajoutant à son récit un degré supplémentaire d'apparente objectivité.

Bien sûr, le livre avait d'autres messages à faire passer que la défense des intérêts de Rome. Il devait mettre en lumière la science militaire du général, la chance qui s'attachait au descendant de Vénus, l'*aura* de celui qui, par deux fois, avait franchi de légendaires obstacles : le Rhin et l'Océan. Quelques aspects « humains » pouvaient être suggérés : le sens de la justice et la clémence, le courage ou l'émotion. En revanche, certains sujets n'étaient pas dignes d'un sénateur de Rome, en particulier tout ce qui touche à l'aspect « économique » des campagnes, au rôle joué par les grands négociants, aux confiscations, aux ventes systématiques de prisonniers, aux enrichissements. Enfin, la classe politique romaine n'ayant que souverain mépris à l'égard des mœurs des barbares, les « choses vues » ne l'intéressant pas, ni César ni ses lecteurs n'eussent pensé que l'ouvrage eût gagné en présentant des descriptions de paysages ou des notations que nous dirions ethnographiques. Avant tout, comptait le récit, base de la démonstration.

La *Guerre des Gaules* est donc sous-tendue par une logique interne, par rapport à quoi tout s'ordonne. Comme l'a montré Michel Rambaud, se trouvent à l'œuvre tous les procédés que la rhétorique met à la disposition de qui veut persuader. Ce sont eux qui organisent les faits que César relate, et le talent de l'écrivain consiste à gommer ces procédés, à les rendre invisibles, impalpables. Faut-il parler pour autant de désinformation, de déformation, de propagande ? L'homme politique mais aussi l'historien instaure une hiérarchie entre les faits et les informations, leur impose des enchaînements ou les disjoint en fonction du but qu'il poursuit. Tout discours humain est interprétation, fût-ce le plus honnête.

Demeurent les faits eux-mêmes. Plusieurs arguments portent à exclure que César ait pu les « truquer ». Tout d'abord, il était entouré de centaines d'officiers et sous-officiers, un état-major l'assistait, un conseil était réuni dans les moments critiques. Beaucoup de ceux-là appartenaient à des familles de la *nobilitas* hostiles au triumvirat et à la personne même de César. Or, chaque année, certains d'entre eux revenaient passer l'hiver à Rome, où ils devaient être pressés de question. D'autre part, César avait institué un système de courrier efficace, comme on voit d'après la correspondance de Cicéron dont le frère, Quintus, servit le proconsul en Gaule. En septembre 1954, Cicéron écrivait à Quintus : « *J'ai reçu le 13 septembre ta quatrième lettre datée de Bretagne (l'Angleterre) le 10 août (...). Je pliais déjà cette lettre quand sont arrivés des courriers de Bretagne, le 20 septembre, après 27 jours de voyage* » (*Q. Fr.*, III, 1). Enfin, il faut garder à l'esprit que César était tenu d'adresser au Sénat des rapports réguliers récapitulant tout ce qui avait été accompli sous ses ordres ou par lui-même. Des « canevas » semblent avoir existé comportant des rubriques à remplir (par exemple, nombre de soldats tués, nombre de prisonniers). Ces rapports étaient lus en séance et pouvaient faire l'objet de louanges ou de blâmes. Certains commentateurs ont même émis l'hypothèse que la *Guerre des Gaules* ne serait que la compilation de ces rapports, mis bout à bout, avec quelques ajustements, hypothèse que démentent la qualité « littéraire » et la cohérence d'ensemble de l'ouvrage. Si donc on additionne tous les facteurs de publicité – rapports, courriers, nombre de témoins oculaires –, comment croire que César ait pu, en déformant ou en omettant tels événements, prendre le risque de contestations ou de démentis ? En revanche, seul il pouvait proposer une vision globale, seul il pouvait raconter l'histoire en reliant entre eux les faits connus, en organisant leur succession selon une chaîne causale. Faute de disposer d'une relation concurrente et sachant que tous les récits ultérieurs de la *Guerre des Gaules* ou de tel de ses épisodes, notamment chez Plutarque et chez Dion Cassius, reposent sur l'ouvrage de César, il faut admettre que la contestation des faits est vouée à l'échec. La seule marge qui nous reste tient à leur interprétation, mais soyons conscients de ses limites : si c'est dans le texte de César qu'il faut puiser les arguments susceptibles de démentir ou de nuancer ses propos, comment taxer de dissimulation un auteur qui fournit les armes que nous retournons contre lui ?

La *Guerre des Gaules* est donc une œuvre « lisse », à la fois admirable et exaspérante pour l'historien et pour le lecteur d'aujourd'hui. Admirable si nous acceptons d'apprécier la parfaite adéquation des moyens au but poursuivi. Exaspérante si nous recherchons en elle ce qui ne s'y trouve pas ou à peine. Lorsque, aux siècles passés, des souverains ou de grands généraux traduisirent ou firent traduire, et étudièrent ou commentèrent cet ouvrage (la liste est longue : Charles VIII, Charles Quint, Soliman II, Henri IV, Louis XIII, Louis XIV, le Grand Condé, Christine de Suède, Louis d'Orléans dit Philippe Égalité, Napoléon Ier), ces hauts personnages s'intéressaient au chef de guerre, au stratège, au tacticien, au diplomate. Il leur importait peu que César eût guerroyé en Gaule et contre les Gaulois : leur intérêt eût été le même, ou presque, si le théâtre des opérations se fût trouvé au Mexique, en Russie ou sur la lune.

C'est avec Napoléon III que s'opéra un brutal changement de perspective. Voulant prouver que le « césarisme » faisait le bonheur des peuples, l'empereur se lança dans la rédaction d'une vaste *Histoire de Jules César* – qu'il ne devait jamais achever. Le goût naissant pour les « antiquités nationales », qu'atteste la création en 1834 de la Société Française d'Archéologie par Arcisse de Caumont, bientôt suivie d'un foisonnement de sociétés régionales et locales, ce goût poussa Napoléon III à rechercher sur le sol français les emplacements des lieux et des peuples mentionnés par César et, parfois, à remettre au jour les vestiges des agglomérations et des batailles. L'empereur engagea une vaste enquête, mobilisant des institutions et des érudits, organisant des mouvements de troupes destinés à reproduire ceux des légions, ordonnant des relevés topographiques et des fouilles.

Paradoxe : l'enquête octroya une importance inattendue à des personnages jusqu'alors considérés comme des faire-valoir et à des lieux auxquels seule la venue de César avait conféré de l'intérêt. Ces Gaulois, avec lesquels nul Français de l'époque ne se sentait la moindre complicité – pas plus que nous n'éprouvons aujourd'hui d'attachement envers les hommes de Néandertal ou de Cro-Magnon –, faisaient irruption dans l'histoire, dans notre histoire. Le passé national accomplissait un bond dans le temps, remontant des Mérovingiens aux Gaulois !

La guerre de 1870 et les entreprises coloniales de la troisième République firent naître les ferments idéologiques qui fondèrent l'annexion définitive de « nos ancêtres les Gaulois » : il est des défaites qui valent des victoires, des vainqueurs supérieurs aux vaincus (thèmes connus !), le sacrifice de Vercingétorix avait valeur de rédemption, et, par ailleurs, Rome avait fait entrer la Gaule dans le monde de la civilisation, la faisant échapper au péril germain (au sens de germanique). La *Guerre des Gaules* devenait un événement fort, et même l'événement fondateur de notre histoire. Les manuels de la jeune école primaire ancrèrent dans des millions d'esprits de fortes images : les huttes au milieu des clairières, les cavaliers moustachus au casque ailé, les remparts de Gergovie, les travaux du siège d'Alésia, Vercingétorix jetant ses armes aux pieds du proconsul impavide, d'autres encore.

Les découvertes d'une archéologie encore balbutiante apportaient à ces scènes des semblants de décor ou quelques touches concrètes comme l'armement (le plus souvent anachronique) qui équipait les farouches guerriers. L'essentiel était puisé dans le texte de César (à l'exception de la reddition de Vercingétorix tirée d'auteurs plus tardifs), la *Guerre des Gaules* servant de champ d'envol à un étrange onirisme patriotique. Un siècle n'a pas suffi pour imposer une imagerie plus sereine, et les curieuses relations entre ce livre et l'archéologie ne se sont pas encore tout à fait normalisées.

Pendant longtemps, la localisation d'Alésia n'a pas posé de problème. À la fois parce que la question n'apparaissait pas d'une importance extrême et parce que toutes sortes d'arguments désignaient Alise Sainte-Reine, dans le département de la Côte d'Or : son nom, l'aspect des lieux conforme à la description de César, et toutes sortes de trouvailles fortuites, dont une inscription romaine mentionnant *Alisiia*. À partir des années 1830, l'exécution et la diffusion des premières cartes d'état-major fournirent l'occasion à des militaires, à des géographes, voire à de simples passionnés de reproduire sur le terrain (graphique !) les mouvements de César et de Vercingétorix. Du coup, surgirent d'autres candidates, notamment Alaise, à proximité de Besançon. Des polémiques du même ordre éclatant en divers endroits de France pour localiser, par exemple, Bibracte ou *Uxellodunum,* Napoléon III constitua une commission dite « de la topographie de la Gaule », dont le président, M. de Saulcy, polytechnicien, numismate, futur membre de l'Institut, s'intéressa à Alésia. Des fouilles furent entreprises au pied d'Alise d'avril 1861 à décembre 1865. Elles découvrirent des fossés, ceux de la circonvallation et de la contrevallation décrites par César ainsi que les traces d'autres défenses, des armes typiques de l'équipement militaire romain, gaulois et germain du milieu du

Ier siècle avant J.-C., de nombreuses monnaies de divers peuples gaulois parmi lesquelles des pièces de bronze au nom de Vercingétorix frappées sur des coins précédemment utilisés pour fabriquer des monnaies d'or – preuve d'une émission d'urgence, de crise. Démonstration accomplie, pensa la Commission – que suivit l'Empereur. Erreur profonde. Depuis lors, ont été proposées des dizaines de sites, tous dépourvus de trouvailles archéologiques présentant quelque signification. Alors même que des campagnes de photographies aériennes ont permis de repérer avec précision les ouvrages entourant Alise, des livres ou des libelles continuent de paraître régulièrement sur « la vraie Alésia » !

Pourquoi ? Plusieurs explications s'entremêlent. Parfois, un certain patriotisme régional ou local. Presque toujours, le sentiment d'avoir *enfin* compris César, d'être *enfin* parvenu à éclairer ce texte illustre, d'être le premier à proposer *la* solution. Vous tentez d'argumenter : « le passage qui décrit la marche des légions, le combat de cavalerie, le mouvement vers Alésia, est vague ; la description topographique du site manque elle aussi de précision et peut convenir à plusieurs lieux. Où sont donc vos preuves archéologiques – et d'ailleurs que faire, si on vous suit, d'Alise ? Que s'y serait-il passé ? » Peine perdue : la fascination qu'exerce la *Guerre des Gaules* balaie tous les arguments extrinsèques, on ne saurait placer à égalité avec elle de simples découvertes ! Ces découvertes et leurs auteurs sont gênants, déplacés, mesquins : avec eux, la discussion quitte l'univers du rêve. Qu'ils laissent à chacun le droit de grappiller une minuscule parcelle de la gloire de César !

Voilà pourquoi beaucoup des progrès et des enseignements de l'archéologie « protohistorique » ont du mal à être reçus et, par conséquent, sont mal communiqués.

En savoir plus sur la préhistoire, oui. En apprendre davantage sur la Gaule romaine, bien sûr. Mais, sur les Gaulois, nous avons César, ou plutôt nous avons cette imagerie propagée par les vieux manuels et que telle bande dessinée à succès – au demeurant appréciée par l'auteur de ces lignes – a su exploiter et entretenir sans jamais tuer les mythes qui la sous-tendent.

Revenons à la situation politique en 58 : la *provincia* de Transalpine est romaine depuis 70 ans ; à ses confins septentrionaux, les Éduens avaient noué alliance avec Rome, les Séquanes étaient considérés comme « amis » ; des Arvernes, écrasés en 121, Rome avait exigé au moins la neutralité en échange de leur indépendance maintenue.

Or, des recherches numismatiques ont mis en évidence un phénomène d'une extraordinaire importance. Les Gaulois avaient frappé leurs premières émissions monétaires, en or, à partir de 300 (au plus tôt). Elles étaient imitées, transposées de séries macédoniennes – particulièrement du statère de Philippe II de Macédoine. Ce monnayage fut rare. C'est dans le courant du IIe siècle qu'il se développa et se diversifia. Preuve que les échanges se multiplient ou que des peuples (ou des peuplades) veulent ainsi manifester leur identité ? La réponse n'est pas univoque selon les régions. Reste que frapper monnaie suppose une organisation politique structurée, quelle que soit la fonction attribuée au numéraire. La propagation du phénomène, qu'on connaît encore mal, permet de suivre vaguement cette volonté d'affirmation et donc la constitution de pouvoirs.

Peu après la conquête romaine de la Gaule transalpine, disons vers 100 avant J.-C. ou peu après, des peuples gaulois ont adopté l'étalon-argent et un poids aligné sur un demi-denier d'argent romain (également proche de la drachme massaliote) afin de permettre des équivalences faciles (leurs richesses en minerais avaient permis aux Arvernes de développer un système trimétallique, comprenant donc notamment des monnaies d'argent). Le lecteur, connaissant les difficultés qui entravent la naissance de l'écu européen, imagine ce que l'opération suppose : non seulement surmonter des obstacles techniques mais surtout mettre en commun une volonté sur laquelle on ne saurait trop insister. Une zone « économique », avec monnaie sinon commune du moins échangeable immédiatement (et surtout unité de compte identique) unissait donc à l'Italie et à la *provincia* du Midi : vers le nord, Éduens, Séquanes, Lingons et Leuques ; vers le sud-ouest, les peuples à l'ouest de Toulouse (encore que les choses soient moins claires), peut-être jusqu'aux Santons, aux Pictons (éventuellement avec quelque délai), aux Lémovices et aux Bituriges. À la limite, peu importent les contours exacts du mouvement. Ce phénomène monétaire, qui ne se produit d'ordinaire qu'au terme de conquêtes militaires et le plus souvent après bien des décennies, traduit plus que n'importe quel texte le passage dans l'« orbite romaine » ou « italienne » d'une partie de la Gaule politiquement (théoriquement) indépendante. Certains passages de César faisant allusion aux *negotiatores* installés à Chalon, Mâcon ou à Orléans ont chance de traduire une situation bien antérieure à la guerre des Gaules.

Sans doute, les sociétés de cette époque usaient de la monnaie d'une manière qui n'est pas la nôtre : circulation très restreinte à la fois à l'intérieur du corps social et en dehors des cités émettrices, encore que de petites espèces aient commencé d'être émises bien avant la guerre des Gaules. Reste que le fait de pouvoir « échanger » facilement des marchandises contre des espèces sonnantes et trébuchantes, de connaître ce que représentent tel droit de passage, telle commission, etc. entre, *grosso modo*, la moyenne vallée de la Saône et Marseille (puis l'Italie) ou des Charentes jusqu'à Narbonne (puis l'Italie), ce fut une révolution, dont les difficultés techniques (considérables) n'ont pu être levées que par la conjonction de volontés d'ordre politique. Combien de négociations, d'études, de contestations avant d'aboutir ? Même si des ordres furent donnés, il fallut des « techniciens » pour en tirer les conséquences et les traduire en véritables « monnaies d'échange ». Voilà qui nous donne une idée de la densité des relations qui se nouèrent.

La seconde « révolution » a été apportée par l'étude des amphores, particulièrement de celles que l'on désigne sous le vocable de Dressel 1. A été révélé un phénomène inouï qui se traduit, après la conquête de la *provincia*, par l'importation en Gaule de millions d'hectolitres de vin italien dont les épaves provençales et surtout les amphores retrouvées dans la Saône, ou bien, réutilisées ou concassées, sur certains sites terrestres, fournissent les témoignages les plus éloquents. Deux axes en rassemblent la majeure partie : celui qui conduit de Narbonne à Bordeaux, celui qui emprunte les vallées du Rhône et de la Saône mais aussi le cours supérieur de la Loire. En quoi consistaient les échanges ? L'Italie envoyait le vin, un peu de céramique (celle qu'on nomme « étrusco-campanienne »), de rares objets de luxe (comme des coupes d'argent retrouvées dans la Saône ou à Alésia). En contrepartie, elle aurait importé des matières premières – de l'étain, de l'argent, de l'or, peut-être du fer (c'est moins sûr), du bétail, des peaux, du sel (qui sait ?), des esclaves (c'est certain).

Dans cette liste, un mot doit être mis en valeur : « esclaves ». L'histoire moderne nous a appris que le trafic d'esclaves ne pouvait s'assimiler à aucune autre forme de commerce, qu'il provoquait d'irrémédiables déséquilibres. La commande d'esclaves, de la part d'« étrangers », commence par des livraisons « internes » : un peuple prélève en son sein certains des siens qu'il réduit à l'état de marchandises. Cela ne va pas sans secousses, remuant le système traditionnel, aiguisant des conflits qu'il faut réduire par la force, éventuellement avec une aide extérieure : un mécanisme maintes fois observé se met en place qui aboutit à la concentration du pouvoir en peu de mains, éventuellement à la constitution de deux partis opposés – traditionalistes, modernistes, les seconds cherchant à démontrer tous les avantages du « new lifestyle » par de fastueuses redistributions. Cependant, la pression des « étrangers » est telle qu'il faut se lancer soit dans des guerres contre les voisins soit dans des « razzias » pour leur fournir ce qu'ils demandent – qui est, en même temps, indispensable pour détenir le pouvoir. Relisons l'histoire de l'Amérique du Nord, dès la fin du XVIe siècle, avant de passer à l'Afrique et, cette fois, ne croyons pas ces transpositions déplacées, bien au contraire : l'époque qui nous retient correspond au *maximum* de l'esclavagisme italien. Lors de la guerre de Spartacus, les textes citent nombre d'actions menées par des esclaves gaulois.

Vers le milieu du Ier siècle avant J.-C., Diodore de Sicile, reprenant partiellement des notations plus anciennes, avait insisté sur l'amour immodéré des Gaulois pour le vin : ils allaient jusqu'à échanger une amphore (ou un autre conteneur, on ne sait) contre un jeune garçon qui, du coup, était voué à l'esclavage. De tels termes d'échange sont évidemment exclus (des millions d'amphores, je l'ai dit, jonchent le sol de Gaule) mais que l'anecdote (inventée ou non) puisse figurer dans un ouvrage sérieux démontre qu'aux yeux des contemporains le principal trafic était bien celui-ci : le vin contre des esclaves. Le trafic d'esclaves ne repose que très partiellement sur des échanges directs. Les fournisseurs sont habituellement un nombre limité de peuples qui, soit portent la guerre chez les autres afin de faire des prisonniers, soit lancent des coups de main en dehors de toute guerre formellement déclarée. Les énormes concentrations d'amphores de part et d'autre de la Saône (et dans son lit) suggèrent que les premiers « fournisseurs » n'étaient autres qu'Éduens, Séquanes et Lingons – ceux de la « zone denier ». Que ces peuples de Gaule centrale aient développé des rapports de domination par rapport à leurs voisins, que les guerres aient été fréquentes, ainsi le voulait le mécanisme : César écrit qu'avant son arrivée, « *il ne se passait pratiquement pas d'année sans qu'il n'y eût quelque guerre* ».

Cela dit, quelle qu'ait été l'importance de ces échanges – esclaves et autres produits –, une grande partie de la Gaule – celle qui ne faisait pas partie de la « zone denier »- pouvait être considérée par un Italien comme « sous-exploitée ». D'abord, le nord-est. Par ses alliés, César apprit que cette région était considérée comme une entité : elle était occupée par des « Belges » (il la nommera *Belgica*), des peuples venus d'au-delà du Rhin quelques générations auparavant – on ne savait dire à quelle date car leur histoire n'intéressait personne. Certains de ces peuples étaient de souche celtique, d'autres étaient parents des Germains. Ils avaient des traditions communes, des alliances strictes les rendaient solidaires, on savait leur valeur militaire. Nerviens, Bellovaques, Éburons, Trévires, d'autres encore, limitaient strictement l'accès de leur territoire aux marchands et aux hommes d'affaires. Les Nerviens « *interdisaient absolument l'importation du vin et de tout autre produit de luxe* », écrit

César en 57. Il ajoute ce commentaire : « *ils jugent* (ces produits) *susceptibles d'amollir les volontés et d'affaiblir le courage* ». Vieux lieu commun des écrivains, philosophes et orateurs de la Grèce et de Rome : la nature, dans sa providentielle organisation, fournit aux hommes ce dont ils ont besoin et ils doivent s'en contenter, car la décadence les guette s'ils se laissent entraîner au luxe et à la satisfaction de faux besoins. Le lecteur romain de César, sensible à cette phrase qui évoquait tant de références, laissait à son subconscient le soin de tirer deux conclusions : 1) ces gens-là étaient dangereux ; 2) ils représentaient un marché à prendre. C'était le cas de toute la Belgique.

D'autres territoires présentaient un intérêt économique analogue quoique différent : l'ouest armoricain, pour ses relations avec la Bretagne (l'Angleterre) et le monopole exercé par les Vénètes, dont plus d'un *negotiator* (homme d'affaires) devait dénoncer le caractère insupportable ; la région à l'ouest de Toulouse et jusqu'au Limousin, non seulement parce qu'elle débouchait sur l'Océan mais aussi parce que, sur une superficie mal connue, elle abritait des mines importantes.

Les études récentes incitent donc à reconnaître, au nord de la *provincia*, une zone en rapport direct avec celle-ci et avec l'Italie, qui prend en écharpe le Centre de la Gaule, depuis les Santons jusqu'aux Séquanes (et peut-être les Helvètes). C'est la zone du denier, c'est là que se concentrent les plus fortes distributions d'amphores, c'est aussi la zone de diffusion majoritaire de l'étrusco-campanienne. De là, partent quelques « tentacules », notamment en direction des Rèmes ou le long de la vallée de la Seine.

Observons à présent deux cartes (cartes 3 et 4, p. 227) dessinées, l'une à partir des données de la géographie ancienne, l'autre en conformité avec notre cartographie actuelle. J'y ai reporté en hachures le champ des campagnes menées par César de 57 à 53, c'est-à-dire durant les années où, ayant mis fin à l'incursion helvète et réduit Arioviste (en 58) et, avant de se heurter à l'insurrection générale de 52, il a eu le choix des opérations. Si l'on excepte l'incursion de P. Crassus en 57 au sud de la Garonne (réputée pour ses mines), on constate que ses interventions se portèrent dans les régions qui échappaient à la zone du denier et à la zone de grande diffusion des amphores.

Si l'on relit la *Guerre des Gaules* en gardant à l'esprit ces observations, on peut sans doute en proposer une interprétation différente de celles qui sont généralement reçues. César n'a pas mis en œuvre un plan global de conquête de la Gaule. Si, après la victoire remportée sur Arioviste, il s'est lancé contre les peuples du Nord et de l'Ouest, c'est probablement pour compléter la « grande zone économique » fondée sur le denier, ouvrir de nouveaux marchés, contrôler des axes – toutes choses intéressant aussi bien les aristocraties indigènes que les hommes d'affaires italiens. Imposer à une multitude de peuples mal contrôlés la reconnaissance de pouvoirs forts, alliés de Rome, particulièrement à ceux qui tenaient les clés des relations commerciales avec la Bretagne (au premier rang, les Vénètes). Soutenues par les Éduens et leurs clients, les légions bousculeraient aisément ces barbares encore peu atteints par la « civilisation », on mettrait à leur tête des hommes susceptibles de jouer le jeu. Ces campagnes, peu risquées mais fructueuses, ouvriraient la possibilité d'autres expéditions à la fois prestigieuses et importantes en terme de stratégie économique, vers la Bretagne et vers le Rhin. Et pourquoi ne pas envisager une exploration en Aquitaine, point de départ et d'arrivée d'autres relations avec la Bretagne et aussi riche pays minier (cette expédition fut dirigée par le fils de Crassus : on croira difficilement que ce choix ne fut pas médité) ?

Les grands traits de cette stratégie à la fois militaire, politique et économique excluent, à mon sens, toute idée d'annexion, de « colonisation » au sens moderne. Le corps expéditionnaire relativement limité que commandait César ne pouvait produire que des effets de choc, après quoi il fallait que la situation fût stabilisée par des procédures autres que militaires : que peuvent dix légions sur 500 000 km^2 ? Le jeu des clientèles entre peuples, celui des factions à l'intérieur de chacun d'entre eux, se prêtaient à un tel scénario. César a utilisé les structures politiques du monde gaulois (ou du moins l'a-t-il cru) pour tenter, dès le début, de pérenniser les effets de ses actions guerrières. Le nord et l'ouest de la Gaule ne pouvaient être organisés qu'avec l'appui actif des Éduens (et de tous leurs clients), des Rèmes (substitués aux Séquanes) et – au moins – la neutralité, mais plutôt la complicité, des Arvernes (et de leurs clients) qui y trouveraient leur intérêt. Une zone instable, peu familière, serait à la fois ouverte à l'économie et stabilisée politiquement.

Pourtant, ce « plan » échoua, dans la mesure où il aboutit en définitive à l'insurrection générale de 52. Même les Éduens, fidèles parmi les fidèles, finirent par faire défection. Pourquoi ?

César apporte de lui-même quelques réponses. Il allègue l'« or » qui corrompt, l'amour de la guerre, la versatilité qui pousse les peuples gaulois à des comportements irraisonnés, voire des sortes de « coups d'État » comme celui réussi par Vercingétorix à l'encontre des pouvoirs réguliers arvernes grâce aux concours d'une troupe de « miséreux et de gens sans aveu ». Mais, souvent, César allègue le désir de liberté, le refus de la domination romaine, voire des attitudes ou des déclarations proches de ce que nous appellerions un certain « patriotisme ». Dès l'année 58, il place dans la bouche du magistrat suprême des Éduens les propos suivants : au sein même des dirigeants éduens, se trouvaient « *certains personnages (...) qui disaient que si (les Éduens) ne pouvaient être les maîtres de la Gaule, ils devaient du moins préférer la domination des Gaulois à celle des Romains, qu'ils ne devaient pas douter que, si les Romains triomphaient des Helvètes, ils enlèveraient leur liberté aux Éduens en même temps qu'au reste de la Gaule* ». En 56, ce sont les Vénètes qui « *pressent les autres cités de conserver la liberté qu'elles avaient reçue de leurs pères plutôt que de supporter le joug des Romains* ». Scène étonnante, en 54, que l'ultime combat de Dumnorix rejoint par la cavalerie de César alors qu'il s'enfuyait, et qui « *met l'épée à la main, implore la fidélité des siens, criant à plusieurs reprises qu'il était libre et appartenait à un état libre* ». Le mot « liberté » revient à plusieurs reprises au cours du livre VII (pour l'année 52) ; son expression la plus forte est mise par César dans la bouche de Critognatos, parlant aux Gaulois dans Alésia assiégée : que veulent les Romains ? Enchaîner les nations dans un joug éternel : « *ils n'ont jamais fait la guerre autrement : si vous ignorez ce qui se passe dans les nations lointaines, regardez la Gaule voisine qui, réduite en province, ayant perdu ses lois et ses institutions, soumise aux haches* (des licteurs, symboles du droit de vie et de mort des magistrats romains), *est opprimée par une perpétuelle servitude* ».

Vercingétorix, après l'ultime défaite, « *convoque l'assemblée : il déclare que cette guerre n'a pas été entreprise par lui à des fins personnelles, mais pour conquérir la liberté de tous ».*

Aujourd'hui, nous pouvons encore nous sentir surpris : comment un chef de guerre peut-il mettre dans la bouche de ceux qu'il combat des discours aussi nobles ? En réalité, le lecteur de César, tout en admettant que des hommes ou des peuples pussent éprouver de tels sentiments, estimait ceux-ci dangereux et illusoires. Dangereux, car la liberté du barbare le conduit à attaquer autrui. Illusoire, car la divine providence, dans sa sagesse, a choisi Rome pour gouverner le monde, y faire régner la paix et la civilisation. Ces appels à la liberté n'inspiraient pas l'idée que César menait une guerre injuste face à des ennemis combattant pour leurs valeurs, ils provoquaient, selon le cas, l'amusement, l'apitoiement ou l'agacement. Pour nous, en revanche, ils éclairent la situation « politique » de la Gaule. « *En Gaule,* écrit César (VI, II), *non seulement toutes les cités, tous les cantons et fractions de cantons mais même, peut-on dire, toutes les familles sont divisés en partis rivaux (...) Tous les peuples y sont groupés en deux grands partis. Quand César arriva en Gaule, l'un de ces partis avait à sa tête les Éduens, et l'autre les Séquanes* ».

La seule manière de comprendre ce texte et d'autres passages du *Bellum Gallicum* est la suivante : deux « tendances » s'opposaient en Gaule, de même qu'à Rome les *optimates* et les *populares* défendaient des points de vue différents. Dans un camp, les tenants de l'alliance avec Rome, les partisans de pouvoirs équilibrés entre les grandes familles aristocratiques. Dans l'autre, une conception différente de l'autonomie des peuples et des relations avec Rome, sans doute l'aspiration à des pouvoirs forts, la nostalgie des anciennes heures de gloire. Diviciac et Dumnorix, les deux frères éduens, appartiennent chacun à l'un de ces « partis ». Selon que le pouvoir, au sein d'un peuple, est tenu par tel parti ou tel autre, les alliances et la politique de ce peuple prennent des orientations différentes. Creusons le point des relations avec Rome : il s'agit non pas des relations économiques mais des alliances. Dumnorix faisait fortune dans les affaires, il était « fermier général » et contrôlait les douanes éduennes. Les Séquanes commerçaient avec l'Italie.

Ce qui se produisit en 53 – partiellement – et qui se généralisa en 52, c'est la prise du pouvoir chez les « grands » peuples par le « parti » hostile à l'alliance. César décrit le processus avec précision tant chez les Arvernes que chez les Éduens. De nouveau se pose la question : pourquoi ?

Une première réponse peut être trouvée dans le déroulement des campagnes. César avait probablement sous-estimé les résistances auxquelles il allait se heurter non pas tant en Gaule occidentale qu'en Gaule du nord et du nord-est. La tactique de guérilla, les « ruses » d'Ambiorix et d'autres chefs laissèrent le proconsul désemparé, et on lira avec surprise les véritables campagnes « terroristes » qu'il mena en pays éburon et nervien. D'autre part, la « guerre des Gaules » fit de nombreux morts. En cumulant les chiffres que donne parfois César, on peut estimer les pertes gauloises à quelque 6 ou 700 000 hommes – sans compter les opérations « de routine », c'est-à-dire la dévastation systématique des campagnes, là où passaient les légions. Le nombre des prisonniers, ensuite vendus comme esclaves, dépasse probablement le demi-million (Plutarque double ce chiffre). Or, jusqu'à la fin 53, les principales victimes furent concentrées dans l'ouest et le nord. Quant au butin, il fut colossal : César devint fabuleusement riche, nombre de sénateurs romains lui recommandèrent amis ou parents – à commencer par Cicéron dont le frère rejoignit César dans le but bien déterminé de rétablir sa situation financière ! Il n'est jusqu'au simple soldat qui ne bénéficia des campagnes, comme le montre l'incroyable scène décrivant les légionnaires, pris au piège par Ambiorix, cédant à l'affolement, « *quittant les rangs et courant aux bagages pour chercher et emporter les biens auxquels chacun tenait le plus* » (V, 33).

D'autre part, César se conduisit en maître – c'est du moins ainsi qu'il se dépeint. Il convoque des assemblées générales de la Gaule. Il détrône tel roi pour le remplacer par un autre, il désigne des rois là où des régimes oligarchiques avaient été institués. L'une de ses plaisanteries en dit long : « *envoie-moi qui tu veux,* écrit-il à Cicéron, *j'en ferai un roi en Gaule » !* Bref, il renverse à sa guise les pouvoirs établis – et ce qu'on apprend de lui ne représente sans doute qu'une petite partie de ses interventions. En outre, il exige, au fil des années, des otages de plus en plus nombreux, pris dans les rangs des aristocraties.

N'attribuons pas aux alliés de César une sorte d'indignation croissante à l'égard du sort subi par ceux qu'ils contribuaient à mettre à mal. En revanche, divers indices nous laissent entrevoir la complexité des relations tissées de peuple à peuple ou d'individu à individu. Liens d'alliances, liens de clientèles, lien d'hospitalité, lien de « protection », de « foi donnée », etc. ; non seulement un étranger ne peut en évaluer la subtilité, mais leur importance peut lui échapper, ce qui le conduit à des fautes psychologiques graves.

Au début 52, écrit César, « *les chefs gaulois s'entendent pour tenir des conciliabules dans les lieux écartés, au milieu des bois : là, ils se plaignent de la mort d'Acco, ils montrent que ce sort peut devenir le leur ; ils déplorent le malheur commun des Gaulois* » (VII, 1). La mort d'Acco, aux dires même de César, eut donc une importance considérable. Rappelons les faits. Au printemps 53, l'année précédente, à l'instigation de leur chef Acco, les Sénons ne s'étaient pas rendus à l'assemblée générale de la Gaule convoquée par César. Le proconsul interprète cette absence comme une marque d'hostilité et se met en marche avec ses troupes. « *À la nouvelle de son approche, Acco, qui était l'instigateur de la révolte, ordonne que les populations se rassemblent dans les places fortes. La mesure était en cours d'exécution quand on annonce que les Romains sont là. Les Sénons ne peuvent faire autrement que de renoncer à leur projet et d'envoyer des députés à César pour tâcher de le fléchir ; les Éduens, qui étaient depuis longtemps leurs protecteurs, les introduisent. Volontiers César, à la prière des Éduens, leur pardonne et accepte leurs excuses* » (VI, 4). César a donc pardonné, à la demande des Éduens. L'automne suivant, il convoque une nouvelle assemblée de la Gaule à *Durocortorum* (près de Reims). Et là, « *il entreprit de juger l'affaire de la conjuration des Sénons et des Carnutes : Acco, qui en avait été l'instigateur, fut condamné à mort et supplicié selon la vieille coutume romaine* » (VI, 44).

Que valait le pardon précédemment accordé ? Que pensèrent les représentants des peuples de la Gaule en voyant un « protégé » des Éduens mis à mort – et qui plus est selon la coutume romaine, battu de verges jusqu'à la mort et tête tranchée ? Quelle idée les Éduens se firent-ils de la parole de César et du coup porté à leur prestige aux yeux de leurs congénères ?

Bien sûr, seuls des récits écrits par les Gaulois nous permettraient de connaître les raisons de l'insurrection de 52, ou du moins celles qu'ils lui attribuèrent, en admettant qu'ils l'aient ressentie comme une révolte généralisée. Nous nous heurtons une nouvelle fois à la limite déjà rencontrée : c'est en lisant César qu'il nous faut trouver les motifs qui l'ont rendu haïssable ou intolérable !

Toujours est-il que c'est cette insurrection générale qui transforma en une véritable « guerre des Gaules » des campagnes jusqu'alors géographiquement limitées et qui n'avaient jamais opposé des Romains, d'un côté, à des Gaulois, de l'autre, mais des Romains (ou plutôt des chefs romains conduisant des légionnaires italiens, pour beaucoup de souche gauloise, et des auxiliaires de Transalpine) et des Gaulois (avec leurs contingents) à d'autres Gaulois. On le sait, quelques mois suffirent à sceller le destin de la Gaule. L'erreur stratégique de Vercingétorix s'enfermant dans Alésia alors que les légions exténuées allaient regagner la *provincia*, le génie de César. D'un seul coup, les forces vives de tant de peuples sont anéanties.

La soumission de la Gaule entière ne fut donc pas l'aboutissement d'un dessein prémédité. César reçut sans s'y attendre le gouvernement de la Transalpine. Les Helvètes se mirent en branle, et il lui fallut intervenir. Rêvant d'exploits mythiques – franchir le Rhin, traverser l'Océan pour atteindre l'extrémité du monde –, convaincu qu'avec ses alliés gaulois il mettrait rapidement à raison ces petits peuples du nord, César s'englua dans des campagnes peu glorieuses. L'échec de sa politique d'alliances le menait au bord du désastre, lorsque la fortune lui réserva un incroyable retournement de situation. Descendant de Vénus, César était aimé des Dieux.

L'histoire ne se réécrit pas, même lorsqu'elle paraît ironique. De ces neuf années 58-50, sont issues des conséquences dont nous ressentons encore la force. La

Gaule est devenue romaine, et nous-mêmes sommes imprégnés d'une « culture » qui doit plus à Rome qu'à « nos ancêtres » celtiques. Dans les pages du livre VI qu'il consacre aux mœurs des Gaulois, César produit une démonstration : tout en étant différents des Romains, ils sont « assimilables », alors que les Germains ne le sont pas. À plusieurs reprises, revient le leitmotiv, selon lequel le Rhin forme une frontière à la fois naturelle et humaine, et Rome fut assez impressionnée par ses descriptions pour qu'en découlât sa politique de trois siècles. Le Rhin et ses bords, comme le Danube – que César avait initialement projeté d'atteindre – allaient instituer non seulement une frontière, avec des soldats et des postes, mais aussi une barrière idéologique séparant la civilisation de la barbarie. L'histoire de l'Europe en fut durablement affectée.

Homme politique, homme de guerre, César prend place parmi les grands de l'histoire, au tout premier rang. Mais c'est aussi par la plume qu'il a agi. Son livre n'est pas un simple récit. Il a inspiré des réflexions, ancré des convictions, déterminé des conduites, et ce avec d'autant plus de force et d'efficacité que tout dogmatisme paraissait contraire à sa pensée. La *Guerre des Gaules* fut également un acteur de l'histoire.

Chronologie de la guerre des Gaules

58 av. J.-C. (carte 5) : les Helvètes entament une migration qui doit les conduire dans l'actuelle Saintonge. César leur refusant de traverser la *provincia*, ils se lancent à travers la Franche-Comté et atteignent la Bourgogne. À l'appel de chefs éduens, César les poursuit et leur inflige une cuisante défaite près de Bibracte. À la demande des cités gauloises,

5

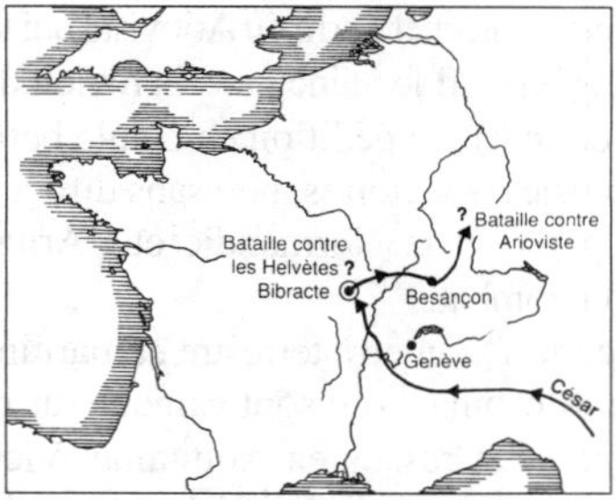

Bataille contre Arioviste
?
Bataille contre les Helvètes ?
Bibracte
Besançon
Genève
César

6

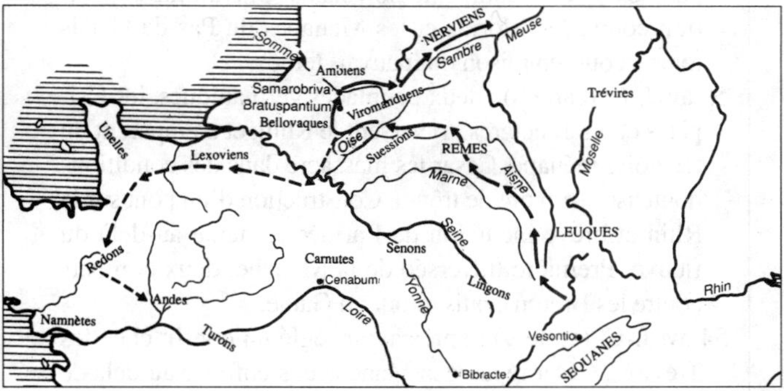

Somme
NERVIENS
Meuse
Sambre
Ambiens
Samarobriva
Bratuspantium
Bellovaques
Viromanduens
Trévires
Unelles
Oise
Suessions
REMES
Lexoviens
Marne
Aisne
Moselle
LEUQUES
Seine
Senons
Redons
Carnutes
Cenabum
Lingons
Rhin
Andes
Yonne
Namnètes
Loire
Turons
Vesontio
SEQUANES
Bibracte

7

César
Crassus
Sabinus
César (août-septembre)
Morins
Ménapes
Lexoviens
Samarobriva (Amiens)
Unelles
Osismes
Coriosolites
Vénètes
Redons
Diablintes
Eburovices
Aulerques
Andes
Namnetes
Pictons
Santons
Sotiates
Rutènes
Tarusates
Toulouse
PROVINCIA
Narbonne
PYRENEES

8

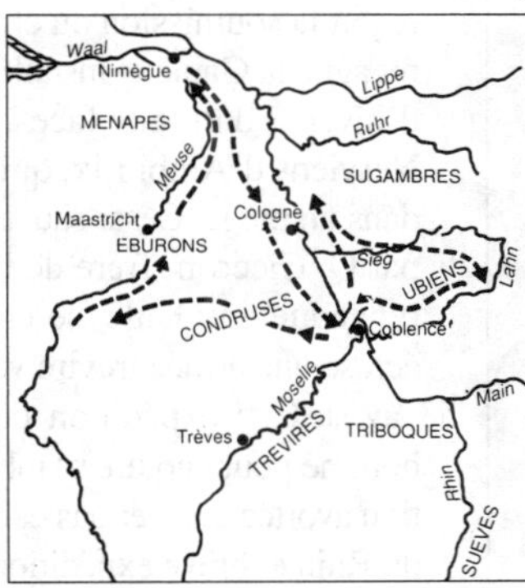

Waal
Nimègue
Lippe
MENAPES
Ruhr
Meuse
SUGAMBRES
Maastricht
Cologne
EBURONS
Sieg
UBIENS
Lahn
CONDRUSES
Coblence
Moselle
Main
Trèves
TREVIRES
TRIBOQUES
Rhin
SUEVES

César s'en prend au chef germain Arioviste qui s'est implanté chez les Séquanes. Il le vainc dans la région de Mulhouse.

57 av. J.-C. (carte 6) : expédition en Gaule belgique. César remporte plusieurs victoires, non sans difficultés. L'un de ses légats parcourt la Normandie et l'Armorique, sans avoir à livrer combat.

56 av. J.-C. (carte 7) : guerre terrestre et maritime contre les Vénètes du Morbihan, qui sont vaincus sur mer. Expédition du légat. P. Crassus en Aquitaine. Victoire sur les peuples du Contentin et leurs voisins. Une ultime expédition contre les Morins et les Ménapes du Pas-de-Calais tourne court en raison du mauvais temps.

55 av. J.-C. (carte 8) : deux peuplades germaniques, les Usipètes et les Tenctères, traversent le Rhin, et s'emparent du territoire ménape. César les massacre dans des conditions douteuses (rupture de trêve). Construction d'un pont sur le Rhin et brève incursion de l'armée romaine au-delà du fleuve. Première traversée de la Manche, deux combats contre les Bretons, puis retour en Gaule.

54 av. J.-C. (carte 9) : après avoir réglé un conflit chez les Trévires, César repasse la Manche et s'enfonce au-delà de la Tamise. Après divers combats ou escarmouches, il reçoit la soumission du chef breton Cassivellaunos. Ayant regagné la Gaule et installé ses troupes dans leurs quartiers d'hiver, il doit faire face à une révolte des Éburons et des Nerviens d'Ambiorix, qui massacrent une légion tombée dans un piège. César sauve de justesse le camp commandé par Q. Cicéron (frère de l'orateur). L'agitation, qui s'est répandue en Gaule, se calme lorsque le légat Labiénus écrase une armée trévire venue assiéger son camp.

53 av. J.-C. : expédition contre les Nerviens et chasse à homme pour capturer Ambiorix, laquelle échoue. Insurrection avortée des Sénons et des Carnutes. Nouvelle traversée du Rhin et brève expédition en Germanie. De retour, César

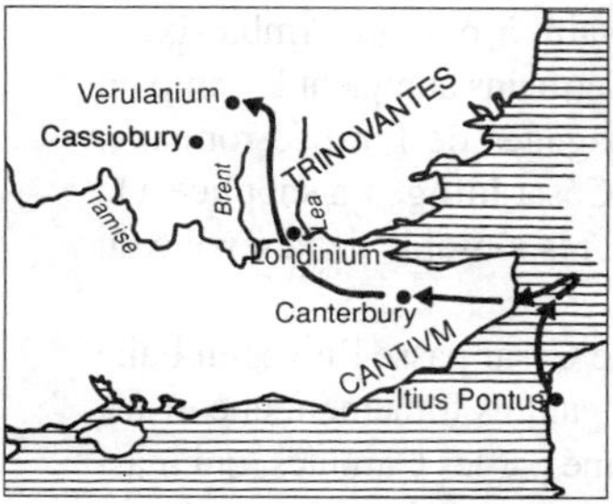
Verulanium
Cassiobury
TRINOVANTES
Brent
Lea
Tamise
Londinium
Canterbury
CANTIVM
Itius Pontus

9

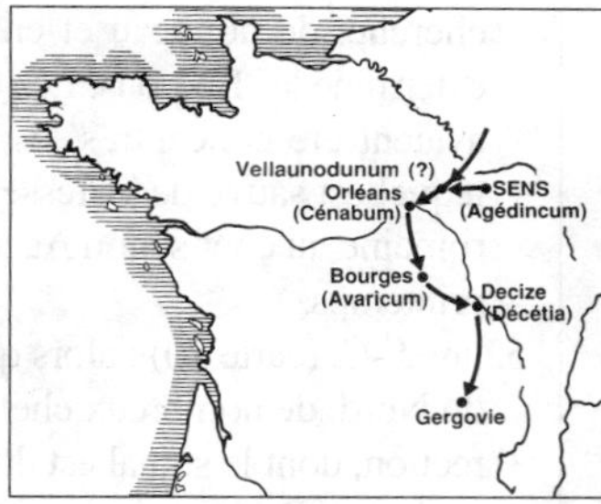
Vellaunodunum (?)
Orléans
(Cénabum)
SENS
(Agédincum)
Bourges
(Avaricum)
Decize
(Décétia)
Gergovie

10

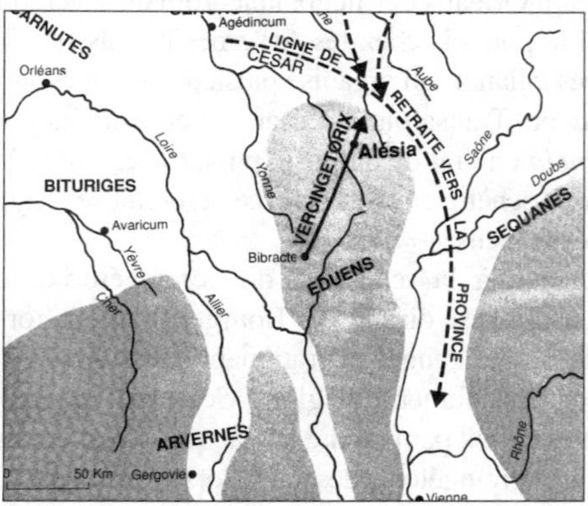
ARNUTES
Agédincum
LIGNE DE
CESAR
Orléans
Aube
RETRAITE VERS LA PROVINCE
Loire
Saône
Alésia
VERCINGETORIX
BITURIGES
Yonne
Doubs
Avaricum
SEQUANES
Yèvre
Bibracte
EDUENS
Cher
Allier
ARVERNES
Rhône
0
50 Km
Gergovie
Vienne

11

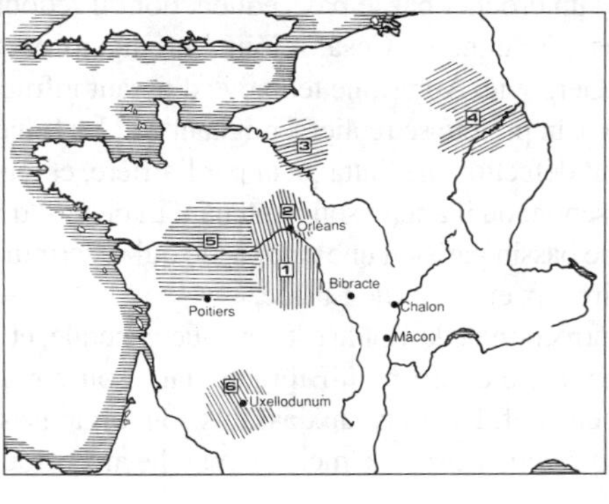
4
3
2
Orléans
5
1
Bibracte
Poitiers
Chalon
Mâcon
6
Uxellodunum

12

cherche, de nouveau et en vain, à prendre Ambiorix, et extermine les Éburons. Les Germains attaquent le camp où avaient été concentrés les bagages de l'armée romaine, lequel est sauvé de justesse. César inflige un supplice à la romaine au chef sénon Acco, responsable de la révolte du printemps.

52 av. J.-C. (carte 10) : alors que César passe l'hiver en Italie du Nord, de nombreux chefs gaulois fomentent une insurrection, dont le signal est donné par les Carnutes, qui massacrent à Orléans des négociants romains. Vercingétorix prend le pouvoir chez les Arvernes et s'assure de nombreuses alliances. Il organise plusieurs attaques sur la *provincia* de Transalpine. César, revenu en hâte, met la *provincia* en état de défense, puis, traversant le Vivarais enneigé, pénètre en pays arverne et rejoint ses légions stationnées à Sens.

Se lançant à la rencontre de Vercingétorix, il prend Orléans, puis se dirige vers Bourges. Vercingétorix refusant la bataille rangée et pratiquant la politique de la terre brûlée pour affamer les légions, César met le siège devant Bourges et finit par prendre la place au prix d'énormes difficultés. Vercingétorix descend alors vers le pays arverne. Après un crochet par le pays éduen, dont il redoute qu'il ne passe à l'ennemi, César rejoint Vercingétorix enfermé dans Gergovie. Après une tentative d'assaut infructueuse, le Romain préfère se replier, craignant que les Éduens, qui ont fait défection, ne l'attaquent par l'arrière, et regagne le pays sénon, où il attend son lieutenant Labiénus, qui mène dans le bassin parisien une campagne qui se termine par sa victoire aux environs de Lutèce.

L'insurrection de la Gaule est devenue générale, et Vercingétorix a été confirmé à Bibracte dans son commandement en chef. De nouveaux assauts sont organisés contre la *provincia*. César se met en marche avec toutes ses légions, renforcées par une cavalerie de mercenaires germains, et se dirige vers le sud (carte 11). Vercingétorix lance sa cavalerie contre l'armée romaine en marche, mais il échoue. Il conduit ses troupes dans l'*oppidum* proche d'Alésia. Les assauts de l'armée de secours et les sorties des Gaulois assiégés tournent à l'avantage des légions. Reddition des chefs gaulois, soumission des cités.

51-50 av. J.-C. (carte 12) : César consolide sa victoire par des expéditions punitives et des campagnes contre les derniers îlots de résistance, s'en prenant tour à tour aux Bituriges, aux Carnutes, aux Bellovaques et leurs alliés, aux Éburons et aux Trévires, aux troupes armoricaines de Dummacos, aux « bandes » de Drappès et de Luctérios. Il prend les dispositions politiques et administratives destinées à assurer la paix et l'ordre dans la Gaule devenue tout entière province romaine.

Si le lecteur veut en savoir davantage sur César, je lui suggère de se reporter au Que sais-je *n° 1049, de Yann Le Bohec. Les Éditions Fayard, qui avaient publié l'estimable* César *de Horst lui ont substitué récemment, sous le même titre, un ouvrage de Robert Étienne que je n'aime guère : le processus d'identification auteur-sujet est si accentué que l'on en apprend davantage sur le premier que sur le second, ce qui n'est pas le but recherché. Réédité, le livre de M. Rambaud,* L'art de la déformation historique dans les Commentaires de César *présente un intérêt surtout historiographique.*

Sur le contexte économique, sur les relations commerciales, un excellent livre de B. Cunliffe, traduit en français : La Gaule et ses voisins, le grand commerce dans l'Antiquité, *Paris, 1993.*

En ce qui concerne ma Présentation, *je m'aperçois en la relisant que je suis passé trop vite sur une question qui a fait couler beaucoup d'encre : le* de Bello Gallico *(exception faite, évidemment, du livre VIII) fut-il écrit en une fois ou en plusieurs ? Ma position est simple : relisez Hirtius, le collaborateur de César, qui, au moment d'éditer le livre VIII après la mort de son chef et ami, exprime ses complexes :* « notre admiration passe encore celle des autres (lecteurs), car s'ils savent quelle est la perfection souveraine de l'ouvrage, nous savons, nous, en outre, avec quelle facilité et quelle promptitude il *(César)* l'a écrit ». *Ce témoignage est catégorique, il prouve que l'ouvrage fut rédigé durant les quartiers d'hiver de Bibracte, fin 52-début 51. Cette rapidité, qui explique certaines petites maladresses et contradictions, ne signifie pas que César ait écrit ou dicté « de tête » ! Il avait à sa disposition des archives, les rapports adressés à lui par ses lieutenants, les rapports annuels que lui-même dépêchait au Sénat, un secrétariat qui put l'aider à organiser la matière. Inutile d'insister.*

L'année terrible

Le livre VII, celui qui décrit l'insurrection et qui se termine à Alésia, a suscité mille et mille études. J'ai déclaré ci-dessus que l'événementiel ne me passionnait guère – je persiste et je signe. Mais il est des hasards qui vous font surmonter certaines réticences et apporter une exception à votre règle personnelle ! L'année 52 avant J.-Ç., c'était il y a 1050 ans : bon thème pour un numéro « hors série » d'une revue d'archéologie ! On me proposa de « diriger » les enquêtes nécessaires à la confection dudit numéro. Coïncidence : depuis quelques années, l'un de mes auditeurs du Collège, officier en retraite, spécialiste de logistique, recherchait sur le terrain, avec l'un de ses collègues, les cheminements possibles de César et de Vercingétorix. De plus, l'éditeur me proposa un avion et un pilote pour des prospections aériennes. Difficile de résister : « mes » officiers m'emmenèrent bourlinguer dans les campagnes françaises, avec l'avion je survolai les mêmes lieux et bien d'autres.

Le texte qui suit est donc le résultat d'un grand dépaysement et d'une initiation aux problèmes militaires et stratégiques, dont j'ai pu mesurer l'intérêt et comprendre la fascination qu'ils inspirent à certains. En outre, et c'est pourquoi j'ai choisi ce titre (« L'année terrible »), plane l'ombre de la guerre de 1870 et certains textes de Jullian résonnent à vos oreilles.

« L'année terrible » : le titre est de Victor Hugo. Il le choisit le 14 juin 1871 pour un ouvrage qui parut l'année suivante, dans lequel il relatait la chute du Second Empire, le siège de Paris, la Commune et son écrasement. « *J'entreprends*, disait-il, *de conter l'année épouvantable* ».

Le premier chapitre s'intitulait « *août 1870, Sedan* ». Il se terminait ainsi :

Alors la Gaule, alors la France, alors la gloire,
Alors Brennus, l'audace, et Clovis, la victoire,
Alors le vieux titan celtique aux cheveux longs,
Alors le groupe altier des batailles, Châlons,
Tolbiac la farouche, Arezzo la cruelle,
Bovines, Marignan, Baugé, Mons-en-Puelle,
Tours, Ravenne, Agnadel sur son haut palefroi,
Fornoue, Ivry, Coutras, Cérisoles, Rocroy,
Denain et Fontenoy, toutes ces immortelles
Mêlant l'éclair du front au flamboiement des ailes,
Jemmape, Hohenlinden, Lodi, Wagram, Eylau,
Les hommes du dernier carré de Waterloo,
Et tous ces chefs de guerre, Héristal, Charlemagne,
Charles-Martel, Turenne, effroi de l'Allemagne,
Condé, Villars, fameux par un si fier succès,
Cet Achille, Kléber, ce Scipion, Desaix,
Napoléon, plus grand que César et Pompée,
Par la main d'un bandit rendirent leur épée.

De la Gaule à la France. Dix-neuf siècles… perdus par la faute de Napoléon-le-Petit.

Durant ces années 1870-71, écoliers et collégiens vivaient, sur leurs bancs, dans l'angoisse. Parmi eux,

Camille Jullian, qui allait devenir, trente ans plus tard, le grand historien de la Gaule. Il avait douze ans et se trouvait en classe de quatrième. Dans l'un de ses livres, il évoque ses souvenirs de ces mois-là, racontant comment son professeur d'histoire, Auguste Amann, faisait vivre les événements à ses élèves. Amann était non seulement un excellent maître mais aussi un patriote ardent, et c'est l'histoire antique – la guerre des Gaules – qu'il invoquait pour suivre et pour faire comprendre le déroulement d'une histoire qui se faisait au jour le jour. On était à la fois en 1870-71 et en… 52 avant J.-C. Les Allemands, c'étaient les Romains. On connut les mêmes espoirs – César-Bismarck allait reculer –, on se fia à des chefs charismatiques – Gambetta prit les traits de Vercingétorix –, mais l'issue fut la même : Paris tomba, comme Alésia.

Aujourd'hui, pouvons-nous imaginer l'empreinte laissée par une telle expérience chez les enfants de cette génération ? Certainement pas, sinon vaguement, intellectuellement. Pourtant, c'est à elle que nous devons, non seulement l'œuvre de Camille Jullian, mais aussi l'incarnation des vertus du patriotisme en Jeanne d'Arc et en Vercingétorix, dont la IIIe République allait faire des héros malheureux, symboliques et rédempteurs.

De cette époque, datent toutes sortes de passions qui n'ont pas disparu aujourd'hui. La guerre de 1870 a généré un traumatisme dont les effets ont gagné les champs de l'histoire. Le passé a été vu, ressenti, décrit autrement. Paradoxalement, c'est à la même époque que les textes antiques ont été le mieux édités et critiqués, que sont nés les grands Recueils épigraphiques et numismatiques, que de remarquables fouilles ont été mises en œuvre. Mais la passion n'était jamais très loin. Jullian lui-même, remarquable épigraphiste, lecteur scrupuleux des textes anciens, resta marqué par sa classe de quatrième : la Gaule, c'était l'ancienne patrie, dont Vercingétorix avait eu la vision et qu'il faillit réaliser, mais le destin ne le voulut pas. *52 avant J.-C., l'année terrible*.

Nous sommes en 1998. Voilà 2050 ans que la guerre des Gaules a connu, sinon sa fin (il fallut encore une année pour réduire les ultimes résistances), du moins le moment où, devant Alésia, tout a basculé. La capitulation de Vercingétorix consacrait à la fois la défaite subie par l'armée « de secours » et la reddition des assiégés presque morts de faim. Le Sénat de Rome, en décrétant des « supplications » de vingt jours auprès des dieux immortels, reconnaissait la victoire de César. Celui-ci rédigea la version définitive de la *Guerre des Gaules* lors de ses quartiers d'hiver à Bibracte : il démontrait que, à ses yeux, l'affaire était réglée.

Pourtant, l'« année terrible » aurait pu connaître une autre fin, voire ne pas se finir du tout. Aujourd'hui, nous savons par cœur le scénario, et il nous est difficile de retracer les événements en oubliant comment ils se sont terminés. Du même coup, nous jugeons : puisque Vercingétorix a perdu et que César a gagné, c'est que le second était meilleur que le premier. Nous retenons comme inéluctable le déroulement du film, nous en oublions les différents épisodes. Nous mésestimons la part du hasard, ou – dirait César – de la Fortune, de la déesse Chance. Nous fustigeons la conduite des opérations par Vercingétorix (car il a perdu), alors que César lui-même démontre que sa victoire a tenu à peu de chose.

Essayons de changer de perspective. Tentons d'oublier la fin, pour comprendre le fil des événements. Ne considérons pas *a priori* César et ses légions comme invincibles, Vercingétorix et les armées gauloises comme incapables d'observer une stratégie et une discipline. Détachons-nous des passions : observons ces campagnes comme si elles s'étaient déroulées n'importe où dans le monde. Une guerre comme tant d'autres. Il faut comprendre : forces en présence, opérations, déplacements, etc. Disons-nous que la fin n'est pas inéluctable – ou plutôt faisons comme si… Rêvons même un peu : est-il sûr que l'année sera terrible ?

Fin 53 : la situation

Six ans déjà. C'est en 58 que César, gouverneur de la Gaule cisalpine (l'Italie du nord) et de la Gaule transalpine (le Midi jusqu'à Toulouse), a lancé ses premières expéditions en Gaule intérieure. Il s'agissait de contrer une vaste migration entreprise par les Helvètes (du plateau suisse) qui devait les mener en Saintonge, puis de mettre fin aux visées hégémoniques du chef germain Arioviste, qui s'était emparé de l'Alsace et d'une grande partie de la Franche-Comté. César était intervenu à la demande des fidèles alliés de Rome, les Éduens, et d'autres peuples redoutant – dit-il – le péril germain. Helvètes et Germains ont été écrasés, mais César ne quitte pas la Gaule. Et les campagnes se succèdent, avec de plus en plus de légionnaires sous ses ordres et l'appui d'auxiliaires gaulois – qui fournissent notamment la cavalerie – originaires des grands peuples limitrophes de la province romaine, ceux avec lesquels Rome commerçait depuis longtemps. La guerre des Gaule, comme beaucoup d'entreprises de cette époque, poursuit des visées économiques : faire du butin, prendre des prisonniers qu'on vendra comme esclaves, mais aussi ouvrir de nouveaux marchés aux négociants italiens. César s'enrichira, ses alliés gaulois contrôleront de nouveaux territoires jusqu'alors indépendants : le nord, l'ouest, le sud-ouest. Et puis, aux marges de la Gaule, s'ouvrent des espaces inouïs, défendus par des obstacles naturels que nul n'a franchis : la Germanie, au-delà du Rhin, la Bretagne (l'Angleterre), au-delà de l'Océan (la Manche). Dépasser ces frontières de légende, c'est – comme Alexandre le Grand – conquérir de nouvelles terres et entrer dans le monde du mythe.

César a franchi le Rhin – deux fois – et a mené l'aigle romaine en Bretagne – deux fois aussi. Exploits hallucinants, salués comme tels à Rome. Il a remporté d'écrasantes victoires sur les peuples gaulois de l'est, du nord, et de l'ouest. Et pourtant… Pourtant, une forme de « résistance » a commencé de se lever. Elle est double. D'abord, de type militaire : certains peuples de Belgique (au nord-est), théoriquement vaincus, mènent des actions de « guérilla » et arrivent même à détruire une légion et demie durant l'hiver 54-53. Elle est aussi d'ordre politique : les alliés de César ; jusqu'alors gouvernés par des sénats et des magistrats pro-Romains, voient ces instances hésiter. Sous peu, elles basculeront, les « anti-Romains » l'emportant. Pourquoi ? On ne peut que deviner. Il s'agit sans doute moins d'une évaluation lucide du rapport des forces que d'une simple constatation : on a dépassé la limite du tolérable. César, venu en Gaule comme un allié, se conduit en dictateur, intervenant dans la politique intérieure des peuples, nommant ou destituant, condamnant, mettant à mort, bafouant les conduites ancestrales, ignorant les valeurs de ses « alliés ». Un chef éduen (Dumnorix), un chef sénon (Acco), bien d'autres ont été tués, voire suppliciés, qui plus est à la mode romaine. Le passé récent peut nous aider à imaginer ce type de situation : apparemment, tout est calme, mais la violence va se déchaîner, prenant des formes inattendues et éclatant en des lieux où on l'aurait crue impossible.

César n'avait rien vu venir. À l'automne 53, il avait quitté la Gaule pour regagner sa province de Cisalpine (l'Italie du nord). Cette année 53 avait été relativement calme. César avait facilement maté les velléités d'indépendance manifestées par les Sénons et les Carnutes. Son lieutenant Labiénus avait mis à raison les Trévires. Les armées romaines avaient de nouveau passé le Rhin, pour une promenade de santé en terres « germaines ». Même si une chaude alerte avait menacé le camp où Quintus Cicéron (le frère de l'orateur) commandait à une légion chargée de garder les bagages de toute l'armée, César était revenu à temps, et l'on pouvait penser que les Germains, vaincus une fois de plus, se lasseraient de leurs insuccès et abandonneraient la partie. Bref, la Gaule était calme. Il suffisait de placer les légions à proximité des régions d'où pouvait renaître l'agitation (celles du nord-est) :

« César répartit ses légions en quartiers d'hiver, deux sur la frontière des Trévires, deux chez les Lingons, les six autres dans le pays sénon à Agedincum, et, après les avoir approvisionnées de blé, il partit pour l'Italie, comme il faisait d'habitude, pour y tenir ses assises. »

Erreur de diagnostic : ce n'est pas du nord-est qu'allait surgir le péril, mais du centre de la Gaule, là où César pensait détenir d'indéfectibles alliances.

Depuis les débuts de la guerre, Rome s'était appuyée sur les Éduens de Bourgogne et du Morvan, et sur la vaste confédération dont ils avaient pris la tête : Ségusiaves, Ambarres, Bituriges Cubes, Sénons, Parisii, Bellovaques. Mais tous les peuples limitrophes de la province romaine avaient, de gré ou de force, fourni aux légions appui, auxiliaires, ravitaillement. Parmi eux, les Arvernes, que Rome avait vaincus en 121 avant J.-C. et qui avaient dû se plier aux conditions du vainqueur. D'autres « grands » peuples avaient été contraints de s'aligner : Séquanes de Franche-Comté, Carnutes de la Beauce, Lémovices du Limousin, Santons de Saintonge, Pictons du Poitou, etc. César pouvait considérer que, tenant à la fois par le jeu des alliances et par la présence de ses légions tout le centre de la Gaule, il pourrait facilement parer aux rébellions épisodiques des « petits » peuples du nord-est, que mettaient en branle les Trévires (eux, des grands), ou encore ceux de l'ouest, d'Armorique, en réalité bien plus calmes.

Or, ce qui va prendre forme au début de l'année 52 et s'amplifier au fil des mois, c'est un scénario tout à fait différent : les uns après les autres, les alliés font défection à de rares exceptions près, et, pour la première fois depuis le début des opérations, César se retrouve à la tête de ses seules légions, sans auxiliaires gaulois, sans cavalerie, sans ravitaillement organisé, dans un pays devenu hostile. Il va perdre, c'est sûr.

Nous allons suivre le fil des événements. Entreprise difficile pour plusieurs raisons. D'abord, parce que César ne donne pas de dates : tout au plus, précise-t-il parfois que tel trajet a pris tant de jours, ou tel siège duré tant de semaines. Ensuite, parce que la localisation de certains lieux a fait ou fait encore l'objet de discussions. Non, il ne s'agit ni d'Alésia ni de Gergovie, pour lesquelles les preuves archéologiques abondent à tel point que l'on n'éprouve que compassion à l'égard de ceux qui, aujourd'hui encore, chevauchent des chimères dépenaillées. Mais on peut toujours s'interroger sur tel *Noviodunum*.

Nous avons, dans ce dossier, pris un parti. Il repose sur l'idée que la Gaule, pays civilisé avant la conquête romaine, était sillonnée de voies. Des voies qui ont permis le déplacement aisé des légions romaines. Des voies qui, quelque temps plus tard, seraient équipées par l'administration romaine, mesurées en milles romains ou en lieues gauloises – souvenir de l'ancien temps. Nous avons donc considéré que les voies romaines pouvaient reprendre, au moins partiellement, d'anciens itinéraires gaulois, et avoir été utilisées par les troupes de César ou de Vercingétorix.

La chronologie que nous proposons repose, faute de repères précis, sur les rares indications fournies par César et sur l'estimation la plus raisonnable qu'on puisse proposer pour le déplacement des légions : 20 à 25 km par jour, avec un repos tous les cinq jours – mais les situations d'urgence pouvaient bouleverser ce rythme. Le lecteur devra donc admettre une approximation qui, au total, ne devrait guère excéder une à deux semaines, en un sens (en avance) ou en l'autre (en retard).

Il faut également se rappeler que l'année qui nous intéresse est antérieure à la réforme du calendrier que César institua en 46 et qui fut appliquée à partir de 45 avant J.-C., donnant naissance au « calendrier julien » sur lequel nous vivons encore, le pape Grégoire XIII ne lui ayant apporté que quelques ajustements. Cette réforme visait à mettre fin aux situations absurdes causées par le fait que l'année romaine comportait jusque-là 353 jours. Pour respecter le rythme des saisons et des mouvements astronomiques, il fallait, tous les deux ans, ajouter une intercalation de 22 ou 23 jours alternativement, laquelle était placée après le vingt-troisième jour de février, et prévoir d'autres dispositions à intervalles plus longs. Un casse-tête ! En 52, il y eut effectivement un mois intercalaire de 23 jours.

Pour suivre les événements de manière cohérente, nous allons faire comme si la réforme avait déjà eu lieu. Les mois seront donc ceux que nous avons l'habitude d'utiliser.

Fin 53 - début 52

César est en Italie du nord, dans la province de Cisalpine dont il est gouverneur, et dont il n'a pas le droit de franchir les limites méridionales pour se rendre, par exemple, à Rome. Ce qui ne saurait l'empêcher de prendre des contacts, de faire venir des hommes influents, de dépêcher des courriers dans la capitale. Car la situation est grave.

En 60 (huit années auparavant), César avait conclu un accord (informel) avec deux hommes de premier rang : Pompée, le général au sommet de sa gloire, le vainqueur de Mithridate, le pacificateur de l'Orient, et Crassus, le richissime brasseur d'affaires que sa fortune avait conduit aux plus hautes fonctions de l'État. Pour les trois hommes, il s'agissait de mettre en commun leurs moyens et surtout leurs réseaux d'influence pour favoriser au mieux leurs intérêts, quitte à enfreindre quelque peu les procédures habituelles, voire la légalité. Ce « triumvirat » avait fonctionné à merveille. La fille de César, Julia, avait épousé Pompée, scellant l'alliance entre les deux hommes. Crassus, grâce à l'appui de César et de Pompée, avait obtenu le consulat, puis le gouvernement de la Syrie qui allait lui permettre de réaliser un vieux rêve : en découdre avec les Parthes, et se tailler une gloire comparable à celle de ses deux complices. Tout s'écroule en deux ans : en 54, Julia, la fille de César, l'épouse de Pompée, meurt en couches, et l'enfant ne survit pas. Le beau-père et le gendre se déchirent sur les conditions et le lieu de la sépulture. L'année suivante, en 53, les légions de Crassus sont écrasées par les Parthes : vingt mille morts, les aigles romaines capturées, la tête de Crassus triomphalement rapportée à Séleucie.

À Rome, ébranlée par ce désastre, on n'est pas loin de l'anarchie. Des bandes rivales sèment la panique dans les rues, des émeutes éclatent, les élections ne peuvent être organisées. Deux hommes s'opposent – Milon et Clodius. Le second est tué par les hommes du premier le 20 janvier « officiel » (fin décembre en chronologie « corrigée »). Le Sénat accorde à Pompée les pleins pouvoirs, le chargeant « *de veiller au salut de la république* », c'est-à-dire de rétablir l'ordre par tous les moyens (l'article 13 de notre constitution).

César, lui, vient d'apprendre qu'un soulèvement général menace en Gaule. Au début du livre VII de la *Guerre des Gaules*, il établit un rapport direct entre les événements qui se sont déroulés à Rome et l'insurrection :

> *La nouvelle de ces événements parvient vite en Transalpine. Les Gaulois y ajoutent de leur propre chef, inventent et répandent une nouvelle qui leur paraissait être le complément naturel de la première : César était retenu par les troubles de Rome, et il ne lui était pas possible de se rendre à l'armée quand la lutte des partis était si vive. L'occasion excite ces hommes qui déjà ne supportaient qu'avec impatience d'être soumis au peuple romain : ils commencent à faire des projets de guerre avec plus de liberté et de hardiesse. Les chefs gaulois s'entendent pour tenir des conciliabules dans des lieux écartés, au milieu*

des bois : là, ils se plaignent de la mort d'Acco ; ils déplorent le malheur commun des Gaulois ; en promettant toutes sortes de récompenses, ils demandent instamment qu'on entre en guerre et qu'on joue sa vie pour rendre à la Gaule sa liberté. "La première chose, disent-ils, à laquelle on doit aviser, c'est de couper César de son armée avant que leurs projets clandestins ne soient divulgués. C'est chose facile, car les légions n'osent pas, en l'absence du chef, sortir de leurs quartiers d'hiver et, de son côté, le chef, sans escorte, ne peut rejoindre ses légions ; et puis mieux vaut mourir en combattant que de ne pas recouvrer l'antique honneur militaire et la liberté que les aïeux ont légués."

Après mainte discussion sur ces projets, les Carnutes déclarent que pour le salut de la patrie il n'est pas de danger qu'ils n'acceptent, et ils promettent d'être au premier rang des révoltés. « Puisque pour le moment on ne peut se garantir mutuellement par un échange d'otages, car cela risquerait d'ébruiter leur projet, que du moins, disent-ils, on s'engage par des serments solennels, autour des étendards réunis en faisceau – cérémonie qui noue, chez eux, le plus sacré des liens – à ne pas les abandonner une fois les hostilités commencées. » On félicite à l'envi les Carnutes ; le serment est prêté par toute l'assistance, et on se sépare après avoir fixé la date du soulèvement. »

Ces lignes doivent être lues avec beaucoup de circonspection. On peut d'abord douter de l'influence du meurtre de Clodius sur la détermination des chefs gaulois à entrer en dissidence. Surtout, la description organise une mise en scène « classique » réunissant tous les éléments d'une conjuration : « *conciliabules dans des lieux écartés, au milieu des bois »* (pourquoi ?) jusqu'au serment final « *autour des étendards réunis en faisceau »*. C'est ainsi que Salluste avait narré les débuts de la conjuration de Catilina, dont l'acte initial devait consister « *à massacrer dans le Capitole les nouveaux consuls »*.

Quoi qu'il en soit, les Carnutes massacrent à Orléans « *les citoyens romains qui y étaient établis pour y faire du commerce »*. À quelle date ? On ne sait. Si l'on devait porter foi à la chronologie suggérée par César, Clodius ayant été tué fin décembre, le massacre n'aurait pu intervenir que bien des jours plus tard, courant janvier. Mais César n'allègue-t-il pas les événements de Rome pour se dédouaner lui-même, esquivant ses propres responsabilités dans l'éclatement de l'insurrection ? Il est plus probable que celle-ci ait été décidée à la fin de l'automne ou au début de l'hiver 53. Il en va de même pour le coup d'État de Vercingétorix, s'emparant du pouvoir chez les Arvernes, à Gergovie.

Vercingétorix

Depuis le siècle dernier, Vercingétorix a été le héros de romans, de pièces de théâtre, d'opéras et de livres… d'histoire. Il a été représenté sur des gravures et des tableaux, statufié de nombreuses fois. Beaucoup d'entre nous le considérons inconsciemment comme un personnage familier : jeune, grand, athlétique, évidemment chevelu et moustachu, intrépide et valeureux. Sur quels éléments repose ce portrait ? Pratiquement sur… rien !

Lorsqu'il cite pour la première fois son nom, César indique en incise que Vercingétorix est *adulescens*. Mais ce mot n'a pas la signification du terme « adolescent » qui en est dérivé. À Rome, dans le langage politique, il désigne l'âge antérieur à l'exercice des magistratures, c'est-à-dire 30 ans. Ainsi, dans la *Guerre des Gaules*, César l'emploie pour deux de ses collaborateurs, Publius Crassus et Decimus Brutus âgés de 27-28 ans. Donc, Vercingétorix n'est pas un jeune homme de 17-18 ans, il approche probablement de la trentaine.

De son passé, on ne sait rien, du moins par César. Un auteur plus récent, Dion Cassius, indique que, lors de la capitulation à Alésia, Vercingétorix implora le pardon de César en invoquant « leur amitié passée ». La notation n'a rien d'invraisemblable : Vercingétorix a dû faire partie des chefs gaulois – ou des fils de chefs – accompagnant César durant ses campagnes, soit à la tête de contingents auxiliaires, soit dans l'entourage proche du général au milieu de ceux qu'on appelait les *contubernales* (au sens strict « les compagnons de tente »), jeunes gens sans fonction précise issus de la noblesse de Rome ou de Gaule, venus là pour s'instruire et rendre divers services. L'argument le plus fort en faveur de cette hypothèse réside en la familiarité que démontre Vercingétorix avec la « guerre à la romaine », imposant à ses troupes des stratégies et des tactiques nouvelles qui attestent une longue expérience, évidemment forgée grâce à sa participation aux campagnes de César : ces choses-là ne s'inventent pas. Donc, le chef arverne était de ceux qui, à la fin de l'année 53, abandonnèrent César pour se dresser contre lui. Voilà qui corrige l'image traditionnelle assimilant Vercingétorix à Jeanne d'Arc : un tout jeune homme recevant « un message » (de qui ?), prenant les armes, levant des patriotes, pour « bouter l'ennemi hors du royaume », et réussissant d'incroyables exploits militaires grâce à sa valeur innée et à sa capacité d'entraînement.

En réalité, Vercingétorix offre la meilleure illustration du phénomène politique qui bouleverse l'équilibre de nombreuses cités de Gaule : le pouvoir change de mains, soit selon des procédures institutionnelles normales, soit par des coups d'État (à en croire César, qui les attribue évidemment à des ambitieux sans scrupules aidés par des ramassis de brigands et de gens sans aveu). Les gouvernements aristocratiques sont mis en cause pour leur collusion avec Rome, l'ancienne royauté réapparaît. Vercingétorix, grand personnage chez les Arvernes, disposant de milliers de « clients » dont le sort était lié au sien, n'eut sans doute pas trop de mal à s'emparer du pouvoir, appuyé par la majorité des « hommes en armes ». Il en alla de même au sein d'autres peuples – pour finir, chez les Éduens.

Faut-il attribuer à l'ancien prestige des Arvernes et à leur puissance largement préservée le « leadership » qui fut reconnu à Vercingétorix ? Ou bien sont-elles dues aux qualités personnelles de celui-ci ? Ne soyons pas naïfs : les rapports de force ont forcément joué le rôle prédominant. Mais Vercingétorix n'aurait pas été accepté comme « général en chef » si l'on ne lui prêtait les capacités adéquates. Le récit de César montre toutes les difficultés que rencontra, de la part de ses alliés, le chef arverne. En contrepoint, décrivant les problèmes qui se posèrent à lui durant l'année 52, César « valorise » forcément Vercingétorix : il ne pouvait déconsidérer son plus rude adversaire sans se diminuer lui-même. Cette « valorisation » a cependant ses limites : il y eut des milliers de témoins italiens et romains. Si – comme l'a écrit tel historien –, Vercingétorix n'était qu'une baudruche gonflée par le proconsul, nul doute que cela eût été rapporté et commenté.

Donc, un aristocrate de haut rang, riche et puissant, ayant accompagné César pendant plusieurs années, proche de la trentaine. De ses traits physiques, nous ne savons rien. Plus tard, on le décrivit comme très grand, effrayant (ce qu'on avait longtemps écrit des Gaulois). – Mais, dira-t-on, et les monnaies, les fameux statères d'or, dont ont été miraculeusement retrouvés plus d'une vingtaine d'exemplaires et qui portent la légende au nom du chef arverne ? Ne présentent-ils pas son portrait ? Là encore, on hésite : tous les statères gaulois portant un visage au droit dérivent de l'Apollon représenté sur les statères de Philippe II de Macédoine. Alors, Vercingétorix ou Apollon ? ou Vercingétorix idéalisé sous les traits d'Apollon ? Les arguments s'opposent : certaines monnaies montrent une tête casquée – donc ce ne peut être Apollon ! Oui, mais pourquoi, s'il s'agissait de Vercingétorix, aurait-il des chevelures et des traits différents, alors que ce monnayage a été frappé en quelques mois ?

Donc, subsistent bien des plages d'ombre – mais l'erreur serait de les considérer comme des mystères importants !

Les forces en présence

L'armée romaine

Durant l'année 52, les forces romaines comprenaient 12 légions (c'est-à-dire, en théorie, 48 000 fantassins), auxquels s'ajoutaient des auxiliaires d'origines diverses (archers crétois, frondeurs des Baléares, fantassins légers numides ou germains) et des cavaliers. Ceux-ci avaient été fournis, les années précédentes, par les peuples gaulois, de gré ou de force, et leur effectif se montait à environ 4 000 hommes. La défection progressive de ses alliés conduisit César, en juillet 52, à recourir à des mercenaires germains (cavaliers et fantassins légers) qui devaient jouer un rôle décisif. Donc, au total, un effectif théorique de 52 000 combattants. Mais, si l'on veut évaluer les effectifs réels du « corps expéditionnaire », il faut à peu près doubler ce chiffre, pour tenir compte des accompagnateurs de toutes sortes : esclaves, « valets » s'occupant des bagages, des bêtes de somme transportant ceux-ci ou tirant les machines de guerre, bref tout un personnel subalterne qui, quoique ne combattant pas, remplit des tâches indispensables et… doit être nourri, ce qui accroît d'autant la quantité de vivres nécessaires (un minimum de 100 tonnes par jour) et, donc, les bagages, le parc des bêtes de somme – qui, elles-mêmes, exigent du fourrage, etc. Le déroulement de l'année 52 ne se comprend qui si l'on tient compte de cette masse d'hommes, de bêtes et de chariots : l'armée romaine peut être vulnérable si le ravitaillement lui devient difficile, elle peut l'être aussi lors de ses déplacements. Vercingétorix le savait bien qui instaura la tactique de la terre brûlée et du harcèlement.

Les légionnaires constituent l'infanterie lourde. Ils portent un casque très simple, une cotte de mailles et un bouclier ovale. Leurs armes offensives sont le javelot (le fameux *pilum*), une épée genre rapière ou un poignard pour le corps à corps. La légion dispose de sa propre artillerie, diverses machines lançant soit des boulets selon une trajectoire courbe soit des traits (des flèches énormes « javelots de siège ») selon une trajectoire tendue. De même, elle comporte en son sein des spécialistes du « génie », et le légionnaire peut se transformer en bâtisseur, en charpentier, en bûcheron, voire en fabricant d'armes ! Lorsque l'armée est en campagne, il faut chaque soir établir et fortifier le camp. À d'autres moments, le légionnaire peut être envoyé couper le blé dans les champs ou faire du fourrage.

La légion est divisée en dix cohortes, chacune comprenant six centuries. À la tête de chacune de ces dernières, se trouve le sous-officier « de base » : le centurion, qui, sorti du rang, pouvait progresser jusqu'au commandement de la cohorte, et, pour les meilleurs d'entre eux (les « primipiles »), participer aux réunions d'état-major. Parmi les officiers, on distingue les tribuns – issus de la classe équestre –, normalement affectés à l'encadrement de la légion, les préfets exerçant des tâches administratives et – très exceptionnellement – le commandement de la flotte ou de la cavalerie. Enfin, les légats – issus de la classe sénatoriale – sont les collaborateurs directs du proconsul qui leur confit toute tâche d'ordre administratif (maintenir l'ordre dans une région) ou militaire (Labiénus mène la campagne de Lutèce avec quatre légions).

Donc, une armée structurée, entraînée, expérimentée. Des quasi-professionnels.

Les forces gauloises

Et en face ? En face, il n'y a pas une armée, mais la réunion de contingents envoyés par différents peuples et commandés par leurs propres chefs. Plutôt que réunion, mieux vaudrait dire juxtaposition puisque ces corps sont rangés « par cités » aussi bien dans les campements que lors des combats. Quoique reconnu comme général en chef, Vercingétorix doit convaincre du bien-fondé de ses propositions les « chefs » des contingents, lesquels n'hésitent pas à l'accuser, à le contester ou à le presser de changer de tactique.

Au sein de ces contingents, la fine fleur était constituée par la cavalerie : les nobles gaulois sont appelés par César les *equites* (chevaliers-cavaliers), eux-mêmes combattant à cheval et s'entourant de « clients-cavaliers ».

César nous apprend que, pour pallier la petite stature des chevaux indigènes, ces nobles achetaient « à n'importe quel prix » des montures étrangères. Ils portaient casques à couvre-joues (paragnathides), cottes de mailles, boucliers. Leurs armes offensives étaient la lance et la longue épée. Cette cavalerie, de par son caractère aristocratique, jouissait d'un haut niveau et d'un excellent entraînement. Beaucoup avaient accompagné César, les années précédentes, à titre d'auxiliaires.

Il en allait tout autrement des fantassins, recrutés parmi les travailleurs ruraux le temps d'une campagne ou d'une expédition, et renvoyés ensuite dans leurs champs. Pas d'entraînement régulier, une expérience souvent limitée. Les chefs devaient leur fournir l'équipement et leur octroyer une solde. De même que les légionnaires, ils étaient armés d'un javelot et d'une épée, mais on connaît moins bien leur équipement défensif – à part le grand bouclier oblong avoisinant la hauteur d'un homme.

Quelles que fussent leur vaillance et leurs qualités physiques, ces fantassins ne pouvaient rivaliser avec une armée régulière. Vercingétorix le savait, dont le premier soin fut d'instaurer une discipline de fer, d'entraîner ses troupes et d'éviter tout affrontement direct avec les légions. De même, il leur imposa la fortification des camps, alors qu'on se bornait auparavant à réunir en cercle les chariots à bagages et à installer les troupes au centre de celui-ci.

Donc, en dépit d'effectifs qui – à en croire César – excédaient de loin ceux de l'armée romaine (80 000 hommes dans l'armée de Vercingétorix, 240 000 fantassins et 8 000 cavaliers dans l'armée dite « de secours »), les handicaps étaient nombreux en termes de commandement, d'expérience, d'artillerie, etc. Mais les Gaulois combattaient chez eux, et cet avantage était incommensurable.

Vaincus par Rome en 121 avant J.-C., les Arvernes avaient conservé leur indépendance, mais avaient signé un traité aux termes duquel Rome leur imposait ses conditions. C'est sans doute alors qu'ils durent abandonner la monarchie pour un régime aristocratique. Leur influence passée (ils avaient été les grands rivaux des Éduens, alliés de Rome) avait du coup décru. À leur tête, se trouvaient un sénat et des magistrats « pro-romains », notamment l'oncle de Vercingétorix, Gobannitio. Une allusion de César nous apprend que le propre père de Vercingétorix, Celtill, avait tenté de restaurer la royauté et avait été mis à mort par ses compatriotes. Ici, se met clairement en lumière la situation qui prévaut en de nombreux peuples de la Gaule : deux « partis » sont en concurrence. Le premier prône le régime aristocratique, l'alliance avec Rome, l'ouverture aux échanges économiques. Le second – minoritaire, jusqu'alors – rêve de retrouver les anciennes formules de gouvernement, la royauté, certaines formes d'indépendance, voire le retour aux « valeurs » ancestrales. Dans chaque famille, ce clivage peut exister, des frères, des oncles, des neveux s'opposant – mais c'est aussi une assurance face aux bouleversements possibles.

Cette fois, donc, le neveu s'oppose à l'oncle. César reprend, pour décrire le coup d'État, les clichés habituels (Vercingétorix recrute des « *miséreux, des gens sans aveu* »), mais il n'élude pas les appels « nationalistes » : on prend les armes « *pour la liberté de la Gaule* ». Ne nous en étonnons pas : les lecteurs romains ne pouvaient que s'apitoyer devant de telles revendications, persuadés qu'ils étaient que la Providence les avait choisis pour gouverner le monde.

Or donc, Vercingétorix réussit dans son entreprise :

> *Ses partisans le proclament roi. Il envoie des ambassades à tous les peuples : il les supplie de rester fidèles à la parole jurée. Il ne lui faut pas longtemps pour avoir à ses côtés les Sénons, les Parisii, les Pictons, les Cadurques, les Turons, les Aulerques, les Lémovices, les Andes et tous les autres peuples qui touchent à l'Océan. À l'unanimité, on lui confère le commandement suprême.*

Vercingétorix s'organise.

> *Il exige de tous ces peuples des otages, il ordonne qu'un nombre déterminé de soldats lui soit amené sans délai, il fixe quelle quantité d'armes chaque cité doit fabriquer, et avant quelle date ; il donne un soin particulier à la cavalerie. À la plus grande activité il joint une sévérité extrême dans l'exercice du commandement ; la rigueur des châtiments rallie ceux qui hésitent.*

Ces dispositions prises et achevées, il engage deux opérations : « *il envoie chez les Rutènes* (au contact de la province romaine) *le Cadurque Luctérios* (...). *Lui-même part chez les Bituriges* ». Il s'agit donc à la fois de menacer la *provincia* et de faire tomber dans l'orbite arverne les Bituriges, membres on ne peut plus hésitants de la confédération éduenne. Mission doublement réussie. Luctérios gagne les Rutènes, puis les Nitiobroges et les Gabales à sa cause. La route de Narbonne est ouverte.

On ne sait à quelle date César partit pour Narbonne. Probablement dès janvier, *« il arrive, il rassure les courages ébranlés, place des détachements chez les Rutènes de la Province, chez les Volques Arécomiques, chez les Tolosates et autour de Narbonne, toutes régions qui confinaient au territoire ennemi ; il ordonne qu'une partie des troupes de la Province et les renforts qu'il a amenés d'Italie se concentrent chez les Helviens, qui touchent aux Arvernes. »*

Puis, il se lance dans un mouvement inattendu, inouï : franchir les Cévennes par les cols du Vivarais enneigés, et déboucher en pays arverne où il sème la panique. Averti, Vercingétorix quitte le territoire biturige pour regagner ses bases.

Laissant le commandement des troupes à un de ses lieutenants, César fonce à bride abattue rejoindre ses légions qu'il concentre près d'*Agedincum*, dans la région de Sens. On est dans le courant février.

Février-mars

Vercingétorix, voyant que César a remonté vers le nord, reprend l'offensive. Il décide de s'en prendre à un symbole. En 58, après sa victoire sur les Helvètes, César avait autorisé une peuplade originaire de Bohème (les Boïens), qui s'était jointe à la migration, à s'établir sur un territoire aux marges du domaine des Éduens, bien sûr avec l'accord de ceux-ci. Les Boïens avaient commencé d'exploiter un terroir, ils avaient fondé une petite ville (*Gorgobina* ou *Gortona*, près de Sancerre). Les en déloger, c'était démontrer l'inanité de la politique de César, c'était aussi infliger aux Éduens une blessure d'amour-propre. Vercingétorix met le siège devant cet *oppidum*. César, après quelques hésitations, réagit : « *il invite les Éduens à lui fournir des vivres, se fait précéder chez les Boïens d'une ambassade qui annoncera sa venue et les exhortera à rester fidèles (...). Il se met en route vers le pays des Boïens* ».

Nous rencontrons ici le premier problème relatif aux déplacements de l'armée romaine cette année-là. Il s'agit d'aller de la région de Sens jusqu'à Sancerre, pays des Boïens. Or, César va passer par *Vellaunodunum* et *Cenabum*, à la suite de quoi il oubliera totalement les Boïens, car Vercingétorix a levé le siège de *Gorgobina* (ou *Gortona*). Se posent deux questions. Pour rejoindre Sancerre, sur la rive gauche de la Loire, où pouvait-on traverser le fleuve ? Un pont existait à Orléans. Mais n'y en avait-il pas un autre à Gien (beaucoup plus proche) ? En outre, s'il ne fait aucun doute qu'Orléans s'appelait *Cenabum* dans l'Antiquité, Gien n'aurait-il pas porté le nom de *Genabum*

– ce qui serait source de confusions possibles ? On a beaucoup glosé sur ces arguments, Jérôme Carcopino défendant avec vigueur la thèse en faveur de Gien. L'un des motifs avancés pour se défier d'Orléans tenait au fait que César, lorsqu'il détruit *Cenabum* (ou *Genabum*), ne fait pas allusion à la vengeance qu'il prenait ainsi du massacre des négociants romains que nous avons ci-dessus relaté.

Agedincum-Vellaunodunum-Cenabum. Il faut rester au plus près des sources et des réalités. Seule, Orléans présente des mentions antiques sûres du nom *Cenabum.* De plus, une voie romaine, reconnue sur une grande partie de son parcours, relie Sens à Orléans, en passant par Château-Landon, site reconnu comme celui d'un établissement de l'Âge du Fer. En outre, l'itinéraire qui mènera César à Bourges se conçoit mieux depuis Orléans.

Récapitulons. César quitte *Agedincum.* Il assiège *Vellaunodunum* (Château-Landon) :

> *voulant ne pas laisser d'ennemi derrière lui pour n'être pas gêné dans son ravitaillement, il entreprit d'en faire le siège, et en deux jours, il l'eut entourée d'un retranchement ; le troisième jour, la place envoya des parlementaires pour traiter de la reddition : il ordonne qu'on livre les armes, qu'on amène les chevaux, qu'on fournisse six cents otages. Il laisse Caius Trébonius, son légat, pour terminer le règlement de cette affaire, et part – car il désirait achever sa route au plus vite – se dirigeant vers Cénabum, ville des Carnutes.*

Le voici devant Orléans :

> *Il campe devant la ville, et, l'heure avancée lui interdisant de commencer l'attaque, il la remet au lendemain ; il ordonne à ses troupes de faire les préparatifs*

ordinaires en pareil cas, et, comme il y avait sous les murs de la place un pont qui franchissait la Loire, craignant que les habitants ne prissent la fuite à la faveur de la nuit, il fait veiller deux légions sous les armes. Les gens de Cénabum, peu avant minuit, sortirent en silence de la ville et commencèrent de passer le fleuve. César, averti par ses éclaireurs, introduit, après avoir fait incendier les portes, les deux légions qu'il tenait prêtes, et se rend maître de la place : il s'en fallut d'un bien petit nombre que tous les ennemis ne fussent faits prisonniers, car l'étroitesse du pont et des chemins qui y conduisaient avait bloqué cette multitude en fuite. César pille et brûle la ville.

César passe dans le pays des Bituriges. « *Dès que Vercingétorix est informé de l'approche de César, il lève le siège de Gorgobina* (ou *Gortona*) *et se porte à sa rencontre ».*

César se décide à assiéger *Avaricum* (Bourges), « *la ville la plus grande et la plus forte du pays des Bituriges, et située dans une région très fertile : il sentait que la prise de cette place lui soumettrait toute la nation des Bituriges* ». L'enjeu est double : politique – on ne peut supporter qu'un membre de la confédération éduenne ait fait défection – et économique – les greniers de Bourges regorgent de vivres.

César quitte donc Orléans, prend une place appelée *Noviodunum* (probablement Neuvy-sur-Barangeon) et arrive à Bourges. On est vers la fin mars.

Avril

Le siège d'*Avaricum* fut épouvantable. Il faisait froid, de violentes averses s'abattaient sur les légions. La ville était défendue par des cours d'eau et des marais sur l'essentiel de sa périphérie, et le seul accès terrestre, fort étroit, se trouvait barré par un rempart impressionnant.

En outre, l'armée romaine commençait à manquer de vivres et de fourrage, du fait de la nouvelle tactique adoptée par Vercingétorix :

> *Par tous les moyens on devra viser à ce but : interdire aux Romains le fourrage et les approvisionnements. C'est chose facile, car la cavalerie des Gaulois est très nombreuse, et la saison est leur auxiliaire. Il n'y a pas d'herbe à couper : les ennemis devront donc se disperser pour chercher du foin dans les granges ; chaque jour, les cavaliers peuvent anéantir tous ces fourrageurs. Il y a plus : quand on joue son existence, les biens de fortune deviennent chose négligeable ; il faut incendier les villages et les fermes dans toute la zone que les Romains, autour de la route qu'ils suivent, paraissent pouvoir parcourir pour fourrager. Pour eux, ils ont tout en abondance, car les peuples sur le territoire desquels se fait la guerre les ravitaillent ; les Romains, au contraire, ou bien devront céder à la disette, ou bien s'exposeront à des graves dangers en s'avançant à une certaine distance de leur camp ; que d'ailleurs on les tue ou qu'on leur enlève leurs bagages, cela reviendra au même, car sans ses bagages une armée ne peut faire campagne. Ce n'est pas tout : il faut encore incendier les villes que leurs murailles et leur position ne mettent pas à l'abri de tout danger, afin qu'elles ne servent pas d'asile aux déserteurs et qu'elles n'offrent pas aux Romains l'occasion de se procurer des quantités de vivres et de faire du butin. Trouvent-ils ces mesures dures, cruelles ? Ils doivent trouver bien plus dur encore que*

leurs enfants et leurs femmes soient emmenés en esclavage ; et qu'eux-mêmes soient égorgés : car c'est là le sort qui fatalement attend les vaincus.

D'un accord unanime, on approuve cet avis : en un seul jour, plus de vingt villes des Bituriges sont incendiées. On fait de même chez les autres peuples d'alentour ; de tous côtés, on aperçoit des incendies.

Les légionnaires eurent à construire des ouvrages gigantesques, dont une terrasse artificielle large de 110 m et haute de 30, tout en luttant contre la faim et le froid. Ils durent surmonter la déception d'un assaut manqué contre le camp que Vercingétorix avait établi à quelques kilomètres. Mais, en dépit d'une résistance acharnée, *Avaricum* tomba. Les guerriers gaulois, qui avaient prévu des chemins de fuite, furent trahis par les cris poussés par les mères de famille voyant que leurs compagnons les abandonnaient. Entrés dans la ville, les légionnaires déclenchèrent un épouvantable massacre : « *d'un ensemble d'environ 40 000 hommes, à peine huit cents purent s'enfuir* ». L'armée romaine fit du butin, trouva des provisions en abondance, et se reposa quelques jours.

Le siège de Bourges est un chef-d'œuvre en matière de « poliorcétique ». Mais l'admiration que l'on ressent ne doit pas occulter la question essentielle : alors que Vercingétorix avait convaincu ses alliés de mettre en œuvre la tactique de la « terre brûlée », alors que « plus de vingt villes des Bituriges » avaient été incendiées en un seul jour, pourquoi *Avaricum* ne connut-elle pas ce sort ? César donne l'explication suivante :

On délibère en conseil de guerre sur Avaricum : veut-on brûler la ville ou la défendre ? Les Bituriges se jettent aux pieds des chefs des diverses nations, suppliant qu'on ne les force point de mettre le feu de leurs mains à une ville qui est, ou peu s'en faut, la plus belle de toute la Gaule, qui est la force et l'ornement de leur pays ; il leur sera facile, vu sa position, de la défendre, car presque de tous côtés elle est entourée par l'eau courante et le marais, et n'offre qu'un accès, qui est d'une extrême étroitesse. On cède à leurs prières : Vercingétorix s'y était d'abord opposé, puis s'était laissé fléchir, ému par les supplications des chefs bituriges, et par la commisération générale.

La scène n'est guère plus plausible que les motifs « esthétiques » allégués : on n'allait pas détruire la ville « *la plus belle, ou peu s'en faut, de toute la Gaule* ». Ce type d'argument pouvait s'appliquer à Athènes, Syracuse ou Rome, on s'attendrait éventuellement à le trouver dans la bouche d'une délégation grecque ou romaine, mais il laisse sceptique dans ce cas précis.

En réalité, il faut se demander si le siège de Bourges n'a pas occupé la place centrale au sein de la stratégie de Vercingétorix. On « offrait » à César, privé de vivres, une ville qui en regorgeait. On l'incitait à entamer un long siège qui bloquerait les légions, exposées à des harcèlements de tous côtés, subissant des privations, de plus en plus frustrées en voyant les Gaulois refuser le combat en terrain ouvert. Il n'était pas sûr que la ville dût tomber, en tout cas elle ne le ferait pas sans une résistance acharnée, et, si tel était le cas, des chemins de fuite avaient été prévus pour les défenseurs. Si elle tenait longtemps, les légions affaiblies et démoralisées ne seraient plus en était de soutenir un assaut sur leurs arrières.

Les plans de Vercingétorix échouèrent pour plusieurs raisons. L'armée romaine fit montre d'une meilleure organisation et de plus d'abnégation que prévu. Les ouvrages réalisés pour s'approcher du rempart étaient les premiers du genre jamais construits par César en Gaule. La fuite des défenseurs fut empêchée par la faute… des femmes. Autant de grains de sable dans une stratégie bien construite. Mais Vercingétorix et ses alliés pouvaient s'avouer satisfaits : jamais les légions n'avaient connu de telles difficultés. Il fallait poursuivre dans cette voie. Vercingétorix « *demande aux différents peuples de lui fournir un certain nombre de soldats (...). De semblables mesures lui permettent de combler rapidement les pertes d'Avaricum. Sur ces entrefaites, Teutomatos, fils d'Ollovico et roi des Nitiobriges* (autour d'Agen), *dont le père avait reçu du Sénat le titre d'ami, vint le rejoindre avec une forte troupe de cavaliers de sa nation et des mercenaires qu'il avait recrutés en Aquitaine* ». Donc, un allié officiel de Rome, revenant sur sa parole, rejoint l'insurrection. César peut d'autant plus s'inquiéter qu'il apprend que, chez les Éduens, le peuple sur lequel il s'est appuyé depuis le début des opérations, le pouvoir est en train de basculer.

Donc, tandis qu'il se trouve encore à *Avaricum*, « *une députation de nobles héduens vient le trouver pour implorer son aide dans des circonstances particulièrement critiques : « la situation est des plus graves : alors que l'antique usage veut qu'on ne nomme qu'un magistrat suprême, qui détient pendant un an le pouvoir royal, deux hommes exercent cette magistrature et chacun d'eux se prétend légalement nommé. L'un est Convictolitavis, jeune homme riche et de naissance illustre ; l'autre est Cotos, issu d'une très vieille famille, jouissant d'ailleurs d'une grande influence personnelle et ayant de nombreux parents ; son frère Valétiacos a rempli l'année précédente la même charge. Tout le pays est en armes ; le sénat est divisé, le peuple est divisé, les clients des deux rivaux forment deux partis ennemis. Si le conflit dure, on verra les deux moitiés de la nation en venir aux mains »*.

Que s'est-il produit ? Un incident très grave dans le fonctionnement des institutions : la nomination du magistrat suprême n'a pu s'opérer régulièrement. Signe de déchirements internes. Les deux « partis » opposés ont désigné chacun un vergobret, ils sont prêts à en venir aux mains. Si l'on en juge par les termes employés par César, ce sont les « traditionalistes », les partisans de l'alliance romaine, qui ont fait un coup de force, anticonstitutionnel, en portant au pouvoir Cotos, « *issu d'une très vieille famille* », et dont le frère avait occupé la même fonction l'année précédente. Son adversaire, Convictolitavis, « *homme riche et illustre* », à l'instar du Dumnorix que César avait fait mettre à mort trois ans plus tôt, devait s'opposer à la politique « pro-romaine ».

Que faire ? Cautionner un coup d'État ? Risquer un coup de poker en appuyant l'adversaire, dans l'espoir que celui-ci s'en montrerait reconnaissant ?

Durant la même période, César apprend que la Gaule du nord se soulève à son tour. La confédération éduenne vole en éclats : les Sénons et les Parisii prennent les armes, et bien d'autres les suivent sous le commandement de l'Aulerque Camulogénos. Pour parer au danger, César détache quatre légions qui vont rejoindre les deux qu'il avait laissées à *Agedincum* (près de Sens) et qu'il place sous les ordres de Labiénus. Lui-même ne dispose plus que de six légions (au maximum 24 000 hommes).

Mai

Il faut régler d'urgence l'affaire éduenne. César se rend à Decize (*Decetia*), y convoque le sénat de la cité, « *oblige Cotos* (son partisan) *à déposer le pouvoir, et invite Convictolitavis (...) à le prendre »*. Décision que le proconsul va regretter sous peu : le nouveau magistrat, loin de lui savoir gré de son intervention, incitera son peuple à rejoindre les rangs de l'insurrection. Non pas immédiatement (les Éduens sont encore partagés), mais en l'espace de quelques semaines – qui faillirent être décisives.

Vercingétorix continue d'appliquer sa stratégie. Refuser le combat en terrain découvert, harceler les légions, les attirer en un lieu de son choix pour créer un « abcès de fixation ». D'autant que lesdites légions sont désormais réduites à six. Après *Avaricum*, la proie qu'il veut offrir à César pour refermer son piège, c'est… Gergovie, sa propre capitale.

L'épisode de Gergovie a posé deux problèmes. Le premier – celui de la localisation – n'existe plus : les recherches engagées sous Napoléon III viennent de recevoir des confirmations qui ôtent la place au doute. La deuxième question : défaite de César, victoire gauloise ? C'est la plus intéressante.

Le récit du siège, tel que nous l'a livré César, est à la fois compliqué et peu démonstratif. On ne comprend pas. Sauf…, sauf si l'on accorde la place qui doit leur revenir aux affaires qui mettent en scène les Éduens. À ceux-ci, César avait demandé des renforts. On lui envoya dix mille hommes sous la conduite de chefs déterminés à trahir. Par une intervention rapide hors de ses bases, César récupéra la situation, mais, en son absence, ses positions avaient été menacées. En outre, il apprit très vite que les chefs éduens venaient de prendre officiellement parti en faveur de Vercingétorix, que, sur tout le territoire, on massacrait les citoyens romains, notamment les commerçants établis à Châlon et à Mâcon. Poursuivre, avec seulement six légions, le siège d'une citadelle pratiquement inexpugnable en encourant le risque que les forces éduennes rassemblées viennent assaillir l'arrière de ses lignes ? C'était un pari insensé – celui qu'avait probablement médité Vercingétorix. César se retira.

Il y eut un assaut de Gergovie, mais de faible envergure et qui avorta. En le décrivant en détail, sans trop convaincre, César tente de camoufler en victoire (« *ayant atteint le but qu'il s'était proposé* ») la dure réalité : les risques étaient trop grands de continuer le siège. Il lui fallait réunir son armée, retrouver ses douze légions, bref remonter vers le nord pour rejoindre les troupes de Labiénus. Si les Éduens rejoignaient les Arvernes – avec tous leurs alliés –, la lutte devenait inégale.

Du point de vue de Vercingétorix, Gergovie ne constitue pas non plus une victoire. Le piège a été éventé, César s'est retiré à temps. Mais rien ne presse, les légions s'affaiblissent, le pays leur devient de plus en plus hostile, les jours, les semaines, les mois jouent en faveur des Gaulois.

Pendant ces mêmes semaines, Labiénus était allé affronter les troupes dirigées par l'Aulerque Camulogenos. Depuis Decize, en passant par Melun, il avait fallu gagner Lutèce, où eut lieu la bataille décisive, remportée par les légions.

Juin-juillet

De Gergovie, César revient vers le pays des Sénons. Depuis Lutèce, Labiénus le rejoint. Ils se retrouvent probablement aux environs d'Avrolles.

Pendant ce temps, l'insurrection se généralise.

> *Quand on connaît la trahison des Éduens, la guerre prend une extension nouvelle. Ils envoient partout des*

ambassades ; par tout ce qu'ils ont d'influence, d'autorité, d'argent, ils s'efforcent de gagner les cités ; comme ils détiennent les otages que César avait laissés chez eux, leur supplice sert à terrifier ceux qui hésitent. Ils demandent à Vercingétorix de venir les trouver et de se concerter avec eux sur la conduite de la guerre. Celui-ci ayant consenti, ils prétendent se faire remettre le commandement suprême, et comme l'affaire dégénère en conflit, une assemblée générale de la Gaule est convoquée à Bibracte. On s'y rend en foule de toutes parts. La décision est laissée au suffrage populaire (c'est-à-dire des hommes en armes) ; celui-ci, à l'unanimité, confirme Vercingétorix dans le commandement suprême.

Vercingétorix confirme sa tactique : pas de bataille rangée, un harcèlement systématique, et – surtout – attaquer la province romaine pour obliger César, lui-même déstabilisé, à la défendre :

il ne veut pas tenter la fortune ni livrer de bataille rangée ; mais, puisqu'il dispose d'une cavalerie très nombreuse, rien n'est plus facile que d'empêcher les Romains de se procurer du blé et de faire du fourrage ; seulement, ils ne devront pas hésiter à rendre de leurs propres mains leurs blés inutilisables et à incendier leurs granges, tactique de destruction de leurs biens qui, ils le savent, leur assure pour toujours la souveraineté et la liberté. Ces mesures prises, il ordonne aux Éduens et aux Ségusiaves, qui sont à la frontière de la Province, de mettre sur pied dix mille fantassins ; il y joint huit cents cavaliers. Il confie cette troupe au frère d'Eporédorix et lui commande d'attaquer les Allobroges. De l'autre côté, il lance les Gabales et les tribus arvernes de la frontière contre les Helviens, et envoie les Rutènes et les Cadurques ravager le pays des Volques Arécomiques.

Mais la province romaine, en dépit des espoirs et des promesses, résiste avec fermeté. Non sans difficultés : les Helviens sont contraints de se retrancher dans leurs villes fortifiées.

César a regroupé ses douze légions, mais il n'a plus d'auxiliaires gaulois ni de cavalerie. Les routes du sud sont entièrement coupées, aucun renfort ne peut lui parvenir.

Il fait alors appel – contre pièces sonnantes et trébuchantes – aux Germains d'outre-Rhin. Arrivent cavaliers et fantassins légers qui vont appuyer les légions.

Août

César n'a plus le choix : il lui faut regagner soit la Gaule méridionale (la province) soit l'Italie du nord, avant la fin de l'été – que peut-il faire d'autre ? Les légions s'ébranlent vers la mi-août. Vercingétorix le sait parfaitement, qui déclare à ses cavaliers :

Les Romains sont en fuite vers la Province, ils quittent la Gaule ; cela suffit à assurer la liberté dans le temps présent ; mais c'est trop peu pour la sécurité du lendemain ; car ils reviendront avec des forces plus considérables, ils ne cesseront pas les hostilités. Il faut donc les attaquer tandis qu'ils sont en ordre de marche et embarrassés de leurs bagages. Si les fantassins essaient de secourir ceux qu'on attaque, et s'y attardent, ils ne peuvent plus avancer ; si, ce qu'il croit plus probable, ils abandonnent les bagages pour ne plus penser qu'à leur vie, ils perdront en même temps leurs moyens d'existence et l'honneur. Quant aux cavaliers ennemis, il ne faut pas douter qu'il ne s'en trouve pas un parmi eux pour oser seulement quitter la colonne. Afin qu'ils aient plus de cœur à cette attaque, il tiendra toutes ses forces en avant du camp et intimidera l'ennemi. » Les cavaliers l'acclament, crient qu'il leur faut se lier par le plus sacré des serments : pas d'asile sous un toit, pas d'accès auprès de ses enfants, de ses parents, de sa femme, pour celui qui n'aura pas deux fois traversé à cheval les rangs ennemis.

L'épisode allait conduire à… Alésia.

Nous n'allons pas reprendre ici les polémiques qui, depuis un siècle et demi, concernent la localisation d'Alésia. Autant l'on pouvait admettre que des doutes fussent émis avant les fouilles décidées par Napoléon III, autant les résultats de celles-ci les ont fait disparaître. À ceux qui n'auraient pas été convaincus, faute d'avoir lu les relations de l'époque, les récentes campagnes, menées par des équipes franco-allemandes, ont apporté toutes les preuves possibles. Alésia, c'est bien Alise-Ste-Reine ; l'*oppidum* des Mandubiens, c'est le Mont-Auxois.

En revanche, dans la mesure où les journées qui séparent le départ des légions vers le sud et l'enfermement des Gaulois de Vercingétorix à Alésia ont eu des conséquences importantes, il n'est pas inutile d'entrer un peu dans les détails.

Les légions romaines ont quitté leurs camps. Elles « *font route vers le pays des Séquanes en traversant l'extrémité du territoire des Lingons* ». Vercingétorix avait établi trois camps à proximité d'une rivière. Sa cavalerie avait été également répartie en trois corps, qui attaquent les légions en marche. César riposte en divisant sa propre cavalerie en trois. « *Enfin, les Germains, sur la droite, avisent une hauteur qui dominait le pays, bousculent les ennemis, les poursuivent jusqu'à la rivière où Vercingétorix avait pris position avec son infanterie, et en font un grand carnage. Voyant cela, les autres craignent d'être enveloppés et se mettent à fuir.* »

Le site de cette bataille de cavalerie n'a jamais été identifié, sinon de manière très vague. Or, si l'on prend la région d'Avrolles comme site des camps d'été de César, si l'on considère que celui-ci, pour se rendre vers le sud, suivait l'Armançon, on peut restituer les mouvements aussi bien des légions que des cavaliers de César et de Vercingétorix.

Une hauteur représente le site idéal pour une bataille de cavalerie. En arrière, coule l'Armançon. Alise n'est qu'à quelques kilomètres.

La bataille de cavalerie

Observons l'itinéraire qui, partant d'Avrolles et passant par Tonnerre, Lézinnes, Ancy-le-Libre, Ancy-le-Franc, Ravières, Asnières-en-Montagne, Arrans, Montbard, Vieumoulin Sombernon, conduit jusqu'à la Saône. Il s'agit d'une des voies antiques traversant du nord-ouest au sud-est la Haute Bourgogne, celle que César pouvait emprunter pour regagner le Midi.

Suivons l'itinéraire de César. Il franchit l'Armançon près d'Avrolles : un gué (dit "des Pierres") est encore visible aujourd'hui. Rappelons que la rivière, dont les eaux ont été en partie détournées vers le canal de Bourgogne, représentait dans l'antiquité un cours d'eau important. Par la rive gauche, l'armée romaine parvient à Lézinnes où un autre gué permet le passage sur la rive droite. Pour éviter les fonds, la voie monte sur le plateau aujourd'hui scandé par les petites agglomérations d'Ancy-le-Libre, Ancy-le-Franc, Ravières. On se trouve à l'extrémité du territoire lingon *(per extremos Lingonum fines)*, comme le prouvent les lieux-dits dérivés de *fines :* Fain-les-Montbard, Fain-les-Moutiers. C'est dans cette région que se situe la bataille dite de cavalerie.

Relisons César. L'armée romaine a entamé son déplacement. Vercingétorix a établi trois camps à environ 10 000 pas des Romains (15 km), c'est-à-dire de l'endroit où ceux-ci se sont arrêtés pour la nuit. Les Romains, au matin, reprennent leur route. César écrit : *« les cavaliers (gaulois) sont répartis en trois corps ; deux apparaissent soudain sur nos flancs, tandis que le troisième, en tête de colonne, s'apprête à lui barrer la route. Quand César apprend la chose, il ordonne que sa cavalerie, également partagée en trois, courre à l'ennemi. On se bat partout à la fois. La colonne fait halte ; on rassemble les bagages au milieu des légions. S'il voyait nos cavaliers en difficulté ou en dangereuse posture sur quelque point, César faisait faire front et attaquer de ce côté-là ; cette intervention retardait la poursuite des ennemis et rendait courage aux nôtres qui se sentaient soutenus. Enfin les Germains* (= les cavaliers recrutés par César)*, sur la droite, avisent une hauteur importante, bousculent les ennemis qui s'y trouvaient ; ils les poursuivent jusqu'à la rivière où Vercingétorix avait pris position avec son infanterie, et en font un grand carnage ».*

Le paysage est donc assez nettement défini. Une rivière où a pris position l'infanterie gauloise, sur l'axe de marche des légions et à proximité des trois camps établis par Vercingétorix. Une hauteur domine la région, qui est propice à un affrontement entre cavaliers. Cette configuration se retrouve à proximité de Montbard. Trois hauteurs où établir les camps gaulois. Une importante éminence (qui plus est, en forme de joug) : la montagne Reux (cote 355), d'où l'on domine le pays.

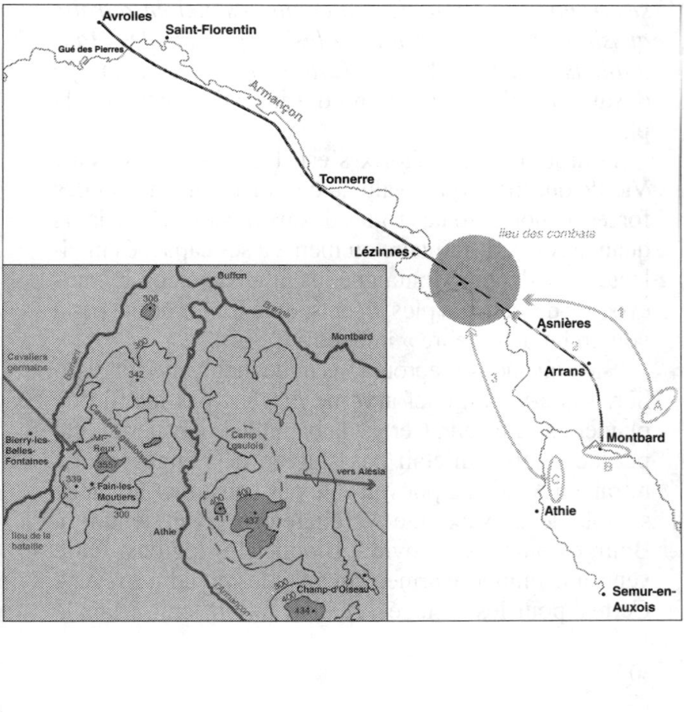

Avrolles
Saint-Florentin
Gué des Pierres
Armançon
Tonnerre
lieu des combats
Lézinnes
Asnières
1
2
Arrans
3
A
Montbard
B
C
Athie
Semur-en-Auxois
Buffon
Montbard
Cavaliers germains
342
Bierry-les-Belles-Fontaines
Mt Roux
339
Fain-les-Moutiers
300
lieu de la bataille
Athie
Camp gaulois
vers Alésia
411
Champ-d'Oiseau

On peut donc accorder les faits au terrain : depuis ses trois camps (A, B, C), Vercingétorix établit son infanterie au bord de l'Armançon. Il envoie sa cavalerie vers la tête et les flancs de l'armée romaine en marche (1, 2, 3). Celle-ci s'arrête. La cavalerie romaine fait face. Le combat décisif se déroule sur la montagne Reux. Les Gaulois sont rejetés à la rivière (l'Armançon). Pour éviter d'être tourné, Vercingétorix se replie sur l'axe Montbard-Alésia (14 km). César arrive le lendemain devant Alésia et entreprend aussitôt de l'assiéger.

La bataille est perdue par les Gaulois. « *Après cette déroute de la cavalerie, Vercingétorix, qui avait disposé ses troupes en avant de son camp, les met en retraîte aussitôt, et prend la route d'Alésia, oppidum des Mandubiens* ». Le lendemain (*altero die*), César campe devant la ville et entreprend l'investissement de la place.

Pourquoi Vercingétorix s'est-il enfermé à Alésia ? Vieille question, qui a valu au commandant en chef des forces gauloises toutes sortes de qualificatifs dépréciatifs quant à son sens militaire ou même à ses capacités intellectuelles, depuis Montaigne jusqu'à Napoléon Ier, sans évoquer des auteurs plus récents, dont l'un n'hésita pas à voir en lui un « traître » inféodé à César !

Bien que nous n'éprouvions nulle indulgence particulière vis-à-vis du chef arverne, il n'est pas interdit de plaider en sa faveur. Certes, la bataille de cavalerie a été perdue (mais il n'était pas stupide de l'engager). La retraite à Alésia ne pouvait-elle pas constituer un piège semblable à ceux que Vercingétorix avait tendus à Bourges puis à Gergovie ? Bloquer les légions. Faire venir une immense armée qui allait les prendre à revers. Certes, pour les assiégés, il allait falloir tenir. Mais la

Gaule entière prendrait les armes pour exterminer les aigles romaines. Tel fut peut-être le pari.

Fin août-septembre-début octobre

Alésia. Chacun connaît les épisodes du siège, tels que les a décrits César. Vercingétorix envoie ses cavaliers soulever la Gaule (ne l'avait-il pas fait plus tôt ?). Il peut tenir un mois avec ses 80 000 hommes, mais les semaines passeront, la famine s'instaurera, et il faudra sacrifier civils, femmes et enfants. César entoure la place d'énormes fortifications tournées à la fois vers elle et vers l'extérieur : contrevallation et circumvallation. La constitution de l'armée « de secours » prend du temps, on se querelle sur son organisation et sur son commandement. Elle s'ébranle enfin, depuis Bibracte, sûre de réussir.

Un premier combat de cavalerie s'engage à l'extérieur des lignes. Au bout de huit heures, les Germains font pencher le sort en faveur de César. Les Gaulois essaient de percer, de nuit, les défenses romaines. Nouvel échec. Éclate alors la grande bataille, où assiégés et assaillants tentent de réduire les légions. Le sort hésite. César, revêtu de son manteau rouge, prend la tête de la mêlée. Des heures de combat, au corps à corps, puis la cavalerie romaine fait la décision, appuyée par des cohortes gardées en renfort. C'est le carnage : soixante-quatorze enseignes prises à l'ennemi. Fuite générale des « troupes de secours », ou de ce qu'il en reste, poursuivies par la cavalerie. Démoralisation des assiégés qui n'ont pu franchir les lignes de défense.

Le lendemain, vers la mi-octobre, Vercingétorix se rend, avec tous ses hommes. « *Lorsque ces événements sont connus à Rome par un courrier de César, on célèbre des supplications de vingt jours.* »

Même si elle devait se poursuivre un an encore, essentiellement pour des expéditions punitives, la guerre des Gaules était terminée. Rome allait installer son pouvoir.

Conclusion

On n'imagine pas l'un de nos chefs militaires déclarer qu'il a eu de la chance en remportant une victoire – il est vrai que, dans un passé récent, peu se sont trouvés dans une telle situation. César, lui, n'a jamais dissimulé les risques encourus ni l'aide que lui a apportée la déesse Fortune (à Rome, on préférait que les hommes politiques fussent bénis des dieux).

Lorsqu'on récapitule les événements de l'année 52, en essayant d'oublier les commentaires de César pour s'en tenir aux faits, l'impression dominante est celle d'un incroyable renversement du sort. *A priori*, César et les légions étaient condamnés, surtout après le retournement des Éduens. Un pays immense, les alliés faisant défection, la guérilla éclatant partout, les routes du Midi entièrement coupées. Et, contrairement à ce qui a été longtemps écrit, s'opposait à César une stratégie intelligente, d'ailleurs inspirée de l'expérience romaine : couper les vivres, isoler, fixer puis anéantir.

Selon que notre sensibilité nous porte à éprouver de la sympathie pour Vercingétorix ou pour César, nous tirerons des leçons différentes des événements que nous venons de revivre, regrettant la fin ou l'approuvant. Mais on peut être d'accord sur un point : les deux adversaires qui se sont affrontés étaient dignes l'un de l'autre. La conclusion a tenu à peu de chose, César lui-même le reconnaît. Il n'est que justice de réhabiliter Vercingétorix, non pas en faisant de lui le visionnaire voulant créer une « patrie » gauloise, mais en lui reconnaissant les qualités d'un grand chef de guerre, capable de discipliner des troupes, d'imposer à des interlocuteurs rebelles les rudiments de la guerre (fortifier les camps, imaginer des stratégies à long terme, et s'y tenir). Il a failli réussir.

Mais, en face de lui, il y avait César. César qui prit Bourges. César qui se retira de Gergovie avant que le piège se refermât. César qui réussit le quitte ou double à Alésia. Qu'on le regrette ou non, César était meilleur, et les légions plus fortes. Il faut bien se déterminer, un jour, à l'admettre.

La Gaule après la défaite

Même si quelques campagnes et d'autres combats eurent lieu en 51 pour réduire les ultimes résistances, la « guerre des Gaules » s'est terminée à Alésia. Quelles en furent les conséquences ? En conclusion à ce chapitre, voici quelques réflexions.

À l'automne de l'année 51 – un an après le siège d'Alésia –, ayant réduit les dernières résistances, César visita l'Aquitaine, puis se rendit dans la *provincia* :

> *Il partit pour Narbonne avec une escorte de cavaliers (...). Il ne resta que quelques jours dans la province ; il parcourut rapidement tous les centres d'audience, jugea les conflits politiques, récompensa les services rendus : il lui était, en effet, très facile de se rendre compte des sentiments de chacun envers Rome, pendant le soulèvement général de la Gaule, auquel la fidélité et les secours de ladite province lui avaient permis de tenir tête. Quand il eut achevé, il revint auprès de ses légions en Belgique* (VIII, 46).
>
> *César, en hivernant en Belgique, n'avait d'autre but que de maintenir les cités dans notre alliance, d'éviter de donner à aucune d'elles espoir ou prétexte*

de guerre (...). Aussi, en traitant les cités avec honneur, en récompensant très largement les principaux citoyens, en évitant d'imposer aucune charge nouvelle, il maintint aisément la paix dans la Gaule que tant de défaites avaient épuisée et à qui il rendait l'obéissance plus douce (VIII, 49).

Ces deux passages de la *Guerre des Gaules* sont les seuls à évoquer les dispositions prises par César au terme des opérations militaires, et ils le font en termes vagues. Aussi bien pour la *provincia* que pour la Gaule intérieure, Hirtius – l'auteur du livre VIII – distingue le sort des cités *(civitates* : nous dirions aussi bien « les peuples », dans la tradition protohistorique) et celui des individus, ou plus exactement des « principaux citoyens » *(principes* : les chefs, les notables). La pierre de touche, ce fut évidemment le comportement « envers Rome », c'est-à-dire envers César.

Dans le Midi, cette année-là ou guère plus tard, César accorda à toutes les cités le droit latin, qui conférait divers privilèges : celui de faire commerce, celui d'épouser un citoyen ou une citoyenne de droit romain – et de transmettre la citoyenneté romaine aux enfants –, l'acquisition automatique de la citoyenneté romaine pour les magistrats de chaque cité, etc. Il distribua aussi la citoyenneté romaine à titre individuel. À des cités comme à des particuliers, il octroya des terres prises sur l'ennemi – c'est-à-dire en Gaule intérieure. Il alla même jusqu'à faire entrer des Gaulois de Transalpine au Sénat de Rome – au grand scandale des « vrais » Romains. La panoplie des récompenses qu'il distribua nous est décrite par un passage de l'ouvrage que César lui-même consacra à la guerre civile et où il évoque le cas de deux Allobroges (originaires, donc, du Dauphiné ou de la Savoie) :

Il y avait parmi les soldats de César, dans la cavalerie, deux frères, Roucillos et Ecos, fils d'Adbucillos qui avait été pendant de longues années à la tête de sa nation ; c'étaient des hommes d'un courage extraordinaire, de qui César avait éprouvé, dans toutes les campagnes des Gaules, les services éminents et la très grande vaillance. À cause de cela, il leur avait confié dans leur patrie les plus hautes magistratures, il les avait fait nommer à titre exceptionnel membres du Sénat, il leur avait distribué des terres en Gaule prises à l'ennemi ainsi que de grosses récompenses en argent, et, de pauvres qu'ils étaient, il les avait rendus riches » (III, 59).

Les mêmes « récompenses » – à l'exception du Sénat – durent être conférées aux « principaux personnages » de Gaule intérieure, du moins à ceux d'entre eux qui avaient appuyé le proconsul. Rappelons-nous les divisions qui partageaient l'aristocratie gauloise, notamment celle des grands peuples du centre de la Gaule, entre un « parti » favorable à une alliance étroite avec Rome et un autre plus attaché à certaines formes d'indépendance (pour simplifier). En 52, c'étaient les seconds qui avaient pris le pouvoir à peu près partout. Nul doute qu'ils furent laminés, et même certains éliminés physiquement (cf. VIII, 38). Leurs adversaires reçurent richesses, terres et les rênes du pouvoir. La citoyenneté romaine fut conférée à titre individuel dans des proportions que nous ignorons mais qui suffirent à déchaîner des protestations à Rome. De fait, nombre de notables gallo-romains s'appelleront *Julius,* leurs ancêtres ayant été fait citoyens par César.

Quant aux peuples, aux « cités », César fit entre elles une distinction. La plupart subirent la loi de Rome, faisant partie de la province de Transalpine – étendue du Midi au reste du territoire –, avec le statut de cités « stipendiaires », c'est-à-dire soumises à un tribut fixé, au total à 40 millions de sesterces (à multiplier par 4 ou 5 pour une équivalence très approximative avec nos francs actuels), soit un montant apparemment mesuré. D'autres furent (en théorie) exceptées de la province et exemptées de tributs : il y en eut une dizaine, parmi lesquelles les Arvernes, les Bituriges et les Trévires, preuve que César préparait l'avenir en traitant « avec honneur » certains de ses plus farouches adversaires de l'année 52. Enfin, cinq cités furent considérées comme « alliées » et donc (en théorie encore) totalement indépendantes et à égalité avec Rome : les Éduens – les vieux alliés –, les Rèmes et les Lingons – fidèles d'entre les fidèles – et, chose plus étonnante, les Helvètes et les Carnutes, privilège dont l'explication n'est pas simple. Il n'importe : César semble bien, comme l'écrit Hirtius, avoir réglé les affaires des peuples « en douceur », et ce d'autant plus qu'il n'opéra aucune révision territoriale déchirante, conservant *grosso modo* les limites traditionnelles. Mais, répétons-le, à la tête de ces cités, il n'y avait plus désormais que des hommes à lui, prêts à le servir. Beaucoup allaient le suivre, à la tête d'auxiliaires, lors des guerres civiles, y gagnant de nouvelles récompenses et un surcroît de prestige.

La « guerre des Gaules » a fait des ravages dont nous mesurons mal l'étendue : destructions et pillages systématiques partout où passaient les légions ; au moins six ou sept centaines de milliers de morts, autant de prisonniers – sinon davantage – vendus comme esclaves, soit une part importante de la population de certaines cités, surtout celles du nord et de l'ouest ; des richesses gigantesques avaient été englouties dans l'effort de guerre, en particulier la fabrication d'armes. Nombre de terres furent confisquées, attribuées à des « étrangers ». Ces huit années eurent donc pour conséquence un appauvrissement global qui ne fut surmonté qu'en deux ou trois générations. Mais d'autres facteurs allaient engendrer un dynamisme nouveau : l'installation d'Italiens, le désir d'intégration à l'empire des nouvelles élites, l'appel à l'urbanisation et à l'évergétisme, dont César puis l'empereur Auguste donnèrent l'exemple. Se mettait en place la parfaite mécanique de Rome qui, par l'entremise des notables gaulois eux-mêmes, ferait de la Gaule l'un des fleurons de l'empire.

Une autre suite, celle-là inattendue. En 49 avant J.-C., alors que vient de se déclencher la guerre civile opposant César aux pouvoirs constitutionnels de Rome (et à Pompée), la vieille alliée Massalia, Marseille, est sommée de prendre parti entre les deux camps. Choix difficile, douloureux, qui va causer sa perte.

Marseille entre Pompée et César : le pari… perdu

Avril 49 avant J.-C. Depuis plusieurs jours, si ce n'est plusieurs semaines, le sénat de Massalia siège sans désemparer : se trouve en jeu la décision la plus grave qu'ait jamais eu à prendre la cité phocéenne, une décision qui engage durablement l'avenir, une sorte de quitte ou double.

Massalia avait toujours suivi de près les affaires de Rome. Voilà trois ou quatre ans qu'elle avait senti son inquiétude grandir à mesure que s'amoncelaient les signes avant-coureurs d'une (nouvelle) guerre civile. Sans doute, durant presque un siècle, l'Italie avait connu toutes sortes d'agitations (l'époque des Gracques, les luttes opposant Sylla à Marius, la conjuration de Catilina – et d'autres), mais cette fois, après les vastes conquêtes opérées en Orient et surtout en Occident, toute crise risquait d'embraser le monde entier, ou presque.

Lorsque, une douzaine d'années auparavant, on avait appris que les trois hommes qui comptaient le plus – Pompée, Crassus, César – étaient tombés d'accord pour mettre en commun leurs intérêts, quitte à ôter au Sénat de Rome l'essentiel de ses prérogatives, Massalia avait peut-être condamné *in petto* une telle entorse aux principes mais s'était réjouie des garanties qu'offrait cette entente : le calme règnerait et c'est ce qui importait le plus pour une cité qui dépendait de plus en plus de l'« ordre romain ».

Mais le « triumvirat » avait duré moins de sept ans. En 53, Crassus, qui s'était lancé dans une campagne contre les Parthes d'Orient, avait subi une écrasante défaite : 30 000 légionnaires tués ou faits prisonniers ; lui-même avait eu la tête tranchée, qui fut présentée lors d'un spectacle organisé par le « Roi des Rois ». César en était à sa sixième campagne en Gaule intérieure et rencontrait des difficultés croissantes. Du coup, Pompée avait rejoint le camp sénatorial.

Les trois années qui venaient de s'écouler avaient vu César en finir avec la Gaule intérieure : après la victoire d'Alésia (septembre 52), il avait anéanti les dernières poches de résistance. Tout au cours de l'année 50, il avait parcouru une Gaule entièrement soumise, distribuant châtiments et récompenses. À Rome, cependant, la *nobilitas* (les milieux sénatoriaux), fortifiée de l'appui de Pompée, était bien décidée à restaurer ses prérogatives : César devait rentrer dans le rang.

Une bataille juridique inextricable fit rage durant l'année 50 et au début 49. César demandait à conserver son gouvernement provincial jusqu'à la fin 49 et à être autorisé, au cours de cette même année, à se porter candidat au consulat (pour 48) sans venir faire campagne en personne. En effet, s'il rentrait à Rome, il perdait son *imperium*, le pouvoir proconsulaire qui le mettait à l'abri de toute action en justice ; or, nombreux étaient les candidats pour lui intenter un procès qui ruinerait sa carrière.

N'entrons pas dans le détail de controverses qui durèrent plusieurs mois. Finalement, le Sénat de Rome refuse toute entente. Dans les premiers jours de 49, il décrète que, si César ne quitte pas son gouvernement sur les Gaules avant le 1er mars, il sera déclaré ennemi public.

César franchit alors le Rubicon, avec une seule légion, et, dans une marche foudroyante, prend ou reçoit plusieurs villes d'Italie. Pompée, accompagné de nombre de sénateurs et des légions qu'il a levées, décide de passer en Grèce. César le poursuit jusqu'à Brindes mais ne peut empêcher le départ de la flotte. Il entre à Rome. On est en mars.

Massalia fut catastrophée par l'annonce de ces événements : comment choisir entre un pouvoir « légal » dont les représentants avaient fui Rome et l'Italie (avec Pompée à leur tête) et César, vainqueur des Gaules, auquel l'Italie s'était ralliée sans combattre – ce qui attestait à la fois la popularité du proconsul et l'indifférence de la plupart à la légalité sénatoriale ?

Massalia comptait : son renom et son prestige, sa puissance navale, sa science de la fortification et des engins de guerre, le contrôle territorial qu'elle exerçait (de par le bon vouloir de Rome), autant de raisons pour que chacun des deux camps cher-chât à se l'attacher. Elle apprit très vite que César se mettait en branle vers le Midi de la Gaule afin de passer en Espagne où se trouvaient des légions commandées par des légats de Pompée (qui était officiellement proconsul des provinces ibériques).

Nous ne saurions évidemment restituer les séances qui se déroulèrent au sénat de Marseille, pas plus que nous ne connaissons le nom et la qualité des Romains qui vinrent y plaider la cause soit de César soit du camp sénatorial (ou de Pompée qui, désormais, s'identifiait à lui). Si nous en croyons les rares textes qui nous sont parvenus – et qui, pour la plupart, dérivent de sources pro-césariennes –, Massalia tenta de jouer la carte de la neutralité en excipant qu'elle ne voulait pas prendre parti dans une querelle concernant le peuple romain ; qu'elle devait une reconnaissance égale à Pompée et à César, dont les bienfaits avaient été à son égard équivalents.

Quels bienfaits ? Un quart de siècle auparavant, Pompée, jeune général d'une trentaine d'années et déjà surnommé *Magnus* (« le Grand », comme Alexandre), avait maté de graves rebellions qui avaient agité l'Espagne et certains peuples du Midi. Il avait remis à Massalia, qui devrait en contrepartie les surveiller et s'en porter garante, les territoires de certains peuples, comme les Volques (autour de Nîmes) et les Helviens (d'Ardèche) : voilà qui lui octroyait d'importants revenus fonciers. César, de son côté, venait de lui attribuer d'autres territoires après sa conquête de Gaule intérieure, en des endroits que nous ignorons. Bref, la reconnaissance des Massaliotes se partageait également entre les deux hommes, qu'elle avait salués l'un et l'autre du titre honorifique de « patrons ».

Cette tradition littéraire occulte vraisemblablement le fond des débats : comment imaginer qu'au sein d'une crise aussi aiguë la décision ait été prise en vertu de questions de principe ? Lorsqu'on sait que les légions se mettent en marche, lorsque des émissaires viennent vous rencontrer (probablement menaces à l'appui), réagit-on en fonction des « bienfaits » passés et de considérations politico-idéologiques ?

Le sénat de Massalia a dû, prioritairement, se pencher sur l'état des forces des deux camps. D'un côté, César, avec ses légions stationnées en Gaule (que beaucoup disent exténuées par huit années de dures campagnes) et des auxiliaires gaulois (qu'on pense susceptibles de se révolter). Certains de ses légats et de ses tribuns l'ont déjà abandonné pour rejoindre le camp adverse (comme le fameux Labiénus). Certes, il a donné des preuves de sa valeur, mais enfin, Alésia, ce fut un coup risqué.

En face, la légalité sénatoriale et – surtout – Pompée, le commandant en chef le plus génial que le monde ait connu depuis longtemps. Chacun se rappelle comment il extermina les pirates qui pillaient les convois et ravageaient les côtes de la Méditerranée, comment il mit à raison Sertorius et d'autres, comment il vainquit Mithridate et réorganisa l'Orient. Sans doute, il a 56 ans, mais le génie stratégique ne se perd pas. Or, il tient les Espagne, il est passé en Grèce, tout l'Orient le soutient, il possède des flottes dont César est à peu près totalement dépourvu.

Au terme de discussions qu'on imagine acharnées, les pouvoirs officiels de Massalia se déterminèrent à parier sur la défaite inéluctable de César. Ils parièrent aussi que César admettrait la neutralité de leur cité, et que, s'il la refusait et engageait l'épreuve de force, les forces massaliotes étaient assez puissantes pour résister, le temps que César connût ses premières et inéluctables défaites.

Or donc, lorsque César parvint aux portes de Massalia, celles-ci lui demeurèrent fermées. Les Quinze (l'exécutif de la cité) lui mandèrent le message suivant ou à peu près :

> *Devant la division du peuple romain entre deux partis, les Massaliotes manquent des éléments qui leur permettraient de décider lequel soutient la juste cause, ce d'autant plus que ces partis sont dirigés par Pompée et par César, toux deux patrons de leur cité et auxquels ils sont redevables de bienfaits équivalents. Aussi ne soutiendront-ils ni l'un ni l'autre et fermeront à tous deux leur ville et leurs portes.*

Massalia avait mal jugé. César n'accepta pas cette déclaration de neutralité : il mit le siège. La cité phocéenne résista avec acharnement, science et vaillance pendant près de six mois. Durant ce temps, César, qui avait laissé à des lieutenants la conduite des opérations devant Marseille, César donc vainquit en Espagne. Les secours attendus par Massalia n'arrivèrent pas, du moins en nombre suffisant. En septembre, vaincus sur mer, voyant leurs défenses terrestres progressivement minées, connaissant la pénurie, les Massaliotes capitulèrent.

Tous les territoires qu'ils dominaient leur furent repris, ou presque. Ils durent livrer leurs navires et leur trésor public. Ils conservèrent… la vie sauve et une autonomie plus théorique que réelle. La grande cité hellénistique était exsangue. Si elle devait retrouver ultérieurement quelque prospérité, rien de comparable à l'immense domaine et à l'incroyable activité qu'elle avait mis en jeu et… perdus.

L'histoire ne peut se raconter qu'après coup. D'autres que Marseille firent la même erreur, soutenant Pompée contre César. Mais peu perdirent autant qu'elle. Démentant toutes les analyses stratégiques, César l'emporta. La célèbre formule qu'on lui attribue lorsqu'il franchit le Rubicon peut aussi s'appliquer à la décision que prit le sénat de Marseille : *alea jacta est*. Les dés roulèrent en la défaveur des Massaliotes. Contre la Fortune qui appuyait César, l'Artémis d'Éphèbe – vieille divinité tutélaire de Massalia – s'était trouvée impuissante.

Le siège de Marseille

L'affrontement fut considéré comme exceptionnel : c'était un « cas d'école » opposant une cité réputée pour son art des défenses et les légions césariennes, une sorte d'*exemplum* de pliorcétique appliquée. Cette fois, César ne s'en prend plus à des barbares inexpérimentés (Alésia n'a pas tenu longtemps) mais à l'une des très grandes cités hellénistiques, toujours soucieuse de se prémunir.

Les fouilles de la Bourse, commencées en 1965, ont mis au jour le rempart auquel se heurtèrent les légions de César. Il n'était pas tout jeune, puisqu'on date son édification des environs de 175-170 avant J.-C. Muni de tours carrées ménageant des ouvertures pour les armes de jet destinées à dissuader les assauts, ce rempart est épais d'environ 3 m, avec un double parement renforcé par des blocs disposés en boutisses ou en entretoises, bref ce qui se faisait de mieux à l'époque. Pourtant, si l'on excepte quelques avatars mineurs, on ne saurait repérer ni destruction ni même niveau qu'on puisse attribuer au siège de 49-48.

À en croire nos sources – César lui-même, mais aussi Vitruve et Lucain – ce siège fut une très grande affaire, observée par le monde entier. César se contente, dans un premier temps, d'ordonner deux actions : 1) *« faire construire des tours et des mantelets pour donner l'assaut à la place »* ; 2) *« mettre en chantier à Arles douze vaisseaux de guerre »*. Lui-même part pour l'Espagne, laissant à son légat C. Trébonius le soin de conduire le siège de la ville. Celui-ci installe son camp sur la colline Saint-Charles et, depuis cet emplacement central (celui de la gare actuelle), édifie une contrevallation qui prenait la ville en tenaille. Or, non seulement ses assauts échouent (« *il y avait dans la place un tel armement et une telle quantité de machines de guerre qu'aucun écran d'osier tressé ne pouvait en soutenir la puissance : des poutres de douze pieds de long, munies de pointes, lancées par de fortes balistes, se fichaient encore en terre après avoir percé quatre épaisseurs de claies* »), mais les Massaliotes n'hésitent pas à faire des sorties qui s'avèrent meurtrières.

Trébonius fait alors construire des ouvrages d'une ampleur exceptionnelle – n'hésitant pas, selon Lucain, à détruire des forêts entières, dont celle – sacrée – de la Sainte-Baume. S'édifient deux chaussées équipées de tours ; l'une d'elles comporte six étages et elle appuie une galerie couverte mobile (*musculus*) que les légionnaires font glisser, sur des rouleaux, jusqu'au contact du rempart. Encore un échec : les Marseillais disloquent puis incendient l'ensemble du dispositif, non sans avoir – selon César – recouru à une manœuvre déloyale en implorant une trêve. Trébonius fait reconstruire les ouvrages, non plus entièrement en bois – il n'y en avait plus dans la région ! – mais notamment « *une terrasse à base de briques, d'un nouveau genre, absolument inouï, formée de deux murs de briques de six pieds (1,80 m) d'épaisseur (...) ; sur toute la charpente, on pose des claies et on recouvre ces claies de mortier. Sous ce toit, les soldats, protégés à droite et à gauche par le mur et de front par le rempart d'un mantelet, apportent sans risque les matériaux nécessaires à la construction de l'ouvrage (...). Des portes sont ménagées dans le mur pour permettre les sorties* ». Les Marseillais, bloqués chez eux, vaincus sur mer, affamés et victimes d'une épidémie, capitulèrent. « *Ils remettent les armes et les machines de guerre, font sortir les vaisseaux du port et des chantiers, livrent l'argent du trésor. Après quoi, César laissa subsister la ville, prenant en compte son nom et son ancienneté plus que sa conduite envers lui-même* ». Ainsi se termine le dernier grand siège de l'Antiquité.

Les remparts de Marseille subsistèrent cependant : ils furent encore assez efficaces pour annihiler, en 308, les assauts des soldats de Constantin tentant de prendre Maximien réfugié dans la ville. On peut en voir les vestiges, de part et d'autre de la porte qui menait à la corne du port, dans les Jardins de la Bourse.

Comment clore ce chapitre sans évoquer les opinions divergentes qui se sont affrontées, au siècle dernier et durant une bonne partie du nôtre, soit pour dénoncer l'ignominie de la conquête romaine (la Gaule « vaincue, mutilée, asservie »), soit pour célébrer l'entrée des barbares gaulois dans le monde de la civilisation? Me dirat-on que ces querelles, liées à certaines expressions nationalistes ou anti-germanistes, ont fait leur temps ? Voire. On en retrouve l'écho aujourd'hui dans tels discours extrémistes ou dans de surprenantes manifestations (comme le néo-druidisme). Un cinéaste connu m'exposait récemment, afin d'obtenir ma collaboration, son projet de tourner un film sur Vercingétorix, film qu'inspirerait la thèse selon laquelle les Gaulois représentaient la liberté et la poésie, et les Romains... l'Europe de Maastricht. Si affaibli qu'il soit, l'écho renvoie les bruits de la polémique toujours prête à renaître.

La leçon apprise aux écoliers de la Troisième République était double : nos ancêtres les Gaulois avaient toutes sortes de défauts (batailleurs, buveurs, désunis) mais aussi bien des qualités (courageux, généreux, travailleurs). Livrés à eux-mêmes, ils ne pouvaient aboutir à rien de bon. Seule, Rome était susceptible d'exalter ce qu'il y avait de meilleur en eux. Vercingétorix livra un combat admirable, qui sauva l'honneur, mais heureusement il perdit, sinon nous ne serions pas ce que nous sommes.

À cette leçon officielle, qui réunissait en une belle synthèse idéologique les sentiments « pro-gaulois » et « pro-romains », s'opposèrent, avec une violence parfois inouïe et surtout après la guerre de 1870, ceux qui refusaient la pax romana. *De nombreux livres destinés au public cultivé décrivirent les vices odieux des Romains, la sordide crapule qu'était César, la marche vers la décadence dans le stupre. Jullian, on l'a vu, n'échappe pas au reproche d'avoir dévalorisé César et sa conquête à l'aide d'arguments... contestables. Aujourd'hui, nous ne partageons plus sa (noble) conviction que la Gaule était prête à devenir la patrie que rêvait Vercingétorix, et n'éprouvons plus le besoin d'enraciner aussi loin dans le temps notre « identité nationale ».*

Nous pouvons donc, sans hurler à la trahison, accepter certains faits que mettaient en avant les « anti-romains ». Oui, il est vrai que la guerre des Gaules fit beaucoup de morts et beaucoup d'esclaves. Oui, il est vrai qu'en quelques générations la langue celtique a sombré – a été éradiquée –, qu'ont disparu toutes les manifestations artistiques (littérature dont la transmission orale fut stoppée, musique, poésies, chants, etc.), que la religion « officielle » fut celle de Rome et laissa peu d'espace à de vagues survivances. Si nous voyions, ou plutôt lorsque nous voyons de tels événements, de tels phénomènes se dérouler sous nos yeux en tel endroit de la planète, quel nom leur donnons-nous ? Mais ne nous trompons pas d'époque, ne transposons pas : les contextes et les sensibilités, à supposer qu'on parvienne à les entrevoir, ne peuvent être assimilés aux nôtres. Lorsqu'on invoque le passé pour appuyer des conduites actuelles ou cautionner des prises de position politiques ou intellectuelles, on quitte l'histoire pour la passion.

Chapitre III

LA GAULE ROMAINE, DE LA MORT DE CÉSAR À LA FIN DU HAUT-EMPIRE (43 avant J.-C. - 192 après J.-C.)

Vision d'ensemble

La Cambridge Ancient History *(L'Histoire antique, non pas de Cambridge, mais publiée par Cambridge !) représente l'une des institutions, l'un des monuments les plus vénérables de la science historique « moderne ». Quel étudiant n'a pas contemplé avec crainte et respect l'interminable succession de ses volumes, au demeurant modestement reliés, sur les rayonnages d'une bibliothèque universitaire ? Or, de même que les membres de l'Académie française consacrent leur jeudi après-midi (si je me souviens bien) au dictionnaire de la langue française, et que, arrivés à la dernière occurrence de la lettre Z, ils repartiront de la première de la lettre A, la* CAH *se reproduit, se rénove, se modernise avec une sage lenteur.*

En 1983, je reçus un courrier très « british », c'est-à-dire sobre et ferme, me demandant si j'accepterais (en réalité, l'éventualité d'un refus était écartée d'emblée) de collaborer aux « nouveaux » volumes X et XI de l'édition en cours de préparation. On m'indiquait le nombre de signes, la date de remise du manuscrit, le montant (dérisoire) de mes droits d'auteur. L'éditeur m'adressait une recommandation : faites comme si vous vous adressiez à un collègue d'une discipline différente, épargnez lui les discours sur la méthode scientifique, évitez la cuisine (je transpose) qui n'intéresse que votre propre milieu, tentez de lui faire comprendre comment vous pratiquez et les résultats que vous obtenez. Ce propos philosophique m'alla droit au cœur. J'acceptai.

Dans notre petit monde comme dans bien d'autres, entre tant de catégories multiples et complexes, il est une distinction facile : ceux qui tiennent les délais, et ceux qui s'en fichent éperdument. La faute en revient aux éditeurs, dont l'indulgence vis-à-vis des seconds est faiblesse coupable. Toujours est-il que le volume X de la CAH, *prévu pour 1985 ou 1986, sortit des presses en janvier 1996. Le volume XI sortira sans doute… bientôt, qui sait ? Or l'éditeur, voyant les retards s'accumuler, vous interroge régulièrement : êtes-vous sûr que votre texte est toujours d'actualité, voulez-vous revoir tel passage, refaire la bibliographie ? « Confortable » !*

Cela dit, je suis très reconnaissant à Cambridge de m'avoir engagé dans cette entreprise, qui m'obligeait à mettre par écrit mes conceptions sur la Gaule du Haut-Empire. Car il s'agit bien de conceptions. Pas question d'écrire un texte bardé de notes exprimant nuances ou doutes, le confort habituel de notre discipline, la reproduction d'un fichier (souvent identique ou presque, au fil des livres et des articles) servant à la fois de substance et de bouclier. Non : exposez à l'un de vos collègues philosophe ou moderniste ce que vous croyez savoir, et les questions que vous vous posez. Ne vous abritez pas, vous êtes tout seul.

Ces contraintes vous forcent à vous interroger vous-même. Vous rassemblez la documentation disponible, vous vous demandez : où est l'important ? Nous avons accumulé ces données pour quoi ? Les additionner sans les interpréter serait stupide, ce serait même la négation de nos efforts. Mais proposer des interprétations, c'est prendre des risques, surtout lorsque les chantiers de sauvetage modifient la donne du jour au lendemain. Eh bien oui, il faut se lancer, quitte à être démenti sur tel ou tel point.

Voici ma *vision de la Gaule sous le Haut-Empire, telle que l'expriment ces deux contributions à la* CAH. *Devant faire bref sur des questions complexes, obligé de respecter un calibrage très strict, j'ai souvent dit abruptement ce que j'aurais préféré développer quelque peu. À y réfléchir, je ne le regrette pas trop : cette formule doit, quelque part, correspondre à mon tempérament. Merci à la* CAH *!*

La Gaule, de la mort de César à celle de Néron (43 avant J.-C. - 69 après J.-C.)

La conquête césarienne a modifié de fond en comble l'équilibre du monde romain, jusqu'alors centré sur la Méditerranée (à l'exception, tout juste, du Pont-Euxin). En superficie, les « nouveaux territoires » représentent environ 30 % de ce monde, Italie exclue – ce qui est énorme. Ils sont au contact direct de l'Europe centrale, notamment des barbares germaniques et d'autres peuplades dont l'histoire de Rome conserve de cuisants souvenirs : Cimbres, Teutons, etc. Ils s'ouvrent sur les mers septentrionales, où se trouve la Bretagne, que César abandonna à l'issue de son seul échec. Leur possession exige, à court terme, la maîtrise des Alpes et des Pyrénées, le contrôle du Rhin et du Danube. La guerre des Gaules a radicalement et définitivement transformé les données géo-politiques du monde antique. Inversement, l'histoire des Gaules tient en grande partie à leur environnement, aux nouvelles données stratégiques (les frontières germaniques, la proximité de la Bretagne) qui eurent des conséquences à la fois sociales et économiques.

Par ailleurs, on ne saurait comprendre les textes antiques et certaines décisions, par exemple d'ordre administratif ou routier, si, comme on le fait habituellement, on utilise la cartographie actuelle. Il faut se rappeler que, à peu près jusqu'à l'époque de Pline si ce n'est de Ptolémée, les connaissances géographiques demeurèrent très approximatives.

On le voit bien dans le livre IV de la *Géographie* de Strabon, consacré à la Gaule et achevé vers 18 ap. J.-C. Pour la Gaule méridionale, les données sont à peu près correctes : la description du relief, des cours d'eau, les distances (parfois données en milles romains), l'implantation des peuples et des villes sont – pour l'époque – d'une exactitude honorable. En revanche, pour le reste de la Gaule, la description paraît ahurissante : comme l'avait auparavant écrit César lui-même (*BG* IV.20.1), tous les rivages (y compris ceux de l'Atlantique actuel) sont orientés vers le nord, les Pyrénées sont décrites comme nord-sud, parallèles au Rhin, de même que les cours de la Garonne, de la Loire, de la Seine. La Bretagne (la Grande) s'étend parallèlement au rivage des Gaules depuis l'embouchure du Rhin jusqu'aux Pyrénées ; le détroit qui la sépare des côtes gauloises représente 320 stades (une cinquantaine de km). Toutes les distances sont fausses, parfois dans des proportions énormes.

Enfin, notre documentation est à la fois faible et inégalement répartie. Pour les textes, la période de 43 av. J.-C. à 69 ap. J.-C. offre des éléments non négligeables, mais tenant surtout aux guerres germaniques ou à quelques événements qu'on a donc tendance à surestimer. Après quoi, le silence est presque intégral sur un siècle et demi. Les documents épigraphiques se distribuent différemment : fréquents en Narbonnaise sous les Julio-Claudiens, ils sont rares dans les Trois Gaules, la plupart d'entre eux étant postérieurs au Ier siècle.

La Gaule, les Gaules ?

Les pages qui suivent étudieront séparément la Narbonnaise (l'ancienne *Transalpina*) et les Trois Gaules (l'ancienne *Comata*, terme qui était apparu à l'époque républicaine pour distinguer la Gaule non conquise de la nouvelle province de Transalpine). Cette distinction est-elle fondée ?

Durant le Haut-Empire, les textes comme les inscriptions n'utilisent jamais le terme de *Gallia* sinon dans un sens purement géographique (comme nous disons l'Amérique du Sud ou le Proche-Orient) : ils disent toujours *les* Gaules (*Galliae*). Ils ignorent la notion d'un ensemble homogène qui s'étendrait de la Méditerranée à la Manche.

La *Narbonensis* est toujours considérée comme une entité à part. Cela ne tient pas seulement au fait que sa conquête, à la mort de César, remonte à 80 ans. C'est aussi une zone familière, méditerranéenne, entrée depuis longtemps dans l'histoire, notamment grâce à Marseille.

En revanche, au-delà des Cévennes et de Vienne, on entre dans les terres « nordiques », au climat redoutable, dont la rudesse a des conséquences non seulement sur les paysages et les productions, mais aussi sur les hommes. Si les descriptions n'évoquent plus systématiquement la sauvagerie de ces « barbares », celle-ci n'a pas disparu des mentalités romaines. Un autre monde qui reste à mieux connaître, sinon à explorer. La distinction, l'opposition *Narbonensis-Comata* relèvent donc de l'évidence.

En ce qui concerne la *Comata*, était-elle conçue ou non comme une entité ? On aurait tendance à répondre par la négative puisque Auguste la divisa en trois provinces (*Aquitania, Belgica, Lugdunensis)*. Mais, au moins jusqu'aux débuts du règne de Tibère, ces trois provinces furent placées sous un même commandement. On sait aussi qu'en 12 ap. J.-C. Drusus fonda, près de *Lugdunum* (Lyon), au confluent de la Saône et du Rhône, l'autel de Condate où se réunirent, pendant les trois siècles qui suivirent, les délégués des soixante peuples (*civitates*) de ces trois provinces. Chaque année, le 1er août, les représentants des élites de Saintes comme de Chartres, de Langres ou de Périgueux, se rassemblaient pour célébrer le culte impérial. Ils s'y trouvaient certes en concurrence (pour l'élection du *sacerdos* et de ses auxiliaires – honneurs qui rejailliraient sur la *civitas* des élus), mais surtout en complicité pour la défense d'intérêts communs, comme cela se produisit en 48 sous l'empereur Claude, quand il s'agit d'obtenir pour les citoyens romains de Gaule intérieure le droit d'exercer les magistratures à Rome. Or, Claude lorsqu'il défendit devant le sénat de Rome le bien-fondé de cette requête, employa le terme *Gallia Comata* (*CIL* XIII.1668) ! Notons en outre que les dédicaces officielles retrouvées au Confluent, telles que les découvertes épigraphiques nous les ont transmises, sont faites au nom des *Tres Provinciae Galliae*, ce qu'il faut traduire non pas « les trois provinces de la Gaule » mais « les trois provinces Gaules ». Unité donc ?

En fait, il faut distinguer les réalités administratives et les forces psychologiques. Dans toutes les inscriptions honorifiques et funéraires qu'ont faites des Gaulois, ils ne se définissent jamais – même à l'étranger – ni comme Gaulois ni comme membres d'une province, mais comme appartenant à la *civitas Remorum, Pictonum, Redonum, Haeduorum*, etc. Une inscription (*ILTG* 357) semble indiquer que l'empereur Claude permit aux Silvanectes (autour de Senlis) de constituer leur propre *civitas* en se séparant des Lingons. Enfin, à lire Tacite (*Hist.* IV.69) lors des événements de 68-69, les cités de Gaule intérieure ne purent se mettre d'accord sur la politique à tenir en raison des dissensions et des rivalités anciennes qui continuaient de les opposer : « *qui dirigerait la guerre ? (...) Les uns mettaient en avant les traités* (*i.e.* leur statut fédéré), *quelques-uns leurs ressources et leurs forces, d'autres l'ancienneté de leur origine : les débats furent violents* ». Bien que relevant de raisons différentes, l'antagonisme entre Lyon et Vienne traduit la puissance du patriotisme de cité (Tac. *Hist.* I.65). Le monnayage frappé sous Galba à la légende TRES GALLIAE ressortit de la propagande impériale en une période de troubles : l'unanimité retrouvée – ou supposée retrouvée – autour de l'autel de Condate.

Il n'y a donc pas *une* Gaule – sinon au sens de la géographie approximative, vaguement fondée sur une ethnographie balbutiante. Les cadres que nous allons observer, même s'ils ont pu faiblement influencer une évolution, relèvent du même artifice que (*mutatis mutandis*) les divisions coloniales imposées au XIXe siècle à l'Afrique. Reste que le culte impérial et les cérémonies annuelles à Condate ont joué un rôle fédérateur, au sens « politique » plus qu'administratif.

César : sa mort, sa postérité

La mort de César en 44 a-t-elle constitué un tournant ? La question n'est naïve qu'en apparence. Il ne fait pas de doute qu'elle a modifié le cours des événements, même si nous ignorons les desseins du dictateur. Un exemple précis peut en être donné : quelques mois avant son assassinat (vers la fin 45), César avait envoyé Tibérius Néro (le père du futur empereur Tibère) « *déduire en Gaule des colonies parmi lesquelles Narbonne et Arles* » (Suétone *Tib.* 4). Pour *Narbo Martius*, fondée en 118 av. J.-C., il s'agissait d'une nouvelle déduction au profit des vétérans de la Xe légion (*Decumanorum*), pour Arles d'un établissement neuf pour ceux de la VIe (*Sextanorum*).

L'expression de Suétone « parmi lesquelles » (*in queis*) laisse supposer qu'il y eut d'autres colonies déduites. Pourquoi ne les cite-t-il pas ? Une explication possible serait qu'il s'agissait de colonies non de droit romain (comme Narbonne et Arles) mais de droit latin (lesquelles, à partir du Ier siècle après J.-C., n'auront plus droit au titre de *colonies*). Nous reviendrons *infra* sur ces fondations. Pour l'instant, nous placerons en relation avec ce texte le célèbre passage de Dion Cassius (XLVI.50) sur la fondation de *Lugdunum* (Lyon). En 43 av. J.-C., le Sénat ordonna à Lépide, gouverneur de la Transalpine, et à Plancus, qui avait en charge la *Gallia Comata*, « *de fonder une ville pour ceux qui avaient été autrefois (*« poté »*) chassés de Vienne Narbonnaise par les Allobroges et qui s'étaient établis au confluent du Rhône et de la* Saône », et ce fut l'origine de *Lugdunum*.

Ce qui nous importe ici, c'est ce témoignage indirect des mouvements violents qui suivirent la mort de César. Ils n'eurent qu'un temps, mais si le contrôle de la situation demeura aux représentants de Rome, il faut en attribuer la raison aux liens personnels que le dictateur avait tissés et qui se reportèrent sur ses lieutenants (Plancus, le *triumvir* Marc-Antoine), puis sur son fils adoptif Octave.

Encore plus important : c'est la descendance directe de Jules César qui a gouverné le monde pendant plus d'un siècle. Les fidélités, les clientèles, les guerres sur le Rhin (auxquelles participèrent beaucoup de membres de la famille impériale), les séjours, le hasard des naissances : autant d'éléments qui ont beaucoup compté et qui ont contrebalancé, voire rendu inopérante, l'hostilité « anti-gauloise » si forte en Italie depuis la prise de Rome et dont on sent encore la puissance dans la classe sénatoriale sous le règne de Claude (Tac. *Ann.* XI.23-24). L'engagement direct, personnel des empereurs se marque à de nombreuses reprises jusqu'à Néron. La relation a opéré dans les deux sens : après un temps d'effervescence, les Gaules (ou plutôt : leurs élites) ont joué le jeu de la fidélité aux descendants de César, ceux-ci le leur ont bien rendu.

***

La nature des sources et les problématiques nous conduisent à retenir deux démarches.

D'abord, il est vain de centrer l'étude sur le concept de « romanisation ». Les provinces gauloises *sont* romaines. Leur description ajoute une touche à la description du monde romain, ne serait-ce que pour nuancer ou accentuer son caractère varié, voire composite. À quoi bon tenter une évaluation par rapport à une « romanité » dont nous ne saurions définir les caractères ? Mieux vaut chercher à étudier (si on le peut) les transformations, leur rythme et les processus mis en œuvre.

Ensuite, devant traiter successivement de deux périodes aux sources inégales, nous avons choisi de réserver pour le chapitre suivant l'étude de questions complexes portant sur le long terme (agriculture, économie, religion, etc.) sauf lorsque la période qui nous concerne a joué un rôle primordial.

La Gaule Narbonnaise

En dépit d'une mention ambiguë de Cicéron (*Fam.*, X, 25), il semble que le terme *Narbonensis* soit augustéen. On le rencontre pour la première fois dans le *cursus* de Cn. Pullius Pollio, proconsul de la *provincia Narb(onensis)* vers 18-16 av. J.-C. (*CIL* XI.7553). Sans doute, ce terme était-il devenu officiel en 27 av. J.-C. lorsque Auguste, tenant un *conventus* à Narbonne, « *fit le dénombrement des Gaulois et régla leur état civil et politique* » (Dion. LIII.22). Les limites de la province correspondaient à peu près à celles de l'ancienne « Transalpine ».

Des ajustements ont sûrement été apportés en 13 av. J.-C., lorsque s'achevèrent les campagnes de pacification des Pyrénées (par exemple, pour les *Convenae*). De même, la conquête des Alpes – que vint marquer le Trophée de la Turbie, inauguré lors de la XVIIe puissance tribunicienne d'Auguste, entre le 1er juillet 7 av. J.-C. et le 30 juin 6 av. J.-C. – imposa des réajustements. Non seulement furent créés trois districts alpins (*Alpes Maritimae, Alpes Cottiae, Alpes Graiae*) – qui ne firent pas partie des Gaules et dont nous ne traiterons donc pas –, mais il fallut trancher entre l'appartenance à ces nouveaux districts, à celle de Narbonnaise, voire au rattachement à l'Italie. C'est ainsi que la cité d'Antibes, précédemment rattachée à l'Italie (Strabon. IV.1.9), reprit place dans la *Narbonensis*, tandis que, à proximité immédiate de *Nikaia* (Nice) – ancien comptoir de *Massalia* –, *Cemelenum* (Cimiez) devenait chef-lieu du nouveau district des Alpes-Maritimes.

Indiquons que, contrairement à ce qui est souvent écrit, le Trophée de la Turbie ne marque pas la frontière entre l'Italie et la Transalpine (ou *Narbonensis*). Il fut érigé au point *ultime* vers l'*ouest* auquel aboutit la conquête des Alpes *a mari supero ad inferum, i.e.* depuis l'Adriatique jusqu'à la Méditerranée ligure (Pline, *NH* III.136). Il marque donc, sur la *Via Julia Apta* qui va d'Italie en Narbonnaise, désormais débarrassée des brigands, le contrôle des massifs montagneux. Il constitue probablement le pendant du trophée édifié par Pompée sur les Pyrénées, à un autre endroit de la route reliant l'Espagne à l'Italie – trophée que l'on a retrouvé au col de Panissars, exactement à cheval sur l'actuelle frontière franco-espagnole ! Il est le symbole du contrôle désormais définitif des circulations entre l'Italie et les provinces occidentales. La *Narbonensis,* comme la *Tarraconensis* ou la *Baetica*, est désormais totalement intégrée au monde romain. Au point qu'aucun événement historique digne d'être mentionné n'est signalé jusqu'à la crise néronienne.

Pour centrer l'analyse de cette province, on peut comparer deux textes. A en croire le *Pro Fronteio* de Cicéron, vers 70 av. J.-C., la province de Transalpine rassemblait des peuples sauvages et indociles, au milieu desquels l'administration romaine, des agriculteurs et des commerçants d'Italie, les colons de Narbonne (depuis 118 av. J.-C.) et la fidèle alliée Marseille défendaient les valeurs de la civilisation. Vers 70 ap. J.-C., Pline (*NH* III.31) décrit la Narbonnaise comme *la* province par excellence, *Italia verius quam provincia*, « l'Italie plutôt qu'une province ». Même s'il s'agit, dans le premier cas, des propos « orientés » de l'avocat d'un gouverneur accusé de concussion et d'autres délits, et, dans le second, d'une formule trop brève pour ne pas être simplificatrice, le rapprochement des deux textes est frappant : le regard porté sur cette province par deux Romains somme toute assez semblables (à la fois engagés dans la vie publique mais aussi cultivés et faisant œuvre savante) diffère du tout au tout. Qu'est-ce qui a changé ? La province, l'opinion des classes dirigeantes de Rome ? Les deux, bien sûr, et le problème consiste à prendre la mesure de cette interaction.

Les deux textes sont séparés de 140 ans, environ six générations, ce qui est fort peu pour une époque antérieure à l'ère moderne, s'il s'agit d'une véritable transformation en profondeur. Dans un autre passage (*NH* XXXIII.50), Pline accentue l'ampleur de la métamorphose telle qu'il la ressent : évoquant la fabuleuse argenterie de Pompéius Paulinus, fils d'un chevalier d'*Arelate* (Arles), il tient à rappeler que ses aïeux paternels s'habillaient de peaux de bêtes ! On trouverait dans d'autres auteurs des notations semblables. Il existe donc un « *topos* » selon lequel la Narbonnaise a connu un « progrès » foudroyant. À nous d'en examiner les fondements avec nos pauvres sources.

L'intégration juridique

La période précédente avait été importante pour plusieurs raisons qu'il faut rappeler brièvement.

Si nous ignorons les étapes de la constitution de la province (on suppose qu'un rôle essentiel fut tenu par Pompée vers 78-75), nous savons que de nombreux droits de cité à titre individuel avaient été accordés par plusieurs hommes politiques, parmi lesquels C. Valérius Flaccus, Pompée et, bien sûr, César. Une élite « promaine » s'était dégagée, comme le prouve, en dépit des railleries de Cicéron, le recours à des processus légaux – par exemple, contre Fonteius. César, durant la guerre des Gaules, comptait dans son état-major les fils de *principes* méridionaux, dont certains avaient été ses hôtes à Rome. Il se loua de la fidélité de la *provincia :* c'est donc qu'elle n'allait pas de soi.

L'intégration croissante d'*auxiliarii* à l'armée a rejailli sur des couches sociales plus larges, y compris de milieux villageois ou ruraux que touchaient peu les mouvements commerciaux ou l'influence de l'administration romaine. Les soldats, par leurs expériences, par leurs gains, par leur apprentissage linguistique, ont contribué à une transformation des mentalités.

La destruction par César (en 49-48) de ce qui pouvait être considéré comme l'« impérialisme massaliote », impérialisme d'autant plus lourd qu'il ne s'accompagnait d'aucune intégration politique, compta pour beaucoup. On ne sait à quel moment précis le droit latin fut accordé aux communautés que Pline (*NH* III.31-37) énumère sous le titre d'*oppida latin*a, mais la logique recommande de l'attribuer à César. Ce qui compte, c'est qu'en un laps de temps maximum d'une quinzaine d'années (entre 58 et 44 av. J.-C.), la Gaule méridionale a été entièrement « latinisée » juridiquement : on ne connaît pas de peuple qui ait été excepté de cette mesure.

Alors qu'aucune expérience coloniale n'avait été tentée depuis la fondation de *Narbo Martius* (et en dépit des théories qui ont proposé sans preuve des déductions à Vienne et à Valence), César avait engagé un nouveau processus : Narbonne (refondation), Arles, et des colonies de droit latin : Vienne, qui échoua, on l'a dit, Nyon en Suisse et d'autres encore, peut-être Nîmes, sans doute Valence.

C'est sur cet arrière-fond que s'inscrivit l'action des successeurs de César. Octave renforça l'œuvre colonisatrice en fondant à son tour Béziers, Orange, Fréjus (on en discute les date exactes), dotées du droit romain. Surtout, l'intégration des élites de la Narbonnaise se traduisit par plusieurs décisions impériales. Vers 22 av. J.-C. (Dion, LIII.12), la province fut « rendue au peuple romain », c'est-à-dire que l'Empereur en restitua l'administration au Sénat : elle ne jouait plus de rôle stratégique ni militaire. En 14 ap. J.-C., une décision commune d'Auguste et de Tibère, peu avant la mort du premier, accorda à *tous* les citoyens romains de la province la possibilité de se porter candidats aux magistratures de Rome : quiconque avait obtenu le droit romain, par une mesure individuelle ou bien parce qu'il avait géré une magistrature dans une cité de droit latin (*i.e.* partout), pouvait donc briguer l'accès à la classe sénatoriale, privilège jusqu'alors réservé aux citoyens des colonies romaines. Autre décision symbolique mais forte : en 49 ap. J.-C., les sénateurs de Rome furent autorisés à se déplacer sans autorisation non seulement en Italie et en Sicile mais aussi en Narbonnaise.

De cette intégration juridique, il convient de prendre la mesure, trop souvent occultée par la production de quelques noms célèbres, toujours les mêmes : des chevaliers comme Pompéius Paulinus, préfet de l'annone sous Claude, L. Vestinus, préfet d'Égypte, Burrhus, précepteur de Néron, préfet du prétoire, qui reçut les ornements consulaires ; des sénateurs comme Valérius Asiaticus, originaire de Vienne, qui exerça deux consulats, le second en 46 avec l'empereur Claude comme collègue, etc. Or, l'examen statistique prouve que la *Narbonensis* est en tête, dès la fin de l'époque républicaine, et qu'elle conserve ce rang jusqu'à la fin du Ier siècle ap. J.-C. : à la fois par le nombre des promotions équestres et sénatoriales, par l'éclat des carrières, elle devance *toutes* les autres régions du monde romain (excepté l'Italie péninsulaire), notamment les provinces ibériques, africaines et orientales, c'est-à-dire des provinces de création antérieure pour la plupart et souvent riches en colonies romaines. Pour en comprendre la raison, il faut abandonner le cadre général et examiner ses composantes, *i.e.* les *civitates*.

L'organisation du territoire

Lorsque l'empereur Auguste séjourna à Narbonne en 27 av. J.-C. (Liv. *Per.* 134), son principal souci, à en croire Dion Cassius (LIII.22), était de mettre en ordre les régions conquises par César, *i.e.* la Gaule intérieure. Les décisions relatives à la Narbonnaise ne durent être que le parachèvement d'une organisation déjà mise en place par César, avec quelques aménagements – notamment les fondations coloniales de l'époque triumvirale. La *formula provinciae* dénombrait cinq colonies de droit romain (Narbonne, Arles, Fréjus, Béziers, Orange), deux cités fédérées (Marseille et les Voconces), et environ 75 *oppida latina*, soit 75 communautés jouissant du droit latin et bénéficiant d'une autonomie administrative minimale (avec, au moins, des magistratures inférieures : édilité, questure, ou équivalent).

Cette *formula* connut, sans pour autant être refondue, des modifications ultérieures, que Pline prend en compte. Deux cités obtinrent le droit romain (Vienne et Valence, à des dates non précisées). Surtout, 43 *oppida latina* furent déclassés et intégrés à des communautés voisines ; nous ignorons lesquelles, à une exception près : Pline indique que 24 d'entre eux furent attribués à Nîmes, ce que confirme Strabon (IV.1.12) qui précise même qu'« ils lui paient tribut », ce qui laisse supposer que Rome accorda à Nîmes le privilège de récolter l'impôt à son seul profit. Cette mesure est datable de l'époque augustéenne, peut-être du séjour d'Auguste en 16-13 av. J.-C. – cette date précoce pouvant seule expliquer la concordance entre Pline et Strabon.

Il y eut donc une réduction drastique du nombre des communautés latines dotées d'une personnalité juridique (près de 60 %). D'autre part, certains des *oppida* demeurés *latina*, qui conservaient donc au moins les magistratures inférieures permettant l'accès à la citoyenneté romaine, furent, selon un processus qui nous échappe, intégrés à des cités plus vastes. Même s'il est toujours délicat d'avancer, pour les *civitates*, un nombre précis et des frontières exactes, il semble que la Narbonnaise en comportait un nombre proche de 22.

L'organisation de la province de Narbonnaise et l'implantation des civitates.

L'ère augustéenne marque donc la constitution d'ensembles unifiés qui s'opposent au foisonnement antérieur. On y décèle la volonté du prince de favoriser l'urbanisation, d'attirer les élites vers de grands centres et (peut-être) de réduire les possibilités d'accès automatique à la citoyenneté. L'exemple de *Nemausus* (Nîmes) est le plus frappant : même si, auparavant, elle se trouvait à la tête des *Volcae Arecomici* et si les magistratures confédérales s'exerçaient en son sein, elle ne constituait cependant qu'une communauté parmi les 25 communautés arécomiques. Auguste lui attribua les 24 autres, politiquement et fiscalement, lui offrit son rempart (*CIL* XII.3151), installa (ou autorisa) l'atelier monétaire qui frappa les fameuses émissions des « as au crocodile » –, et la parure monumentale de cette ville est l'une des plus précoces et des plus riches de l'Occident romain.

Cette volonté de regroupement connut cependant des limites, liées au poids de l'histoire et à la géographie. Face à de vastes circonscriptions (les Tectosages : cité de Toulouse ; les Arécomiques : cité de Nîmes ; les Voconces : cité de Vaison ; les Allobroges : cité de Vienne), on rencontre des *civitates* de taille plus restreinte, même dans le cas de colonies romaines déduites, comme Béziers et Orange.

Le poids de l'histoire joua aussi dans les schémas institutionnels : l'administration de ces nouvelles *civitates* n'adopta pas immédiatement les formes italiennes classiques. C'est par degrés qu'elles passèrent de la magistrature unique à la collégialité. Des titres de *praetor* sont attestés qui se transforment en *praetores IIviri* et *IIIIviri* puis en *duoviri* (dans les colonies romaines) et en *quattuorviri* (dans les cités latines, sauf chez les Voconces où les *praetores* subsistent jusqu'au IIIe siècle). De même, des charges à l'intitulé bizarre mais de connotation militaire ou relevant du maintien de l'ordre sont longtemps attestées à Nîmes (*praefectus vigilum et armorum*), à Nyon (*praefectus arcendis latrociniis*) et chez les Voconces (*praefectus praesidiorum et privatorum*).

Or, pour en revenir aux élévations juridiques, *i.e.* aux accessions aux ordres sénatorial et équestre, les décomptes montrent que le plus grand nombre n'est pas le fait des colonies romaines, mais de Vienne et de Nîmes. Ces deux cités sont aussi, avec Narbonne, celles qui ont fourni le plus grand nombre d'inscriptions. Poséidonios, la source de Strabon, aux débuts du Ier siècle av. J.-C., les citait toutes deux (et elles seules) comme « métropoles » de grands peuples, les Allobroges et les Arécomiques (Strabon, IV.1.11 et 12). Le *Pro Fonteio*, vers 70 av. J.-C., ne mentionnait également que ceux-là. Quant à Narbonne, Poséidonios ne faisait allusion ni à son statut colonial ni à sa qualité de capitale de la province, il la décrivait seulement comme « le port de la Celtique tout entière » (Strabon, IV.1.12). Même si une ville coloniale comme Fréjus a donné à l'empire des hommes illustres (Julius Graecinus et ses parents, les ancêtres d'Agricola), il et clair que, y compris ceux de Narbonne, les vétérans-colons et leurs descendants ont connu moins d'éclat que les fils de grandes cités de Vienne et de Nîmes, du moins à date haute.

Pourquoi ? Parce qu'Allobroges et Arécomiques avaient accompagné les entreprises militaires du Ier siècle av. J.-C. ? Parce que leurs *principes* avaient été capables de mobiliser des milliers d'hommes en armes (Cicéron *Fam.* X.21 et XI.11) et que les *imperatores* ou gouverneurs avaient veillé à s'attacher leur appui ? Parce que des liens quasi personnels s'étaient établis entre eux et les chefs d'État romains ? Parce que, comme assise de leur pouvoir, se trouvaient non seulement des hommes mais des terroirs ? Toutes ces raisons sans doute. L'important, c'est le constat que l'organisation augustéenne, là où c'était possible, a non seulement pris en compte mais renforcé un état plus ancien.

Des ruptures économiques ?

Dès le début de la conquête, il y avait eu accaparation de terres par les Italiens, comme le prouvent le *Pro Quinctio* de Cicéron pour les premières années du Ier siècle av. J.-C. et, un peu plus tard, le contexte général du *Pro Fonteio* se référant aux agriculteurs et éleveurs établis dans la province. La fondation de Narbonne, en 118 av. J.-C., avait été une entreprise de colonisation agricole aux profits de civils italiens. D'autre part, Marseille avait acquis un domaine foncier considérable, soit par des procédures privées (Strabon, III.4.7) soit par la force (Strabon, IV.1.5) soit enfin grâce aux faveurs accordées par Rome : César, (*B.C.* I, 35) indique que Pompée lui avait remis au nom de l'État des terres chez les Volques Arécomiques et chez les Helviens, donc à l'ouest du Rhône.

Bien qu'aucun texte n'y fasse allusion, il semble que les exploitations minières connurent une vive activité dès la conquête de la Transalpine. Des gisements d'amphores Dressel 1 ont été repérés à proximité des puits et des galeries de mines des Corbières et de la Montagne Noire, du Tarn et des Pyrénées : plutôt que l'or, c'est l'argent et le cuivre qui furent recherchés. De même, dans les Alpes, le plus ancien mausolée connu sur le sol français nous montre un chevalier de la première moitié du Ier siècle av. J.-C. qui devait présider à l'exploitation des mines d'argent d'Argenton (le toponyme est éloquent).

Mais c'est encore des terres que recherche la colonisation césarienne de Narbonne – où un nouveau cadastre fut établi – et d'Arles. En fut-il de même pour les colonies latines, dont nous avons indiqué la probabilité, de Vienne, de Nîmes et de Valence ? Les études cadastrales récentes – appuyées notamment sur les trouvailles d'Orange – semblent aller en ce sens. Les déductions à Arles et (peut-être) à Nîmes s'expliquent par le fait qu'après le siège de Marseille en 49-48 av. J.-C. toutes les possessions de la cité phocéenne, au-delà de son propre territoire naturel, lui furent retirées à l'exception des îles de Lérins et de Nice. Leur redistribution fut, comme de coutume, l'occasion de dons à des collectivités ou à des individus, mais ce fut surtout une opportunité pour établir des vétérans et des auxiliaires à une époque où le problème se posait de façon aiguë.

Octave, entre 40 et 28 av. J.-C., installa des vétérans à Béziers (VIIe légion), Orange (IIe) et Fréjus (VIIIe). Devenu Auguste, il envoya, à en croire Dion Cassius, LIV. 23, des colons en Gaule vers 16-14 av. J.-C., ce qui ne peut s'expliquer que par l'arrivée de nouveaux contingents dans des colonies déjà établies ; lui-même précise dans ses *Res Gestae*, 16, qu'il indemnisa les cités « victimes » de ces arrivages.

Le problème essentiel est celui de l'impact de cette colonisation, non pas tant au plan social qu'au plan économique. Les thèses anciennes, selon lesquelles la venue de tant de familles avait permis un développement foudroyant de l'agriculture méridionale, ont récemment laissé place à un grand scepticisme qui réfute tout progrès en ce domaine, sinon marginal. Il faut, selon nous, adopter un point de vue nuancé.

Depuis plusieurs années, des recherches ont été consacrées aux cadastrations de Narbonnaise. Leur développement a essentiellement été, par force, d'ordre méthodologique. Cependant, les premier enseignements, qui concernent surtout la vallée du Rhône et le Languedoc, semblent montrer que des cadastres d'orientation différente, qu'on croyait jusqu'alors superposés, se sont juxtaposés les uns aux autres, autrement dit qu'à un premier cadastre obéissant à une certaine orientation (dictée par le relief ou par une voie ou par toute autre direction) vint se raccorder un second, qui le complète, avec une autre orientation (dictée à son tour par une autre contrainte ou une autre commodité), puis une troisième éventuellement. Or, le premier organisait les bonnes terres, les plus faciles à cultiver, le second des terres de second rang, etc.

D'autre part, les fameuses plaques de marbre d'Orange distinguent, dans le cadastre B, les terres attribuées aux vétérans (les meilleures), celles qui furent mises en location par la colonie et enfin celles qui furent « remises aux Tricastins » (*Tricastinis reddita*), *i.e.* à la population autochtone. Ces dernières étaient situées dans des zones pour l'essentiel peu propices à la culture : il fallut donc les bonifier. Les terres « louées » n'étaient pas non plus excellentes : ce sont aujourd'hui de bonnes vignes. Enfin, les trouvailles archéologiques ne cessent de se multiplier en des lieux qui furent abandonnés après l'Antiquité romaine. La colonisation constitua donc probablement un puissant ressort pour la conquête et la mise en valeur de nouveaux terroirs.

Par ailleurs, la romanisation a favorisé la constitution de patrimoines de plus en plus développés et diversifiés. L'archéologie – notamment la photographie aérienne – permet de repérer des unités d'exploitation (autour d'une *villa*) mais non les propriétés ; en revanche, l'épigraphie atteste que des notables sont honorés dans plusieurs *civitates*, signe qu'ils y possédaient probablement des domaines. C'est cette accumulation progressive des terres qui explique le développement de cultures à rendement différé (l'olivier pour l'huile, la vigne) qui exigent d'importants capitaux. Ce processus, qui n'avait jusqu'alors concerné que le domaine massaliote, se développe à l'époque augustéenne, et connaît une importante extension vers le milieu du Ier siècle ap. J.-C. et à l'époque flavienne.

Reste une grande difficulté : celle d'évaluer le rythme de ce développement et celui de l'ensemble de l'économie – en particulier les flux commerciaux.

Rappelons les théories anciennes qui se fondaient sur des témoignages céramologiques. Dans tous les niveaux augustéens de n'importe quelle fouille, se trouvent en abondance des tessons de « terra sigillata », une céramique à vernis rouge souvent estampillée de noms latins, parfois ornée de décors néo-attiques, fabriquée d'abord à Arezzo (*Arretium*) puis à Pise et à Pouzzoles (*Puteoli*). Une autre production originaire d'Italie du Nord, dite « à parois fines », avec notamment les « gobelets d'Aco », accompagne généralement ces tessons arétins. Or, vers les années 10-20 ap. J.-C., ces céramiques furent remplacées par des produits de Gaule, fabriqués à Montans (près de Toulouse) et à la Graufesenque (près de Millau) qui se diffusèrent très loin, dans les camps du *limes*, en Espagne, en Bretagne et même en Italie. On voulut y voir un « essor économique » de la Gaule méridionale au détriment des productions italiennes.

De telles vues ont été abandonnées pour deux raisons. D'abord, on a convenu que la céramique, qui ne constituait qu'une marchandise bon marché (en tout cas, peu chère), ne saurait être représentative d'une économie globale. D'autre part, des recherches récentes ont montré que les céramiques italiennes avaient fait l'objet vers

20-10 av. J.-C. de transferts d'ateliers, de personnels et de matériel (les moules pour les produits décorés) à Vienne, à Lyon (on y reviendra), probablement à Narbonne, etc. Qu'il y eut donc une initiative des fabricants italiens pour « déconcentrer » leur production. Ce qui ne peut s'expliquer que par une réorganisation commerciale globale. Mais pourquoi ces ateliers cessèrent-ils si rapidement leur activité au profit de Montans, de la Graufesenque ?

Le témoignage des amphores est encore moins simple. Jusqu'aux alentours de 50 av. J.-C., le vin (surtout italien) était transporté dans des amphores dites « Dressel 1 ». On a retrouvé de nombreuses épaves chargées d'une telle cargaison, mais ces amphores sont aussi présentes dans des proportions énormes (des centaines de milliers) dans les fouilles terrestres, dans des habitats, près de mines, dans ce qu'on appelle des « *oppida*-marchés » (des lieux de redistribution), etc. Un site proche de Toulouse en livre des quantités gigantesques. Ces amphores « Dressel 1 » furent remplacées par des amphores de forme et de taille différentes, notamment par celles qu'on appelle « Dressel 2-4 ». Or, non seulement le nombre des épaves les transportant retrouvées près des côtes de Gaule méridionale, mais aussi les trouvailles terrestres diminuent brusquement de manière vertigineuse : autrement dit, il arriva en Gaule infiniment moins d'amphores Dressel 2-4 que de Dressel 1. Pourquoi ? Il est possible que de nouveaux « containers » aient été mis en œuvre pour le vin italien, comme des *dolia* (on commence à connaître des épaves où ces grandes jarres formaient l'essentiel de la cargaison, ce qui supposait des transbordements ultérieurs), ou encore des tonneaux, qui ne laissent aucune trace. On vient aussi de trouver des ateliers gaulois qui fabriquaient non seulement des amphores originales (dites « gauloises ») mais aussi des imitations d'amphores italiennes et ibériques – pour y transvaser du vin d'Italie et d'Espagne ou bien pour y mettre leur propre production ?

En fait, les trente ou quarante années qui suivent l'instauration de la *pax romana* ont vu toutes sortes de mouvements dont l'archéologie nous restitue des aspects partiels qui semblent contradictoires ou désordonnés. Tentons de retrouver un minimum d'organisation – ne serait-ce que dans la probabilité.

On ne saurait d'abord parler de rupture en ce qui concerne l'agriculture. La bonification de terres, l'acclimatation de nouvelles cultures, comme la vigne et l'olivier, exigent du temps. De fait, les changements ne deviennent significatifs qu'au milieu du Ier siècle, et encore ne s'agit-il de rien d'exceptionnel : la *Narbonensis* ne devint pas une grande terre à vin ou à huile, loin de là.

En revanche, les flux commerciaux se sont transformés. Une explication a été proposée de la chute vertigineuse du nombre d'amphores italiennes. Elle est d'ordre sociologique : le nouvel « ordre » augustéen aurait mis fin à la tradition celtique des grands banquets offerts par les chefs, ceux-ci étant invités à abandonner les dons en nourriture et en liquide au profit de nouvelles manifestations évergétiques. Pourtant, toutes sortes de convois traversent la *Narbonensis*, d'abord en remontant le Rhône jusqu'à Vienne et Lyon, d'autres en passant de Narbonne à Toulouse et Bordeaux. Des réseaux diversifiés se créent. Un centre céramique comme Montans est lié à Toulouse – et sans doute à un trafic vers l'Atlantique –, tandis que la Graufesenque se rattache davantage au Languedoc, qui redistribue ses produits avec d'autres marchandises.

La trouvaille la plus étonnante de ces dernières années concerne la cité de Vienne. Elle s'étendait sur les deux rives du Rhône. Des fouilles récentes ont mis au jour des entrepôts (*horrea*) dont la superficie est gigantesque par rapport à tous ceux que l'on connaît dans le monde romain : 50 000 m^2 d'emprise au sol (sans compter les étages), plus du double de ceux d'Ostie.

Leur datation est d'époque tibérienne ou claudienne. Même si l'on tient compte du hasard des fouilles – encore que l'on connaisse bien Ostie –, voilà des capacités de stockage extraordinaires. Elles aussi demandent à être interprétées : les marchandises qu'abritaient ces entrepôts étaient-elles destinées à la Gaule intérieure, à la Bretagne, à la Suisse, aux camps du *limes ?* Au contraire, devaient-elles aller vers la Méditerranée et, en particulier, vers Rome (s'agirait-il de magasins de l'*annona,* le service du ravitaillement) ? Les deux hypothèses sont également probables et complémentaires.

De même, les navires du Ier siècle ap. J.-C. qui, depuis l'Ibérie, se dirigeaient vers Narbonne ou Marseille avec des cargaisons de lingots et d'amphores d'huile et de vin, et qui ont sombré à proximité de ces villes avaient-elles pour destination l'Italie ou la Narbonnaise et, au-delà, d'autres buts ?

L'archéologie insiste particulièrement sur les phénomènes commerciaux. Soyons conscients de cette déformation. Mais, par comparaison, il ne saurait être mis en doute que certaines villes de la *Narbonensis* ont joué, au Ier siècle ap. J.-C., un rôle de redistribution éminent. Que les flux se sont intensifiés, à la fois vers la *Comata* et vers la Méditerranée. Cependant, l'essentiel, pour l'existence d'une *civitas*, demeure la relation de la ville à son terroir. C'est elle qui a joué le rôle décisif dans l'évolution de la province.

L'urbanisation

Contrairement à d'autres régions conquises par Rome, le midi de la Gaule connaissait depuis longtemps une tradition de l'habitat groupé que les deux siècles précédents avaient renforcée. Des agglomérations de taille modeste (3 hectares en moyenne) rassemblaient, le plus souvent sur des hauteurs, quelques centaines ou rarement quelques milliers d'habitants, paysans cultivant le terroir proche, artisans, membres de la classe dirigeante. Des éléments d'organisation se manifestaient dans les remparts, certains plans régulateurs, la voirie, comme on le voit par les fouille récentes d'Entremont, Nages, *Ambrussum*, Ensérune, etc. Des monuments publics, de nature énigmatique, avaient la forme de portiques ornés de décors sculptés. L'habitat lui-même associait à des cases simples ou doubles des structures plus développées, autour de petites cours, parfois dotées d'un étage. Peut-être sous l'influence de Marseille et de ses comptoirs, une « proto-urbanisation » avait été mise en œuvre, avec des manifestations de prestige comme des enceintes imposantes, des tours dominant le paysage comme celle de Nîmes, construite dans la seconde moitié du IIIe siècle av. J.-C., et qui fut ensuite transformée en la fameuse « Tour Magne ».

Une des données récentes de l'archéologie urbaine a consisté en la mise en évidence de continuités, affaiblissant les théories classiques des grandes créations romaines *ex nihilo*. Certes, à Fréjus ou à Orange, on n'a pas retrouvé de niveaux pré-augustéens importants sur l'emplacement de la ville romaine. Mais on en a repéré à proximité et, pour la plupart des autres villes, une occupation ancienne est attestée sur les lieux mêmes : les fouilles viennent d'en montrer pour Béziers, Nîmes, Arles, etc. On en trouvera d'autres qui illustreront et généraliseront ce que Strabon écrit de Vienne (IV.1.11) : de simple « village » (aux yeux d'un méditerranéen), elle est devenue ville, et les plus illustres des Allobroges y habitent.

De fait, l'œuvre augustéenne substitua à des centres modestes situés au cœur de terroirs restreints des agglomérations plus importantes : ce fut l'un des buts et l'une des conséquences de la colonisation et de l'attribution précédemment décrite. L'abandon des villages fortifiés (*oppida*) semble avoir été rapide, même si l'on a parfois repéré quelques survivances ou quelques villages nouveaux installés au pied des hauteurs abandonnées. Des villes comme Narbonne, Arles, Vienne témoignent d'un grand dynamisme. Le cas de Vienne est particulièrement frappant : les fouilles récentes ont montré que les quartiers créés sur la rive droite du Rhône (Saint-Romain-en-Gal, Sainte-Colombe), avec des maisons mais aussi des quartiers artisanaux et de somptueux aménagements publics, remontent, non pas, comme on l'avait cru, à la fin du Ier siècle ap. J.-C. mais à la fin du Ier siècle av. J.-C.

Il est vrai que d'autres villes se développèrent plus lentement : Fréjus, carroyée à l'origine sur une cinquantaine d'hectares, mit du temps à occuper la partie au nord de son *decumanus*. Vaison-la-Romaine conserva durant toute l'antiquité de vastes espaces non bâtis. Le *forum* d'Aix-en-Provence ne remonterait qu'à la fin du Ier siècle ap. J.-C. Toutes ces villes, cependant, ont changé d'échelle : l'espace défini pour elles représente au minimum 50 hectares (Arles, Fréjus), il peut en dépasser 200 (Nîmes, Orange, Vienne). Marqué ou non par un rempart, il est déterminé par les nécropoles qui l'enserrent. Or, la plus grande ville pré-romaine, Marseille, n'avait pas excédé 50 hectares, les établissements comme Olbia, Antibes, Agde, qui lui servaient de comptoirs, n'en faisaient pas cinq. Surtout, on voit des travaux d'une ampleur jusqu'alors inconnue se mettre en œuvre : des reliefs tourmentés transformés en terrasses, des terrains instables remblayés et assainis.

L'urbanisation méridionale n'est pas seulement due aux règles institutionnelles qui lient l'ascension sociale, l'élévation des notables à la vie urbaine. Ces règles, à elles seules, n'auraient pas suffi. Ont joué des incitations de toutes sortes comme celles que définit Tacite (*Agric.* 21) pour la Bretagne, celles de hauts personnages (comme Agrippa) et, au premier chef, celles d'empereurs favorisant de grands travaux publics par des dons personnels ou par des faveurs dont l'essentiel nous échappe (exemptions fiscales, par exemple) : ainsi l'inscription de la porte d'Auguste à Nîmes nous apprend que c'est l'empereur lui-même qui a offert à la colonie *muros portasque* (*CIL* XII.3151).

Or, a été récemment mise en lumière la réalisation précoce de « grands programmes monumentaux » liés au culte impérial – particulièrement à celui d'Auguste. De vastes ensembles ont été conçus et réalisés, soit d'un coup, soit progressivement. L'exemple le plus frappant est celui de Nîmes, où la colline du Mont-Cavalier aurait offert une gigantesque mise en scène à un *augusteum* dont la Tour Magne serait le signal et qui, autour de la source pérenne, aurait regroupé sanctuaires, temples, théâtre, jardins, etc., auxquels, en contrebas, dans la ville, aurait répondu le *forum*, organisé selon les mêmes axes, avec pour monument insigne le temple aux Princes de la Jeunesse, C. et L. Caesar, la Maison Carrée. Des forums de grande ampleur avec, outre la place publique, des temples encadrés de portiques fondés sur cryptoportiques, des basiliques, des bâtiments administratifs, etc., pourraient être reconstitués en tout premier lieu à Vienne, à Arles, *Glanum*, etc. Ajoutons des théâtres, souvent de date précoce.

On voit ici la force non seulement du culte impérial mais de ses implications sociologiques, monumentales et financières. La ville est l'expression la plus éclatante d'un univers ordonné et prestigieux, dont le garant est le *princeps*. À cet égard, on peut tenir pour symbolique la trouvaille dans les cryptoportiques d'Arles d'une copie en marbre du *clipeus virtutis* (le « bouclier de la valeur ») que le Sénat romain avait décerné à Octave en 27 av. J.-C. En effet, le forum d'Arles, qui est sans doute l'un des plus anciens de Gaule, de même que d'autres monuments arlésiens (le théâtre, l'arc du Rhône) ou des pièces de sculpture, suggèrent l'activité précoce d'équipes italiennes de haut niveau qui firent de cette ville un foyer dynamique de la romanisation architecturale et artistique de la Narbonnaise.

De manière générale, la précocité des édifices théâtraux, placés comme à Arles ou Orange à immédiate proximité du forum, celle des arcs de triomphe augustéens et tibériens démontrent le rôle donné à la ville, celui de manifester l'appartenance au monde de la civilisation. L'iconographie, en représentant des barbares enchaînés – qu'il est inutile de tenter d'identifier avec précision car ils n'ont qu'une valeur générique – et, par ailleurs, les éléments de la symbolique apollinienne, insiste sur ce passage de la barbarie à la civilisation, de l'incohérence à l'ordre.

Est-ce à dire que les villes de Narbonnaise ont constitué autant de petits univers parfaitement organisés ? L'analyse est rendue difficile par le fait qu'on ne connaît, en Gaule méridionale, aucune ville romaine qui ait été « fossilisée », épargnée par la suite de l'histoire. Partout, les transformations furent nombreuses aux époques médiévales et modernes. Il semble cependant que, parfois du fait de leur passé, souvent en raison de l'irrégularité du relief, les villes méridionales n'ont qu'imparfaitement observé un carroyage rigoureux. Celui-ci n'existe pas à Vienne, coincée entre le Rhône et ses collines. À Nîmes, plusieurs carroyages ont été mis en œuvre depuis la fin de la protohistoire. Vaison-la-Romaine s'est développée avec une grande liberté. Etc.

Surtout, nombre de ces villes ont, en un siècle, subi des modifications – comme il est normal. À Arles, une partie de l'enceinte fut détruite lorsque l'amphithéâtre fut édifié. À Fréjus, les maisons débordèrent sur les rues, et l'enceinte fut partiellement désaffectée pour servir à l'arrivée de l'aqueduc. En plusieurs cas, la construction de nouveaux édifices – particulièrement des thermes – défigura des quartiers. Les entrepôts de Vienne exigèrent la constitution d'une gigantesque terrasse gagnée sur les bords du Rhône.

Enfin, ces villes devaient présenter des diversités étonnantes. L'effort des dirigeants se portant sur les noyaux publics, qui mobilisaient probablement l'essentiel des moyens en spécialistes de l'architecture, en matériaux nobles ou en techniques importées (comme l'*opus caementicium*), des quartiers continuaient d'utiliser des modes de construction hérités de la protohistoire : adobe, murs en pierres sèches ou liés à l'argile. C'est ainsi qu'à Nîmes, à proximité immédiate du sanctuaire de la Source, s'élevait un quartier d'habitations fort semblable à ce qu'on trouvait, au même moment, sur des *oppida* de la région. Parallèlement, des plans importés de vastes maisons à cours ou à jardins sont adoptés – comme à Vaison ou à Vienne – mais mis en œuvre – parfois approximativement – selon des techniques de pierres sèches ou de pan de bois. À Fréjus, colonie romaine, les maisons augustéennes et tibériennes (destinées aux colons ?) n'offrent que des dimensions restreintes : trois pièces devant une cour. Pourtant, un peu partout en Narbonnaise, on observe la rapide diffusion des motifs des mosaïques et des peintures murales : après une apparition timide du « deuxième style pompéien » à *Glanum*, le « troisième style » gagne la vallée du Rhône et diffuse les nouveautés mises à la mode à Rome vers 15 av. J.-C. Donc, là encore, comme pour l'économie, des dynamiques, des tensions, des différences qu'il serait artificiel d'unifier et de rapporter à un modèle unique.

Même si le mouvement fut plus lent et moins homogène qu'on ne le dit souvent, l'urbanisation du Midi à cette époque constitua un phénomène irréversible. Certes, des agglomérations secondaires, souvent dotées d'un passé, se développèrent : autour d'un sanctuaire (comme *Glanum* ou Die), sur un nœud routier ou un passage important (*Ugernum :* Beaucaire), ou pour rééquilibrer, dans un vaste territoire, une capitale excentrée : Grenoble, Annecy, Genève chez les Allobroges, Gap et Sisteron chez les Voconces. Mais les capitales augustéennes sont à l'origine de presque toutes les grandes villes méridionales, de Toulouse à Antibes. Certaines, dès les débuts du Ier siècle ap. J.-C., présentaient une forte édilité publique (*fora*, temples, édifices de spectacle, parfois enceintes) : Narbonne, Nîmes, Arles, Vienne, sans doute Orange. D'autres montraient un urbanisme plus clairsemé, et beaucoup de leurs monuments sont dus au Flaviens (Vaison, Fréjus, Aix). Mais l'essentiel remonte à l'époque augustéenne.

La première urbanisation a donc provoqué un grand mouvement. Le dynamisme de certaines villes, sous l'impulsion de l'empereur ou de notables, a attiré architectes, décorateurs, sculpteurs, s'entourant d'équipes et de main d'œuvre régionales. Autant d'éléments demeurant dans les villes, y appelant à leur tour commerces et services. Ces monuments n'étaient pas seulement des architectures : ils étaient le cadre d'une nouvelle sociabilité et d'un nouveau genre de vie.

Ne séparons cependant pas villes et campagnes, dont tout nous montre la relation très stricte, ne serait-ce que par les « couronnes » de *villae* repérées autour de certaines villes (Béziers, par exemple), par la présence des notables attestée dans leurs domaines (comme les *Domitii* sur leurs terres proches d'Aix-en-Provence) et par des dédicaces de magistrats ou de *seviri augustales* dans les campagnes. Le nouveau mode d'existence passe par la vie partagée des notables urbains entre la ville et la campagne. C'est peut-être là le signe le plus évident de la diffusion des mœurs italiennes.

Une nouvelle culture ?

Alors même que Rome avait conquis la *provincia* en 124-123, l'usage – même officiel – de la langue latine n'a laissé aucune trace avant l'époque césarienne (*ILS* 884 : inscription de Valence se rapportant vraisemblablement à L. Nonius Asprenas) et, en fait, il faut attendre l'époque augustéenne pour que les inscriptions de langue celtique mais utilisant l'alphabet grec (inscriptions dites « gallo-grecques ») laissent la place à l'épigraphie latine. Particulièrement étonnant, le cas de Narbonne, fondée en 118 av. J.-C. : les deux inscriptions les plus anciennes (*CIL* XII.4338 et 4339) ne remontent qu'à la fin du Ier siècle av. J.-C. !

Pourtant, la diffusion du latin semble avoir connu, dès l'époque augustéenne, une forte extension. Elle n'étonne pas dans les hautes sphères de la société, où elle a favorisé l'ascension de célèbres orateurs comme Domitius Afer de Nîmes ou Voténius Montanus de Narbonne, de poètes comme Varro Atacinus (Varron de l'Aude) ou des historiens comme Trogue-Pompée. Le développement de l'épigraphie est, lui aussi, lié aux élites mais on ne saurait le concevoir si les inscriptions n'étaient pas intelligibles à une grande partie du corps social : sans doute, comme les compagnons de Trimalcion (Pétrone *Sat.* 58), les gens des villes savaient lire les inscriptions (*litterae lapidariae*), de même qu'ils devaient reconnaître les signatures ou les formules sur les produits céramiques (sinon, un contrefacteur de la Graufesenque n'aurait pas écrit *verum vas arretinum*, « vrai produit d'Arezzo », sur ses vases). Bien plus, dès le règne d'Auguste, des graffiti en latin apparaissent sur des assiettes ou des bols, gravé au stylet ; ce sont souvent deux ou trois lettres (des initiales de propriété) mais parfois aussi des phrases en cursive (par exemple, à Vaison : *Flacci Nemo Attlerit :* « j'appartiens à Flaccus, que personne ne mette la main sur moi », période augustéenne). Les fameux comptes d'enfournement de la Graufesenque, à partir de 40 ap. J.-C., utilisent l'écriture qu'on trouve à Pompéi. Même au cœur des campagnes, des inscriptions de notables (comme à Saint-Vincent-de-Gaujac, dans le Gard) attestent la diffusion du latin à date haute. Renforcée par les actes administratifs et par les spectacles, l'expansion de la langue et d'une culture écrite minimale constitue un phénomène de première importance. Qu'en fut-il du gaulois ? Il n'est désormais attesté que dans l'onomastique, la toponymie et par de rares graffiti sur poteries.

On sait également l'importance que présentent, dans tout processus d'« acculturation », les rites funéraires. Il est donc capital d'observer la très rapide adoption des pratiques romaines. Certes, l'incinération s'était depuis longtemps généralisée en Transalpine mais jusqu'à l'époque augustéenne on ne saurait parler d'homogénéité des tombes et des rites, sinon dans des régions bien déterminées (la basse vallée du Rhône, par exemple). De plus, le faible nombre de sépultures retrouvées (moins de 200 de Narbonne à Nice pour les IIe et Ier siècles av. J.-C.) laisse supposer une dispersion et donc des habitudes qui nous échappent. Or, dès l'ère augustéenne, se constituent des nécropoles à la limite des villes, au bord des routes, organisées et hiérarchisées : mausolées ou édicules regroupés, tombes individuelles, marquées par une stèle, dispersées sur un espace plus vaste (qui sera, après 50 ap. J.-C., distribué en enclos). Parallèlement, de grands mausolées ruraux scandent le paysage, et l'on voit de petites nécropoles observer le tracé des centuriations (par exemple à *Augusta Tricastinorum*, Saint-Paul-trois-Châteaux). En dépit de quelques variantes régionales, les offrandes, les superstructures de la tombe, la présence d'*ustrina* (lieux de crémation) attestent de profondes modifications. Quant au décor sculpté, lorsqu'il s'en présente, il renvoie à tel point à des modèles italiens qu'on a supposé l'existence, dès le Ier siècle av. J.-C., d'ateliers itinérants offrant aux grands notables des sépultures dignes d'eux, au premier rang desquelles le fameux mausolée des *Julii* de *Glanum*. Mieux vaut considérer des pièces plus nombreuses, fragments de petits monuments de Narbonne, Arles, Fréjus, etc., ou les premières épitaphes, pour y trouver d'incontestables références à l'Italie.

Enfin, le culte impérial. Nous n'avons aucune attestation semblable à celles qui concernent l'Orient ou, en Occident, Tarragone pour sa création officielle. Mais des inscriptions de Nîmes le laissent supposer dès 25 av. J.-C. dans le cadre du sanctuaire de la Source, qui recevra un cadre monumental à partir de 20-10 av. J.-C. ; à *Glanum*, deux temples furent sans doute consacrés à Rome et à Auguste à peu près à la même date. La Maison Carrée de Nîmes, le temple d'Auguste de Vienne, les portraits d'Auguste, de ses parents et de ses successeurs : autant d'éléments qui attestent le développement précoce et intense de ce culte dans le cadre des cités, notamment des plus dynamiques.

On doit insister sur la documentation fournie par la ville de Narbonne : un autel dédié à la *Pax Augusti*, vers 25 av. J.-C., par un particulier ; deux inscriptions prouvant le développement précoce du culte des *Lares Augusti*, et enfin le fameux autel rappelant le vœu perpétuel au *numen* d'Auguste fait en 11 ap. J.-C. par la *plebs Narbonensium* (*i.e.* les citoyens n'appartenant pas à l'*ordo* municipal), vœu qui instituait un autel sur le forum et un culte célébré cinq fois par an.

Ce culte impérial impliquait des structures (des flaminats et, à partir de Tibère, l'organisation des *Augustales* dont l'ascension fut prodigieuse à Narbonne et à Nîmes), qui jouaient un rôle direct dans l'intégration sociale. Il occasionnait des évergésies nombreuses et coûteuses, des cérémonies qui soudaient le corps de chaque cité et l'invitaient à rivaliser avec les cités voisines. Qu'un culte provincial n'ait été institué que plus tard confirme l'importance des *civitates*.

Des cadres politiques neufs assez rapidement mis en œuvre (les institutions collégiales « à la romaine » sont en place partout – sauf chez les Voconces, cité fédérée – au plus tard sous Tibère) ; le droit d'accès aux magistratures de Rome accordé à tous les citoyens romains de la province dès 14 ap. J.-C. ; des monuments publics, des maisons de type italien, un peuple de statues qui commence à envahir les places, les rues, les nécropoles.

Plusieurs milliers de familles, majoritairement italiennes, déduites en Transalpine par diverses vagues de colonisation. Des centres urbains, capitales de *civitates,* constitués au détriment des anciens *oppida.* Les campagnes cadastrées, beaucoup de champs changeant de propriétaires et, progressivement, de cultures. Nul doute : des changements inouïs se sont produits. Tout au plus peut-on apporter quelques nuances en constatant la survie de quelques habitats ou de techniques traditionnelles, en montrant que ces phénomènes s'atténuent lorsque l'on quitte les grandes plaines, le littoral ou la vallée du Rhône pour s'enfoncer dans les montagnes, mais il serait dérisoire de nier le bouleversement. *Italia verius quam provincia :* l'expression de Pline ne cesse de trouver les illustrations qui la renforcent. Ce qui est bien normal : il en savait plus que nous.

Les Trois Gaules

Après avoir constitué depuis César une province unique, l'ancienne *Gallia Comata* fut divisée en trois provinces par Auguste, probablement en 27 av. J.-C. Divers passages de Strabon (IV, 1, 1 ; IV ; 3, 1 ; IV, 4, 3) prouvent que, si l'Aquitaine reçut dès cette époque sa forme définitive (de la Loire au Pyrénées), il n'en fut pas de même pour la Belgique et la Lyonnaise *:* celles-ci s'étendaient d'ouest en est, parallèlement, la *Belgica* regroupant notamment tous les peuples baignés par la Manche et la mer du Nord, la *Lugdunensis* ceux qui s'étendaient « depuis le milieu des plaines » jusque, au sud, le cours de la Loire puis le cours supérieur du Rhône. De cette distribution initiale a survécu la limite entre les districts militaires de *Germania inferior* (correspondant à la *Belgica*) et de *Germania superior* (*Lugdunensis*). Une modification survint à une date inconnue (aux débuts du règne de Tibère ?), qui attribua à la *Belgica* toute la part nord-est de la Gaule et le reste à la *Lugdunensis*. (*Sur ces questions, voir ci-après l'article « Problèmes d'histoire et de géographie »*).

Cette évolution montre que, dans un premier temps, l'organisation provinciale s'est faite de manière arbitraire, en suivant une conception géographique rudimentaire : il s'agissait de créer trois provinces de taille à peu près équivalente. La transformation du schéma initial peut tenir au poids pris depuis 27 par la frontière du Rhin et par les problèmes germaniques. Il n'est pas sûr non plus que Reims, citée par Strabon comme capitale de la *Belgica* (IV, 3, 5) ait conservé ce rang après la refonte. Du coup, à part Lyon, capitale de la *Lugdunensis*, nous n'avons aucune certitude pour les chefs-lieux de la Belgique et de l'Aquitaine : pour cette dernière, Saintes, puis Poitiers et plus tard Bordeaux ? Le nombre des *civitates* n'est pas non plus certain, car les textes ne concordent pas, oscillant de 60 à 64, et des problèmes concernent notamment la partie méridionale de l'Aquitaine. Cependant, la plupart de nos sources attestent que ces *civitates* ont respecté l'implantation des peuples protohistoriques. Les rares exceptions concernent les Bituriges Vivisques – qui auraient pu être installés dans la région bordelaise dans la seconde moitié du Ier siècle av. J.-C., par prélèvement de population sur les Bituriges Cubes (autour de Bourges, *Avaricum*), les Tricasses (autour de Troyes, *Augustobona*) peut-être séparés des Sénons par Auguste, et enfin les Silvanectes sans doute détachés des Suessions par Claude.

Trois provinces équilibrées, comprenant chacune de grands peuples au passé prestigieux et aux territoires fertiles. On s'attendrait donc à un développement parallèle, d'autant plus que l'un des poncifs de la littérature et des discours officiels de Rome insiste sur l'incroyable richesse de la Gaule. Or, l'image que nous donnent les sources archéologiques est, au contraire, celle de profondes différences.

Le poids des événements

On ne peut que deviner certaines conséquences de la guerre des Gaules et de la politique césarienne : des centaines de milliers de morts ou de prisonniers réduits à l'état d'esclaves, la déchéance ou la confiscation des biens de nombreux chefs et de leur parenté au profit de ceux qui avaient soutenu César au sein de leur propre peuple ou à l'extérieur. Cette « redistribution » des pouvoirs et des richesses explique l'attachement personnel des nouveaux chefs gaulois au dictateur et leur empressement à la rejoindre lorsqu'il les convoqua *nominatim* lors de la guerre civile (*BC* I.39 : *ex omnibus civitatibus nobilissimo et fortissimo quoque evocato*). D'autre part, les mesures générale savaient été pondérées : un tribut mesuré, le respect de l'intégrité des territoires, pas d'entreprise coloniale (sinon chez les Helvètes, *Noviodunum*).

La mort de César avait entraîné à Rome la crainte d'un *tumultus gallicus* (Cic. *Att.* XIV.1). Il ne se produisit pas, mais la correspondance de Cicéron nous montre, dans les mois qui suivirent, L. Munatius Plancus – gouverneur de la *Comata* – ou encore Décimus Brutus chercher à s'attacher les *principes Galliae* (au prix de quelles promesses ?). Après quoi, nos sources ne contiennent que de brèves mentions concernant des soulèvements : en 39-38 av. J.-C. (Appien *BC* V.75.318), ce qui justifia l'arrivée d'Agrippa dont on sait qu'il vainquit les Aquitains (*Id.* V.92.386) mais aussi qu'il eut à franchir le

Les Trois Gaules, répartition en provinces et en civitates.

Civitates	Capitales
Abrincates	*Ligedia* Avranches
Ambiens	*Samarobriva* Amiens
Andécaves	*Juliomagus* Angers
Arvernes	*Augustonemetum* Clermont-Ferrand
Atrébates	*Nemetacum* Arras
Ausques	*Eliberris* Auch
Baiocasses	*Augustodurum* Bayeux

Civitates	Capitales
Bellovaques	*Caesaromagus* Beauvais
Bituriges	*Avaricum* Bourges
Bituriges Vivisques	*Burdigala* Bordeaux
Boïens	?
Cadurques	*Divona* Cahors
Calètes	*Juliobona* Lillebonne
Carnutes	*Autricum* Chartres
Cénomans (Aulerques)	*Vindinum* Le Mans
Convènes	*Lugdunum Convenarum* St-Bertrand-de-Comminges
Coriosolites	*Fanum Martis* Corseul
Diablinthes (Aulerques)	*Noviodunum* Jublains
Éburoviques (Aulerques)	*Mediolanum* Évreux
Éduens	*Augustodunum* Autun
Élusates	*Elusa* Éauze
Ésuviens	*Sagii* Sées
Gabales	*Anderitum* Javols
Helvètes	*Aventicum* Avenches (plus colonies : *Augusta Rauricorum*, Augst et *Noviodunum* Nyon)
Lémoviques	*Augustoritum* Limoges
Leuques	*Tullum* Toul
Lexoviens	*Noviomagus* Lisieux
Lingons	*Andemantunnum* Langres
Lugdunum	colonie hors province
Médiomatriques	*Divodurum* Metz
Meldes	*Iatinum* Meaux
Ménapes	*Castellum Menapiorum* Cassel
Morins	*Tarvana* Thérouanne
Namnètes	*Condevicnum* Nantes

Civitates	Capitales
Nerviens	*Bagacum* Bavay
Nitiobriges	*Aginnum* Agen
Osismiens	*Vorgium* Carhaix
Parisii	*Lutetia* Paris
Pétrocores	*Vesunna* Périgueux
Pictons	*Limonum* Poitiers
Redons	*Condate* Rennes
Rèmes	*Durocortorum* Reims
Rutènes	*Segodunum* Rodez
Santons	*Mediolanum* Saintes
Ségusiaves	*Forum Segusiavorum* Feurs
Sénons	*Agedincum* Sens
Séquanes	*Vesontio* Besançon
Suessions	*Augusta Suessionum* (la *civitas* fut divisée au profit des Silvanectes, cap. *Augustomagus,* Senlis)
Tongres	*Aduatuca* Tongres
Trévires	*Augusta Treverorum* Trèves
Tricasses	*Augustobona* Troyes
Turons	*Caesarodunum* Tours
Unelli	*Crociatonum* Carentan
Vasates	*Cossium* Bazas
Veliocasses	*Rotomagus* Rouen
Vellaves	*Ruessio* St-Paulien
Venètes	*Darioritum* Vannes
Viducasses	*Aregenua* Vieux
Viromanduens	*Augusta* St-Quentin

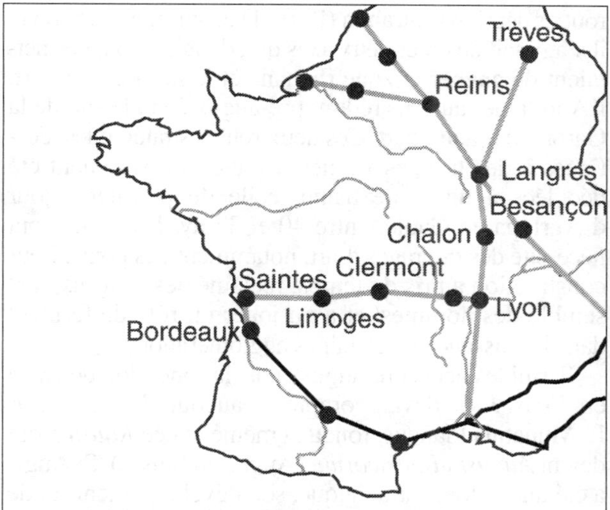

Schéma du réseau d'Agrippa d'après Strabon
Voies précédentes

Rhin (Dion, XLVIII.49). Révolte générale, soulèvements limités ? Il est vraisemblable que seules étaient en cause la région pyrénéenne, qui fit également l'objet d'une campagne de M. Valérius Messala peu après 30 av. J.-C. (Tibulle 1.7.11) et, d'autre part, la région nord-est où les mentions conservées concernent les Morins, les Suèves et les Trévires. Les triomphes remportés *ex Gallis* ou *ex Gallia* ne signifient en rien des victoires sur l'ensemble des peuples gaulois. A ces agitations endémiques des Aquitains, les campagnes d'Auguste sur les Pyrénées mirent un terme en 13 av. J.-C. ; celles sur le Rhin devaient réclamer des efforts plus longs.

Ces troubles dans le nord-est et le sud-ouest expliquent la conception puis la mise en œuvre du réseau routier décrit par Strabon (IV.6.11) et attribué à Agrippa : il s'agissait de créer deux axes qui, depuis Lyon, permettaient de gagner la zone rhénane et le nord d'une part, l'Aquitaine (au sens réduit, pré-augustéen : le sud de la Garonne) d'autre part. Ces deux routes stratégiques, destinées à des troupes venues d'Italie, ont sûrement été décidées à une date haute, celle du premier séjour d'Agrippa en Gaule, entre 40 et 37 av. J.-C. Elles ont nécessité des ouvrages d'art, notamment des ponts. Leur construction a pris du temps, réclamé des moyens, rassemblé des hommes, et a pu jouer un rôle de ferment dans la naissance de certaines agglomérations.

Parmi les actes pré-augustéens, la fondation de Lyon en 43 av. J.-C. devait compter beaucoup. Le *deductor*, L. Munatius Plancus, fonda la même année *Raurica* qui devint *Augusta Rauricorum* (Augst, en Suisse). Si Augst a été une colonie stratégique, son développement fut de beaucoup inférieur à celui de Lyon qui, en peu d'années, assuma un rôle essentiel : plaque tournante du réseau routier d'Agrippa, puis capitale de la *Lugdunensis*, siège d'un atelier monétaire et proche du sanctuaire confédéral des Trois Gaules.

Sous le règne d'Auguste, les principaux événements – si l'on excepte ceux d'Aquitaine – concernent les Germanies et les frontières orientales, où se concentrent les troupes. Est-ce à dire que le reste du pays était entièrement pacifié ? Faute de textes, divers auteurs ont voulu voir dans l'abondance en tel ou tel lieu de céramique arétine ou de monnaies gauloises frappées à cette époque l'indice de la présence de troupes. Quelques installations militaires ont été repérées en Saintonge (Aulnay), près de Dijon (Mirebeau) et sur l'axe Reims-Soissons-Amiens (Arlaines, notamment) ; malheureusement, leur datation est incertaine, peut-être tibérienne voire nettement postérieure. Tout laisse à penser que la *pax augusta* régna sur les Trois Gaules, en dépit des opérations de recensement lancées en 27 et 12 av. J.-C., puis en 14 ap. J.-C., en dépit aussi des abus de personnages comme C. Julius Licinus (Dion, LIV.19.6) vers 16 av. J.-C. Les théories formulées à partir des fouilles de Stradonitz, en Bohème, selon lesquelles de nombreux Gaulois se seraient volontairement exilés pour suivre Marbod (Velléius Paterculus II.108-109) en 12 av. J.-C., dont le royaume s'écroula en 19 ap. J.-C., surinterprètent probablement les trouvailles.

La grande affaire du Ier siècle pour certains historiens, c'est la révolte de 21 ap. J.-C., décrite par Tacite (*Ann.* III.40.sq.) et à laquelle Velléius Paterculus consacre quelques lignes (Vell. II.129). Le récit de Tacite est des plus romanesques : deux descendants des plus nobles des Gaulois agitent, dans des réunions secrètes, à la fois des criminels et des impécunieux. Les Andécaves (autour d'Angers) et les Turons (cité de Tours) se soulèvent les premiers et sont écrasés. Julius Florus, avec des Trévires, et Julius Sacrovir, avec des Éduens armés tant bien que mal, succombent à leur tour avec une égale facilité. Velléius et Tacite se rejoignent pour indiquer que « le peuple romain apprit qu'il était vainqueur avant de savoir qu'il était en guerre », mais, pour le premier, c'est un éloge de Tibère, et pour le second une grave critique : le Sénat de Rome avait été tenu dans l'ignorance et, d'autre part, la révolte provenait du poids des impôts, de l'usure, de la politique désastreuse menée par les gouverneurs.

Cet épisode pèse lourdement sur l'historiographie de la Gaule. Outre qu'on lui attribue des destructions repérées par l'archéologie (par exemple, des couches d'incendie dans l'Est), toutes sortes de conséquences sociologiques en sont tirées. Ou bien ce serait la dernière révolte des *equites* issus de la Guerre des Gaules – qui allaient laisser place à une nouvelle classe dirigeante, celle des artisans et des commerçants –, ou bien, au contraire, c'était une tentative pour casser le pouvoir de ces *equites* dont les fils se trouvaient dans les écoles d'Autun et que Julius Sacrovir prit en otage. Ces thèses ne sont pas crédibles : Tacite lui-même (*Hist.* IV.68.69) montre l'action, en 69 ap. J.-C., des aristocraties gauloises, obsédées par leurs privilèges et leurs statuts. En fait, l'épisode de Florus et Sacrovir atteste surtout l'incapacité de ces deux notables à mobiliser leurs égaux : tout juste obtinrent-ils, grâce aux otages d'Autun, leur neutralité. Les dirigeants gaulois étaient impliqués dans les structures romaines, seule une infime minorité prit les armes.

Le règne de Claude renforça l'activité sur les frontières du Rhin, où deux opérations devaient avoir d'importantes conséquences économiques : le creusement d'un canal entre le vieux Rhin et la Meuse et, en 50, la fondation de la *colonia Ara Ubiorum Agrippinensis*, Cologne. De même, la conquête et la colonisation du sud de la Bretagne devaient vivifier les échanges avec la Gaule, spécialement avec les régions occidentales. L'activité et l'influence de Claude se marquent dans tous les domaines : construction de routes, développement urbain, renforcement de centres secondaires (*Forum Claudii :* Martigny en Suisse, et Aime en Tarentaise), vive incitation à l'évergétisme monumental. Les relations entretenues par l'empereur avec les notables gaulois se sont traduites par son fameux discours au Sénat (Tac. *Ann.* XI.24 ; *CIL* XIII.1668) dans lequel il proposait d'accorder aux Gaulois dotés de la citoyenneté romaine l'accès au Sénat et aux magistratures de Rome. Les résistances furent vives et, dans un premier temps, seuls les Éduens, les plus anciens alliés de Rome, furent admis au bénéfice de cette mesure. Voilà qui démontre la différence que faisaient les milieux sénatoriaux entre les *Tres Galliae* et la *Narbonensis* (dotée de ce droit depuis 14).

Du règne de Néron, ne nous sont parvenues que des mentions anecdotiques (la statue géante de Mercure élevée par les Arvernes, l'incendie de Lyon en 65), à l'exception d'un recensement général (Tac. *Ann.* XIV.46.2).

De ce rapide survol, on peut tirer quelques conclusions.

Durant la plus grande partie de notre période, l'essentiel des événements s'est passé dans le nord-est, où se trouvent légions et auxiliaires, des dizaines de milliers d'hommes – l'équivalent de la population cumulée de nombreuses villes –, une force d'attraction économique énorme, une force « politique » également en ce sens que les empereurs et les membres de la famille impériale s'y rendirent souvent. L'autre région touchée, à date haute, par des opérations militaires, ce fut l'Aquitaine – au sens étroit : au sud de la Garonne. La construction du réseau d'Agrippa, très tôt décidée mais œuvre de longue haleine, privilégiait également le nord-est et le sud-ouest. Enfin, le lien très fort établi depuis César entre les aristocraties « juliennes » et le pouvoir impérial ne montre aucun signe de relâchement.

Innovations et pesanteurs

Lorsque l'on veut évaluer l'impact de la conquête et de la mise en place de nouveaux cadres, on se heurte à une difficulté majeure : l'absence à peu près générale, sur tous les sites qui allaient devenir des agglomérations gallo-romaines, de niveaux datables entre la fin de la guerre des Gaules et 20 av. J.-C., voire encore plus récents. Les exemples les plus frappants sont fournis par les trois colonies fondées par César et par Plancus : Nyon (*Colonia Julia Equestris*), où les fouilles n'ont rien trouvé d'antérieur à 15 av. J.-C., Augst (*Augusta Raurica*) où les premiers niveaux sont de la fin du règne d'Auguste, Lyon enfin où ils se situent aux environs de 30-20 av. J.-C. À Trèves, la dendrochronologie a daté de 30 av. J.-C. les premier baraquements du Pétrisberg, mais on manque du matériel correspondant. Les exceptions sont rares et souvent ambiguës : quelques trouvailles sporadiques à Reims où sont attestées deux enceintes faites d'un fossé et d'une levée de terre, des traces d'habitat à Metz, des milliers de monnaies gauloises à Langres ; à l'opposé, dans le sud-ouest, les fouilles de « Ma Maison » à Saintes, ont fourni des tessons de 40-30 av. J.-C.

Devons-nous croire que les premières agglomérations ont mis du temps avant d'être installées ? En fait, il faut se méfier de l'argument *ex silentio* pour deux raisons. D'abord, parce que l'archéologie urbaine est née très récemment en France. Ensuite, parce que les niveaux stratigraphiques de référence pour ces époques hautes, ce sont essentiellement les camps romains, et que les plus anciens qui aient été explorés sont postérieurs à 20 av. J.-C. (Neuss, à partir de 19 av. J.-C. ; Dangstetten : 15-9 ; Rödgen : 12-9 ; Oberaden : 11-9 ; Haltern : 7 av. J.-C.-9 ap. J.-C. ; etc.), si bien que les archéologues sont souvent démunis pour dater du matériel postérieur à 50 et antérieur à 20 av. J.-C., surtout s'il ne comporte pas de céramique importée. L'état de la recherche est donc susceptible d'évoluer rapidement.

Ce n'est qu'à partir du règne d'Auguste (déjà avancé) que l'ont peut suivre la naissance du phénomène urbain, car il n'est presque aucun emplacement de ville qui ne livre, par exemple, des tessons de céramique arétine puis de *terra sigillata* gallo-romaine précoce. Au sein de ces établissements, plusieurs catégories doivent être distinguées. D'abord, à part, le cas de Lyon et celui d'Autun.

Lyon connaît, à partir de 20 av. J.-C., un développement prodigieux. Bien qu'elle n'ait sans doute pas été ceinte d'un rempart, la colline de Fourvière se couvre d'habitats, un théâtre y est construit avec de la pierre extraite de carrières du Midi (notamment de *Glanum*), et probablement un *forum*. Des ateliers artisanaux se créent soit sur la colline soit aux environs. Des succursales des grandes fabriques de céramique d'Arezzo, de Pise, d'Italie du nord, s'y implantent, qui vont fournir les camps romains. Mieux encore, on y fabrique, dès l'époque augustéenne, des amphores reproduisant le type « Dressel 2-4 » et quelques autres. Lyon sert de centre de redistribution aux produits méditerranéens (vin, huile, *garum*) à destination de la Suisse, de la Moselle, du Rhin – sans préjuger de la Gaule centrale et occidentale. La création du sanctuaire confédéral à Condate en 12 av. J.-C. multiplie évergésies et équipement monumental : l'amphithéâtre, offert par des notable de Saintes, est dédié en 19 ap. J.-C. Bref, une métropole politique, religieuse, économique, à la parure monumentale éclatante. Les premières maisons, à pans de bois, comportent plusieurs pièces, des sols en « terrazzo » et des enduits peints directement inspirés des modes de Rome.

Le cas d'Autun est différent. La capitale protohistorique du peuple des Éduens était Bibracte, sur la colline du Mont-Beuvray, à une vingtaine de kilomètres. Il y eut donc déplacement à Autun, et le transfert de population fut assez rapide car le matériel trouvé à Bibracte n'excède guère le changement d'ère. Le nom d'*Augustodunum* traduit la volonté d'Auguste d'accorder aux plus anciens alliés de Rome sa faveur personnelle, dont témoignent bien d'autres marques : le seul rempart de cette époque pour les Trois Gaules, scandé de tours et orné de quatre portes monumentales, une superficie d'environ 200 hectares, l'installation des fameuses « universités » pour les jeunes nobles de toute la Gaule, l'école de gladiateurs, etc. Création *ex nihilo*, régulièrement carroyée dès l'origine, c'est la « ville vitrine » par excellence. Vivant de la présence en son sein des notables dont la richesse se fondait sur la terre, attirant de nombreux artisans de par sa position au carrefour de voies naturelles, probablement dotée d'un grand prestige religieux (comme l'atteste le quartier sacré autour du « Temple de Janus »), la ville n'est pas en prise directe sur les grands courants économiques, qui font vivre au contraire Mâcon et Chalon. Son développement précoce est de type « volontariste », fondé sur l'intégration des élites et sur une aide efficace (exemptions ? dons ?) des autorités de Rome.

Pour les autres villes de Gaule, la situation et très diverse. En Suisse, des carroyages stricts sont mis en place dès l'origine, peu à peu occupés par des constructions de bois et de terre, avec des réserves pour les espaces publics mais de rares monuments (une enceinte partielle et un théâtre à Augst, un bâtiment basilical à Nyon). S'agit-il là des conséquences du statut colonial d'Augst et de Nyon – qui purent influencer d'autres centres comme Avenches ?

Le réseau routier dut également jouer un rôle. Depuis peu, des fouilles engagées dans des villes situées sur la route du sud-ouest ont mis au jour des niveaux et des carroyages augustéens – ainsi à Limoges, peut-être à Clermont-Ferrand – dont les noms (*Augustoritum, Augustonemetum*), à eux seuls, laissaient supposer une date haute ; voilà qui confirmerait les découvertes de Feurs (*Forum Segusiavorum*) : une trame urbaine augustéenne, un forum peut-être datable des environs de 10-20 ap. J.-C., et un théâtre en bois signalé par une inscription

(*CIL* XIII.1642). Donc, en dépit du règlement rapide du problème aquitain, la route du Sud-Ouest dut être un facteur d'urbanisation.

Il en alla de même dans le Nord-Est et l'Est. C'est le réseau routier qui est à la base du développement de Langres, Metz, Trèves, Amiens, et même de localités moins importantes (comme Bavai). La précocité et l'importance de ces centres se cumulent lorsque le nœud routier qu'ils forment est situé sur une voie d'eau. Amiens, par exemple, reçut une organisation fondée sur le *pes drusianus*, couvrant une quarantaine d'hectares avec constructions de bois et de torchis ; il en allait sans doute de même pour Trèves, Metz, peut-être Reims. Des artisanats sont attestés, mais nulle trace de monuments publics.

Partout ailleurs, des situations originales, souvent difficiles à appréhender. Parmi les villes du Sud-Ouest, la mieux connue est Saintes (*Mediolanum Santonum*), célèbre par la famille des *Julii* issue du gaulois Epotsoviridus dont l'arrière-petit-fils, C. Julius Rufus, dédia l'amphithéâtre des trois Gaules et, dans sa cité, l'arc de Germanicus en 18 ou 19 ap. J.-C. Or, l'agglomération augustéenne se présentait de manière désordonnée, avec des rues tortueuses, des cellules de 20 à 30 m^2 construites en bois et en torchis, servant à l'habitat comme aux ateliers artisanaux.

À Bordeaux, l'« emporion » protohistorique occupait au maximum 5 à 6 hectares sur un promontoire entouré de zones instables en bordure de la Garonne. La conquête romaine ne changea rien jusqu'au début de l'ère chrétienne. Vers la fin du règne d'Auguste et les débuts de celui de Tibère, la ville gagna sur les terrains périphériques jusqu'à couvrir 12 à 15 hectares, avec un début d'organisation régulière et l'emploi de techniques romaines – mais sa grande extension ne devait commencer qu'avec le milieu du siècle. De telles constatations pourraient être étendues à de nombreuse villes, de Poitiers ou Périgueux jusqu'à Avenches ou Trèves. Et nous ne pourrions signaler que de très minces vestiges en Bretagne, Normandie, dans les Pays du Val de Loire, etc.

Autrement dit, faut-il se représenter beaucoup des chefs-lieux des *civitates* des Trois Gaules comme des espaces peu peuplés, vaguement organisés, avec quelques noyaux de bâtiments publics (en bois ?), quelques commerces, des artisans et des habitations proches des techniques protohistoriques ? La documentation le suggère.

Pour nuancer ce tableau, il faut tenir compte de l'épigraphie et des éléments d'architecture. Là encore, nous sommes renvoyés vers la Suisse, le Nord-Est et le Sud-Ouest. Un temple d'Auguste, voué par Drusus en 9 av. J.-C., est signalé à Langres par un texte. Des hommages épigraphiques ou monumentaux aux princes de la Jeunesse sont attestés à Lyon, à Sens, à Trèves, un cénotaphe à Reims ; Bavai (*Bagacum*) salue en 4 av. J.-C. l'*adventus* de Tibère. À Saintes et à Périgueux, des colonnes et des chapiteaux renvoient à des modèles romains de la fin du Ier siècle av. J.-C. En Suisse, des sculptures régionales ou importées se diffusent à partir du règne d'Auguste. N'oublions pas enfin que de nombreux bâtiments (basiliques, théâtres, amphithéâtres) ont pu être construits en bois, à l'instar de ceux que l'on connaît dans des camps militaires, et ne laisser aucune trace. Il reste cependant qu'à de rares exceptions près, les Trois Gaules augustéennes ne se sont pas couvertes d'une foison de villes dotées de monuments publics. Le décalage est frappant par rapport à la *Narbonensis*.

Dans les villes que nous venons de citer, l'époque tibério-claudienne (quarante années) a correspondu à l'accroissement de la superficie et de l'équipement monumental. Voirie régularisée, passage aux constructions en maçonnerie en beaucoup de lieux (notamment en Suisse), construction des premier axes (Saintes, Poitiers, Lutèce ?), amphithéâtres (Périgueux, où il est l'œuvre de trois générations d'*Auli Pompeii*, le premier au c*ognomen* Dumnomotus ; Saintes, peut-être Senlis), thermes publics, aqueducs, agrandissement des maisons, diffusion des fresques murales inspirées du « troisième style » pompéien, etc. À Lyon, le plateau de la Sarra est remodelé pour permettre la construction d'un temple, entouré de portiques sur cryptoportiques, dédié à la famille impériale (site du Verbe Incarné) ; une fontaine monumentale, dédiée à Claude, reçoit les eaux d'un nouvel aqueduc ; la presqu'île entre Rhône et Saône fait l'objet de travaux gigantesques d'assainissement pour accueillir des quartiers commerçants et des habitations.

Surtout, de nouvelles agglomérations apparaissent ou prennent une ampleur digne de ce nom, en raison du désenclavement de nombreuse régions et particulièrement de l'Ouest. Le règne de Claude correspond à de grandes entreprises routières, et voit notamment l'équipement du Val de Loire et des renforcements régionaux dans le Nord, dans le Centre, en Armorique, Normandie, etc. La conquête de la Bretagne dynamisa le littoral, de même que date de cette époque le grand essor de Poitiers, de Bordeaux ou le développement de Tours, Bourges, Angers, Rennes, de bien d'autres encore – qui n'étaient pas toutes destinées à représenter d'éclatantes réussites.

L'urbanisation des Trois Gaules est donc un phénomène à la fois lent et, dans de nombreux cas, restreint. Pourquoi ? Il ne semble pas que les *oppida* celtiques aient été densément habités longtemps après la conquête. En revanche, l'une des données récentes de la recherche archéologique consiste à démontrer l'origine ancienne de nombreuses agglomérations secondaires qui formèrent un réseau serré et qu'on appelle ordinairement *vici*. Ils peuvent être nés du glissement vers la plaine d'anciens habitats de hauteur ou du développement de sites indigènes antérieurs, mais beaucoup semblent correspondre à des créations *ex nihilo*. Si l'on exclut les lieux de pèlerinage liés à un sanctuaire, on constate la présence de ces *vici* sur les voies, de terre ou de rivière, déjà fréquentées au néolithique, c'est-à-dire celles qui ont de tout temps organisé la vie locale. Partout ou presque, dans les Trois Gaules, ces petites agglomérations livrent des traces d'artisanat, souvent très développées : travail du bronze et du fer, tabletterie, tissage, poterie, donc une fonction commerciale à destination soit, exceptionnellement, d'un camp militaire (les *canabae* de Mirebeau ou de Strasbourg, Baden en Suisse), soit, le plus souvent, d'une petite région. Certains de ces *vici* sont, à date haute, régulièrement organisés et pourvus de monuments publics (*Lousonna*-Vidy, planifiée vers 20-10 av. J.-C. et dotée d'un édifice de plan basilical vers 30-40 ap. J.-C. ; Alésia, Mâlain organisées sous Auguste, régularisées sous Claude avec rues, portiques de façades, constructions en maçonnerie, temple et place publique à Alésia). Le dynamisme de certains de ces centres a même pu les placer au-dessus de la capitale de la *civitas :* Orléans, par exemple, s'est développée plus vite que Chartres. Enfin, la forte relation que nous avions repérée dans la *Narbonensis* entre les villes et les *villae* suburbaines et rurales ne se trouve pas dans les *Tres Galliae*. Les relations *villae*-agglomérations s'établissent de préférence avec les *vici*.

Est-ce à dire que, pour l'essentiel et mis à part les régions influencées par la colonisation et (peut-être) par la proximité de la Narbonnaise, l'organisation du territoire a obéi, non pas à de nouvelles règles, mais aux structure anciennes ? Il faudrait connaître ces dernières pour l'affirmer avec certitude et on évitera d'évoquer des persistances « tribales ». Il semble en tout cas que la force des petits terroirs l'ait emporté sur l'impact des cités à la romaine.

Des facteurs d'unification ?

En Narbonnaise, le droit latin avait été accordé à toutes les communautés dès l'époque césarienne et, en dépit de différences statutaires qui privilégiaient certaines *civitates* (*foederatae* ou de droit romain), une règle générale avait été établie. Dans les Trois Gaules, au contraire, la règle fut celle des différences. Par diverses sources (notamment Pline), nous connaissons la liste des cités fédérées (Helvètes, Carnutes, Rèmes, Éduens et Lingons) ; en revanche des incertitudes règnent sur celle des cités libres et exemptées (*liberae, immunes*), l'épigraphie ne concordant pas toujours avec les textes. Strabon indique que Rome avait accordé le droit latin à certains peuples aquitains, « notamment aux Ausques et aux Convènes » (Strabon, IV.2.2) – lors des campagnes des Pyrénées ? ou parce que les Convènes avaient d'abord fait partie de la Transalpine ? Ce droit latin fut accordé à d'autres *civitates* (au moins aux cités fédérées si l'on interprète Tac. *Ann.* XI.23) mais nous ignorons la date de sa généralisation, qui peut être due soit à Claude soit aux Flaviens, aucun argument décisif ne permettant de trancher.

Le silence épigraphique, presque général, recommande la prudence quant à la mise en place des cadres institutionnels à l'intérieur des cités. L'attestation d'un vergobret sur des monnaies des *Lexovii* (en Normandie, autour de Lisieux) est confirmée par une inscription de

Saintes : « C. *Julius Marinus, fils de Julius Ricoveringus, de la tribu Voltinia, premier* [flamine] *augustal, curateur des citoyens romains, questeur, vergo*[bret] » (*CIL* XIII.1048 et 1074). La date haute de cette inscription s'accorde avec un graffite retrouvé à *Argentomagus* (Saint-Marcel, Indre) « le vergobret a fait le sacrifice » (« *vercobretos readdas* »), vers 30 ap. J.-C. Cette charge gauloise de vergobret correspond-elle, dans d'autres cités, à celle de *praetor*, attestée à Bordeaux à l'époque de Claude (*CIL* XIII.590, 596-600) ? Peu importe le nom, indigène ou romanisé, de la charge : ce qui compte, c'est l'absence de collégialité. La rareté de ces documents n'autorise pas à tirer des conclusions générales ; cependant, Saintes et Bordeaux représentent des cités parmi les plus vite urbanisées des Trois Gaules. On remarquera également la fierté avec laquelle ces grands personnages rappellent leurs ancêtres, comme C. Julius Rufus – encore de Saintes – dont l'arrière-grand-père se nommait Epotsorovidus (*CIL* XIII.1036). Nos sources laissent donc penser que, exception faite des colonies, les structures protohistoriques ont subsisté un temps sous un vague rhabillage à la romaine, et que les grandes familles de l'aristocratie « julienne » ont conservé un pouvoir prédominant sur leurs concitoyens.

Cet enracinement des aristocraties locales explique-t-il la faiblesse des élévations et des carrières extra-municipales ? On ne s'étonne pas de ne trouver les premiers sénateurs qu'à l'époque de Claude (trois seulement avant 70, et ce sont des Aquitains) ; en revanche, la faiblesse des chevaliers surprend : seulement une vingtaine d'attestations (Germanies comprises) pour le Ier siècle ap. J.-C. (environ le quart des effectifs de la Narbonnaise). Tout se passe comme si l'ambition ultime des grands consistait à occuper le sacerdoce auprès de l'autel confédéral de

Condate, se plaçant eux-mêmes et plaçant leur cité au premier rang des Trois Gaules.

Le sanctuaire confédéral et les cérémonies qui commençaient le 1er août de chaque année (date anniversaire de la prise d'Alexandrie et jour de fête du *Genius Augusti*) jouent un rôle malaisé à définir pour notre période. En dépit du culte de l'empereur et de Rome, des concours qui s'y déroulaient, du droit de représentation « politique » du *concillium*, on ne saurait réfuter catégoriquement la théorie selon laquelle des traditions celtiques y avaient été intégrées. Les rares évocations qui nous sont parvenues du site suggèrent, à côté de l'autel et de l'amphithéâtre, un bois sacré et un peuple de statues. L'organisation même du *concillium* reflète une profonde originalité, avec la charge suprême du *sacerdos* (et non du flamine), entouré d'un *judex* et d'un *allectus arcae Galliarum*, d'un *inquisitor Galliarum*. Sans voir là l'exacte reproduction des fameuses réunions druidiques auxquelles César fait allusion, on peut penser à une transposition : changent le lieu et les modalités, mais les grandes affaires s'y traitent, et une prééminence, au moins de prestige, y est reconnue entre pairs. La création de l'*ara Ubiorum* à Cologne pour les Germains cis-rhénans puis, également à date haute, d'un *conventus* pour les Aquitains du sud de la Garonne à Saint-Bertrand-de-Comminges, traduisent peut-être la volonté ou la nécessité de pérenniser des assemblées annuelles traditionnelles. Hélas, l'épigraphie du Confluent ou des cités n'est pas assez riche pour nous permettre de connaître, pour cette période, l'origine des *sacerdotes,* même si nous savons que le premier fut en 12 av. J.-C., l'Éduen Julius Vercondaridubnus ; qu'il eut, parmi ses successeurs des débuts du Ier siècle ap. J.-C., le Cadurque M. Luctérius Sencianus (probable descendant du chef

Luctère qui combattit César en 52 et 51) et le Santon C. Julius Rufus. L'assemblée des Trois Gaules offrit à Auguste un collier d'or (*torques*) de cent livre (trente trois kilos) ; plutôt que la ville de Lyon, c'est elle qui dut accueillir Caligula, lequel institua un concours d'éloquence grecque et latine (Suét. *Cal.* 20). Lieu de rassemblement obligatoire des élites venues témoigner de leur fidélité à l'Empereur, occasion d'évergésies somptueuses, Condate constituait la scène privilégiée où les aristocraties déployaient leurs richesses, leur prestige et leurs rivalités. Le retour du nouveau *sacerdos* dans sa « petite patrie » prenait certainement des allures triomphales. Plus d'un voulut reproduire chez lui, à échelle réduite, les fêtes qu'il venait d'offrir et de présider.

Une fois encore, il faut insister sur la faiblesse de l'épigraphie pour notre période, que l'on interprète souvent comme une « résistance » à la langue latine alors qu'il faut, selon nous, y voir plutôt un signe de difficultés psychologiques vis-à-vis de l'écrit, probablement dues au fait que celui-ci, durant la protohistoire, avait été « confisqué » par les druides et ne s'affichait donc pas en public. Cependant, rappelons la part prise par les Gaulois dans les armées romaines. Avant 68 ap. J.-C., ils ont fourni 28 ailes et 76 cohortes – soit environ 65 % des effectifs auxiliaires des provinces occidentales ; beaucoup furent aussi légionnaires (près de 25 % des inscriptions retrouvées sous Claude et Néron, *Narbonensis* comprise).

Malgré sa lenteur, ce début d'assimilation, non seulement des élites mais de couches plus modestes, a-t-il été accompagné par la grande intégration économique et commerciale souvent décrite ? Nous ne le croyons guère. Les études numismatiques récentes ont mis en évidence une pénurie monétaire qui alla en s'aggravant jusqu'à l'époque flavienne. Les monnayages locaux furent tolérés au moins jusqu'à la fin du Ier siècle av. J.-C. Après quoi, les contrefaçons se multiplièrent, et les contremarques destinées à identifier la monnaie « officielle » furent à leur tour contrefaites sous Claude et Néron. C'est le signe que le pouvoir central ne se préoccupa pas de créer un système monétaire cohérent – donc, une véritable organisation économique –, que régnait le « laisser faire » renforçant l'attraction des zones frontalières (où les soldats reçoivent leur solde en espèces), où un système de troc fructueux doit régner avec les « barbares » d'en face, celle des ports (Bordeaux, peut-être Rézé près de Nantes), et de grands centres de redistribution (Lyon au premier chef). Donc, à l'exception de quelques villes privilégiées, ce n'est pas le commerce qui aura effectué un grand brassage de populations, Italiens et Gaulois. Le rôle des élites et de l'armée compta bien davantage.

L'étude des rites funéraires atteste l'emploi généralisé de l'incinération mais met aussi en lumière des particularismes. La pratique de l'inhumation est importante dans la région lyonnaise (Lyon, Briord, Roanne), elle est presque exclusive dans certaines nécropoles situées le long de la Seine, de Paris à Rouen, et notamment à Paris. D'autre part, dans le Centre-Ouest de la France (Poitou, Saintonge), ont été retrouvées des inhumations « privilégiées » de femmes ensevelies dans des sarcophages de pierre ou dans de grands cercueils de bois, ces sépultures contenant d'abondantes offrandes funéraires. De même, dans le Berry, entre l'époque augustéenne et le règne de Claude, des sépultures isolées, tant à inhumation qu'à incinération, regroupaient un mobilier exceptionnel : nombreuses amphores, séries céramiques, outils, armes, objets de bronze (oenochoés, bassins, patères, *simpula*), etc. Il en va de même dans la cité des

Trévires. Dans la Belgique actuelle, des *tumuli* sont attestés. Voilà qui met probablement en lumière que l'aristocratie n'a pas unanimement adopté les habitudes romaines, et que, à côté de ceux qui se sont fait construire très tôt un mausolée (comme à Faverolles, dans la cité des Lingons), d'autres ont préféré conserver des traditions plus anciennes.

Nous n'évoquerons ici les problèmes religieux que pour exprimer rapidement ce que nous développerons dans le chapitre suivant. Les rares témoignages dont nous disposons nous livrent deux pistes : si les textes mettent l'accent sur l'interdiction puis la suppression de la religion « druidique », les fouilles récentes ont livré des vestiges de plus en plus nombreux de temples au plan centré (qu'on appelle *fana*) dans la continuité d'édifices d'époque pré-romaine. D'autre part, les monuments religieux romanisés (comme le pilier des Nautes des *Parisii* de Lutèce) associent non seulement divinités indigènes et dieux romains, mais surtout se réfèrent à l'empereur. Les inscriptions religieuses multiplient l'épithète *Augustus* accolé à un dieu ou l'accompagnant. C'est le meilleur signe que l'empereur de Rome, descendant de César, fut reconnu, dans les *Tres Galliae*, comme le chef charismatique, garant de la paix et de l'unité mais également de l'autonomie des peuples, voire de plus petits ensembles, qui l'honoraient avec leurs dieux topiques pour se mieux l'approprier.

Comparées aux peuples que Rome avait intégrés à son empire, les Trois Gaules ont longtemps fait figure d'épouvantail. Le climat, les invasions anciennes, les guerres césariennes, la proximité des Germains, l'image de « barbares » richissimes mais se livrant aux sacrifices humains : les précautions « oratoires » prises par l'empereur Claude devant le Sénat (qu'on retrouve mieux dans le *CIL*, XIII, 1668 que chez Tacite) se comprennent à la lumière de l'archéologie. Par rapport à une *Narbonensis* où l'assimilation fut rapide, les *Tres Galliae* laissent l'impression d'un monde encore très dépendant des structures protohistoriques, où l'urbanisation tarde à s'instaurer, où les aristocraties rechignent à dépasser leur pouvoir territorial, où le poids des terroirs est déterminant. Des ferments sont cependant à l'œuvre : l'ouverture vers l'extérieur (après les Germanies, la Bretagne), l'enrôlement dans les armées romaines, la diffusion de conduites et de techniques transformant progressivement l'édilité publique comme les habitats privés, le culte de l'empereur associé à la gloire des plus nobles fils d'une cité – et à ses dieux. Changements, oui, mais lents et progressifs. Claude, l'« empereur gaulois » (selon Suétone) prévoyait plus l'avenir qu'il ne décrivait le présent.

La Gaule des Flaviens et des Antonins (70 - 192 après J.-C.)

Évoquant le règne de Vespasien, Camille Jullian écrivait en 1920 : « le silence se fit partout, bon augure pour une nouvelle période d'actif labeur ». De fait, à part quelques brèves mentions de l'*Histoire Auguste* sur les voyages d'Hadrien en 121-122, les seuls textes qui se réfèrent à la période 70-192 concernent deux événements : la persécution des chrétiens à Lyon en 177 et les entreprises de brigandage de Maternus et de ses bandes sous le règne de Commode. C'est peu ! Il est vrai que la réorganisation de Domitien créant les Germanies reléguait les provinces gauloises loin des zones frontalières, leur ôtant toute implication dans la politique de défense de Rome, dans l'évolution du *limes* et dans les troubles qui se firent jour dans ces régions sous Marc-Aurèle. Les Trois Gaules et la Narbonnaise vivent donc plus de cent-vingt années en dehors de l'histoire événementielle. Faute de textes, nos sources sont donc les disciplines auxiliaires de l'histoire, c'est-à-dire l'épigraphie et l'archéologie, dont il ne faut pas méconnaître les limites.

Les inscriptions latines sont très inégalement réparties : non seulement la Narbonnaise en fournit plus de la moitié, mais beaucoup des villes et des agglomérations secondaires des Trois Gaules en ont à peine livré vingt ou trente. Comment tirer des enseignements valables d'échantillons aussi faibles statistiquement ? D'autre part, ces inscriptions privilégient les actes officiels exprimés par des dédicaces, et représentent donc souvent la frange supérieure de la société.

Quant à l'archéologie, si l'on peut juger qu'elle est moins sujette qu'autrefois au hasard des trouvailles en raison des grands travaux qui, depuis vingt ans, ont bouleversé le sol de la France et entraîné la fouille de milliers d'hectares, il n'en reste pas moins qu'elle souffre aussi d'une répartition très inégale. Elle a privilégié le milieu urbain au détriment des campagnes, le sud du pays au détriment du nord. C'est en Narbonnaise que les travaux ont été les plus nombreux, touchant Aix, Arles, Fréjus, Orange, Vienne, Nîmes, etc. Pour les Trois Gaules, les opérations les plus productives ont intéressé avant tout Lyon, puis Amiens, Bordeaux, Toulouse et dans une moindre mesure Chartres, Tours, Périgueux, Limoges. Les prospections aériennes et terrestres, les études de « paléo-environnement » se sont intéressées à l'occupation du sol et à l'analyse des paysages. Mais, là encore, il s'en faut de beaucoup que ces recherches soient générales et systématiques, faute d'une organisation structurée et de professionnels suffisamment nombreux, si bien que quelques régions fournissent l'essentiel des données. Pour les villes comme pour les campagnes, la tentation – et donc le danger – consiste à extrapoler abusivement. Signalons enfin, en le regrettant vivement, que beaucoup de ces opérations de fouille ou de prospection n'ont pas été publiées ou l'ont été de manière trop succincte.

Ce siècle de la *pax romana* ne s'étudie donc pas aisément. Aussi les pages qui suivent présentent-elles des problèmes et des débats plus que des certitudes et des solutions.

D'abord, un rappel. En 48, l'empereur Claude prononça devant le Sénat de Rome un discours que nous ont conservé Tacite (*Ann.* XI.23-25) et les Tables de bronze de Lyon (*CIL* XIII.1668). Il proposait que les Gaulois des *Tres Galliae* devenus citoyens romains puissent entrer au Sénat et exercer les magistratures à Rome. Or, il prit toutes sortes de précautions oratoires, allant même jusqu'à dire : « *c'est avec crainte, sénateurs, que j'ai franchi les bornes de provinces qui vous sont habituelles et familières pour plaider maintenant et sans dissimulation la cause de la Gaule Chevelue* (Gallia Comata) ». Autrement dit, un siècle après la conquête césarienne, soixante ans après l'organisation par Auguste des *Tres Galliae*, les Gaulois « aux cheveux longs » demeuraient « inhabituels et non familiers » aux sénateurs de Rome.

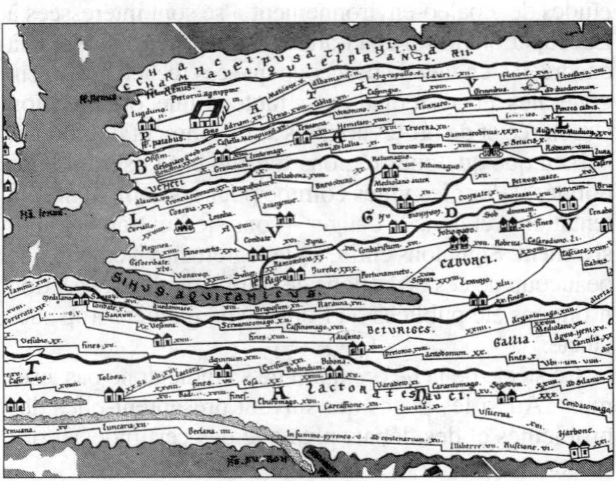

La réorganisation des Gaules par Domitien : les districts des Germanies deviennent provinces, se développant considérablement au détriment de la province de Belgique.
Fragment de la "Table de Peutinger", longue bande de parchemin trouvée au début du XVIe siècle dans une bibliothèque de Worms, qui représente la copie médiévale d'une "carte" antique, ou plutôt d'un cumul d'itinéraires routiers indifférent à la géographie.

Sans jamais disparaître totalement, la différence entre le Midi de la Gaule, considéré comme proche de l'Italie, et les provinces « nordiques » s'atténua cependant au fil du temps. Les raisons en sont multiples. Les événements des années 68-70 prouvèrent que le destin de l'empire pouvait se jouer dans les brumes de ces pays lointains où stationnaient des légions, où des peuples pouvaient se lever pour accompagner tel candidat au pouvoir. Des régions qui, dans la conscience romaine, n'existaient pas ou à peine, avaient pris d'un coup un poids considérable : il ne s'agissait plus seulement d'endroits où vivaient des peuples bizarres que Rome avait conquis pour contrôler le monde ; ces gens-là s'affirmaient comme partie prenante de l'histoire. L'organisation méthodique du *limes* le long du Rhin et du Danube, l'annexion des Champs Décumates, la constitution des provinces des Germanies par Domitien, les guerres de Trajan, etc. : voilà qui reportait loin des rives de la Méditerranée l'intérêt de la classe politique, obligée non seulement à des réflexions nouvelles mais surtout à des déplacements pour occuper les postes civils et militaires dans ces lointaines provinces. Nombre de légats dépêchés en Germanie traversèrent ou connurent les Gaules – par exemple Trajan. Un historien comme Tacite, pour lequel certains soupçonnent une origine gauloise, et qui était le gendre d'Agricola (originaire de Fréjus), Pline l'Ancien qui occupa sans doute une procuratèle en Gaule, et qui la visita en tout cas, d'autres encore, ont beaucoup fait pour donner des Gaules un portrait plus serein. L'origine ibérique de Trajan et d'Hadrien, l'ascendance gauloise d'Antonin (sa famille paternelle était de Nîmes) ont contribué à créer une certaine familiarité, même si les liens personnels qu'avait créés César et que sa descendance avait repris à son compte s'étaient éteints avec Claude.

La classe sénatoriale, les membres de l'ordre équestre, soit par expérience personnelle soit par le jeu des contacts voire des mariages, soit enfin par culture, se firent peu à peu à l'idée que la Gaule intérieure n'était pas peuplée de sauvages. La *Naturalis Historia* de Pline l'Ancien reflète cette nouvelle conception : si les traits « curieux » n'y manquent pas (les druides, les superstitions, etc.), la Gaule est le plus souvent citée pour ses cultures, ses réalisations techniques, ses réussites artisanales, son commerce et – toujours – sa richesse. Le neveu, Pline le Jeune, s'il s'étonne d'apprendre que ses ouvrages sont en vente dans des librairies à Lyon (« *Je n'imaginais pas qu'il y eût des libraires à Lyon* » !), n'en entretient pas moins une correspondance avec un Lyonnais (*Ep.* IX II.2).

D'autre part, les connaissances géographiques avaient quelque peu progressé par rapport aux descriptions de Strabon et par rapport à la carte et aux *Commentaires* d'Agrippa. Les rivages du nord et les bouches du Rhin étaient mieux connus au terme des nombreuses campagnes germaniques. La configuration générale de la Gaule, sa position par rapport à la Bretagne et à l'Ibérie avaient été un peu précisées : Pomponius Méla indique qu'elle a un rivage orienté vers le nord et un autre vers l'ouest (ce qu'ignorait Strabon). D'autres particularités sont mentionnées, par exemple la remontée de la marée sur la Garonne (Méla III.21). La grande école cartographique du IIe siècle – qu'illustre particulièrement Ptolémée – devait consigner les données qui ne furent améliorées qu'au… XVIIe siècle !

Pour la connaissance du pays, ont beaucoup compté la mise en place et le report sur documents du réseau routier, que nous font connaître l'*Itinéraire Antonin* et la *Table de Peutinger*, et qu'un nombre important de milliaires vient concrétiser sur le terrain. On y constate que la Gaule présente un réseau très diversifié avec des ramifications qui tranchent par rapport à la plupart des provinces occidentales du monde romain. La répartition chronologique des milliaires, si on accepte de lui conférer une valeur statistique, semble suggérer qu'après la réalisation des « grandes » voies sous les julio-claudiens – les « routes d'Agrippa », le programme claudien, notamment vers l'ouest, c'est à la fin du Ier siècle et surtout au IIe, particulièrement sous le règne d'Antonin, que s'effectua cette diversification qui entérine l'importance des petites agglomérations et qui démontre une densité du tissu sur laquelle nous reviendrons. En ce sens, la Gaule est plus « pénétrable », plus familière que d'autres régions du monde.

La connaissance du pays est aussi liée aux pratiques mises en œuvre par l'administration fiscale. Les recensements des biens et des personnes remontent aux débuts de la romanisation, où ils provoquèrent des troubles. L'un des débats aujourd'hui agités consiste à savoir comment il faut interpréter les structurations régulières des campagnes que repère de plus en plus souvent la photographie aérienne. S'agit-il d'un système de répartition des terres lié à la colonisation, ou bien d'une organisation du parcellaire en rapport avec l'exploitation du sol, s'agit-il enfin d'un système lié au recensement des propriétés et des biens ? La réponse n'est pas univoque, les trois possibilités pouvant se recouper. Il semble bien que les plaques cadastrales retrouvées à Orange représentent l'état fiscal des propriétés de la moyenne et basse vallée du Rhône, tel que Vespasien – comme en témoigne l'inscription qui couronne l'ensemble – donna ordre de les répertorier, propriétés dont beaucoup remontaient aux vagues de colonisation du siècle précédent. Si tous les terroirs de Gaule ne furent pas « cadastrés » avec la précision géométrique attestée dans le Midi, il est probable que des parcellaires réguliers s'y développèrent à la fois pour des motifs agronomiques et sous la pression de l'administration fiscale. On a donc de fortes chances de retrouver un peu partout dans les *Tres Galliae* ces cadastres appelés par les spécialistes « romano-indigènes », organisant les agencements traditionnels de l'espace, et jusqu'à présent observés dans le Jura, en Bourgogne, aux environs de Reims, de Caen, etc.

Enfin, la généralisation de la langue latine a évidemment joué un rôle décisif dans l'appréciation que Rome pouvait porter sur les Gaules, et il serait important d'en évaluer le degré au IIe siècle. Il est clair que le latin s'est imposé dès l'époque d'Auguste pour tous les actes administratifs, pour toutes les manifestations d'ordre politique et religieux. Les structures d'enseignement mises en place au bénéfice des enfants de notables – Tacite signale celles d'Autun (*Ann.* III 43) – ont imposé la culture latine dans les élites. Qu'en était-il dans les couches populaires ? L'emploi de la langue celtique n'est attesté de manière incontestable dans aucun document du IIe siècle – y compris dans les tablettes d'exécration –, mais l'épigraphie, on l'a dit, est partiale. Lorsque Irénée, l'évêque de Lyon sous Septime-Sévère, évoque le « langage barbare » de ceux qu'il évangélise, s'agit-il de celtique ou d'un très mauvais latin ? Probablement du second, d'une espèce de « sabir » que les gens cultivés – comme le seront tous les évêques – identifient au celtique ou au gaulois, faute de connaître celui-ci ! Car la philologie démontre que, si des mots celtiques ont bien subsisté – parfois jusqu'à nous – dans les toponymes et dans les techniques, le vieux français résulte pour l'essentiel du latin, même s'il ne s'agit pas de la langue de Cicéron. L'impact de l'église, qui adopta le latin comme langue liturgique, n'aurait pas suffi à lui seul.

Les Gaules étaient donc, à la fin du IIe siècle, fortement romanisées : lorsque des peuples perdent leur langue, et que les systèmes de transmission de leur culture se transforment de fond en comble, c'est leur passé même qui s'évanouit. Toute problématique fondée sur les « survivances » ou les « résistances » est donc dépourvue de sens. Cependant, elles n'étaient ni l'Italie, ni l'Ibérie ni la Dacie, elles avaient leur spécificité. Si j'ose écrire ces évidences, c'est parce que les pages qui suivent mettront par force l'accent sur les différences, mais ces originalités ne remettaient pas en cause l'appartenance à l'*imperium Romanum*.

Les Gaules : géographie physique et humaine

Les spécialistes de l'environnement et de la climatologie ne s'intéressent que depuis peu à l'antiquité, si bien que les données climatiques aux Ier et IIe siècles ne peuvent être précisées avec certitude, les différents indicateurs ne fournissant pas pour l'instant de renseignements totalement convergents. Il semblerait qu'à une phase assez fraîche et humide, ait succédé, au IIe siècle avant J.-C., une période de précipitations moins abondantes et de régime saisonnier moins contrasté qui aurait duré jusqu'au début du Ier siècle après J.-C., après quoi le climat serait redevenu plus humide et peut-être plus frais jusqu'à la fin du siècle, puis de nouveau « meilleur » aux IIe et IIIe siècles.

Nos connaissances en matière d'hydrographie sont encore faibles : la discipline, appliquée à l'archéologie, n'en est qu'à ses débuts. Les données recueillies concernent surtout le Rhône, dont le niveau semble s'être régulièrement élevé à partir du changement d'ère, probablement en raison de la pluviosité, exigeant des travaux de terrassements et de surélévation qu'on a récemment observés à Vienne et à Lyon. Loin qu'il s'agisse de mouvements violents, on constate au contraire un grand calme : tous les indices montrent une diminution de la torrentialité. Ces conditions expliquent l'importance du trafic fluvial et les mentions épigraphiques de *nautae* assurant le transport sur des cours d'eau aujourd'hui inutilisables, par exemple l'Ardèche et l'Ouvèze. De même, elles permettaient aux navires de mer de remonter le Rhône jusqu'à Lyon, faisant de cette ville un port de première importance.

D'autres observations ont mis en évidence, pour le Haut-Empire, une remontée du niveau de la Méditerranée en Provence, de la Manche et de l'Atlantique au nord et au sud de la Bretagne française et jusqu'en Vendée. Des établissements agricoles et des sauneries ont ainsi été recouverts durant le Ier siècle. De même, des îles qui étaient reliées au littoral (au moins à marée basse) se trouvèrent isolées et les établissements qu'elles abritaient furent abandonnés à la même époque. Cette remontée des eaux marines est-elle générale et d'ordre climatique, ou bien est-elle due à de micro-mouvements tectoniques ? On en discute. Quoi qu'il en soit, il y eut modification des rivages en plusieurs points.

Le problème de la déforestation est également complexe. Les prospections au sol ont découvert des vestiges romains dans nombre des forêts actuelles, particulièrement en Île-de-France, dans le Centre, en Normandie, dans les Vosges et même dans le Midi, si bien que l'idée s'est peu à peu répandue que l'époque gallo-romaine avait vu des défrichements aussi importants que ceux des XIIe et XIIIe siècles. En fait, il convient de demeurer prudent. Si la conception des historiens du début du siècle, qui voyaient dans la Gaule un pays majoritairement couvert de forêts, doit être abandonnée, on ne saurait pour autant prouver que tous les vestiges gallo-romains correspondent à une mise en culture : il peut s'agir dans bien des cas de traces de l'exploitation du bois aux fins de l'artisanat, de la construction et du chauffage. Les analyses sédimentologiques semblent montrer qu'il n'y eut pas d'érosion massive, sauf peut-être dans certains secteurs du Massif Central et du Midi, ce qui prouve que les couverts boisés jouaient leur rôle de rétention des eaux de ruissellement, ou que, à tout le moins, ils faisaient l'objet d'une gestion rationnelle.

Nos idées sur l'occupation du sol ont été renouvelées depuis peu. Les campagnes de photographies aériennes, quoique non exhaustives, ont permis de porter sur la carte des centaines d'établissements agricoles (improprement dénommés *villae*) ainsi que des enclos, des réseaux de fossés, des traces de parcellaires, etc. D'autre part, depuis une dizaine d'années, se sont lancées des entreprises de prospection au sol afin d'observer et d'analyser les concentrations de tessons, de tuiles, de briques, témoins d'une occupation humaine à l'époque gallo-romaine ; aux méthodes classiques de datation par les typologies des céramiques, s'est ajoutée récemment la technique de datation par l'archéomagnétisme, qui s'applique aux briques et aux tuiles. Dans le Midi, ces prospections ont aussi concerné les vestiges de pressoirs à huile ou à vin. Enfin, l'archéologie de sauvetage a obligé à décaper et à fouiller de vastes ensembles, par exemple des établissements entiers ; de plus, lorsqu'il s'agissait d'autoroutes ou des lignes du T.G.V., de longs transects et leurs environs ont permis des appréciations spatiales jusqu'alors impossibles. Ainsi, en Picardie, la densité d'occupation s'avère 6 à 7 fois supérieure à celle qu'avaient révélée les photographies aériennes. On trouve en moyenne tous les 2 ou 3 km un vaste établissement avec des constructions occupant 10 à 15 hectares ; autour de lui, (et probablement sous son contrôle) des bâtiments plus modestes au centre de petits terroirs délimités souvent par des fossés, les fouilles démontrant de fréquents déplacements ou des réorganisations. En Armorique orientale, on trouve une densité analogue, matérialisée par des bâtiments ou des enclos. Ces enseignements peuvent être généralisés dans la mesure où d'autres études micro-régionales vont dans le même sens.

Les recherches récentes ont également attiré l'attention sur le nombre et l'importance des implantations humaines que les historiens anglais appellent « small towns », alors que les francophones préfèrent le vocable d'« agglomérations secondaires ». Leur étude a été particulièrement active en Bourgogne et en Franche-Comté, en Lorraine, en Aquitaine et dans le Languedoc oriental. Si l'on prend comme exemple le territoire des *civitates* des Éduens, des Sénons, des Lingons et des Séquanes (ces deux dernières cités appartenant à la Germanie supérieure), 75 cas ont été reconnus. Une quarantaine d'entre eux couvrent au minimum 25 hectares, une douzaine plus de 50. Un tiers des sites a livré des inscriptions, certains en grand nombre : Mandeure, Alise, Mâlain, Dijon, etc. Sanctuaires et thermes sont attestés dans de nombreux cas, ainsi que des édifices de spectacle à huit reprises. Dans près d'un cas sur deux, il semblerait que la fonction agricole soit dominante : regroupement de paysans, transformation et redistribution des produits ruraux. D'autres groupements sont liés à des carrières ou à des mines de fer. Ces sites ont souvent une forte activité artisanale : travail de l'argile, métallurgie du fer et du bronze, tabletterie, traitement des viandes, et, dans cinq cas, ateliers de sculpture. Neuf agglomérations jouent un rôle administratif secondaire à la tête d'un *pagus* ou sont qualifiées de *vicus*. Enfin, dans la moitié des sites, la fonction religieuse semble essentielle.

Cette analyse pose une série de problèmes. D'abord, peut-on généraliser ses enseignements à l'ensemble de la Gaule ? L'exemple de l'Aquitaine incite à répondre négativement. Dans cette province romaine, on observe une grande variété de situations : les cinq grands peuples du nord (Bituriges Cubes, Pictons, Santons, Lémovices et Arvernes) totalisent les deux tiers des agglomérations, dont les sites majeurs (Vandœuvre, Naintré, Talmont, Argenton, etc.), alors que les peuples du sud de la Garonne ainsi que les Vellaves, les Gabales et les Pétrocores n'offrent que peu d'exemples. Seconde interrogation : quel rôle a joué le réseau routier ? Il est clair que les grandes voies ont favorisé la naissance et le développement de certains établissements, mais, à la fin du Ier et au IIe siècle, un phénomène inverse semble s'être produit : c'est l'existence d'agglomérations secondaires à l'écart des grands axes qui a entraîné la diversification du réseau. Troisième question : quel rôle ont tenu ces centres par rapport aux chefs-lieux des *civitates ?* Jusqu'à une date récente, était en honneur la théorie selon laquelle des ensembles monumentaux (place publique, théâtre, thermes, sanctuaire, éventuellement un édifice civil comme une basilique), implantés dans les campagnes mais dépourvus d'habitat, avaient joué le rôle de relais, organisant des rassemblements saisonniers, diffusant le culte impérial et certaines formes de spectacles, bref des sortes de « centres civiques » « romanisant » les masses paysannes. On avait même donné à ces regroupements de monuments le nom de *conciliabula*. Les recherches récentes invitent à récuser cette conception : seuls sont éventuellement dépourvus d'habitats de grands sanctuaires (Drevant, Les Bouchauds), mais nombre de « centres civiques » se sont avérés de véritables agglomérations (comme Talmont chez les Santons).

Il est encore trop tôt pour proposer une véritable géographie de ces agglomérations secondaires. Les hypothèses qui s'esquissent aujourd'hui suggèrent leur faiblesse dans les *civitates* de petites dimensions : dans le sud-ouest, le nord et le nord-ouest le long de la mer du Nord et de la Manche, et dans les régions à fort relief. Elles seraient vivaces dans le Midi, le Centre et l'Est. Lorsque nous disposons de données chronologiques fiables, elles indiquent que le développement maximal de ces agglomérations se fit sous les Flaviens et durant la première moitié du IIe siècle. Remarque importante, car c'est aussi l'époque où les capitales de *civitates* connurent leur plus grande extension. Il n'y eut donc pas concurrence entre les unes et les autres – comme il se produira ultérieurement dans certains cas.

Si l'on ajoute à cette constatation la densité de l'occupation rurale précédemment signalée, on est tenté de contester les estimations démographiques courantes. Rappelons qu'au début de ce siècle les historiens attribuaient à la Gaule (entendue au sens large, jusqu'au Rhin, soit plus de 600 000 km^2) une population de 30 à 50 millions d'habitants. La tendance s'inversa et, à ces chiffres excessifs, on substitua une fourchette de 3 à 5 millions, soit une densité maximale de 8 habitants au km^2 fondée sur une vision de l'occupation du sol que nous pouvons juger aujourd'hui très sous-évaluée. Si l'on prend en compte les facteurs extrinsèques (colonisation, afflux – même limité – d'« étrangers », suppression de l'exportation d'esclaves gaulois en Italie) en même temps que les facteurs intrinsèques (paix, sécurité, pouvoirs stables, mise en valeur de nouveaux terroirs, développement de l'activité économique dans de nombreux centres), on conclura que le Haut-Empire a certainement entraîné une progression démographique. Sans pouvoir proposer de chiffres, une densité de 12 à 15 au km² semble un minimum, et nous suggérons donc une population d'ensemble dépassant (de combien ?) 8 à 10 millions d'habitants.

La romanisation des campagnes

La réputation de la Gaule comme grande terre d'agriculture et d'élevage est affirmée par les textes. Les recherches récentes ont permis de préciser certains aspects de cette mise en valeur du sol.

Tout d'abord, la romanisation a eu différents effets. En Narbonnaise, la colonisation eut des conséquences rapides, imposant notamment la mise en valeur de nouvelles terres par les indigènes dépossédés. Dans les Trois Gaules, en revanche, les fouilles ont montré une continuité entre les exploitations de la fin de l'époque celtique et les premières exploitations « à la romaine ». Les transformations affectent les parcellaires, les systèmes d'enclos et de fossés, qui se régularisent, plus que les bâtiments eux-mêmes qui n'adoptent une architecture en dur et des couvertures en *tegulae* qu'à partir du milieu du Ier siècle, leur généralisation se faisant dans le cours du IIe siècle. D'autre part, le plan des « fermes » (préférons ce terme à celui de *villae*) est beaucoup plus varié qu'on ne supposait, et les grandes bâtisses du IIe siècle, avec leurs cours et leurs galeries en façade sont le résultat de longues évolutions et non pas de l'adoption de schémas importés.

En Gaule méridionale, la recherche a moins avancé, les conditions y étant moins favorables aux prospections aériennes et terrestres. Cependant, à côté d'influences architecturales italiennes incontestables, on a pu récemment montrer la force des traditions indigènes. Au pied d'*oppida* protohistoriques, se sont développés aussi bien des *villae* de « type colonial » que de petites fermes ou de petites agglomérations rurales dont le mode de construction et l'organisation renvoient aux habitudes protohistoriques. À proximité de grands établissements dotés de nombreux pressoirs à huile ou de vastes surfaces de stockage du vin, on a fouillé des établissements modestes avec un pressoir et quelques *dolia*. Tout le problème consiste à savoir si ces derniers dépendaient des autres.

De fait, la grande question demeure la distinction entre propriétés et unités de production (qu'il s'agisse de paysans libres, de fermiers, métayers, etc.). Les données de l'archéologie *semblent* suggérer des superficies moyennes de l'ordre de 150 à 200 hectares pour les *unités* d'exploitation. Si l'on se fie aux récentes fouilles de Picardie, les domaines organisés autour d'un grand bâtiment et rassemblant plusieurs unités d'exploitation pourraient recouvrir de 8 à 20 km^2, soit de 800 à 2 000 hectares. En fait, de telles estimations restent hasardeuses et surtout elles peuvent varier selon la nature et l'utilisation des terres : on ne peut comparer un vignoble à des pâturages. De plus, l'épigraphie, qui montre que des notables exercent des fonctions dans diverses cités, atteste la diversification géographique des propriétés. On ne peut donc retenir que deux conclusions : les estimations énormes de la taille des domaines (plusieurs milliers d'hectares) sont aujourd'hui écartées ; les campagnes de Gaule étaient *en moyenne* organisées en unités de l'ordre de 150 à 200 hectares, mais il ne s'agit que de moyennes : nos sources ne sont pas assez fines pour restituer des exploitations de type familial (qui ne peuvent guère dépasser 20 ha), pas plus que nous ne savons reconstituer la part des surfaces boisées, des pâtures, des landes, etc. C'est un enjeu important des recherches à venir que d'obtenir ces précisions.

Concernant les productions elles-mêmes, on a appris beaucoup sur la vigne et l'huile ainsi que sur l'élevage. La culture de la vigne remontait, dans la région massaliote, à l'époque protohistorique. Après le changement d'ère, l'archéologie a retrouvé des installations modestes. La production s'accroît au cours du Ier siècle, certaines exploitations viticoles se dotent dès 50 après J.-C. de vastes chais. En 92, l'empereur Domitien ordonna l'arrachage de la moitié des vignes provinciales. Or, c'est à partir de cette époque que la viticulture gauloise connut sa plus grande extension : des vignobles, qui avaient auparavant fait leur apparition dans le Bordelais, en Dauphiné, en Bourgogne, en Rhénanie, connaissent alors leur développement – c'est-à-dire beaucoup plus tôt qu'on n'avait jusqu'alors pensé. D'autres encore, plus limités, durent probablement leur naissance aux bonnes conditions climatiques précédemment décrites. Ces vignobles s'accompagnent d'une production d'amphores dites « gauloises », dont on a repéré une soixantaine d'ateliers, et qui ont gagné les camps du *limes* rhénan, la Bretagne mais aussi Ostie, Rome, voire des pays orientaux. Cela dit, ces vignobles gaulois ont eu pour vocation essentielle d'approvisionner des marchés régionaux, d'accompagner une consommation de masse sans pour autant éliminer l'arrivée de vins plus raffinés destinés aux notables.

Le cas de l'huile est différent. Sa production est limitée à la Provence, ou peu s'en faut. Ont été fouillées récemment plusieurs unités de production, ont été aussi retrouvés par prospection des éléments en pierre de pressoirs et de maies. C'est à la fin du Ier siècle et au cours du IIe siècle après J.-C. que la production atteignit son maximum. Pourtant, nous ignorons dans quels containers l'huile méridionale était transportée. On constate aussi que, à la même époque, les villes du Midi continuaient d'importer de l'huile de Bétique. Faut-il en déduire que la production régionale était faible, insuffisante pour répondre aux besoins ? Le cas de la viticulture invite à la prudence : si nous n'avions identifié les amphores « gauloises » transportant le vin, nous ignorerions l'importance, voire l'existence de certains vignobles. L'absence d'amphores à huile gauloise ne permet pas de juger l'ampleur du phénomène, il convient donc de s'abstenir de prendre parti pour le moment.

Nos connaissances sur l'élevage ont été renouvelées par le développement, récent en France, des études d'archéozoologie portant sur les ossements d'animaux découverts en fouille. Ces études ont démontré que la romanisation avait introduit des changements considérables. Au cours de l'Âge du Fer, les animaux – bovidés, ovins, porcins, chevaux – étaient de petite taille. Après la conquête, sont attestés des animaux de plus grandes dimensions, presque analogues aux races actuelles. Ainsi, à côté du petit bœuf indigène (*bos brachycaros*), apparaît le grand bœuf italien (*bos brachycephalos*). Son importance croît au cours du Ier siècle et surtout au IIe siècle après J.-C., mais il n'élimine pas, loin de là, le petit bœuf – dont la taille augmente. Des observations analogues concernent les ovins et surtout les porcs. Ces modifications dans la taille des animaux et dans la gestion du cheptel ont suivi un processus relativement long et qui n'a jamais été généralisé : au IIe siècle, certains domaines n'ont pas, par exemple, intégré le grand bœuf. Faut-il opposer des « fermes-modèles » à des exploitations de type plus traditionnel ? Ou de « grands éleveurs » à des petits ? Les statistiques ne sont pas assez fournies pour qu'on puisse trancher. De même, il faut encore attendre pour que puisse être dressée une carte de la Gaule indiquant, par région, les espèces élevées prédominantes. On ne peut aujourd'hui insister que sur l'importance du porc et sur le faible nombre des ossements d'espèces sauvages, ce qui ne tranche d'ailleurs pas par rapport à la fin de l'Âge du Fer : le rôle de la chasse est très mince dans l'alimentation, on doit donc la considérer essentiellement comme une distraction sportive.

D'autres types d'études (palynologie, carpologie) n'en sont qu'à leur tout début. C'est donc avec une extrême prudence qu'il faut accueillir leurs conclusions toutes provisoires. Elles semblent suggérer une différence entre la Narbonnaise et les Trois Gaules. Dans le Midi, la romanisation a favorisé, à côté de l'intensification de la culture de la vigne et de l'olivier, celle de certains arbres fruitiers (pêchers, pruniers, figuiers) et a introduit celle des cucurbitacées (melons et courges). Dans le reste de la Gaule, en revanche, apparaissent de nouvelles cultures : la vigne, le pois chiche, le seigle, l'avoine cultivée, l'orge distique, des arbres fruitiers domestiques (pommier, poirier, cognassier, merisier, pin pignon, peut-être châtaignier). En l'occurrence, ces nouveautés ont pu naître des conditions climatiques favorables autant que de l'expérience italienne. Mais elles ne doivent pas occulter l'essentiel sur lequel se rejoignent les textes et l'archéologie : la Gaule est avant tout une grande terre d'élevage (qui exporte de la viande, des peaux, des vêtements de laine, etc.) et de céréales. Pour celles-ci, Pline attribue aux Gaulois l'invention d'une grande faucille, peut-être la faux (*NH* XVIII 28,261), et, dans les grandes plaines de la Belgique, celle d'une moissonneuse qu'il nomme *vallus* (*NH* XVIII 30,296) qu'illustrent des bas-reliefs, mais dont l'archéologie expérimentale a démontré les difficultés de fonctionnement et la faible efficacité sauf pour l'épeautre. Aujourd'hui, nous insistons surtout sur les apports de la romanisation : une rationalisation des méthodes qui se traduit, pour l'agriculture, par la bonification des terres grâce à la jachère et l'assolement biennal, et, pour l'élevage, par la sélection des races et la gestion du cheptel. Les changements furent donc considérables.

Mines, artisanat et commerce

Si la fertilité agricole de la Gaule ne déçut pas Rome, il en alla sans doute autrement pour ses ressources minières, car la Gaule protohistorique avait la réputation d'être riche en métaux, particulièrement en étain (qui transitait par elle plus qu'il n'en provenait) et en or. À la fin du IIe siècle avant J.-C., donc peu après la conquête du Midi, des mines avaient été mises en exploitation dans la partie sud-ouest des Cévennes et dans les Pyrénées ariégeoises, pour y chercher du plomb, de l'argent, du cuivre et du fer. En 56 avant J.-C., la troisième année de la guerre des Gaules, une expédition avait été lancée vers l'Aquitaine indépendante, sous la conduite de Publius Crassus, le fils de Marcus Licinius Crassus, le fameux homme d'affaires : on croira difficilement que les préoccupations économiques n'y aient pas joué un rôle, particulièrement l'intérêt pour l'or des Aquitains.

Or, des recherches récentes suggèrent un déclin des activités minières vers la fin du Ier siècle avant J.-C. Faut-il penser qu'après avoir considéré la Gaule comme un « El Dorado », on se rendit compte que ses ressources avaient été surestimées, notamment par rapport à l'Ibérie ?

Une telle conclusion me semble prématurée, car les recherches systématiques sur les mines de Gaule viennent à peine de se lancer. Les premières leçons qu'on en tire concernent d'abord les minerais non-ferreux : les gisements méridionaux exigeaient des conditions de travail très difficiles, ceux des Vosges et des Alpes furent rarement exploités durant l'Antiquité ; les gisements d'or et d'étain du Limousin furent remis en exploitation à partir des Flaviens ; l'extraction en tranchée de l'étain d'Armorique est attestée continûment mais faiblement. Pour le fer, on a constaté de nombreuses traces d'exploitation, les ferriers étant particulièrement nombreux dans la Montagne Noire, dans l'Yonne, en Lorraine, mais aussi dans le Berry, le Morvan, le Périgord, etc. Mais les zones d'exploitation sont de superficie moyenne ou petite, de l'ordre de quelques dizaines de km^2, rarement de quelques centaines, les ferriers les plus importants n'excédant jamais 1 000 m^3. Donc, une grande dispersion de districts miniers modestes, aucun grand bassin. Voilà qui explique probablement la rareté des inscriptions faisant allusion à des districts relevant de l'empereur ou des cités : la production était trop dispersée pour ne pas échapper, en majeure partie, au contrôle direct de l'administration impériale. Trajan créa d'ailleurs un office impérial des mines de fer de Gaule, chargé d'affermer celles qui appartenaient à l'État. Le Conseil des Trois Gaules de Condate comportait, dans ses instances dirigeantes, un *judex arcae ferrar(iarum)* (*CIL* XIII.3162), ce qui laisse supposer que son budget était en partie alimenté par un prélèvement sur le produit des mines de fer, mais cette constatation ne conduit pas à modifier l'impression générale : la Gaule romaine disposait de ressources minières suffisantes pour ses besoins mais qui ne permettaient pas d'importantes exportations.

Les mêmes observations valent pour les carrières de pierre et de marbre, comme on voit dans le cas de Lyon : dans un premier temps, les pierres nécessaires pour construire les monuments publics augustéens et tibériens furent importées de la moyenne vallée du Rhône, particulièrement des carrières de *Glanum ;* ensuite, des carrières s'ouvrirent en Savoie, à Seyssel (les transports descendant le Rhône au lieu de le remonter), puis encore plus près. De même, les carrières de marbre ne manquent pas en Gaule, mais aucune ne revêt une grande importance, à l'exception de celle de Saint-Béat, dans les Pyrénées, dont la diffusion dépassa largement le cadre régional, mais les pavements et les placages précieux des monuments publics et privés provenaient pour l'essentiel d'Italie, de Grèce ou d'Afrique.

L'étude de la *terra sigillata* a longtemps constitué l'axe principal des recherches sur l'économie gallo-romaine. Il est vrai que ces céramiques se retrouvent dans toutes les fouilles d'Occident, les fabriques rutènes (la Graufesenque et ses satellites) et arvernes (autour de Lezoux) ayant diffusé au loin, et le goût pour ces produits expliquant la création de nouveaux centres dans l'Est, en Franche-Comté, en Lorraine et en Alsace, florissants au IIe siècle. Quelle que soit l'utilité de la céramique sigillée pour la datation des couches archéologiques, pour l'évaluation des pratiques de table et pour l'étude du répertoire iconographique, son importance économique est sujette à caution, et nul ne voit plus aujourd'hui en elle le témoin d'une « exceptionnelle réussite économique » ; certains mettent même en doute la contribution des grands centres à la prospérité économique de leur proche région, en raison notamment du caractère saisonnier des travaux et de la main d'œuvre. En revanche, une piste de recherche commence à être exploitée : la localisation des grands centres ne serait-elle pas liée à des circuits commerciaux concernant d'autres produits ? Autrement dit : la Graufesenque est-elle liée à des courants passant par Narbonne, Montans à ceux qui passent par Toulouse, Lezoux à ceux qui rejoignent l'Atlantique et la Bretagne, etc. ? Du coup, d'importantes trouvailles de sigillée à tel endroit pourraient illustrer un approvisionnement en produits de base (céréales, viandes, textiles, vin, minerais, etc.). La multiplication des fabriques au IIe siècle, notamment dans l'Est, témoignerait de la substitution de circuits commerciaux « de proximité » à des trafics de plus vaste ampleur. Ce n'est pour l'instant qu'une hypothèse à creuser.

À un niveau plus modeste, l'étude des produits céramiques autres que la sigillée (poteries culinaires et « communes », briques, tuiles, etc.) a conduit à la constatation du nombre important de petites officines, notamment dans les villes et les agglomérations secondaires. On revient donc sur l'opinion qui a longtemps prévalu que ces produits étaient fabriqués dans les *villae* rurales. Il en va d'ailleurs de même pour les différentes branches de l'artisanat, qu'on attribue de plus en plus aux petites agglomérations au détriment des « grands domaines », y compris le travail du textile pour lequel les traces sont cependant évanescentes (fusaioles, poids de tisserands).

Les productions gauloises le plus souvent citées dans les textes et les inscriptions relèvent soit de l'agriculture et de l'élevage, soit du textile. Pour ce dernier, la Gaule Belgique tient la première place. L'iconographie a permis de mettre en lumière deux apports gaulois : le travail du bois, qui a bénéficié d'un outillage performant (cognées, scies de long) et a entraîné la fabrication de toutes sortes de produits (du sabot au tonneau) ; d'autre part, le développement de l'attelage, permis par l'invention des brancards et probablement du collier, qui entraîna une extraordinaire variété de voitures à partir du IIe siècle, que nous connaissons grâce aux reliefs des régions rhénanes.

L'appréciation de l'activité commerciale globale de la Gaule ne peut évidemment échapper au débat que suscite l'opposition des thèses « maximalistes » et « minimalistes » à l'échelle de l'empire romain. Ainsi, nul ne doute que la présence des troupes sur le *limes* rhénan puis en Bretagne a été un puissant facteur d'attraction, mais dans quelles proportions ? La cartographie des inscriptions mentionnant des *nautae* (chargés de la navigation fluviale) et des *seviri augustales* (dont la fortune provient en général du « business ») montre l'importance des voies du Rhône, de la Saône, de la Seine, de la Moselle, de la Loire – et, bien sûr, de la vieille route de l'isthme gaulois, de Narbonne à Bordeaux. Qu'un collège de *nautae* soit gouverné par un *splendidissimus ordo* (comme le sénat de Nîmes ou de Lyon, voire de Rome !), que des places soient réservées à d'autres *nautae* dans tel amphithéâtre, comme à Nîmes, qu'eux-mêmes ou d'autres *negotiatores* aient fait graver des stèles funéraires gigantesques, comme à Lyon, voilà qui donne *l'impression* d'un commerce intensif, empruntant en particulier les voies d'eau, ce que confirme en apparence l'iconographie de monuments funéraires (majoritairement médiomatriques ou trévires) de la seconde moitié du IIe siècle et surtout du IIIe, où l'on voit des barques et des chariots chargés de tonneaux, de sacs et de ballots de textile.

Si l'on se réfère aux seules sources épigraphiques et iconographiques, on ne peut dépasser les généralités, les « impressions ». L'archéologie a jusqu'à présent été avare en installations de type commercial : docks et entrepôts, installations de ports fluviaux sont peu attestés, même si les exceptions ne manquent pas (Vienne, Talmont, Lyon, Bordeaux, Nantes, Rézé). L'étude des amphores, leur typologie et l'analyse de leur pâte (qui en indique l'origine), les inscriptions peintes qu'elles portaient, nous ont beaucoup appris, mettant par exemple en lumière l'importance des importations provenant d'Ibérie (d'abord du vin, puis les sauces de poisson et l'huile) et une certaine diffusion du vin gaulois. Mais comment déterminer des critères quantitatifs ? Surtout, divers indices semblent remettre en valeur le rôle du tonneau sous le Haut-Empire qu'on minimisait sous prétexte que ses représentations iconographiques sont rares avant la seconde moitié du IIe siècle et le IIIe siècle après J.-C. Or, se fier à une mode iconographique est dangereux : les thèmes du banquet, des scènes de toilettes, etc. appartiennent à la même « mode », et l'on n'a jamais pensé que les banquets étaient rares au Haut-Empire et que les dames ne se coiffaient pas. Mais si le tonneau a joué un rôle important aux Ier et IIe siècles, je vois mal comment l'analyse archéologique des courants commerciaux pourra offrir des renseignements fiables : ces containers disparaissent sauf miracle (réutilisation pour des cuvelages de puits, par exemple), et leur contenu est inconnu. L'ambiguïté de la documentation et l'impossibilité d'obtenir des données quantitatives sérieuses recommandent donc la plus grande réserve quant au rôle de la Gaule dans le mouvement économique global. On observera cependant que le développement architectural qui touche les villes comme les campagnes – et particulièrement les édifices ruraux – suppose l'existence de surplus importants et donc celle d'un marché capable de les absorber et de les transformer en numéraire. C'est sur ce marché, sur ses modalités et sur ses conséquences que nos sources mettent l'accent ; si elles présentent une vision sans doute déformée, exagérée, de la réalité, leur critique ne doit cependant pas nous porter à nier l'existence de celle-ci.

Comportements sociaux et cadres de vie

Pendant un siècle, les histoires de la Gaule et les études portant sur son territoire se sont surtout attachées aux cadres institutionnels et administratifs, cherchant à délimiter les contours des provinces et des *civitates*, à préciser leur fonctionnement et à établir des prosopographies. À part quelques détails, il y a peu à ajouter au tableau traditionnel : la création des provinces des Germanies par Domitien (les Lingons réintégrant la *Lugdunensis* à une date qui reste incertaine), l'octroi du droit latin aux Trois Gaules sous les Flaviens (plutôt que sous Claude, mais sans certitude). Des inscriptions semblent montrer qu'à la fin du Haut-Empire, le gouvernement de la Lyonnaise l'emportait en dignité sur ceux de la Narbonnaise, de la Belgique et de l'Aquitaine. Comme d'autres parties du monde romain, la Gaule connut à la fois l'intervention d'un nombre croissant de *procuratores*, dont les compétences dépassaient parfois le cadre d'une seule province, et de *curatores* contrôlant l'orthodoxie financière de telle *civitas*. Passons.

Les études épigraphiques récentes ont jeté quelque lumière sur les élites gallo-romaines, en montrant que le recrutement de Gaulois dans les carrières équestres et sénatoriales avait nettement diminué à partir de 70. Alors que les emplois de chevaliers augmentaient en nombre, la place des Gaulois commença à décroître sous les Flaviens, déclin qui s'accentua à la période antonine : à l'exception de Mettius Rufus sous Domitien et d'Attius Suburanus sous Trajan, aucun chevalier gaulois n'occupe un poste important. De même, parmi les détenteurs de fonctions sénatoriales de haut rang, on ne compte que l'Helvien Jallius Bassus et le Picton Sedatius Sévérianus. Face aux élites d'Espagne, d'Orient, d'Afrique, les élites gauloises, y compris de Narbonnaise, font pâle figure, et les propos de R. Syme sur le « clan d'Espagne et de Narbonnaise » qui aurait accédé au pouvoir avec Trajan doivent être révisés pour le second terme.

Pourquoi ce déclin ? On ne saurait alléguer une quelconque infériorité des fortunes gallo-romaines par rapport à celles des notables d'Italie, d'Espagne ou d'Afrique. En effet, bien que le *corpus* des inscriptions les concernant ne soit pas très abondant, les chiffres qu'il mentionne pour les actes d'évergésie (donations, sportules, constructions, etc.) soutiennent largement la comparaison avec les plus riches provinces. Si l'on peut considérer comme exceptionnelle la donation de milles livres d'argent (333 kg) pour deux statues par A. Annius Camars d'Arles (*CIL* XII 670), soit plus d'un million de sesterces, des *summae honorariae* ou *ad honorem* sont attestées dans plusieurs cités qui égalent ou dépassent les 100 000 sesterces, ce qui est supérieur à celles d'Italie et d'Afrique. Un Nîmois fait don à sa cité de 2 millions de sesterces ainsi que d'un vaste domaine (*CIL* XII 3313), et un chevalier de Vaison donne à la sienne 1,5 million (*CIL* XII 1357). La participation des notables à l'ornement et à l'équipement des villes est active dans les quatre provinces de Gaule, l'évergésie la plus forte étant le don testamentaire, à Bordeaux, de 2 millions de sesterces pour contribuer à la construction d'un aqueduc (*CIL* XIII 596-600).

Mais l'épigraphie nous montre également deux particularités. D'abord, les évergésies des notables se sont aussi exercées en faveur des « petites villes » auxquelles on les voit offrir basiliques, monuments de spectacles, temples, thermes, etc. D'autre part, l'étude des inscriptions funéraires atteste que nombre de notables se sont fait édifier leur tombe non pas dans une nécropole urbaine, mais à la campagne, dans leur domaine rural, ce que l'archéologie confirme abondamment. À l'instar de Pline le Jeune, partageaient-ils leur temps entre les activités à la ville et des séjours (le *secessus*, l'*otium*) dans leurs *villae ?* Le développement architectural de celles-ci au IIe siècle, la richesse des décors – particulièrement des mosaïques – qui les ornent confirment cette impression. Voilà qui évoque le genre de vie que nous feront connaître, deux siècles plus tard, les œuvres d'Ausone.

Or, Ausone offre le comportement typique de ces « clarissimes » auxquels les statuts accordés par l'empereur Constantin permettaient de se cantonner dans un cadre provincial – Ausone ne se rendit jamais à Rome. On peut donc se demander si le « déclin » du recrutement de Gaulois dans les carrières équestres et sénatoriales ne traduit pas une attitude semblable à celle d'Ausone, à savoir le goût du repli volontaire, la répugnance à s'établir loin du sol natal. Le refus du Viennois Valérius Macédo d'accepter le laticlave sous le règne d'Hadrien serait représentatif : après avoir, durant le « siècle d'Auguste », activement participé à la vie politique, militaire et administrative de l'empire, les notables gallo-romains auraient-ils ensuite refusé le « déracinement » qu'acceptèrent notamment ceux d'Afrique ?

Certains le croient, mais rappelons la faiblesse de notre documentation.

On peut adjoindre à ces réflexions un autre problème, aussi complexe, qui concerne la mobilité sociale et, en particulier, l'accès aux catégories supérieures – *ordo decurionum*, magistratures municipales, prêtrises provinciales – d'hommes ou de familles ayant fait fortune dans les « activités économiques ». Sans être propre à la seule Gaule, cette question y revêt une importance particulière, car les historiens, sensibles à des phénomènes comme la diffusion de la *terra sigillata*, ont proposé la théorie selon laquelle l'ancienne « noblesse » remontant à la période de l'indépendance et romanisée à l'époque de César et d'Auguste – on connaît la fréquence du gentilice *Julius* – aurait été supplantée dans le courant du Ier siècle (dès l'époque de Claude pour certains, sous les Flaviens pour d'autres) par une nouvelle « bourgeoisie d'affaires » dont les monuments funéraires des régions mosellanes et rhénanes traduiraient, à la fin du IIe et au IIIe, la grande réussite. Cette analyse semble évidemment tirer de la force des inscriptions mentionnant les prodigalités de riches affranchis et le succès des *seviri augustales* dans les grandes villes commerçantes, essentiellement à Lyon, Nîmes et Narbonne qui, à elles seules, en rassemblent les deux tiers. Pourtant, les études récentes observent une grande prudence à l'égard de la théorie du déclin des aristocraties traditionnelles. D'abord, parce que l'on ne partage plus l'enthousiasme passé vis-à-vis des « industries » et du commerce gaulois. Ensuite, parce que l'étude précise des inscriptions, lorsqu'elles sont suffisamment nombreuses comme à Nîmes, montre des phénomènes complexes qui dénotent plus de continuité que de rupture, le renouvellement se faisant parfois par adoption « à la pompéienne » (un nouvel enrichi adoptant un membre d'une grande famille), mais plus souvent par le biais des affranchis des grandes familles dont la descendance s'intègre peu à peu à la classe dirigeante. D'une manière ou d'une autre, les bénéficiaires d'un enrichissement dû à des activités commerciales ou financières se trouvaient, soit dès l'origine, soit à terme, dans la clientèle ou l'alliance des grandes familles, et ils contribuaient plus au renforcement de celles-ci qu'à leur supplantation. Cette analyse, qui concerne une *civitas* de Narbonnaise, s'applique-t-elle également aux Trois Gaules ? La faiblesse statistique de l'épigraphie municipale rend la réponse difficile, mais on voit mal quel argument irait en sens inverse, au moins pour les grandes *civitates* de Lyonnaise et d'Aquitaine dotées, au temps de l'indépendance, d'aristocraties puissantes. Du même coup, les réflexions précédentes sur les relations des élites avec leur terroir se trouveraient renforcées.

L'enracinement des notables dans la *civitas* plus que dans l'Empire, et leur présence fréquente dans leurs propriétés rurales pourraient expliquer la densité des habitats et des vestiges monumentaux sur le sol gaulois : le notable ne s'occupe pas seulement de la capitale de la *civitas* mais aussi des petites agglomérations et des campagnes. On comprend également les élévations que l'*ordo decurionum* accorde à tel ou tel petit centre en lui octroyant le statut de *vicus* et la possibilité d'élever les monuments qui accompagnent parfois cette autonomie administrative minimale. De fait, bien qu'il faille se montrer prudent en matière de chronologie, les données archéologiques incitent à esquisser, dans le cadre du Haut-Empire, une distinction entre le Ier et le IIe siècle. Le Ier siècle a correspondu à la mise en place du système d'exploitation du sol et, parallèlement, au développement de la ville-capitale de la *civitas* exprimant par son organisation et par ses monuments l'appartenance à Rome, le loyalisme à l'égard de l'empereur et le rôle administratif qui est le sien, c'est-à-dire ce qu'on pourrait appeler la « ville idéologique ». Cette période se termine avec Domitien, le dernier à être intervenu tant au niveau provincial – organisation des Germanies, mais aussi constitution du culte impérial provincial en Narbonnaise – qu'à celui des villes : c'est lui qui confère à Toulouse le nom de *Palladia*, c'est à lui que l'on pourrait devoir, d'après des hypothèses récentes, les amphithéâtres d'Arles et de Nîmes, la réorganisation du *forum* d'Amiens, etc. Or, après son règne, les « grands travaux » qui se lanceront dans les capitales de *civitates* affecteront, pour l'essentiel, soit l'organisation urbanistique (réfection, rationalisation, amélioration du réseau des voies), soit les équipements de confort (construction ou agrandissement d'édifices thermaux, d'aqueducs ou fontaines monumentales, de portiques, etc.), soit enfin l'habitat privé. En revanche, des agglomérations secondaires reçoivent, elles, au IIe siècle, des monuments de type civique.

Le cas des édifices de spectacle, dont le rôle est autant de type idéologique que lié à la distraction, peut sembler significatif. Tous les théâtres de type classique, qui sont au nombre de 23, se trouvent dans les capitales et, sauf trois d'entre eux, remontent au Ier siècle. Sur 39 amphithéâtres connus, 32 se trouvent dans les capitales, et 8 au maximum pourraient être postérieurs au Ier siècle. En revanche, l'époque flavienne et le IIe siècle voient fleurir un type d'édifice qu'on a longtemps appelé « théâtre-amphithéâtre » ou « édifice mixte », avec une *cavea* outrepassant le demi-cercle et une *orchestra* elliptique ou ovale, le bâtiment scénique se réduisant à un simple podium éventuellement appuyé à un mur à colonnade. Cette structure, qui comprend foule de variantes et qui pouvait accueillir à la fois les spectacles théâtraux et ceux des amphithéâtres, a été reconnue à près de 100 exemplaires. Or, dans plus de 80 % des cas, ces édifices sont concentrés dans les agglomérations secondaires, les seuls exemples urbains étant localisés à Lutèce, Lisieux, Angers, Vieux et Senlis.

L'originalité des provinces gauloises, particulièrement des *Tres Galliae*, résiderait donc dans le nombre des centres humains, et dans l'explication qu'on en donne aujourd'hui. Loin de constituer, comme on le disait jadis, des instruments idéologiques et culturels volontairement implantés par le pouvoir pour « romaniser » les masses paysannes, cette densité d'établissements illustre une psychologie sociale et une culture « de proximité », d'attachement au terroir, de méfiance à l'égard des grandes villes administratives, qu'il faut sans doute attribuer au fond celtique, car on le devine aussi en Italie du Nord. De là provient sans doute le relatif échec de la politique officielle d'urbanisation qui commence à s'apercevoir dès le milieu du IIe siècle, où des *vici* semblent prendre une place plus importante que la capitale, notamment dans l'Ouest et le Centre, et où certaines de ces capitales donnent des signes d'essoufflement. Le fait que nombre de ces villes aient été ressenties comme artificielles se marquera de manière éclatante par le remplacement progressif de leur nom au bénéfice du nom des peuples, phénomène qui touche les deux tiers des cités des *Tres Galliae* mais qui épargne la Narbonnaise. C'est ainsi que *Lutetia* perdra son nom au profit de *civitas Parisiorum* qui donnera Paris, que *Durocortorum* deviendra Reims (cité des Rèmes), *Autricum* Chartres (cité des Carnutes), *Caesarodunum* Tours (cité des Turones), etc.

« La Gaule se couvre de monuments romains »

Cette phrase ou son équivalent se trouve dans tous les livres d'histoire. Elle ne saurait être contestée, mais les travaux récents permettent de la préciser ou de la nuancer. L'un de leurs effets porte sur la chronologie monumentale et a conduit à des remises en cause. Certains monuments ont vu leur datation modifiée, comme, par exemple, l'enceinte de Fréjus, jusqu'alors datée de l'époque augustéenne et qu'une fouille attribuerait aujourd'hui aux années 50-80 ; ou, à l'inverse, l'enceinte de Toulouse, considérée comme construite au IIe siècle, et qui s'est avérée tibérienne. Surtout, on a constaté que les grands cadres chronologiques fondés sur des critères techniques ou stylistiques demandaient à être révisés. C'est ainsi que la présence de « cordons » ou d'arases de briques dans les murs de « petit appareil », qui marquait, disait-on, une époque postérieure à Hadrien, a été remontée aux débuts du Ier siècle. De même, les archéologues se sont aperçus qu'il fallait faire une distinction entre les monuments publics, qui utilisent les premiers les techniques romaines, et l'habitat privé dans lequel sont souvent employées des techniques plus traditionnelles. Enfin, l'on est averti aujourd'hui de l'existence d'équipes et d'ateliers régionaux, parmi lesquels certains présentent des traits d'archaïsme dont on verra des exemples en évoquant les disciplines artistiques. Donc, des révisions sont en train de s'opérer.

En fait, les analyses mettent l'accent sur des processus, non pas de « résistance », mais d'adaptation, qu'il faut attribuer à l'ampleur de la tâche à accomplir en un pays « neuf », et qui ont donné à la Gaule certaines de ses particularités. La technique du parement mural d'*opus caementicium* en moellons de « petit appareil », loin de correspondre à un souci esthétique, associe la facilité de la taille et la simplification du travail, puisque les parements font office des caissons où l'on coule les matériaux constituant le *nucleus ;* les arases de briques servent à la fois d'assises de réglage et de chaînages renforçant la solidité du mur. Dans nombre de régions, l'utilisation du pan de bois associé au torchis ou à l'adobe, voire à la brique, montre aussi l'adaptation de matériaux et de techniques anciennes à des constructions dont les dimensions, les plans et les structures sont totalement nouveaux, et que, d'ailleurs, on ne pouvait distinguer des bâtiments en *caementicium* puisque tous étaient revêtus d'enduits. C'est à cette époque, et non pas à la protohistoire, qu'il faut attribuer la naissance de « cultures » architecturales en pan de bois et en colombages que l'on retrouvera – on ne sait expliquer par quel cheminement – au cœur du Moyen Âge, par exemple en Normandie, dans la région lyonnaise, la Bourgogne et dans l'Est. Et, comme au Moyen Âge, il serait erroné de tout réduire à une évolution chronologique, la pierre remplaçant progressivement le bois : jouent aussi des phénomènes sociologiques d'ostentation qui conduisent, à certaines périodes, les notables à construire en pierre et, à d'autres, à préférer le colombage ou à y revenir. Des études régionales commencent à être conduites en ce sens.

Une autre caractéristique des Gaules tient à la vaste place octroyée dans les villes aux monuments publics. On y verra la conséquence de prévisions originelles ambitieuses qui, à de rares exceptions près, ne se vérifièrent pas et laissèrent donc de l'espace disponible, mais joua aussi dans le même sens l'absence de tradition urbaine pré-romaine : alors que les villes italiennes disposaient de plusieurs espaces spécialisés (centres religieux, administratifs, économiques, de distraction, etc.), la tendance qui se développa en Gaule fut de grouper tous les édifices publics en un ensemble unique, qui pouvait atteindre des dimensions considérables : près de 4 hectares pour le forum de Trèves, près de 3 pour celui de Bavay ; à celui d'Amiens, long de 320 m et large de 125 m dans son état primitif, vint s'accoler un amphithéâtre qui ajouta 100 m de plus à sa longueur. Bien que ce phénomène soit moins frappant dans le sud du pays, où des villes comme Nîmes, Arles, Narbonne ont connu une histoire architecturale plus complexe, il reste qu'en général ces programmes réunissant place publique, basilique, temple, bâtiments administratifs, portiques, éventuellement *macellum*, formaient au cœur des villes une sorte d'univers presque clos et autonome.

Le grand développement des bâtiments thermaux au IIe siècle forme-t-il un contrepoint en offrant d'autres espaces à la vie sociale que ces structures quasi officielles ? C'est une explication possible à leur succès, qu'attestent leur nombre et leurs dimensions : rares sont les villes qui ne se dotent pas d'au moins deux ou trois de ces édifices dont certains, comme à Trèves, rivalisent avec ceux de Rome. Mais il s'agit encore d'univers fermés.

Cet aspect des villes gallo-romaines était renforcé par l'existence de vastes *domus* occupant une part importante, voire la totalité de certains îlots urbains. Les fouilles récentes de sauvetage ont multiplié les exemples d'habitations de type italien ou dérivés de celui-ci. Certaines atteignent dès l'origine des dimensions considérables, mais la plupart connaissent leur développement maximal à l'époque flavienne ou dans le courant du IIe siècle, couvrant des superficies dépassant facilement 2 000 m², multipliant les cours et les jardins : Vaison, Vienne (rive droite), Orange, Limoges, Amiens, etc.,

viennent d'en fournir des exemples, dont certai
de véritables petits palais. Cette extension des *do*
notables, l'absence de tout « immeuble collectif » du type des *insulae* d'Ostie (à Lyon seule est attesté au IIe siècle un certain rétrécissement de l'habitat) démontre la lâcheté de l'occupation urbaine. Boutiques et ateliers – ces derniers répartis un peu partout et non pas regroupés dans des quartiers spécialisés – parvenaient-ils à rompre la rigidité de ces organismes urbains ? Les pouvoirs officiels contrôlant strictement les constructions publiques, et l'habitat privé étant régi par les règles qui conduisaient les élites à manifester leur romanisation, on a abouti à des villes qui caricaturent en quelque sorte les villes d'Italie sans offrir la diversité et les espaces « de liberté » que comportent ces dernières. Peut-être cet argument, s'ajoutant à d'autres, explique-t-il le relatif échec de l'urbanisation des Gaules.

Tout en présentant de forts traits de romanité, la *pars urbana* des *villae* rurales montre des diversités qu'on ne connaît guère dans les *domus* urbaines, au point qu'aucune des typologies jusqu'ici proposées n'est capable de couvrir la variété qui se rencontre, même au sein d'une seule région. Au lieu qu'un modèle se soit diffusé à une seule époque, ici s'entremêlent ou s'opposent le poids des traditions liées aux contraintes du travail rural et le désir de confort et d'ostentation. On voit donc se monumentaliser des dispositifs d'origine modeste et pratique comme la « galerie-façade » à pavillons d'angle, ou des cours se transformer en péristyles ou en *viridaria*, des thermes se construire, peintures et mosaïques se multiplier, ces modifications s'étalant sur trois ou quatre générations, la grande vague étant datable de la fin du Ier et de la première moitié du IIe siècle, c'est-à-dire correspondant à l'épanouissement de la *domus* urbaine, prouvant ainsi l'attachement des notables à la fois aux valeurs de la ville et à l'*otium* rural.

Formant un trait d'union entre villes et monde rural, les aqueducs ont toujours frappé l'imagination en raison de leurs arches imposantes sillonnant les campagnes et signifiant la richesse et la puissance urbaines. De fait, beaucoup de villes gallo-romaines en eurent au moins deux, le record étant détenu par Vienne qui en eut onze. Lyon était alimentée par un réseau qui atteint un total d'environ 200 km. Il est à noter que certains de ces aqueducs présentent des parements en *opus reticulatum*, très rares en dehors d'Italie, qui attestent l'intervention d'équipes et de main d'œuvre spécialisées, peut-être militaires. Une étude interdisciplinaire récente de l'aqueduc de Nîmes (avec le célèbre Pont du Gard) a mis en lumière des techniques de construction empreintes d'irrégularités, les reprises et réfections nécessaires, les problèmes posés par les dépôts calcaires et, au total, la relative fragilité de ces ouvrages. L'emploi de batteries de siphons en plomb, comme dans les aqueducs de Lyon et Saintes, prouve le prix exorbitant que certaines cités étaient disposées à leur consacrer. Remarquons enfin que l'attribution de la plupart des aqueducs de Gaule à la fin du Ier et au IIe siècles a été remise en cause : ainsi, l'aqueduc de Nîmes serait plus ancien (deuxième tiers du Ier siècle ?), le plus grand ouvrage de Lyon, l'aqueduc de Gier, pourrait être augustéen !

C'est pour les monuments et les usages funéraires que des traits propres à la Gaule sont souvent mis en relief. On s'appuie notamment sur la persistance de certaines des pratiques que nous avons signalées dans le chapitre précédent pour les débuts du Haut-Empire : inhumations encore nombreuses dans certaines nécropoles (par exemple autour de Lutèce), sépultures dite

« aristocratiques » ou « privilégiées » chez les Lémovices (La Bussière-Étable), chez les Pictons (Nalliers, Bouillé-Courdault, St-Médard-des-Prés, etc.), chez les Turones (Cheillé), tombes sous *tumuli* de la *Belgica* chez les Tongres, les Nerviens et les Trévires, majoritairement du IIe siècle, dans lesquels certains voient la reprise d'une ancienne tradition indigène. Il est à noter que ces trouvailles exceptionnelles se situent en milieu rural.

De même, c'est essentiellement dans les campagnes que se trouvent les piliers funéraires sculptés et les piles maçonnées, les premiers surtout en Rhénanie et à un degré moindre en Lyonnaise, les secondes surtout dans l'*Aquitania*. Comme les *tumuli*, de tels monuments marquaient fortement le paysage.

Même si certains de ces traits peuvent traduire des survivances anciennes, d'autres influences ne sont pas exclues : les mausolées impériaux pour les *tumuli*, les tombeaux-tours syriens, diffusés au Ier siècle en Italie du Nord, pour les piliers et les piles. Surtout, la quasi-totalité des monuments funéraires se réfèrent à des formes italiennes : autels, cippes, stèles, mausolées, ces derniers malheureusement démontés pour la plupart et réemployés dans des remparts du Bas-Empire sans qu'on puisse ou qu'on ait tenté de les reconstituer. L'organisation des nécropoles offre également un grand classicisme : plan régulier rassemblant des enclos de tailles diverses. Les fouilles récentes de certaines d'entre elles ont mis en lumière la diversité extrême, y compris au sein d'une même région, des rites liés aux offrandes et au remplissage de la tombe. La seule évolution qui semble se constater tient à la simplification du rituel de l'incinération, l'usage de l'*ustrinum* s'affaiblissant au profit de la crémation au dessus de la fosse.

Les pratiques religieuses

Il faut refuser l'expression « *la* religion gallo-romaine » qui donne une fausse impression d'unité et qui est née du fameux passage (*BG* VI 16-18) où César a brossé un tableau à la fois rapide et généralisateur qui visait à montrer que les Gaulois de l'indépendance se faisaient des dieux à peu près la même idée que les Romains, et qu'ils étaient donc assimilables. La seule force unificatrice, mais dont on ignore l'extension géographique, tenait dans le pouvoir des druides qui s'exerçait non seulement sur les sacrifices mais aussi sur les affaires judiciaires et administratives (par le biais de l'écriture), ainsi que sur l'éducation des jeunes aristocrates, sans pour autant interférer forcément sur les dévotions personnelles ou collectives à tels ou tels dieux.

Le système que Rome mit en place présentait quelque analogie avec la situation précédente : les actes officiels organisés par les « corps constitués » s'ordonnaient autour du culte de Rome et de l'empereur, mais la piété des personnes privées, voire des groupes, s'adressait librement aux divinités de leur choix. Dans un premier temps, le druidisme ne semble pas avoir été ressenti comme un danger, puisque aucune mesure ne fut prise à son encontre. Il faut croire cependant que son influence avait persisté et qu'elle fut jugée néfaste puisque Auguste l'interdit aux *cives*, c'est-à-dire probablement aux Gaulois devenus citoyens romains, interdiction que Claude rendit générale (Suétone, *Div. Claud.* 25). C'est sans preuve que l'on attribue parfois à son action le soulèvement d'une *fanatica multitudo* à l'instigation d'un certain Mariccus en 69 dans la région éduenne (Tacite, *Hist.* II 61), mais Tacite rapporte que des prédictions druidiques auraient précédé la révolte de

Civilis (*Hist.* IV 54), si bien que la question demeure ouverte.

Quoi qu'il en soit, les recherches récentes ont montré à quel point les Gaules avaient suivi avec enthousiasme la création du culte impérial. En effet, aux nombreux témoignages épigraphiques sont venues s'ajouter les recherches d'architecture mettant en lumière le rôle de ce culte dans les grands programmes urbanistiques qui ont modelé le cœur des villes gallo-romaines, plaçant le temple dynastique (et non plus le *capitolium*) au centre des monuments civiques, instituant des liaisons entre ce centre et les édifices des spectacles qui servaient aux liturgies liées à la célébration de l'Empereur. De ces vastes scénographies, demeurent quelques ensembles complexes (Arles, Orange, Nîmes, Augst, Amiens) mais aussi ce qu'on a appelé improprement les « blocs-forums » attestés dans les Trois Gaules (Feurs, Lutèce, Trèves, Bavay), tous dotés de monuments dynastiques. L'exemple de Lyon atteste la force du mouvement : alors même que la colonie avait à ses portes, à Condate au confluent du Rhône et de la Saône, le grand sanctuaire confédéral des Trois Gaules, elle construisit sur la colline de Fourvière un vaste temple en calcaire avec propylées et portiques, ensemble qui fut repris en marbre de Carrare, peut-être par des équipes italiennes, sous Claude ou les Flaviens. De même, une théorie récente attribue au culte impérial les grands ensembles comportant un sanctuaire, parfois une basilique, et un édifice de spectacle dans le cadre de *vici* ou de petites agglomérations. De fait, les dédicaces mentionnent souvent les *numina Augustorum* ou la *domus divina,* ou rappellent l'action des *sacerdotes Romae et Augusti* de Condate. La floraison de ces ensembles aux époques flavienne et antonine démontre qu'après avoir ordonné et orné les villes, le culte impérial s'est répandu jusque dans les plus petits centres par l'effort des évergètes. Ou plutôt, il s'y est monumentalisé, car il y était présent dès la première moitié du Ier siècle, comme l'atteste, par exemple, la découverte des graffites sur les enduits peints du modeste sanctuaire de Châteauneuf en Savoie, qui portent des dédicaces au dieu local *Limetus* mais aussi à Rome et à Tibère.

Nous ne reviendrons pas sur le sanctuaire confédéral de Condate, sinon pour signaler que les inscriptions qui le concernent attestent, à de rares exceptions près, que la prêtrise de Rome et d'Auguste constituait le couronnement des carrières municipales ; sur la soixantaine de *sacerdotes* connus, onze seulement passèrent dans l'ordre équestre. Est-ce à ce succès dans les *Tres Galliae* mais aussi à Cologne et à St-Bertrand-de-Comminge qu'il faut attribuer la fondation du culte impérial dans la province sénatoriale de Narbonnaise connue par un fragment de la *lex de flaminio provinciae Narbonensis* (*CIL* XII 6038) ? Longtemps rattachée à Vespasien, elle vient d'être « rendue » avec de bons arguments à Domitien grâce à la relecture d'inscriptions d'Athènes concernant la carrière de Trébellius Rufus, un Toulousain qui fut le premier flamine provincial. Mais la différence entre la *Narbonensis* et les *Tres Galliae* se marque ici encore, puisque la prêtrise impériale, dénommée flaminat, y est réservée à l'ordre équestre. Quant à son éventuel impact architectural à Narbonne, il ne peut qu'être entrevu : l'ensemble comportait un *templum divi Augusti*, un amphithéâtre et probablement des thermes, des portiques et des basiliques dont une inscription mentionne la destruction (sans doute par incendie) et la reconstruction par Antonin (*CIL* XII 4342). Peut-être est-ce aussi à Domitien qu'il faut attribuer l'agrandissement de l'amphithéâtre de Condate près de Lyon.

Outre son rôle de lien civique, le culte impérial a joué un rôle fédérateur dans le « rapprochement » des divinités gauloises et gréco-romaines. Garant de la liberté religieuse, l'empereur de Rome patronnait en quelque sorte la coexistence, comme le démontre le fameux Pilier offert par les *Nautae Parisiaci,* qui est dédié à la fois à Tibère César Auguste et à Jupiter, et dont les représentations figurent aussi bien Mars, Mercure, Vénus, Vulcain, Castor et Pollux que Smertrios, Cernunnos, Tarvos Trigaranus et des déesses indigènes dont le nom n'est pas connu. Il constitue un exemple précoce de ces monuments sculptés ou épigraphiques qui associent des divinités de diverses origines. Une étape supplémentaire est franchie par ce qu'on appelle l'*interpretatio* ou l'assimilation, qui montre des divinités romaines « gallicisées » par les attributs ou le vêtement (Jupiter à la roue, Mercure à la tortue, au coq, au serpent à la tête de bélier, et tant d'autres exemples), ou encore l'association d'un nom romain et d'une épithète gauloise, souvent topique (comme *Apollo Grannus* à Grand ou *Mars Vintius* à Vence) ou enfin la constitution de couples divins « mixtes » (Apollon et Sirona, Mercure et Rosmerta, etc.). Tout cela confirme la justesse de l'intuition de César (ou de son informateur) lorsqu'il proposa des équivalences entre dieux gaulois et dieux romains. L'illustration la plus éclatante de cette proximité est fournie par les statuettes en terre blanche fabriquées en série par des ateliers dont les plus productifs se situent en Gaule Centrale autour de Vichy et en Bourgogne mais qui existèrent aussi à Bordeaux, sur la Loire, en Armorique et dans le Nord. Ces figurines servaient d'offrandes et d'ex-voto ; à côté d'animaux, de fruits, d'autels, on y trouve des divinités. Or, la plus représentée est Vénus, très loin devant Minerve et Mercure. Au

IIe siècle, d'autres divinités apparaissent, notamment une déesse-mère allaitant un ou deux nourrissons qui correspond bien à la vogue des *Matres* connue aussi dans la grande sculpture. Le trait frappant de ce répertoire « populaire », c'est la faible place accordée aux divinités typiquement gauloises : seuls Epona et le dieu au maillet y figurent, faiblement.

L'interaction des éléments indigènes et romains s'exprime aussi dans un monument propre à la Gaule, surtout dans l'Est et en Rhénanie : les colonnes dites « de Jupiter à l'anguipède », qui supportent un groupe sculpté représentant le dieu à cheval, terrassant un monstre dont la partie inférieure se termine par un enroulement de serpent. Ces monuments affectent des hauteurs variables, de 2,50 m à plus de 12 m, ils comprennent parfois un piédestal quadrangulaire comportant des reliefs représentant des divinités du panthéon romain et un chapiteau historié avec les bustes des Saisons. La répartition de ces colonnes est essentiellement rurale, si bien que leur signification originelle est sans doute liée à la protection des cultures. Mais le sens évolua, sans doute à la suite des troubles qui éclatèrent en Germanie sous Marc Aurèle, et le monument prit des allures officielles, symbolisant le triomphe de Rome sur les barbares, le dieu à l'anguipède représentant aussi bien l'empereur victorieux que le roi du ciel.

La répartition géographique des cultes s'adressant à telle ou telle divinité a été depuis longtemps étudiée. Nous n'y insisterons pas ici, car elle traduit essentiellement la persistance de réalités qui remontent à l'époque de l'indépendance. Plus significative est la répartition des inscriptions qui comportent des particularités propres à la Gaule : soit le mot *deus* devant le nom du dieu, soit un surnom indigène accolé à un nom de dieu gréco-romain. Le premier cas survient dans moins de 7 % des inscriptions religieuses de Narbonnaise, alors que la proportion approche 40 % dans les *Tres Galliae*. Le second cas est représenté dans 5,5 % des inscriptions de Narbonnaise, dans 7 à 10 % de celles des *Tres Galliae*. Enfin, les noms de dieux indigènes se situent partout entre 30 et 40 %, sauf dans les Alpes (65 %) et au Sud de la Garonne (55 %). L'impression générale est donc celle d'une romanisation importante en Narbonnaise, d'une grande mixité dans les *Tres Galliae,* avec survivance de particularismes dans les Alpes et les régions pyrénéennes. On ne s'en étonnera guère.

Propre à la Gaule, à la zone rhénane et au sud de l'Angleterre, est la floraison d'un type architectural particulier que les archéologues nomment improprement *fanum*. Il s'agit d'un édifice sans rapport avec le temple « classique » et généralement composé d'un corps central carré, rectangulaire, polygonal ou circulaire en forme de tour, encadré d'une galerie basse de plan concentrique, l'un et l'autre s'ouvrant à l'est. Les campagnes de photographies aériennes ont récemment plus que doublé le nombre des exemplaires connus en France, portant le total à près de 600. C'est donc de loin le type d'édifice public le plus représenté. De dimensions variables, il couvre tout un spectre allant de la modeste chapelle de 3 à 5 m de côté jusqu'à des monuments grandioses, comme la Tour de Vésone à Périgueux. Parfois groupés en plusieurs exemplaires à l'intérieur d'une même aire sacrée, ces monuments peuvent constituer de véritables quartiers sacrés, comme l'Altbachtal de Trèves ou le quartier *extra muros* du temple dit de Janus à Autun. Un tiers d'entre eux se situent dans un environnement rural, deux tiers prenant place dans des agglomérations, essentiellement secondaires, associés fréquemment à des thermes et à des édifices de spectacle. D'origine protohistorique, ces bâtiments connurent deux grandes « vagues » de construction : l'époque augustéenne et les décennies avoisinant l'année 100. Des divinités sont attestées par l'épigraphie dans 57 de ces sanctuaires : Mercure domine largement, suivi par Apollon et Mars, et leurs noms sont souvent accompagnés d'une épithète indigène. Les autres noms les plus fréquents sont ceux de divinités féminines locales. Le culte impérial est fréquemment présent dans les sanctuaires d'agglomérations. Le cas de ces « *fana* » semble exemplaire des pratiques religieuses : les techniques romaines ont permis la généralisation d'un modèle ancien, original, et ces pratiques, originales elles aussi, loin de s'étioler, se sont renforcées. Enfin, il faut noter, une nouvelle fois, la grande rareté de ces édifices en Narbonnaise.

Bien d'autres particularités mériteraient d'être relevées, notamment la vigueur de cultes « naturistes » auprès des arbres, des forêts, des roches, des eaux, et toutes sortes d'actes de superstition, voire de sorcellerie, qui s'y déroulaient, et que l'on connaît surtout par les condamnations qu'en feront les Pères de l'Église. Certains de ces sites furent monumentalisés, notamment ceux en rapport avec l'eau (Genainville, Villards-d'Héria, les Sources de la Seine, etc.), d'autres demeurèrent plus proches de leur état naturel, recevant cependant offrandes et ex-voto, et il n'est pas facile de faire la part entre les pratiques religieuses, les espoirs de guérison et les vertus curatives ou guérisseuses. Quoi qu'il en soit, la Gaule offre une quantité impressionnante d'ex-voto anatomiques et de sculptures représentant la guérison des yeux qui, mises en relation avec les nombreux cachets d'oculistes, trousses de chirurgie et aiguilles à cataracte, laissent supposer que les sanctuaires jouaient un rôle important dans la médecine. Particulière à la Gaule, surtout du Centre et de l'Est (Argentomagus, Lutèce, Alésia, etc.), est aussi la trouvaille de statues de divinités dans des caves munies d'aménagements particuliers (niches, tables) : plus qu'une adaptation du laraire romain, on tend à y déceler une survivance protohistorique, mais sans preuve réelle.

L'état de la question ne serait pas complet si nous n'évoquions les religions orientales. Mais les données nouvelles intéressent surtout les Germanies ou bien se réfèrent au IIIe siècle, et l'on ne peut guère signaler que la remise en doute du sanctuaire de Cybèle jadis identifié à Lyon, et peut-être aussi de celui de Vienne. Quant au christianisme, l'épisode des « martyrs lyonnais », autour de l'évêque Pothin et de Blandine en 177 dans l'amphithéâtre de Condate, s'est vu contester par une thèse qui voulait situer l'événement dans le Pont galatique, en Asie Mineure, mais sans argument réellement convaincant. En revanche, on a abandonné la théorie selon laquelle le pogrom aurait été déclenché par le heurt entre les dévots d'Attis et les fidèles du Christ, et l'on y voit plutôt un acte spontané de la population locale, les chrétiens étant victimes d'un mouvement de type « raciste », ou bien servant de boucs émissaires à un mécontentement né des difficultés économiques de la fin du siècle. Nous n'avons pas d'opinion sur ce point.

Arts et culture : romanité et provincialismes

Des pans entiers de la production artistique et culturelle gallo-romaine des Ier et IIe siècles ont disparu, à commencer par toutes les œuvres littéraires, à l'exception de l'Abrégé donné par Justin des *Histoires* écrites par Trogue-Pompée, originaire de *Vasio*, sous le règne d'Auguste. Mais les mentions que nous avons conservées des auteurs et de rares fragments laissent penser que cette perte n'a rien de regrettable. À part quelques poèmes ou épopées (sur Germanicus, sur les guerres de Germanie), à part le traité agronomique *De vineis* de Julius Graecinus de Fréjus qu'utilisa Columelle, ne sont cités que des orateurs dont certains firent carrière à Rome (Votiénus Montanus, de Narbonne, sous Tibère ; Domitius Afer, de Nîmes, consul en 39 ; Julius Africanus, qui parla devant Néron et que mentionnent Tacite et Juvénal ; Marcus Aper, mis en scène par Tacite, qui avait été son élève, dans le *Dialogue des Orateurs ;* Favorinus d'Arles, ami d'Hadrien et maître d'Hérode Atticus ; quelques autres), tous coulés dans le moule romain et renommés non pour leur originalité mais pour le talent qui les fit réussir *inter pares*. Aucune œuvre gallo-romaine ne se rattache donc au passé celtique ; les poèmes mythiques récités ou chantés par les bardes de l'époque de l'indépendance disparurent totalement, et le genre ne leur survécut pas : les « chansons de geste » médiévales ne constituent en rien le souvenir ou une renaissance de ces œuvres. De même, l'iconographie n'atteste aucun instrument de musique ou aucun type de danse particuliers à la Gaule.

L'architecture singulière de nombre de monuments de spectacles, particulièrement la réduction du bâtiment scénique, a parfois fait supposer que des représentations d'un type original y étaient données, en relation avec d'anciennes pratiques culturelles ou religieuses. En réalité, rien ne vient étayer cette hypothèse : toutes les allusions de l'iconographie aux spectacles sont d'une parfaite orthodoxie, et il faut conserver la vieille explication, selon laquelle ce sont des motifs d'ordre pratique qui ont conduit à cette formule architecturale qui permettait de recevoir, dans une même structure, les représentations théâtrales et les jeux de l'amphithéâtre. De plus, cette formule autorisait l'utilisation de structures démontables en bois pour agrandir la scène ou la *cavea*.

La peinture murale a fait l'objet ces dernières années d'études importantes. Après de rares vestiges du « premier style » pompéien, la Narbonnaise a livré plusieurs exemples du « deuxième style » (St-Rémy-de-Provence, Ensérune, Narbonne, Brignon) qui ne se distinguent en rien des modèles italiens. Avec le « troisième style », c'est la Gaule entière qui est progressivement atteinte dans la première moitié du Ier siècle, et apparaissent vers 30 les premières variations qui donnent naissance, dans la seconde moitié du Ier siècle, à un art gallo-romain plus autonome, ornant les plinthes de motifs animaliers, privilégiant le motif des candélabres à ombelles porteurs d'oiseaux et de petites figurines, faisant référence aux motifs bacchiques et apolliniens. Le « quatrième style » pompéien n'exerce pratiquement aucune influence, sauf à Narbonne ; la mode est celle de grands panneaux rouges séparés par des bandes utilisant encore les candélabres dont les ombelles sont désormais cachées par des champs végétalisés ou en torsades (villa du Liégeaud, Haute-Vienne) ; au-dessus des panneaux, l'on voit des frises (griffons, fauves, gladiateurs) ; le goût pour les imitations illusionnistes de marbre demeure très vif (Aix-en-Provence, Escolives, Genainville). Vers le milieu du siècle, s'impose sur toute la Gaule un goût nouveau : sur un fond blanc se détachent des architectures schématisées, les panneaux sont bordés de dessins géométriques frêles et un décor « à réseau » est de plus en plus employé. Il sera supplanté à la fin du siècle par la réapparition du trompe-l'œil et des mises en scène grandioses de divinités, de figures mythologiques et de thèmes théâtraux (Narbonne, Lisieux, Famars, etc.). Si l'on compare la production gauloise du IIe siècle à celle d'Ostie, les rapports paraissent faibles, pour ne pas dire presque inexistants.

L'étude des pavements fait apparaître des enseignements analogues. Les plus anciens (en *opus signinum, opus sectile* ou mosaïques) présentent des similitudes si étroites avec l'Italie qu'ils suggèrent l'hypothèse d'équipes itinérantes venues en Narbonnaise. La grande expansion, dans la seconde moitié du Ier siècle et surtout au IIe, vit l'essor d'équipes régionales parmi lesquelles les ateliers de Lyon et de Vienne eurent un tel rayonnement qu'on les désigne sous le vocable d'« école rhodanienne ». Leur constitution était encore récemment datée de l'époque antonine, mais ils pourraient remonter à l'époque flavienne. Leur style particulier s'exprime dans le « compartimentage » du décor, des quadrillages de bandes croisées formant de multiples cases ornées de motifs divers issus de la fable ou de la vie quotidienne, la fantaisie et une riche polychromie s'alliant ainsi à la rigueur géométrique issue des mosaïques noir et blanc italiennes. À côté de cette « école rhodanienne » qui a rayonné jusqu'en Aquitaine, en Normandie et en Suisse, l'atelier de Trèves, influent en Belgique, paraît beaucoup plus « classique ». Bien qu'en nombre plus faible, les grandes mosaïques à décor figuré, le plus souvent mythologique, sont cependant parmi les plus somptueuses d'Occident. Parmi ces témoins d'un goût et d'une culture raffinés, il faut mentionner la mosaïque dite « des poètes grecs » à Autun, de la fin du IIe siècle, dont chaque panneau représentait un auteur et reproduisait un passage de son œuvre ; une fouille récente a retrouvé un nouvel exemplaire de ces panneaux avec un portrait accompagné du nom de Métrodore et d'une sentence jusqu'alors attribuée à Épicure (« sentence Vaticane 14 ») ! À l'inverse, le nord-ouest de la Gaule semble avoir moins apprécié la mosaïque figurée et lui avoir préféré l'*opus sectile*, affaire non pas d'économie mais de goût, car l'on y trouve de somptueux ensembles de marbres importés.

De par le nombre énorme des pièces qu'elle rassemble, et qui sont pour beaucoup réunies dans le *Recueil* d'Espérandieu, la sculpture gallo-romaine aurait dû faire l'objet de grandes études synthétiques. Ce n'est pas le cas, probablement en raison de l'hétérogénéité du répertoire et des styles qui rend difficile le classement en « écoles » et l'appréciation chronologique. Même l'art « officiel » ne peut être directement comparé à celui de Rome : ainsi, l'étude récente de chapiteaux et d'entablements de Saintes a montré comment, après une première phase augustéenne où il acquiert des techniques et un registre de formes provenant d'Italie et de Narbonnaise, ce grand atelier santon développe une production très individualisée, marquée par un souci ornemental et même une surcharge décorative, utilisant encore aux époques flavienne et antonine des motifs depuis longtemps disparus à Rome et en Italie. Ses réalisations « corinthisantes » et composites ont été largement diffusées en Gaule et jusqu'en Germanie, où elles ont généralement été mal datées car on en ignorait l'origine. Le cas est d'ailleurs le même pour toute l'architecture de style « toscan » gallo-romain. Il faut donc s'attacher à identifier des « centres », comme on l'a fait pour celui qui produisit, vers 50, dans la Meuse, une grande statuaire religieuse, et dont les artisans se déplacent de Langres à Mayence ; ou encore, entre 80 et 120, pour l'atelier bourguignon qui réalise à la fois la décoration des grands thermes publics de Sens, des œuvres religieuses en ronde-bosse et des piliers funéraires pour les particuliers. Au IIe siècle, autour de Bourges, de Genainville (Val d'Oise), de Metz et de Trèves, se constituent des foyers vivaces aux caractéristiques bien marquées, et dont le champ d'extension se recoupe parfois. Il est donc malaisé de tirer des leçons générales. Nous insisterons, pour notre part, sur l'amour de la sculpture – donc, de la représentation en trois dimensions – qu'atteste chez les Gaulois la floraison de ces œuvres, des plus gigantesques (comme la statue colossale en bronze de Mercure commandée par des Arvernes au sculpteur grec Zénodore pour 40 millions de sesterces : Pline *NH* XXXIV 18.45) aux plus modestes (petits bronzes, statuettes en argile blanche fabriquées dans plusieurs officines), des plus raffinées (pièces religieuses classicisantes de l'époque claudienne, inspiration hellénistique de l'époque d'Hadrien) aux plus populaires (stèles à peine dégrossies, ex-voto rudimentaires) ; sur l'importance de la sculpture funéraire dans les *Tres Galliae*, préférée à l'inscription commémorative ; sur l'originalité de certains supports (piliers, colonnes) ; sur la vitalité des scènes inspirées de la vie quotidienne et professionnelle, et sur le réalisme qui empreint les scènes héritées du répertoire religieux ou mythologique ; enfin sur l'utilisation du champ sculpté dans sa quasi-totalité, une « horreur du vide » qui n'est pas sans rappeler le monnayage celtique ou les mosaïques de l'école rhodanienne. Bref, la sculpture est la forme artistique que la Gaule a le plus prise à son compte. L'utilisation abondante des reliefs figurés sur les vases de *terra sigillata* ou l'application de médaillons sur les poteries de la vallée du Rhône (« sigillée claire B ») en sont des indices complémentaires.

L'une des plus extraordinaires trouvailles de ces dernières années. En 1965, à Autun, lors de travaux immobiliers, avait été sauvé, par miracle, un fragment de mosaïque représentant le poète grec Anacréon et quatre vers appartenant à deux de ses poèmes. En 1990, sur un terrain voisin, une fouille fut organisée pour précéder des travaux. De nouveaux fragments furent découverts. Le plus important représentait un personnage assis, tenant à la main un rouleau de papyrus. Son nom apparaissait à l'extrémité inférieure : Métrodore. Ce Métrodore était loin d'être un inconnu, on savait qu'il avait été l'un des disciples d'Épicure, qu'il avait vécu à la fin du IVe siècle et aux débuts du IIIe siècle avant J.-C. Mais l'important, c'était le texte en grec qui entourait le portrait. On le connaissait par deux ou trois citations antiques et par deux manuscrits du XIVe siècle, et il était attribué à Épicure. La mosaïque d'Autun permet non seulement de confirmer la lecture ("Nous sommes nés une fois pour toutes, une deuxième naissance est impossible. Et toi qui n'es pas maître du lendemain, tu ajournes ce qui apporte la joie ; mais la vie, dans le délai, se perd, et chacun de nous, dans son manque de disponibilité, meurt"), elle permet surtout de "rendre" la "sentence" à Métrodore.
Quelle importance ? Celle-ci : un notable d'Autun est à ce point féru de la culture et de la philosophie grecques qu'il orne le sol d'une des salles d'apparat de sa maison de représentations et de citations. Leur sens est clair : "cueillons les roses de la vie" (Musée Rolin, Autun).

Ces deux chapitres représentent, je l'ai dit, mon point de vue. Comme tout point de vue, il peut être contesté, et surtout il doit être enrichi grâce aux œuvres de collègues qui ont une autre expérience et une autre sensibilité. C'est pourquoi je me permets de recommander au lecteur, parmi les livres les plus récents, l'ouvrage de Patrick Le Roux, Le Haut-Empire d'Auguste aux Sévères, *Le Seuil, Paris, 1998, et les deux tomes de la* Nouvelle Clio, Rome et l'intégration de l'Empire, *dont le second, sous la direction de Claude Lepelley (PUF, 1998), réunit des contributions consacrées à l'Italie et aux provinces. Les Gaules et les Germanies ont été étudiées par Marie-Thérèse Raepsaet-Charlier, dont la synthèse, riche en faits et en renvois bibliographiques, constitue une remarquable base documentaire.*

Chapitre IV

LA GAULE ROMAINE

Points de vue

Dans les contributions données à la Cambridge Ancient History, *j'ai dû passer rapidement – c'était la règle du genre – sur certains problèmes qui me tenaient à cœur et auxquels j'avais consacré des articles. L'éditeur en a retenu quelques-uns, qui sont présentés ici selon un ordre à peu près chronologique.*

Le premier concerne Lyon, Lugdunum, *et, plus précisément, ses origines. La plus grande, la plus belle ville des Gaules – et même la « métropole ». Des humanistes s'intéressant à elle depuis des siècles. Des fouilles importantes – quoique parfois expéditives – mettant au jour des monuments somptueux. Des milliers d'inscriptions, parmi lesquelles des pièces extraordinaires comme les « Tables claudiennes ». Pourtant, il y a une vingtaine d'années, les origines de Lyon posaient encore bien des questions. D'abord, la ville romaine avait-elle un passé protohistorique ? Nombre d'auteurs l'avaient affirmé en utilisant des arguments contestables : pièces archéologiques mal datées, lecture acrobatique des textes (César avait* forcément *établi un camp à Lyon), raisonnements récurrents (si Plancus avait fondé une colonie au Confluent, c'est qu'il s'y trouvait déjà un établissement humain), etc.*

Vers la fin des années 70, l'archéologie lyonnaise connut un développement vertigineux, pour deux raisons.

La ville et les promoteurs privés se lancèrent dans des travaux immobiliers et urbanistiques sans précédent, et ce programme fut contrôlé, précédé, accompagné ou suivi par l'équipe de la Direction des Antiquités historiques de Rhône-Alpes, à la tête de laquelle se trouvait Jacques Lasfargues, auquel tous les archéologues de France doivent admiration et reconnaissance, car c'est à sa lucidité, à son courage, à ses combats, que l'archéologie dite « préventive » doit sa naissance et son développement.

Donc, des chantiers s'inscrivirent un peu partout dans Lyon, menés par des agents de la Direction, par des vacataires, par des contractuels, par des universitaires, par des chercheurs du CNRS. Il y en eut d'immenses, comme celui du Verbe Incarné, et de plus ponctuels. Quantité de données nouvelles surgirent. Ces masses de trouvailles, il faudrait beaucoup de temps pour les publier. Du moins pouvait-on chercher à les ordonner et à les présenter succinctement : voilà pourquoi Jacques Lasfargues, Bernard Mandy (qui dirigeait l'équipe archéologique municipale) et moi-même organisâmes un « séminaire » en janvier 1987, qui réunit tous les archéologues lyonnais. La matière était trop abondante : nous décidâmes de nous cantonner aux « origines de Lyon », c'est-à-dire de ne pas dépasser le Ier siècle après J.-C.

Y avait-il donc un Lyon avant Lyon ? À Vaise, donc à l'ouest, de l'autre côté de la colline de Fourvière, des fouilles venaient de retrouver des niveaux très anciens (Âge du Bronze, Premier Âge du Fer avec des importations étrusques). Sur la colline de Fourvière, des fossés délimitaient des enclos énigmatiques et livraient du matériel apparemment antérieur à la fondation coloniale. Mais le ré-examen de toutes les céramiques, amphores, objets métalliques conservés dans les collections muséographiques n'attestait rien de pré-romain. Premier mystère.

Un deuxième mystère (à mes yeux) tenait aux conditions dans lesquelles Munatius Plancus avait fondé la colonie. Les textes n'étaient pas clairs, leur interprétation me paraissait peu satisfaisante. La théorie courante consistait à dire que des Italiens (probablement des commerçants) s'étaient installés autrefois à Vienne, en avaient été chassés par les Allobroges juste après la mort de César et avaient été « installés » au Confluent par Plancus. Mais pourquoi diable créer pour eux une colonie, qui plus est de droit romain ?

Et puis, d'autres questions se posaient, par exemple : que veut dire Lugdunum *? La ville (ou le mont) de Lug (dieu gaulois supposé) ? J'ai donc, pour introduire à ce séminaire, repris tous les textes concernant la fondation et la signification de Lugdunum. C'est un petit roman policier : voici les pièces, comment les interpréter ?*

Les textes antiques sur la fondation et sur la signification de *Lugdunum*

Nous présenterons chacun de ces textes de la manière suivante :

1 - L'auteur
2 - Le contexte du passage
3 - Traduction (par nos soins)
4 - Commentaire

Dion Cassius, Histoire romaine, XLVI, 50

1 - Dion Cassius fut à la fois un homme politique et un homme de lettres. Né en Asie Mineure, à Nicée, vers 160, d'une famille de rang sénatorial, il gagna Rome et siégea au Sénat, fut préteur en 193, exerça diverses charges administratives (dont les gouvernements d'Afrique, de Dalmatie et de Pannonie Supérieure), fut consul suffect en 222 avant de connaître la disgrâce. Parallèlement à cette carrière, il écrivit divers ouvrages dont, en dernier lieu, l'*Histoire Romaine* depuis les origines jusqu'à son époque. Des 80 livres de cette *Histoire*, nous avons conservé les livres 36 à 60 (de 68 avant J.-C. jusqu'à 47 après J.-C.) et quelques fragments.

2 - On ne peut établir le contexte historique avec une absolue précision car Dion Cassius n'observe pas la

chronologie avec un soin constant. Néanmoins, le passage se situe probablement au début du printemps de l'année 43 avant J.-C. Jules César est mort depuis plus d'un an et la guerre civile fait rage, opposant le Sénat et les pouvoirs réguliers de Rome à Marc Antoine. Celui-ci vient de subir une défaite au mois d'avril dans les environs de Modène, en Italie du Nord, mais les consuls Hirtius et Pansa y ont laissé la vie. Le jeune Octavien, fils adoptif de César, a levé des troupes à titre personnel, procédure irrégulière que le Sénat a légalisée en lui accordant le titre de propréteur. Antoine, vaincu mais non abattu, se replie vers l'ouest, c'est-à-dire vers la Gaule Transalpine. Celle-ci a pour gouverneur Lépide (M. Aemilius Lepidus) qui administre également l'Espagne Citérieure (*i.e.* septentrionale), la Gaule Chevelue – celle qu'a conquise César – étant gouvernée par L. Munatius Plancus. Que vont faire les deux gouverneurs, à la tête de nombreuses légions et d'auxiliaires gaulois : soutenir la cause sénatoriale ou pactiser avec Antoine ? C'est la question qui intéresse Dion Cassius, et il tente d'expliquer les conduites.

Revenons un peu en arrière. Au moment où s'engageait la campagne de Modène, le Sénat avait donné ordre à Lépide et à Plancus de passer en Italie pour aider les armées des consuls à combattre Antoine. Mais un lieutenant de Lépide, Silanus, qui s'était rendu sur les lieux en reconnaissance, avait fait défection et s'était rangé aux côtés d'Antoine. Du coup, à en croire Dion, le Sénat avait enjoint à Lépide et à Plancus de demeurer dans leurs provinces par peur qu'eux-mêmes n'adoptent la même conduite.

3 - « *Les sénateurs, lorsqu'ils eurent appris que Silanus avait fait cause commune avec Antoine, redoutèrent que Lépide et Munatius Plancus ne rejoignissent celui-ci*

à leur tour et leur envoyèrent le message qu'ils n'avaient plus besoin d'eux. Mais pour éviter qu'ils ne soupçonnent une manœuvre et réagissent mal, on leur donna ordre de fonder une colonie pour ceux (« toùs ») *qui, quelque temps auparavant* (« poté »), *avaient été chassés de Vienne Narbonnaise par les Allobroges et s'étaient établis dans l'espace entre le Rhône et la Saône, là où ils se mêlent l'un à l'autre. C'est ainsi que, ne faisant pas mouvement, ils fondèrent Lougoudounon – selon l'ancienne dénomination – Lougdounon, comme on dit aujourd'hui »*.

4 - Encore une fois, gardons-nous de vouloir établir une chronologie rigoureuse. À plus de 250 ans de distance, Dion interprète, comme on le voit dans l'expression « pour éviter qu'ils ne soupçonnent une manœuvre et réagissent mal » : Lépide et Plancus ne sont pas des enfants et ne risquent pas d'être dupes. Au contraire, il faut retenir que, vers mars 43, la fondation de Lyon constituait une affaire assez grave pour que les deux gouverneurs, de la Transalpine et de la *Comata*, aient à la prendre en mains, et ce, au cœur de la guerre civile.

Dion – pour qui cela n'a pas d'importance : il s'intéresse aux intrigues – ne donne aucun renseignement précis sur la qualité des colons ainsi installés à Lyon. Des civils, des militaires ? On ne sait : il dit « ceux qui… ». Quand avaient-ils été chassés de Vienne par les Allobroges ? « un jour », « autrefois », « naguère » : le mot « *poté* » est vague.

On connaît la thèse le plus souvent défendue par les historiens, ceux de Lyon notamment, sur l'identité de ces expulsés : ce seraient des commerçants italiens chassés de Vienne par le soulèvement des Allobroges des années 62-61 décrit par le même Dion Cassius (XXXVII, 47-48). A cela, les objections ne manquent pas.

- si tel était le cas, Dion aurait sans doute relié lui-même les deux événements ;

- comment admettre qu'on n'ait rien fait pendant dix-huit ans et que l'affaire devienne subitement urgente au point de mobiliser Lépide et Plancus ?

- pourquoi ces négociants se seraient-ils réfugiés, en 62-61, au Confluent (c'est-à-dire en Gaule encore indépendante) au lieu de se replier sur la Transalpine ?

Cette interprétation pêche par trop d'invraisemblances. Bien mieux, d'autres textes la contredisent.

Tacite, Histoires, I, 65

1 - Né vers 56-57 (peut-être en Gaule Narbonnaise, plutôt en Cisalpine), mort vers 120. Inutile de présenter Tacite, l'un des plus grands historiens romains. Parmi ses œuvres, les *Histoires* relataient les événements des années 68 à 96. Nous n'en avons conservé que les débuts, pour les années 68-70 après J.-C.

2 - Le passage se situe dans le contexte compliqué des luttes pour l'empire. En mars 68, le gouverneur de la province de Lyonnaise, C. Julius Vindex, appelle à la révolte contre Néron. Il est suivi par les Éduens, les Arvernes, les Séquanes et les Viennois (c'est-à-dire, vraisemblablement, ceux qu'on appelait autrefois les Allobroges). Le mouvement s'étend à l'Espagne et à la Lusitanie (où l'on trouve, aux postes de commandement, Galba et Othon), à l'Afrique. Lyon demeure fidèle à Néron. Le légat de Germanie Supérieure, également loyaliste, assiège Besançon, capitale des Séquanes, au secours de laquelle accourt Vindex. En dépit d'efforts de conciliation, les légionnaires de Germanie massacrent les recrues de Vindex – qui se suicide. Pendant ce temps,

les Viennois avaient mis le siège devant Lyon ; la mort de Vindex les amène à se retirer (mai 68 environ). Peu après, Néron s'étant donné la mort, Galba est proclamé empereur. Il accorde des faveurs à ceux qui avaient suivi Vindex et punit les autres – entre autres, les Lyonnais.

Parmi ceux que Galba poursuit de sa rancune, les Trévires et les Lingons, qui, peu après, entrent en relation avec les légions stationnées près du Rhin. Un soulèvement général du Nord-Est de la Gaule se dessine, sous les ordres de Vitellius. Les légions proclament celui-ci empereur au tout début 69 et se mettent en marche vers l'Italie. A Rome, Othon qui vient de succéder à Galba assassiné, tente de négocier. En vain : les troupes du Rhin traversent la Gaule, semant la terreur (à en croire Tacite), détruisant Metz, taxant les Éduens. Lyon, en revanche, les accueille avec enthousiasme : elle compte sur elles pour prendre sa revanche sur les Viennois.

3 - « *La vieille discorde entre Lyonnais et Viennois avait été ravivée par la guerre récente. Nombreux avaient été les désastres qu'ils s'étaient mutuellement infligés, plus intenses et plus acharnés que s'il s'était seulement agi de combattre pour Néron et pour Galba. De plus, Galba avait assouvi sa colère en confisquant les revenus des Lyonnais ; en revanche, les Viennois avaient été comblés de faveurs. Séparés par un fleuve, leur lien c'était les rivalités, les jalousies et la haine ! C'est pourquoi les Lyonnais excitent, un à un, les soldats, les poussent à exterminer les Viennois, rappelant que ceux-ci ont assiégé leur colonie, appuyé les entreprises de Vindex, recruté récemment des légions pour soutenir Galba. Et lorsqu'ils avaient mis en avant toutes les raisons de haïr les Viennois, ils faisaient miroiter l'ampleur du butin. On passa vite de pressions individuelles à des exhortations publiques : « qu'ils aillent à la vengeance, qu'ils exterminent ce foyer de guerre gauloise ;*

là-bas, tout est étranger, hostile : eux, ils sont une colonie romaine, une part de l'armée, des alliés dans la fortune comme dans l'adversité ».

4 - Ce texte met d'abord en lumière l'« antique haine » entre Lyonnais et Viennois, que tout invite à rattacher à l'expulsion à laquelle Dion Cassius fait allusion. S'il s'était agi de négociants italiens, pourquoi d'aussi vivaces ressentiments ? Surtout, l'insistance est mise sur le fait que Lyon est une *colonia pars exercitus*, « partie de l'armée ». C'est dire très clairement que, au contraire de Vienne (qui n'était que colonie honoraire, peuplée de civils), Lyon fut fondée par des soldats. Autrement dit, une colonie militaire avait été décidée à Vienne pour des soldats ; les Allobroges chassèrent les colons qui se réfugièrent au Confluent ; c'est pour eux que Lépide et Plancus créèrent *Lugdunum.*

Ce scénario, le seul possible pour rendre compte des deux textes précédents, peut-il trouver des confirmations extrinsèques ?

Suétone, Vie de Tibère, 4

1 - Né vers 70, mort vers 140. Nombreuses œuvres dont les *Vies des douze Césars*, depuis César jusqu'à Domitien.

2 - Commençant le récit de la vie de l'empereur Tibère, Suétone évoque son père, Tibérius Claudius Nero.

3 - *« Le père de l'empereur Tibère, questeur de C. César, commandant l'armée navale pendant le siège d'Alexandrie, contribua puissamment à la victoire. C'est pourquoi il fut nommé pontife à la place de P. Scipio et chargé d'aller déduire en Gaule des colonies, parmi lesquelles Narbonne et Arles ».*

4 - La date de ces déductions coloniales se détermine en fonction de deux éléments : elle est survenue avant la mort de César (mars 44) et après la nomination de Ti. Claudius Néro à la charge de pontife, en remplacement de P. Scipio qui s'était suicidé en février 46 après la bataille de Thapsus. L'intervalle maximum est donc de deux ans (février 46-mars 44). Divers arguments semblent plaider en faveur de l'année 45, et même de ses derniers mois.

Suétone, en employant l'expression « parmi lesquelles » laisse entendre qu'il y eut d'autres déductions que Narbonne et Arles. Depuis longtemps, on a proposé des noms : Béziers, Orange, Fréjus, voire d'autres. Récemment, M. Rambaud a suggéré Vienne : Ti. Néro y aurait fondé (déduit, c'est-à-dire avec apports extérieurs) une colonie pour les vétérans. Ceux-ci, chassés après la mort de César par les Allobroges, se seraient réfugiés au Confluent chez les Ségusiaves (ce qui n'a rien d'anormal en 44 : la Gaule Chevelue est romaine).

Cette thèse présente cependant des difficultés : Narbonne et Arles – les deux noms cités par Suétone – ont une particularité révélée par l'épigraphie : celle de s'intituler *Colonia Julia Paterna*. Le mot *paterna* ne peut s'expliquer que d'une manière : le fils de César, Octave-Auguste, a permis à ces deux cités de rappeler dans leur titulature qu'elles avaient été fondées par son père, Jules César. Aucune autre colonie ne porte ce titre. Donc, l'expression « parmi lesquelles » employée par Suétone doit posséder un sens : ce n'est pas par hasard qu'il cite ces deux colonies.

Comme Narbonne, Arles, Béziers, Orange et Fréjus, *Lugdumum* est une colonie dotée du droit romain (cf. le texte de Strabon), c'est-à-dire que ses citoyens sont aussi citoyens romains et qu'ils peuvent, notamment, exercer les magistratures à Rome – sans évoquer d'autres avantages statutaires. Mais Lyon présente une particularité : à la différence des autres qui ont été fondées pour les vétérans d'une légion (la Xe pour Narbonne, la VIe pour Arles, la VIIe pour Béziers, la IIe pour Orange, la VIIIe pour Fréjus) et qui le rappellent dans leur titulature, Lyon ne peut être associée à un numéro de légion ; les inscriptions et les textes sont muets à cet égard.

Comment rendre compte de ces étrangetés ? Il existe une piste. On sait que, jusqu'à l'époque augustéenne, les colonies déduites pouvaient avoir, soit le droit romain, soit le droit latin (dans ce dernier cas, leurs citoyens ne recevaient le statut de citoyens romains que lorsqu'ils avaient exercé une magistrature) ; ensuite, on réserva le titre de colonies aux communautés dotées du droit romain. C'est peut-être cet usage qu'observe Suétone : il indique que Tibérius Néro fut envoyé en Gaule déduire des colonies (de droit romain et de droit latin) mais, selon l'usage, il n'indique que celles qui jouissaient du droit romain : Narbonne et Arles. Les autres (« parmi lesquelles ») étaient des colonies « latines ». On supposera donc qu'à Vienne fut déduite une colonie de droit latin pour des militaires qui n'étaient pas les vétérans d'une légion déterminée (des auxiliaires ? des soldats de divers corps ?). Ce sont eux qui furent chassés par les Allobroges.

Reste une question : si l'établissement viennois était de droit latin, pourquoi donc, quelques mois plus tard, *Lugdunum* fut-elle fondée avec le droit romain ?

Cicéron, Lettres à ses familiers, X, 22 et X, 24

1 - Par chance, nous avons conservé certaines des lettres que, peu avant sa mort, Cicéron a échangées avec

les principaux acteurs des événements qui ont suivi le meurtre de César. C'est le cas pour Lépide et pour Plancus.

2 - La lettre X, 22 est adressée par Cicéron à Plancus, au printemps 43. Elle fait allusion à une lettre précédente de Plancus qui ne nous a pas été conservée. Un laps de temps s'écoule avant l'envoi de la lettre X, 24 par Plancus à Cicéron ; il est probable qu'un autre échange a eu lieu dont nous ne savons rien.

3 - X, 22 : Cicéron à Plancus : *« A propos de ce que tu m'as écrit sur la fondation coloniale : si le Sénat en avait délibéré, j'aurais bien sûr été le premier à suivre la proposition qui t'aurait accordé le plus d'honneur [*honorificentissimam*]. Mais la longueur des interventions et un retard général empêchent d'aboutir à des décisions, si bien que ton frère et moi avons jugé plus expédient d'user du texte en l'état ; s'il n'a pu être mis en forme selon nos vœux, tu as appris par la lettre de Plancus (*= le frère*) qui en était responsable. Mais si tu trouves à redire soit sur le senatus-consulte soit sur toute autre chose, sois certain que tous les gens de bien te portent une telle affection qu'on ne saurait imaginer nulle marque de la plus haute considération qu'on ne soit prêt à t'accorder ».*

X, 24 : Plancus à Cicéron : *« Tu as pris soin d'obtenir les avantages* (que je demandais) *pour les soldats. Pour moi, ce n'était pas une affaire de prestige personnel : si j'ai voulu qu'ils reçussent des honneurs du Sénat- [*ornari a senatu*], c'est d'abord parce que je jugeais qu'ils l'avaient mérité ; ensuite parce que je voulais les rendre en toute occasion plus unis à la république ».*

4 - Pour comprendre le sens de ces lettres, il faut tenter de restituer les pièces manquantes de cette correspondance. On distinguera cinq étapes.

a. (pièce manquante). Plancus écrit à Cicéron au sujet d'une fondation coloniale. Il lui demande de porter l'affaire devant le Sénat. Il souhaite qu'un texte soit modifié.

b. (X, 22). Réponse embarrassée de Cicéron. Le Sénat n'a pu délibérer. On s'est contenté de reprendre l'ancien texte. Mais si Plancus insiste, on tentera d'obtenir un nouveau sénatus-consulte.

c. (pièce manquante). Vives protestations de Plancus. Il tient absolument à ce que sa demande soit satisfaite.

d. (pièce manquante). Plancus est informé qu'il a eu satisfaction.

e. (X, 24). Plancus remercie chaleureusement Cicéron.

Le scénario que nous proposons est le suivant. Après la mort de César, les Allobroges expulsent les colons que Tibérius Néro venait d'établir à Vienne dans une nouvelle colonie de droit latin. Ceux-ci se réfugient au Confluent. Ils se répandent en récriminations. Dans cette période troublée, les pouvoirs de Rome commencent par ne pas réagir. Mais l'affaire s'envenime. Le Sénat charge les deux gouverneurs (Lépide parce que Vienne se trouve en Transalpine, Plancus parce que le Confluent se trouve en *Comata*) de trouver une solution. Que faire ? Réinstaller par la force des colons à Vienne ? C'est risquer de s'aliéner les Allobroges, redoutables par leur force militaire, et les faire passer d'un camp à l'autre. Accepter la situation ? C'est provoquer la fureur des colons et, plus généralement, des soldats : si Rome ne garantit plus les entreprises coloniales, toutes les promesses qu'on leur a faites ou qu'on leur fait ne valent plus rien.

Devant cette alternative inextricable, Plancus propose au Sénat une solution « diplomatique » : on ne revient pas à Vienne, on fonde une colonie à Lyon *mais*, pour calmer colons et soldats, on accorde à cette nouvelle colonie le droit romain, un privilège qui apaisera les esprits. Plancus demande qu'on réforme en ce sens le sénatus-consulte constitutif. C'est la pièce a (manquante) adressée à Cicéron qui exerce le « leadership » au Sénat.

Catastrophe : comme en témoigne la pièce b (X, 22), le Sénat accepte le transfert Vienne-Lyon *mais* reprend le texte originel sans le modifier, c'est-à-dire que le statut de la colonie demeure de droit latin. Embarras de Cicéron qui se justifie platement auprès de Plancus : les séances sont encombrées, on n'a pas pu délibérer au fond, etc.

L'affaire trouvera néanmoins un heureux dénouement : sur l'insistance de Plancus, Cicéron fait passer une délibération qui donne satisfaction (X, 24). Le vocabulaire employé par Plancus montre qu'il s'agit d'une affaire de privilèges, d'honneurs : le droit romain est octroyé à la nouvelle colonie.

Ce scénario (par force hypothétique) explique les différents textes à notre disposition. *Lugdunum* est de droit romain tout en ne s'appelant pas *Julia Paterna* et en se mentionnant aucune légion. Les colons sont des soldats, et leurs descendants n'oublieront pas cette origine militaire, de même qu'ils conserveront à l'égard de leurs voisins viennois une solide haine transmise de génération en génération.

Recueil des inscriptions latines, X, 6087

1 - Le *Corpus Inscriptionum Latinarum* rassemble les inscriptions en langue latine de la République et de

l'Empire. Il est organisé, pour l'Empire, selon un ordre géographique.

2 - L'inscription provient de Gaète (Italie, Latium, au nord de Naples). Elle prenait place sur le mausolée funéraire de Plancus (cf p. 232).

3 - Texte et développement :

L(ucius). MVNATIVS. L(ucii). F(illius). L(ucii). N(epos). L(ucii). PRON(epos). PLANCVS. CO(n)S(ul). CENS(or). IMP(erator). ITER(um). VII. VIR. EPVLON(um). TRIVMPH(avit). EX. RAETIS. AEDEM. SATVRNI. FECIT. DE. MANIBIS. AGROS. DIVISIT. IN. ITALIA BENEVENTI. IN. GALLIA. COLONIAS. DEDVXIT. LVGDNVNVM. ET. RAVRICAM.

- Traduction :

« Lucius Munatius, fils de Lucius, petit-fils de Lucius, arrière-petit-fils de Lucius, Plancus. Consul. Censeur. Imperator deux fois. Septemvir du collège des Epulons. Il triompha sur les Rhètes. Il fit un temple de Saturne avec les dépouilles. Il lotit des terres en Italie à Bénévent. En Gaule, il déduisit les colonies de Lugdunum et de Raurica ».

4 - La carrière politique de L. Munatius Plancus est bien connue, notamment grâce à ce texte. Ce qui nous intéresse ici, c'est que la fondation de *Lugdunum* (de même que celle de *Raurica*, Augst) lui est nommément attribuée. Pourquoi à lui seul, alors que le texte de Dion Cassius *(supra)* indiquait une intervention conjointe de Plancus et de Lépide (ce que confirme une lettre de ce dernier à Cicéron, *Fam.*, X, 34 : « *Apprenant qu'Antoine avait pris le chemin de ma province avec ses troupes, précédé par Lucius* (son frère) *avec une partie de la cavalerie, j'ai quitté avec mon armée le camp que j'occupais au confluent du Rhône* ») ? Les textes précédents permettent de le comprendre : Lépide avait été mis à

contribution en tant que gouverneur de la Transalpine dans la mesure où Vienne et les Allobroges étaient concernés par l'affaire. A partir du moment où la solution retenue était de ne pas chercher à réinstaller les colons à Vienne mais à fonder *Lugdunum*, son rôle était terminé, et l'entreprise revenait normalement à Plancus, gouverneur de la *Gallia Comata*.

Strabon, Géographie, IV, 3, 2

1 - Né vers 64-63 en Asie Mineure, mort vers 21 après J.-C. Historien et géographe, il écrivit des *Esquisses historiques* qui continuaient l'œuvre de Polybe et qui sont perdues. Sa *Géographie* est une description du monde, d'Ouest en Est. Strabon a beaucoup voyagé mais ne connaît pas la Gaule. Il a utilisé à la fois des sources anciennes et récentes de géographes et d'historiens et des pièces administratives contemporaines.

2 - Dans son livre IV, Strabon décrit la Gaule. Après la Narbonnaise et l'Aquitaine, il passe aux provinces (augustéennes) de Lyonnaise et de Belgique qu'il préfère – dit-il – examiner ensemble.

3 - « *En tant que telle, Lougdounon, fondée sous une colline près du confluent du fleuve Saône et du Rhône, est occupée par des* (citoyens) *romains : par son peuplement, elle l'emporte sur toutes les villes à l'exception de Narbonne. Et, de fait, les gouverneurs romains l'utilisent comme place forte de commerce et y battent monnaie d'or et d'argent. Le sanctuaire dédié en commun par tous les Gaulois à César Auguste s'élève devant cette ville au confluent des fleuves ; s'y trouvent aussi un autel remarquable portant inscription des peuples (au*

nombre de soixante), les images de chacun d'eux ainsi qu'un grand bois sacré.

Cette même ville est aussi la capitale des Ségusianes, un peuple situé entre le Rhône et le Doubs ».

4 - Ce texte a fait couler beaucoup d'encre car on a voulu absolument en faire coïncider les termes avec les réalités retrouvées par l'archéologie – ou supposés !

Strabon, au début, indique que Lyon a été foncée *près* du confluent ; plus loin, il indique que le sanctuaire fédéral se trouve *au* confluent. La distinction est donc nette. En revanche, l'expression « sous une colline » est très vague, elle implique seulement qu'un sommet domine la ville.

Strabon indique le statut : ce sont des Romains qui habitent Lyon. Ce qui est précisé par l'expression : « par son peuplement, elle l'emporte… », traduction volontairement un peu vague d'un terme grec qu'on forcerait peut-être en traduisant « par l'excellence de son peuplement ».

La fin du premier paragraphe est corrompue : « ainsi qu'un grand bois sacré » est une hypothèse parmi d'autres (Fr. Lasserre, dans l'édition des Belles-Lettres, adopte une autre leçon et traduit « et un autre autel de grandes dimensions »).

L'ensemble du texte est organisé de la manière suivante :

a. Strabon décrit Lyon en tant que ville, capitale de province et abritant le sanctuaire confédéral ;

b. d'autre part, reprenant l'énumération des peuples de Lyonnaise et de Belgique, il indique que Lyon joue aussi le rôle de capitale du peuple (*i.e.* de la *civitas*) des Ségusiaves (Strabon dit : Ségusianes).

Ce dernier passage a donné lieu à beaucoup d'exégèses pour deux raisons. D'abord, le texte, tel qu'il est transmis par le manuscrit, devrait être traduit ainsi : « A la tête du peuple des Ségusianes se trouve cette même ville qui est située entre le Rhône et le Doubs » ; c'est évidemment contradictoire avec les indications précédemment données par Strabon lui-même, et il faut donc attribuer cette mention géographique au peuple des Ségusiaves, mais ce qu'on sait de ce peuple le situe ailleurs, dans l'actuel Forez ! D'autre part, nous savons par d'autres sources que la capitale de la *civitas* romaine des Ségusiaves était Feurs *(Forum Segusiavorum)* et non pas Lyon ! Comment rendre compte de ces difficultés ? D'abord en rappelant que les connaissances géographiques et cartographiques de Strabon sont dans le détail sujettes à l'erreur : le décalage des Ségusiaves vers le Nord-Est n'aurait rien de surprenant (mais on peut se demander s'il ne s'agit pas ici d'une erreur de copie, le nom du Doubs (qui devait apparaître un peu plus loin) étant écrit à la place de la Loire). D'autre part, rien n'interdit de penser que Lyon a joué un temps le rôle de capitale des Ségusiaves avant d'être remplacée par Feurs. Strabon se réfère *grosso modo* à l'époque augustéenne qui, contrairement à ce qu'on prétend habituellement, n'a pas mis en place des structures intangibles ni même définitives. Strabon a consulté des documents administratifs et n'a aucune raison de se tromper : si ses renseignements géographiques et ethnographiques remontent à des sources anciennes et approximatives, on peut lui faire confiance pour les questions d'organisation administrative. Lyon a donc bien été placée à la tête des Ségusiaves, sur le territoire desquels elle avait été créée, comme le signale Pline (*N.H.* III, V ; 4 : *Secusiani* […] *in quorum agro colonia Lugdunum*). Strabon lui-même (IV, 1, 11) écrivait : « Le Rhône, en descendant vers les plaines du pays des Allobroges et des Ségusianes conflue avec la Saône à proximité de Lyon, ville des Ségusianes (ou : capitale des Ségusianes) ».

Sénèque, Apocoloquintose du divin Claude

1 - Né à Cordoue, en Espagne Ultérieure, aux environs du changement d'ère, Sénèque fut élevé à Rome, où il s'illustra comme avocat et homme de lettres. Agrippine lui confia en 49 l'éducation de Néron, dont il fut ensuite l'un des principaux ministres avant de se retirer et de tomber en disgrâce ; il s'ouvrit les veines en 65. Il avait épousé la fille d'un armateur d'Arles ; son beau-frère, Pompéius Paulinus, légat de Germanie supérieure, est cité par Pline pour sa fabuleuse argenterie. Sénèque – lui-même d'origine hispanique – a dû entendre souvent parler de la Gaule, non seulement par sa famille mais aussi par Burrhus, chevalier originaire du pays voconce (autour de Vaison-la-Romaine), comme lui éducateur puis ministre de Néron, et par d'autres relations : la lettre qui constitue le texte suivant mentionne un Lyonnais, Aebutius Libéralis.

2 - *L'Apocoloquintose du divin Claude* est un libelle satirique publié par Sénèque après la mort et la divinisation de l'empereur à l'automne 54 après J.-C. Le mot « apocoloquintose » est un calembour sur le mot « apothéose », il signifie « transformation en citrouille ». Si on voulait trouver un équivalent français, on proposerait, par exemple : « la crapauthéose du divin Claude » ou « lapinothéose… ». La parution de cette satire démontre le faible prestige du disparu, jugé contrefait et quelque peu gâteux. Le texte nous montre Claude (divinisé) essayant de se faire admettre dans l'Olympe, siège des dieux, où personne ne le connaît ni le reconnaît. L'humour est tantôt direct tantôt au second degré. Vu la difficulté des allusions littéraires du texte, nous ferons suivre la traduction de notes.

3 - (V, 2 *sq.*) : *« On annonce à Jupiter qu'est arrivé un personnage de bonne stature, bien chenu, mais avec*

on ne sait quoi de menaçant, car sans arrêt il agite la tête, il traîne le pied droit[1]*. On lui a demandé à quel peuple il appartenait : il a répondu on ne sait quoi d'inaudible en bafouillant. On ne comprend pas sa langue : il n'est ni Grec ni Romain, d'aucun peuple connu. Alors Jupiter donne des instructions à Hercule : puisqu'il avait vagabondé sur la terre entière et semblait connaître tous les peuples, qu'il aille donc explorer, et qu'il détermine le groupe humain du bonhomme.*

Au premier coup d'œil, Hercule fut complètement bouleversé : il se dit qu'il lui restait des monstres à redouter[2] *! A voir cette figure d'une espèce nouvelle, cette démarche inhabituelle, cette voix étrangère à toute créature terrestre mais proche de celle des monstres marins tant elle était rauque et inarticulée, il fut persuadé qu'un treizième travail lui survenait. Il s'appliqua à mieux regarder : l'apparence avait quelque chose d'humain. Il s'approcha donc et, avec l'aisance d'un nourrisson de la Grèce, dit :*
« Quel es-tu ? D'où viens-tu, de quel pays des hommes ?
Quelle est donc ta cité et quels sont tes parents ? »[3].

Claude se réjouit : en ce lieu se trouvent donc des gens érudits, peut-être qu'il arrivera à placer ses Histoires[4] *! C'est pourquoi, adoptant lui-même le genre homérique, pour signifier qu'il est César, il dit :*

1 - Claude était affligé de faiblesses physiques et sujet à des crises d'épilepsie.
2 - Allusion, bien sûr, aux douze travaux d'Hercule.
3 - Après avoir indiqué que Claude ne s'exprimait pas en grec, Sénèque met en scène Hercule lui parlant en cette langue. Mais il s'agit cette fois de grec littéraire, homérique, c'est-à-dire inintelligible sauf pour des lettrés. Le libelle de Sénèque était évidemment destiné aux cercles cultivés de Rome. Nous avons transposé en alexandrins les citations poétiques, empruntées à l'Odyssée.

« C'est d'Ilion que je viens ; le vent m'y a saisi.
Avec lui, j'ai gagné le pays des Cicones »[5].

Le vers suivant aurait été plus véridique (et tout aussi homérique) :

« J'ai détruit cette ville et massacré ses hommes »[6].

Il en aurait imposé à Hercule – qui n'est pas trop subtil – sans la présence de la (déesse) Fièvre qui avait quitté son sanctuaire pour accompagner Claude, toute seule, en laissant tous les autres dieux à Rome[7]. « Ce type, dit-elle, raconte de purs mensonges. C'est moi qui te le dis, qui ai vécu tant d'années avec lui. Il est né à Lyon. C'est un concitoyen de Munatius que tu as sous les yeux[8]. Ecoute l'histoire : il est né à seize milles de

4 - Suétone, *Vie de Claude*, 41 : « Durant son adolescence, il entreprit d'écrire une histoire [...]. Une fois empereur, il écrivit beaucoup, et régulièrement assura des lectures publiques. Son histoire commençait après le meurtre de César, puis il passa à des temps plus récents [...]. De sa première Histoire, il laissa deux volumes, de la suivante quarante et un ». L'ironie de Sénèque laisse entendre que les *Histoires* rédigées par Claude n'avaient guère rencontré de succès.

5 - Vers tiré du récit d'Ulysse à Alcinoos : après la chute de Troie, il met à la voile et débarque chez les Cicones, sous les murs de la ville d'Ismaros, qu'il ravage – comme l'indique aussitôt Sénèque.

6 - Allusion de Sénèque au rôle selon lui désastreux de Claude à l'égard de Rome. Cf. un passage antérieur du même texte (III, 3) : « il s'était promis de voir en toge tous les Grecs, Gaulois, Espagnols et Bretons ». On rapprochera ces textes de la *Table Claudienne* de Lyon. Il est intéressant de noter que les résistances de la classe sénatoriale à la politique d'« assimilation » de Claude décrites par Tacite (*Annales*, XI, 23-25) sont corroborées ici avec force.

7 - La déesse Fièvre n'abandonne pas Claude : allusion à ses incessantes maladies.

8 - Le texte est incertain : « concitoyen de Munatius » est une restitution hypothétique.

Vienne, c'est un Gaulois pur et dur[9]. *Alors, il a fait ce que devait faire un Gaulois : il a pris Rome*[10]. *Mais c'est à Lyon qu'il faut – crois-moi – ramener sa naissance, là où Licinius a régné de nombreuses années*[11]. *Toi qui as usé tes semelles en plus d'endroits que le plus infatigable conducteur de mules, tu connais obligatoirement les Lyonnais, et tu sais que de nombreux milles séparent le Xanthe et le Rhône »*[12].

A ce moment là, Claude vit rouge et, autant qu'il pouvait, gronda de colère. Ce qu'il disait ? Personne ne comprenait. [...] Alors Hercule intervint : « Écoute-moi bien. Arrête tes délires. Là où tu te trouves maintenant, il y a des rats qui rongent tout. Même le fer[13]. *Presse-toi dire la vérité ou je vais te secouer et t'exterminer, toi et tes idioties ».*

9 - La notation « à 16 milles de Vienne » signifie clairement que celle-ci est conçue comme la limite du monde civilisé : c'est la dernière ville de la province de Narbonnaise. Au-delà ce sont les Gaulois ! Notre traduction « Gaulois pur et dur » est une approximation : Sénèque écrit « *Gallus germanus* », *i.e.* un Gaulois véritable, mais il y a ambiguïté avec le mot « germain ». Voilà qui confirme la distinction nette, dans les milieux politiques de Rome, entre le Midi de la Gaule et le reste, plus d'un siècle après la conquête césarienne. Si ce n'est pas le sentiment propre de Sénèque (voir texte suivant) – mais on l'ignore –, il est néanmoins assez répandu pour être utilisé dans cette pochade.

10 - Allusion, bien sûr, à la prise de Rome par les Gaulois vers 390 avant J.-C.

11 - Ancien procurateur, sous Auguste, de la province de Lyonnaise, réputé pour sa gestion scandaleuse. Sénèque le cite dans deux lettres à Lucilius (XX, 119 et 120).

12 - Le Xanthe est une fleuve proche de Troie-Ilion.

13 - Hercule cite sans doute par antiphrase un proverbe du genre : « Les meilleurs rats ne peuvent ronger le fer ». Dans l'Olympe, au contraire, les rats rongeraient le fer – ce qui est destiné à effrayer Claude.

Et, pour le terrifier encore plus, il prit le ton de la tragédie et dit[14] *:*

[...]

« Quand je me dirigeais vers le lointain royaume
Du roi au triple corps (afin de ramener,
De la Mer Hespérie à la Ville Inachienne
Les illustres troupeaux)[15]*, au-dessus de deux fleuves*
J'aperçus un sommet que Phoebus au lever
Voit chaque jour en face ; ici le Rhône immense
Précipite ses flots, tandis que, hésitante,
Ne sachant où couler, la Saône, en silence,
De son onde paisible arrose ses deux rives.
Cette terre a-t-elle nourri en toi la vie ? »[16]

14 - Les vers qui suivent rappellent que Sénèque a composé de nombreuses tragédies. Ils sont de qualité médiocre.

15 - Allusion au travail d'Hercule concernant les boeufs de Géryon, roi de l'île d'Erythie, dans l'extrême Occident (près de la mer d'Hespérie : là où se couche le soleil). Hercule reçut l'ordre de s'emparer de ces troupeaux pour les ramener à Argos (la ville inachienne, car son premier roi avait été Inachos). Il s'y rendit en prenant passage sur la coupe du Soleil, tua Géryon (le roi au triple corps) et ses auxiliaires, puis ramena les troupeaux en traversant tout l'Occident, voyage qui fit l'objet de toutes sortes de récits légendaires et qui est notamment à la base d'une « voie héracléenne » suivant la côte orientale de l'Espagne et traversant le Midi de la Gaule. Le passage par Lyon est évidemment dû à l'imagination de Sénèque. Bien que celui-ci l'ait sûrement ignoré, rappelons que Hercule était le principal dieu de Tibur, patrie de Plancus, et qu'il est représenté sur la première monnaie de Lyon de 43 avant J.-C.

16 - Pour ceux qui voudraient connaître la suite : malheureusement la réponse de Claude est tronquée et on ne sait s'il évoquait Lyon. Pour le reste, son apothéose tournera court, il se retrouvera aux Enfers, chargé de travaux subalternes sous les ordres d'un affranchi.

4 - Pourquoi avoir cité un aussi long passage alors que seule la fin nous intéresse directement ? Essentiellement pour reconstituer un contexte qui ne concerne pas seulement Claude mais aussi Lyon.

Claude y était né le 1er août 10 avant J.-C., comme on le sait par Suétone (*Claudius*, 2) : « *Claude naquit sous les consulats de Julius Antonius et de Fabius Africanus, le 1er août, à Lyon, le jour même où, précédemment, avait été dédié l'autel à Auguste* » (cette phrase a souvent été mal traduite : « le jour même où l'on dédia pour la première fois un autel à Auguste »). Il semble, à lire le texte précédent, qu'il n'ait pas été considéré comme un vrai Romain : sa naissance constitue une tache d'autant plus forte qu'il n'épargna pas ses efforts en faveur de sa province d'origine. La phrase de Sénèque : « *il a fait ce que devait faire un Gaulois : il a pris Rome* » constitue une réponse au discours de Claude des Tables Claudiennes (*C.I.L.*, XIII, 668) et de Tacite, *Annales*, XI, 23-25 : « *Nous avons été conquis par les Gaulois ! Mais nous avons aussi donné des otages aux Étrusques et nous sommes passés sous le joug des Sammites* ». De même, l'allusion à Vienne, dernière ville de Narbonnaise, trouve écho dans la phrase que Claude s'adresse à lui-même devant le Sénat : « *Il est temps de dévoiler aux sénateurs à quoi tend ton discours : tu es parvenu aux limites extrêmes de la Gaule Narbonnaise [...]. C'est avec scrupule, sénateurs, que j'ai franchi les bornes des provinces qui vous sont habituelles et familières pour plaider désormais la cause de la Gaule Chevelue* ». Rappelons-le : il s'agissait d'accorder aux citoyens romains des Trois Gaules (Claude utilise encore le vieux terme de *Gallia Comata*, preuve qu'il n'avait pas disparu en dépit de l'organisation augustéenne en trois provinces), le droit de se présenter aux magistratures de

Rome, afin d'entrer dans la classe sénatoriale. Ce droit n'était accordé qu'aux citoyens romains des colonies de droit romain, les autres ne jouissant que des droits civils et non des droits politiques. À Lyon, colonie de droit romain, un citoyen pouvait (si sa fortune et les circonstances le lui permettaient) devenir préteur et sénateur à Rome ; à Bourges, un citoyen, même s'il avait reçu le droit romain après avoir exercé une magistrature dans sa cité ou par faveur, ne le pouvait pas. Claude avait plaidé devant le Sénat pour généraliser ce qui avait été accordé en 14 aux citoyens de Narbonnaise. Le Sénat refusa, à une seule exception : celle des Éduens. Le texte de Sénèque confirme ces réticences.

Ce passage nous donne également des indications topographiques : Lyon, c'est avant tout un sommet qui domine les deux fleuves. Voilà qui confirme le texte de Strabon. D'autre part, ce sommet est éclairé par le soleil levant, il se trouve donc à l'ouest dans l'organisation générale du paysage. Ce ne peut être, évidemment, que Fourvière.

Sénèque, Lettres à Lucilius, XIV, 91

1 - Voir notice précédente.

2 - Rédigées après la disgrâce de Sénèque en 62, les lettres à Lucilius dateraient de l'été 63 à l'automne 64. Plutôt qu'une véritable correspondance, elles composent une série de méditations. Celle qui nous intéresse est d'août 64. À propos d'un incendie survenu à Lyon et qui a navré l'un des amis de Sénèque, Aebutius Libéralis, cette lettre offre la leçon suivante : « toute chose est vouée à disparaître, les villes comme les hommes, préparons-nous donc en pensée à tous les accidents de la

Fortune ». Libéralis nous est un peu connu par le traité sur les *Bienfaits* que Sénèque lui a dédié, et au cours duquel on apprend ou devine que, lyonnais d'origine, il s'est installé à Rome où il est probablement jurisconsulte. L'incendie mentionné ici est également signalé par Tacite (*Annales*, XVI, 13), qui rappelle que, peu de temps auparavant, lors de l'incendie de Rome, les Lyonnais avaient envoyé un don de 4 millions de sesterces ; Néron leur fit don d'une somme équivalente pour les aider à se redresser à leur tour.

3 - § 1 *« Notre cher Liberalis est accablé par la nouvelle de l'incendie qui a ravagé la colonie de Lyon » [...].*

§ 2 - *« Tant de superbes réalisations, dont chacune aurait pu faire la gloire d'une ville, une seule nuit les a jetées à terre » [...].*

§ 10 - *« Elle a brûlé, cette cité opulente, ornement des provinces dans lesquelles elle avait place, une place exceptionnelle. C'est pourtant sur un seul mont qu'elle s'était implantée et encore pas bien haut : toutes ces cités dont on te vante la splendeur et le lustre, elles aussi verront leurs vestiges effacés par le temps ».*

4 - Les termes sont à la fois catastrophiques et emphatiques (§ 2). Ce qui nous intéresse ici, c'est l'allusion topographique : Lyon est implantée sur un seul mont et encore pas bien haut. Voilà qui confirme la description de Strabon et le texte précédent de Sénèque. *Lugdunum* est lié à une colline (ou une montagne). À noter que le confluent n'est pas mentionné.

Dans le § 10, un passage est d'interprétation délicate. On traduirait littéralement : « ornement des provinces dans lesquelles elle est insérée mais dont elle est aussi exceptée ». On a parfois voulu voir dans cette expression le signe que Lyon se trouvait à la fois à l'intérieur et à l'extérieur des provinces, c'est-à-dire qu'incluse dans la Lyonnaise elle bénéficiait cependant d'un statut à part. Cette thèse est improbable : Sénèque parle des provinces (de Gaule) et non de la seule Lyonnaise ; à la rigueur, l'expression s'appliquerait mieux à Condate, siège du sanctuaire confédéral. Nous avons donc préféré observer la logique du texte, c'est-à-dire : Lyon était l'ornement des provinces de Gaule au sein desquelles elle était exceptionnelle par son éclat ; pourtant elle n'occupait jamais qu'une seule colline – eh bien, d'autres villes célèbres (plus étendues) s'écrouleront aussi !

Pseudo-Plutarque, Des noms des fleuves et des monts et des choses que l'on y trouve, VI

1 - Cet ouvrage en grec a été faussement attribué à Plutarque. Il se compose de 25 notices avec des références dont une bonne part a chance d'avoir été inventée. C'est le type même de la fausse érudition. IIIe siècle (?).

2 - Chaque notice porte le nom d'un fleuve. On donne l'explication de son nom, on signale les animaux, plantes, minéraux dotés de vertus ou de caractères particuliers. Puis est cité un sommet, montagne ou colline, proche de ce fleuve pour lequel sont donnés les mêmes renseignements (étymologie, particularités). La Saône figure en compagnie illustre, à côté du Nil, du Pactole, de l'Euphrate, de l'Indus, etc.

3 - *« La Saône (Arar).*

§ 1 - *L'Arar est un fleuve de la Celtique dont le cours est ainsi nommé avant sa réunion avec le Rhône ; il se jette dans ce dernier en traversant le pays des Allobroges. Précédemment, il s'appelait Brigoulos, et voici pourquoi il a changé de nom. (Un dénommé)*

Arar, pour chasser, pénétra dans une forêt et y trouva son frère Celtiberos déchiré par les bêtes sauvages. Éperdu de chagrin, il se blessa lui-même mortellement et se jeta dans le fleuve Brigoulos qui prit ainsi le nom d'Arar.

§ 2 - *Dans ce fleuve, vit un grand poisson appelé par les indigènes « cloupaia ». Lorsque la lune croît, il est blanc ; lorsqu'elle décroît, il devient entièrement noir. Lorsqu'il a atteint sa taille extrême, il est tué par ses propres arêtes.*

§ 3 - *Dans la source (de ce fleuve), on trouve aussi une pierre semblable à un grain de sel qui agit merveilleusement sur les fièvres quartes si on l'applique sur les parties gauches du corps lorsque la lune décroît : c'est ce que rapporte Callisthène de Sybaris dans le livre XIII des Galatiques, auquel Timagène a emprunté cette notation.*

§ 4 - *Auprès de ce fleuve se dresse un mont appelé Lougdounon. Voici pourquoi il a changé de nom. Mômoros et Atépomaros, chassés du pouvoir par Sésêroneos, gagnèrent cette colline que leur avait désignée un oracle afin d'y fonder une ville. Alors qu'on creusait les fondations, d'un coup apparurent des corbeaux voltigeant de tout côté, qui emplirent les arbres alentour. Alors Mômoros, très versé dans la science augurale, nomma cette ville Lougdounon. En effet dans leur dialecte, on appelle le corbeau « lougon » et « dounon » un lieu saillant. C'est ce que rapporte Clitophon dans le livre XIII de ses Fondations urbaines ».*

4 - Il est difficile de porter une appréciation sur ce genre de texte, dont je me demande s'il ne tient pas parfois du canular. Laissons ce qui concerne la Saône : le récit d'Arar se jetant dans le fleuve et lui donnant son nom, outre qu'il relève d'un poncif éculé (voir, par

exemple, la légende d'Egée), n'apporte aucun renseignement extrinsèque intéressant.

En revanche, le paragraphe consacré à Lyon n'est pas indifférent. On relève d'abord que Lougdounon est défini comme un mont – ce qui renforce les textes précédents. Une réplique simplifiée de la fondation légendaire de Rome est ici présentée, Atépomaros et Mômoros reprenant les rôle de Rémus et Romulus, et les vautours étant remplacés par les corbeaux. Ce récit ne peut se justifier que s'il existait une tradition selon laquelle le mot Lougdounon pouvait être interprété comme « le mont aux corbeaux » (« Montcorbeau », « Montcorve », ou autre). Ce qui n'implique nullement que l'étymologie soit bonne.

Amusons-nous à imaginer un récit du même genre. « Un roi et une reine avaient une fille, très belle. Hélas, la reine mourut. Au bout de quelque temps, le roi se remaria. Sa nouvelle femme se prit bientôt de jalousie à l'égard de sa belle-fille dont la beauté, à mesure qu'elle grandissait, risquait d'éclipser la sienne. Elle chargea un de ses valets d'emmener la jeune fille, qui s'appelait Marguerite, dans une forêt au flanc d'une colline lointaine. Le valet, plein de pitié, l'épargna et la laissa au cœur du bois. La nuit tomba. La jouvencelle commença à être transie de froid. Elle s'étendit sur le sol. Son corps était glacé. Silencieusement, des animaux à la douce fourrure s'approchèrent d'elle, l'entourèrent, la recouvrirent et la réchauffèrent. Ainsi fut sauvée Marguerite. Ces animaux, qu'on appelle fouines, étaient en ce temps nommés martres. C'est pourquoi cette colline s'appelle Montmartre. Voilà ce qu'écrit Bossuet dans le chapitre 5 des *Princesses Affriolantes* ».

Le commentaire érudit de ce récit devrait montrer qu'il s'agit d'une transposition (pas très fine) de

Blanche-Neige, et mettre éventuellement en doute la paternité attribuée à Bossuet. Il ne devrait pas contester que « Montmartre » pouvait s'interpréter comme le « Mont des Martres », fût-ce à titre de calembour, à une certaine époque, même si l'étymologie exacte représente soit le « Mont de Mars » soit le « Mont des Martyrs ».

Donc, pour *Ludgunum*, une tradition a dû exister l'associant aux corbeaux et on a tenté de la justifier par la fadaise inspirée de la légende romaine. Faut-il pour autant voir à tout prix des corbeaux dans l'iconographie lyonnaise ? On cite souvent l'*aureus* frappé par Marc-Antoine en 43 (lorsque, après les accords de Brindes, lui revint la Gaule Chevelue) et qui montre le *triumvir* dans la nudité héroïque affublé de divers attributs symboliques ; devant lui, un corbeau perché sur un monticule qu'on retrouve également sur les médaillons d'applique au *Genius*. Mais le corbeau en question n'a rien de spécifiquement lyonnais : c'est l'oiseau augural, la *cornix*, qui, sur les monnaies, rappelle la qualité de tel personnage (Marc-Antoine était précisément augure et, sur ses monnaies, figurent fréquemment le *lituus*, le *praefericulum* et la *cornix*), ou fait simplement allusion à la fondation d'une ville et aux heureux auspices qui l'ont accompagnée. Donc, cette représentation ne conforte en rien l'étymologie fantaisiste de « Mont des Corbeaux ».

A. Audin a présenté un autre argument en sa faveur. L'orientation du *decumanus* de Lyon correspond à une visée du soleil levant qui, pour l'an 43, ne peut se faire que le 9 mars ou le 9 octobre. Le 9 mars étant exclu pour des raisons historiques, il ne reste que le 9 octobre. Or, c'est aux environs de cette date que reviennent à Lyon les « freux migrateurs ». La théorie est bizarre car on imagine mal la fondation d'une colonie romaine conditionnée par le retour des corbeaux !

Quelle est donc la « bonne » étymologie ? La proposition qui a rencontré le plus de succès, c'est celle qui fait de *Lugdunum* le « rocher de Lug » ou la « montagne de Lug ». Lug est un héros des épopées de l'Irlande celtique (postérieures de plusieurs siècles à notre époque). Une fête lui était dédié, la Lugnasad, qui se déroulait le 1er août de chaque année. Or, c'est précisément le 1er août que commençaient le cérémonies en l'honneur de Rome et d'Auguste au sanctuaire confédéral ! Cette conjonction a fait admettre par beaucoup que *Lug* était une divinité celtique (alors que ce nom n'est nulle part attesté), dont Lyon portait le nom. L'argument, en soi étonnant (les cérémonie religieuses du Confluent commandées par la fête d'un dieu celtique ?), n'aurait quelque valeur que si la date du 1er août était dépourvue de signification dans le calendrier romain. Or, il en va tout autrement : c'est l'anniversaire de la prise d'Alexandrie par Octave en 30 avant J.-C. Le Sénat déclara ce jour férié et proposa même (Dion, LI, 19, 6) qu'il devienne le point de départ du calcul des années – proposition non retenue. C'est le 1er août qu'entraient en fonction les *magistri vicorum* de Rome chargés du culte des *Lares* et du *Genius Augusti* et, en province, les *Augustales* (*C.I.L.*, X, 112). Le 1er août 2 avant J.-C., eurent lieu la dédicace du temple de *Mars Ultor* à Rome et les jeux en l'honneur du dieu. Donc, quoi d'étonnant à ce que les cérémonies de Condate (et non pas de *Ludgunum*, notons-le) aient été fixées ce jour là ?

On voit la faiblesse de l'argumentation en faveur du « rocher de Lug », et en même temps le prestige de *Lugdunum,* puisque, sur cette seule base, on a admis au sein du panthéon celtique et gallo-romain un dieu qui n'est attesté nulle part !

Plus sérieuse, la proposition de J. Whatmough de rattacher la première partie du toponyme à la racine *luco-

qui signifie marécage, zone humide. Nous n'y croyons cependant pas, car, même si la zone du Confluent offrait un paysage d'eaux stagnantes et de terrains instables, on saisit mal un nom du genre « le mont marécageux » ou « le mont des marécages ».

En définitive, la seule étymologie convaincante est celle… de Sénèque. P. Flobert l'a étayée d'arguments linguistiques puissants. *Lugdunum*, c'est « Cler-mont », la montagne lumineuse, celle qu'éclaire le soleil levant, le *mons lucidus* mentionné au IXe siècle dans la *Vie de Saint-Germain. Lug* ou *Loug-* se rattache à la racine de la lumière *leug-/lug- (celle qui a donné *lux*). Hercule, dans l'*Apocoloquintose,* décrivait parfaitement le paysage : deux fleuves dominés par un mont « *que Phoebus à son lever voit toujours en face* ».

Notons pour finir que cette étymologie (pas plus qu'une autre d'ailleurs) n'implique en rien une occupation humaine, du site avant la fondation coloniale. Un confluent, un mont sont des accidents naturels assez caractéristiques pour être nommés pour eux-mêmes.

***

La relecture des textes conduit à deux sortes de conclusions.

L'histoire de la fondation

La reconstitution que nous avons proposée (des colons déduits à Vienne sont chassés par les Allobroges, se réfugient au Confluent et y sont installés définitivement par Plancus en 43 avant J.-C., avec divers avantages dont le droit romain) exclut le choix délibéré du site de Lyon comme siège d'une colonie. Contrairement à ce qui a souvent été affirmé, Plancus n'a pas exécuté un projet médité de longue date par César : il s'est adapté à des circonstances imprévues.

Voilà qui élimine les considérations sur les vertus stratégiques ou naturelles du site et qui conforte l'opinion émise par J.-F. Drinkwater : par rapport à la plupart des colonies connues, Lyon présentait un terrain très peu favorable qui exigea d'énormes travaux de soutènement et d'assainissement. Lorsque se manifestèrent des difficultés économiques, la nature prit sa revanche.

Voilà aussi qui rend improbable une occupation humaine permanente avant 43 : les colons expulsés se sont établis chez les Ségusiaves à un endroit qui ne pouvait être que libre. Leur choix se comprend : il était hors de question, depuis Vienne, de « descendre » vers le Sud en traversant le territoire allobroge hostile. Vers le Nord, la *Comata* était proche, et les Ségusiaves – comme le dit César – étaient le premier peuple qu'on rencontre après avoir quitté la Transalpine. Cet épisode, entre parenthèses, traduit le climat proche de l'insurrection qui, la mort de César connue, a régné chez les Allobroges ; il est vrai que, de tous les peuples de la future Narbonnaise, cette nation avait été la dernière à déposer les armes, et que César, au début de la guerre des Gaules, s'interrogeait sur sa fidélité. Durant les événements de 44-43, on voit les différentes parties soucieuses de s'attacher leur alliance, ce qui explique le « recul » du pouvoir acceptant l'expulsion des colons comme un fait accompli sur lequel on ne reviendrait pas. Ainsi naissent des haines ataviques de cité à cité : Lyonnais et Viennois en offrent, pour la Gaule, la plus éclatante illustration.

La topographie de Lyon

Les textes concordent parfaitement. Le site de Lyon se définit par le confluent du Rhône et de la Saône et, d'autre part, par l'existence d'un sommet (colline, montagne, mont, éminence : peu importe le terme précis) qui le domine. Les colons chassés de Vienne s'étaient établis dans l'espace entre les deux fleuves. La colonie de Plancus, puis la ville de *Lugdunum* fut édifiée sur les pentes de la colline à *proximité* du confluent, tandis que le sanctuaire fédéral des trois Gaules prit place *au* confluent lui-même.

Les données textuelles fournissent-elles des pistes à la recherche archéologique ? Elles invitent à rechercher « dans l'intervalle entre le Rhône et la Saône, là où ils confluent » les traces de la première occupation, celles des colons expulsés de Vienne. Mais de quoi s'agissait-il ? Probablement d'un campement provisoire sans équipement en dur : les colons attendaient des secours qui les réinstalleraient à Vienne. On ne peut donc guère penser retrouver des habitats, sinon quelques vestiges ténus. Le hasard comptera pour beaucoup, ce d'autant plus que le sanctuaire des Trois Gaules et ses monuments ont pu faire disparaître beaucoup de ces minces témoignages.

La seconde piste tient à la présence – de quelques jours au moins, de quelques semaines peut-être – des deux gouverneurs, Lépide et Plancus, avec une partie importante de leurs troupes durant le printemps 43. Peut-être à court terme, les premiers travaux d'urbanisation furent-ils engagés par les légions de Plancus ?

En dix ans, la recherche archéologique a encore avancé – quoique plus lentement, la fièvre édilitaire étant tombée –, et quelques pièces manquantes du puzzle se sont mises en place.

Mes théories sur la fondation coloniale ont été acceptées. Surtout, elles ont été complétées par de nouvelles fouilles à Vaise, démontrant l'installation d'un « établissement » datant de la fin de la protohistoire et comportant des traits « romains » incontestables. L'exploration a été trop partielle pour qu'on sache la nature et l'extension dudit « établissement » : « comptoir » avec présence de négociants romains, véritable agglomération protohistorique ? La poursuite des fouilles le dira, j'espère.

Du coup, deux problèmes s'éclaircissent. Les fossés de Fourvière (la colline blanche, et peut-être sacrée) ne délimiteraient-ils pas des enclos destinés à des cérémonies rituelles s'achevant par un banquet, auquel cas leur chronologie peut s'étaler dans le temps ? En second lieu, le choix de Plancus se comprend mieux s'il établit des colons, non pas dans une zone totalement vierge d'habitats, mais à proximité d'une agglomération déjà fréquentée par des Italiens, voire des Romains.

J'ajoute, pour finir, que les plus récentes fouilles sur la colline de Fourvière sont enfin parvenues à identifier des niveaux archéologiques tout juste postérieurs à la fondation coloniale. Comme on le supposait, il faut remettre en cause certaines datations céramologiques, ne pas se fier aux seuls camps du Rhin, mais on entre là dans des débats spécialisés qui vont faire, un certain temps, l'objet de vérifications et de polémiques !

Les provinces de Gaule : problèmes d'histoire et de géographie

Dans les pages précédentes, le lecteur aura aperçu deux ou trois cartes un peu surprenantes, représentant la Gaule « d'après la géographie strabonienne », commentées de quelques mots. L'article qui suit offre les justifications de ces étranges documents.

Il y a une vingtaine d'années, l'un de mes étudiants venait de soutenir une thèse sur Strabon, l'auteur de la Géographie *dont le livre IV décrivait la Gaule à partir de toutes sortes de documents, parmi lesquels les livres (perdus) de Poséidonios. Lui comme moi étions d'accord pour reconnaître que les traductions françaises de ce livre IV étaient peu satisfaisantes, et les commentaires qui les accompagnaient encore moins. Nous décidâmes de nous lancer dans une nouvelle édition. La traduction nous prit un an ou deux, mais les commentaires… sont toujours en panne : l'un et l'autre avons eu d'autres tâches à assumer.*

Toujours est-il qu'à l'époque je me lançai sur des voies inconnues de moi, celles de la géographie et de la cartographie, me demandant comment Strabon – c'est-à-dire les Grecs et les Romains du Ier siècle avant J.-C. et des débuts du Ier siècle après J.-C. – se représentaient le monde – et la Gaule. Sur le premier point (le monde), la littérature était abondante. J'appris, non sans surprise, qu'au VIe s. av. J.-C. Anaximandre avait établi que la terre

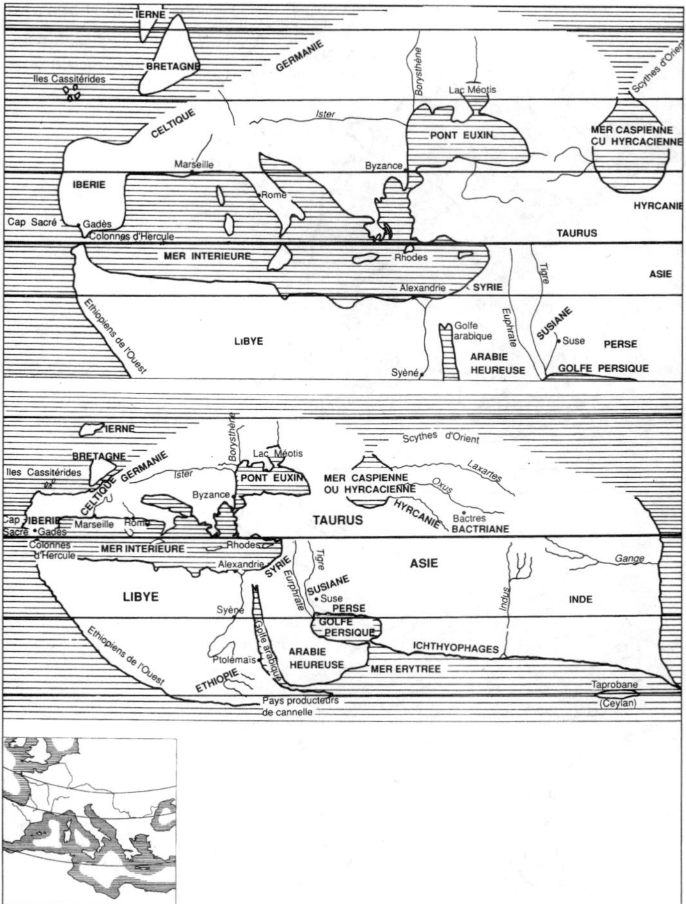

En haut, la carte du monde, selon Pythéas.
En dessous, selon Strabon.
À gauche, cartographie actuelle.

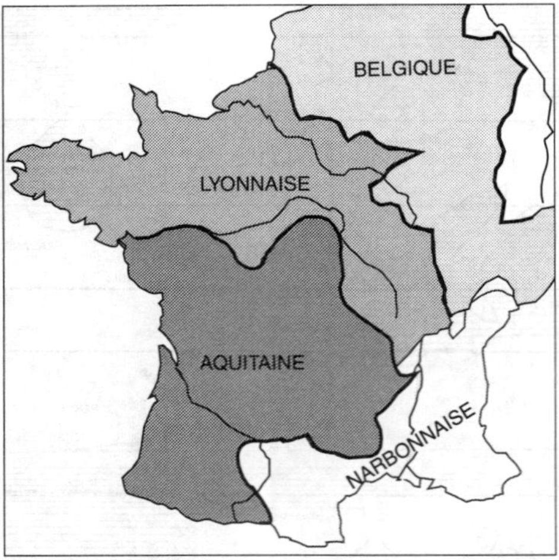

Fig. 1. Répartition des provinces de Gaule au début du Haut-Empire.

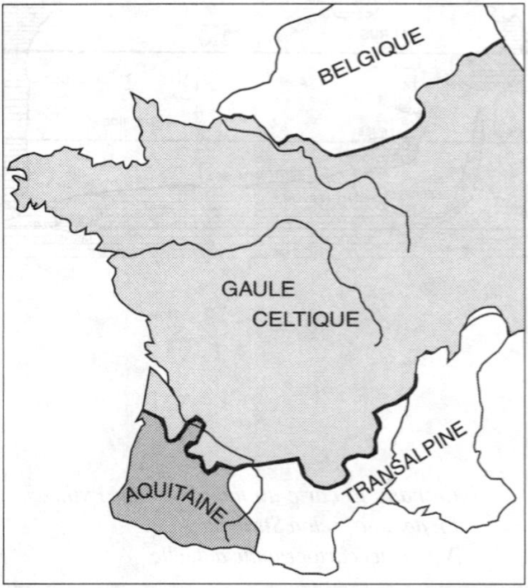

Fig. 2. La Gaule selon la division «ethnographique» de César.

était sphérique et que la lune réfléchissait les rayons du soleil ; qu'au IIIe s. av. J.-C., Eratosthène de Cyrène avait calculé la circonférence du globe terrestre (352 808 stades, soit 39 817 km : pas mal !). Quant à la configuration du monde habité, si elle « contractait » l'Europe du nord, l'Afrique, l'Extrême-Orient, elle offrait une approximation d'autant plus estimable que celle-ci s'accompagnait de mesures de distances d'une exactitude surprenante : d'après le mouvement des astres, Eratosthène indiquait que 12 400 km (je transcris) séparaient les Indes de l'extrémité de l'Espagne, et 6 000 km le cercle polaire du pays de la cannelle (Djibouti). Donc, les contours du monde étaient fixés avec une grande justesse.

Paradoxalement, la configuration de la zone fréquentée par Grecs et Romains comportait davantage d'approximations, faute de repères fixes. Deux théories s'opposaient, portant sur la position d'un certain nombre de villes sur le même parallèle. Quelques auteurs, comme Pythéas, plaçaient sur le parallèle passant par les colonnes d'Hercule (Gibraltar) le détroit de Messine et l'île de Rhodes ; Marseille se trouvait sur celui de Byzance. Une autre école, que suit Strabon, considère que le parallèle Gibraltar-Rhodes passe au milieu de la Méditerranée occidentale. Les cartes démontrent combien l'adhésion à l'une ou l'autre de ces conceptions (notons que la première était la moins éloignée de la réalité) modifie profondément l'idée que l'on se fait de l'Europe occidentale, en tout cas de ses rivages méridionaux : voyez les divergences entre les configurations de l'Italie et de l'Espagne.

Ces lectures me passionnèrent. Comme je préparais parallèlement le premier chapitre destiné à la Cambridge Ancient History, *et que je m'interrogeais sur la bizarrerie du découpage administratif opéré par Rome entre les provinces de Lyonnaise, Aquitaine et Belgique, l'idée me vint un jour de tenter la reconstitution « cartographique » de la Gaule telle que Strabon la décrivait.*

De la *Gallia Comata* conquise par César, Auguste fit trois provinces : l'Aquitaine, la Lyonnaise et la Belgique, à quoi s'ajoutèrent les deux districts militaires des Germanies, inférieure et supérieure, qui devinrent provinces sous Domitien. On discute parfois de la date exacte de cette organisation : 27 avant J.-C. ou 16-13 ? Mais, à quelques détails près sur les limites de telle et telle province, l'organisation de la Gaule augustéenne constitue une vulgate.

L'observation d'une carte (fig. 1) a cependant amené les historiens à se poser des questions. Si la configuration de la Narbonnaise s'expliquait par la conquête plus ancienne de la Transalpine, le découpage des trois autres provinces ne se justifiait ni par l'ethnographie telle que César en avait donné les linéaments (fig. 2) ni par la logique. Admettons, à la rigueur, que l'Aquitaine césarienne, limitée par la Garonne, ait été étendue jusqu'à la Loire pour des raisons d'équilibre, mais pourquoi cette délimitation de la Lyonnaise qui, depuis le confluent du Rhône et de la Saône où se trouve la capitale, se prolonge jusqu'à l'extrémité du Finistère ? La Belgique n'offre guère plus de rationalité, des Calètes jusqu'à la Suisse, ni par rapport aux textes césariens, ni au regard de la géographie.

Depuis longtemps, diverses explications ont été recherchées à ces anomalies et un accord s'est souvent fait sur la volonté impériale de distribuer dans des provinces différentes les grands peuples de la Gaule préromaine, voire de « casser » les liens de clientèle. C'est ainsi qu'on aurait soigneusement séparé les Éduens et les Arvernes, coupé les premiers des Lingons, des Suessions et des Rèmes…, les seconds des Séquanes, etc. L'agrandissement de l'Aquitaine et de la Belgique pouvait enfin correspondre à un dessein général d'affaiblir les Celtes au sens césarien.

L'argument est douteux : on voit mal en quoi l'appartenance à deux provinces différentes aurait pu couper court à des velléités de rebellions communes. Il explique encore moins pourquoi Auguste a réuni aux Ségusiaves, sur le territoire desquels avait été fondée la colonie de *Lugdunum*, les Osismes ou les Vénètes de Bretagne, que la géographie recommandait aussi bien d'associer aux peuples de l'Atlantique. C'est donc qu'il faut prendre le problème autrement.

Avant Ptolémée, Strabon est le seul auteur qui fournit, pour la Gaule, un certain nombre de données générales associées à des distances. Malheureusement, ces indications ne sont pas cohérentes si on les cumule. La cause de ces approximations ou incompatibilités tient à la multiplicité de ses sources : un canevas général sur la forme de l'univers, des indications partielles sur tel ou tel itinéraire, des mesures parfois en stades (pas forcément de même mesure) parfois en milles. Si bien que les très rares cartes qui ont été « construites » à partir de son texte ne coïncident pas : ce sont celles présentées (fig. 3-4-5) par A. Berthelot, par l'édition Loeb et, plus récemment, par l'édition Budé. Pourtant à notre tour, nous en proposerons une pour la Gaule (fig. 6), en la fondant non pas sur l'ensemble des données, ce qui conduit à l'aporie, mais sur quelques grandes lignes, en partant de la constatation que Strabon lui-même avait une vision quasi géométrique de l'Occident – et même de l'univers entier – et que les détails qu'il a ajoutés à cette conception générale ne l'affectaient pas réellement : nous-mêmes pouvons

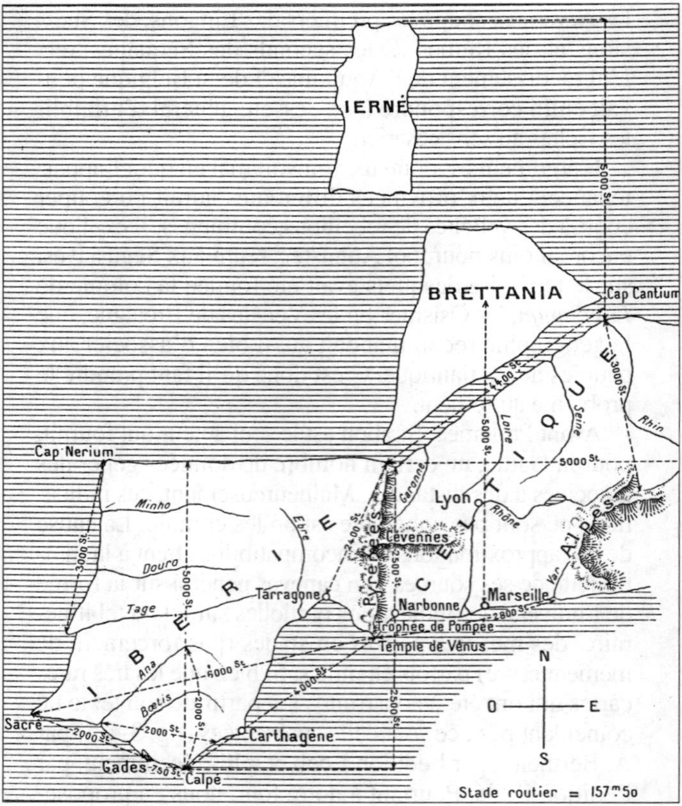

Fig. 3. Représentation de l'Occident décrit par Strabon, selon A. Berthelot.

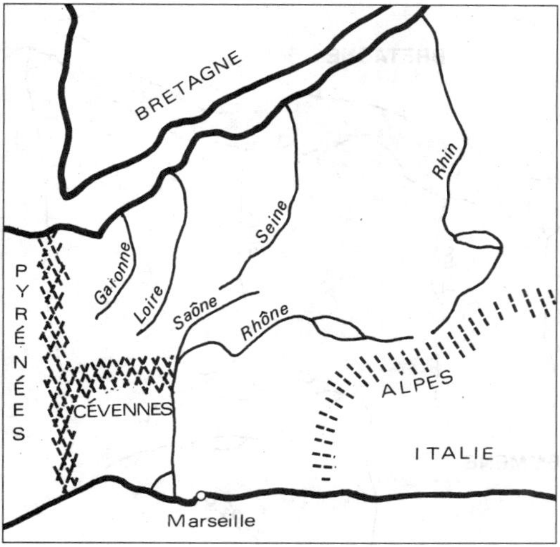

Fig. 4. La Gaule, selon l'édition Loeb du livre IV de Strabon.

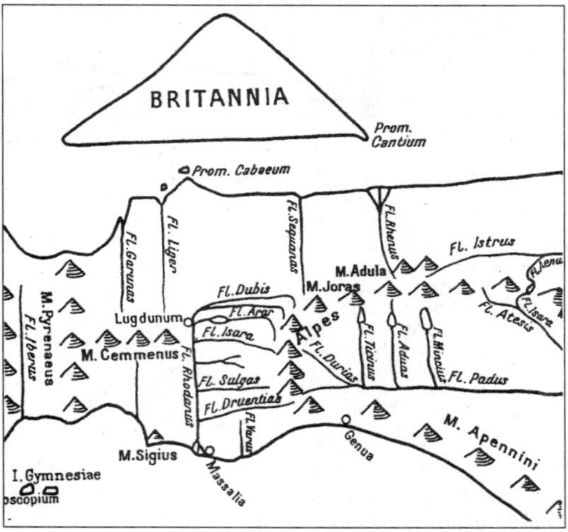

Fig. 5. La Gaule, selon l'édition Budé du livre IV de Strabon.

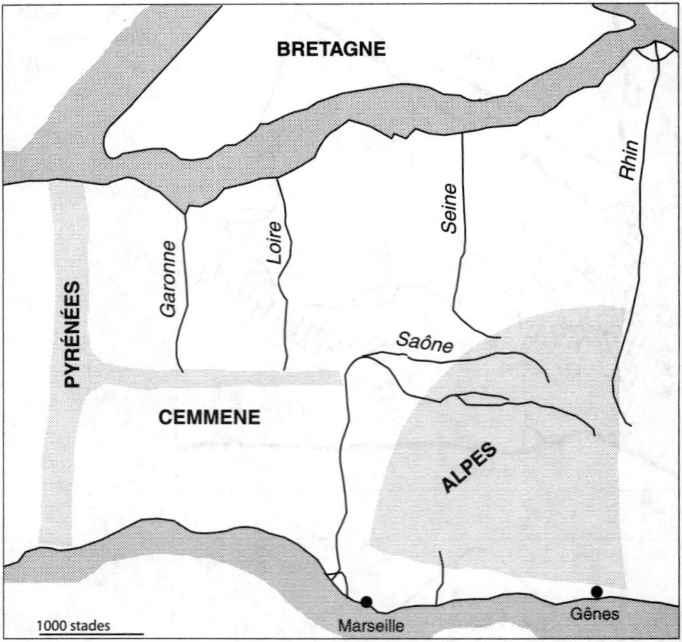

Fig. 6. La Gaule vue par Strabon : notre proposition.

savoir qu'à vol d'oiseau il y a 1 600 km entre Paris et Stockholm et emprunter des itinéraires qui modifient sensiblement la distance ; entre la carte et tel guide, les différences existent forcément.

Les données

1) *II, 5, 28 : « Après l'Ibérie, la Celtique s'étend vers l'Est jusqu'au fleuve Rhin. Sur toute sa face Nord, elle est baignée par le chenal de la Bretagne, car cette île s'étend parallèlement à elle sur la même longueur, soit sur une longueur de 5 000 stades. A l'Est c'est donc le fleuve Rhin qui la délimite, qui a son cours parallèle au Mont Pyréné. Sa limite Sud, c'est d'abord les Alpes à partir du Rhin, c'est ensuite la Méditerranée limitée au golfe dit Galatique – et dans lequel se dressent les villes fameuses de Marseille et de Narbonne. Forme l'opposé de ce golfe, lui tournant le dos, un autre golfe de même nom, comme lui appelé Galatique, regardant vers le Nord et la Bretagne. C'est là également que, en profondeur, la Celtique est la plus étroite, car elle se façonne en un isthme de moins de 3 000 stades mais de plus de 2000. Dans l'intervalle* (entre ces deux golfes) *il y a une chaîne montagneuse perpendiculaire au Pyréné, celle qui est appelée le Mont Cemmène ; il parcourt jusqu'à son extrémité les parties médianes des plaines des Celtes. Les Alpes, qui sont des montagnes très hautes, décrivent une ligne courbe, la convexité en est tournée vers ces mêmes plaines des Celtes et vers le Mont Cemmène, et le creux vers la Ligystique et l'Italie ».*

2) Un passage ultérieur (IV, 5, 1) apporte une précision : les 5 000 stades précités, représentant à la fois la longueur de la Bretagne et de la Celtique (des Pyrénées

au Rhin), sont une mesure maximale ; en fait, la plus courte distance des Pyrénées au Rhin est d'environ 4 300 ou 4 400 stades.

3) IV, 1, 1 : « *Perpendiculaire au Pyréné, le Mont Cemmène traverse le milieu des plaines et s'arrête au centre* (de la Celtique) *près de Lyon ; son parcours est d'environ 2 000 stades* ».

4) IV, 1, 3 : « *Pour la distance du sanctuaire d'Aphrodite au Var, certains auteurs ont fixé 2 600 stades, mais d'autres en ont ajouté 200* ».

5) IV, 1, 6 : c'est à environ 100 stades à l'ouest de Marseille que le littoral s'infléchit pour former le golfe galatique, qui est en fait un double golfe.

6) IV, 1, 11 : Le Mont Cemmène rejoint le Rhône au confluent de celui-ci avec l'Isère. De Marseille à Lyon, il y a 1 720 stades (si on fait le total des distances partielles). En IV, 3, 3, Strabon écrit que, de l'embouchure du Rhône à Lyon, il y a moins de 2000 stades. La Saône descend des Alpes ; elle reçoit le Doubs.

7) IV, 1, 14 : Depuis Lyon, il y a un trajet de 800 stades par voie de terre pour atteindre la Loire (ce qui signifie qu'à vol d'oiseau, la distance est plus courte).

8) IV, 2, 1 : La Garonne et la Loire « *sont à peu près parallèles au Pyréné et font, en s'ajoutant à lui, deux parallélogrammes dont les autres côtés sont délimités par l'Océan et par le Mont Cemmène* ».

9) IV, 3, 2 : La Seine prend sa source dans les Alpes.

10) IV, 3, 3 : La longueur du Rhin a été estimée à 6 000 stades par Asinius ; en ligne droite, un peu plus de la moitié doit suffire. Le Rhin comme la Seine coulent du sud au nord. La Seine est naviguée sur une distance un peu plus longue que la Garonne et la Loire (2 000 stades pour celles-ci). Il y a 1 000 stades de Lyon jusqu'à la Seine.

11) IV, 3, 4 : De l'embouchure des différents fleuves de la Celtique jusqu'en Bretagne, la distance à traverser est de 320 stades.

12) IV, 4, 1 : Les Osismiens habitent un cap qui s'avance dans l'Océan de manière prononcée.

13) IV, 6, 1 et 3 : D'Antibes à Gênes, il y a 1 310 stades. C'est dans la région de Gênes que commencent et les Alpes et les Apennins. Or, on sait qu'Antibes est à 20 stades à l'ouest du Var (IV, 1,9).

14) IV, 6, 11 : « *Lyon se trouve au centre du pays* (la Celtique), *comme une acropole, en raison à la fois des confluents des fleuves et de sa proximité de toutes les parties* (du pays) ».

Tels sont les éléments qui peuvent aider à construire une carte. Nous n'avons conservé que les mesures en stades (encore que l'unité de mesure ne soit pas garantie), les distances en milles provenant de sources différentes et ne concernant que la Gaule méridionale. Ces éléments ne sont pas homogènes : certains donnent des lignes droites (IV, 5, 1 corrigeant II, 5, 28), d'autres des distances par voie de terre (Lyon-Loire) ou par voie d'eau (2 000 stades navigables pour la Garonne et la Loire, un peu plus pour la Seine) qu'il faudrait pouvoir moduler.

Les orientations sont également trop simples pour ne pas avoir été schématisées : Strabon indique lui-même que le cours du Rhin, dont il dit qu'il coule du sud au nord, a toutes sortes de variations au point que, par rapport à la ligne droite, sa distance est à multiplier par près de deux.

Les cartes

Les cartes reproduites dans les figures 3 et 4 s'attirent des critiques évidentes. Celle publiée par Berthelot, mais dressée par le Cdt Pollacchi, prétend « respecter scrupuleusement les mesures antiques » (ce qui n'est pas toujours le cas – ainsi les Cévennes n'y font pas 2 000 stades), mais ignore nombre des données fournies par Strabon : l'orientation au nord des rivages de l'Océan, l'existence du golfe galatique supérieur, le fait que la Loire descend des Cévennes et la Seine des Alpes, que Lyon et au centre de la Celtique, etc.

La carte, ou plutôt la vignette de l'édition Loeb, se fonde sur quatre distances : 2 500 stades entre les deux golfes galatiques, 5 000 entre Pyrénées et Rhin (en prenant curieusement l'origine au Sud des Pyrénées alors que Strabon se fonde sur le rivage de l'Océan), 2 600 entre le sanctuaire d'Aphrodite et le Var, 3 000 pour le cours du Rhin en ligne droite. Là encore, les Cévennes sont trop courtes (de moitié), les golfes mal dessinés, les cours d'eau ne répondent pas aux observations de Strabon.

Ces deux cartes ont en commun une orientation oblique des rivages de l'Océan et de la Bretagne, apparemment fondée sur la nécessité de restituer au Rhin ses 3 000 stades de longueur, en ligne droite.

La carte proposée par Fr. Lasserre (fig. 5) est de très loin la meilleure. Elle observe la plupart des données du texte tant pour les descriptions que pour les mesures. Cependant, la distance entre Lyon et la Seine est plus que doublée, et le Rhin est réduit à 1 500 stades. La description du golfe galatique méridional n'est pas reproduite (IV, 1, 6) : « *c'est en fait un double golfe (...) dont le plus grand est celui dans lequel se jette l'embouchure du Rhône, tandis que le plus petit est celui de Narbonne qui va jusqu'au Pyréné* ». Surtout, ce schéma ne respecte pas la description que Strabon fournit de la Narbonnaise en IV, 1, 3 : « *De la Narbonnaise, la forme est à peu près un parallélogramme, dessiné à l'ouest par le Pyréné et vers le nord par le Cemmène ; pour les autres côtés, celui du sud est formé par la mer entre le Pyréné et Marseille, l'oriental partiellement par les Alpes et, pour le reste, par une ligne droite prolongeant les Alpes et rejoignant le piémont du Cemmène là où il touche le Rhône et forme une perpendiculaire par rapport à la ligne provenant des Alpes* ». Cette formule compliquée signifie qu'aux yeux de Strabon l'arc de cercle dessiné par les Alpes se termine à proximité de Marseille. Comme cette délimitation exclurait la partie orientale de la province, Strabon ajoute : « *Au Sud s'ajoute, déformant la figure géométrique que nous avons indiquée, la suite du littoral qu'occupent et les Massaliotes et les Salyens jusqu'au pays des Ligures vers l'Italie et le fleuve Var* ».

La carte que nous proposons (fig. 6) est fondée sur les mesures suivantes :

- des Pyrénées au Rhin : 4 350 stades en ligne droite,
- Entre les deux golfes : 2 500 stades,
- de la Manche à la Méditerranée, en ligne droite, en passant par Lyon : moins de 4 000 stades,
- la Loire à 500 stades de Lyon (c'est une voie terrestre), la Seine à 1 000 (on ignore la nature de la distance),
- 2 000 stades pour les Cévennes,
- 2 800 stades entre les Pyrénées et le Var, 1 300 entre celui-ci et Gênes.

Elle respecte en outre les passages du texte que nous avons énumérés.

Il est possible, on le voit, d'après quelques lignes organisatrices, de restituer une carte. La configuration des Alpes (II, 5, 28) explique notamment la description de la Narbonnaise en IV, 1, 3. Le côté oriental du parallélogramme est défini par la direction nord-sud de la limite du massif alpin à proximité de Marseille puis par la tangente à la courbe qu'il décrit prolongée vers le nord jusqu'à rencontrer l'axe des Cévennes ; à cette figure, précise Strabon, il faut ajouter le littoral méditerranéen de Marseille au Var. Que Strabon semble ainsi exclure de la *provincia* les peuples des Pré-Alpes (pour les Voconces, cf. IV, 6, 4) est une autre affaire.

Laissant pour l'instant le problème de l'origine et même de l'existence d'une telle carte, tentons d'apprécier si, outre le fait qu'elle illustre et permet de suivre le livre IV de Strabon, elle n'explique pas d'autres textes.

La Gaule et ses provinces

Rappelons d'abord, aussi surprenant qu'il puisse sembler, que cette carte ne présente aucune incompatibilité par rapport aux indications du *Bellum Gallicum* de César. Celui-ci écrivait (*BG*, IV, 20, 1) : *omnis Gallia ad septentionem vergit*, « la Gaule fait face au nord sur toute sa longueur ». César n'ignorait pas que le soleil se couche à l'ouest, mais, outre que lui-même avait peu fréquenté les rivages de l'Atlantique, le découpage des côtes a pu servir de motif pour ne pas remettre en cause un schéma général : même avec une orientation au nord, on trouve des criques donnant vers l'ouest.

Ce qui importe davantage, c'est que ce schéma correspond fidèlement à toutes sortes d'allusions ou de mises en situation. Ainsi, Suétone (*Caesar*, 25) : « il réduisit en province toute la Gaule comprise entre les défilés des Pyrénées, les Alpes, le Mont Cévenne et les fleuves Rhin et Rhône ». De fait, si l'on définit la *Comata*, ses limites sont : à l'ouest, les Pyrénées ; au nord, l'Océan ; au sud, les Cévennes, le cours du Rhône

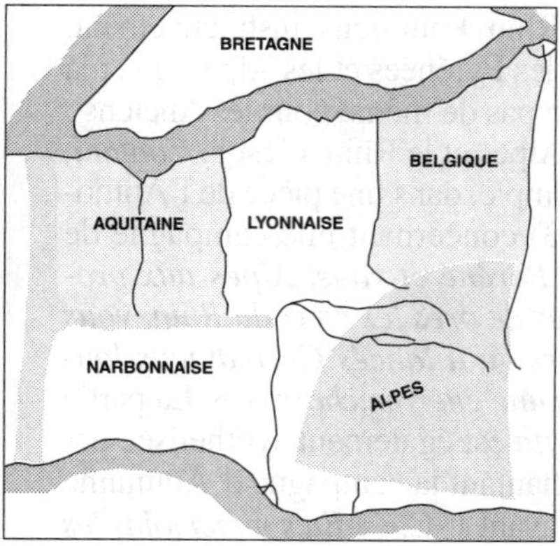

Fig. 7. Principe de la répartition au Haut-Empire.

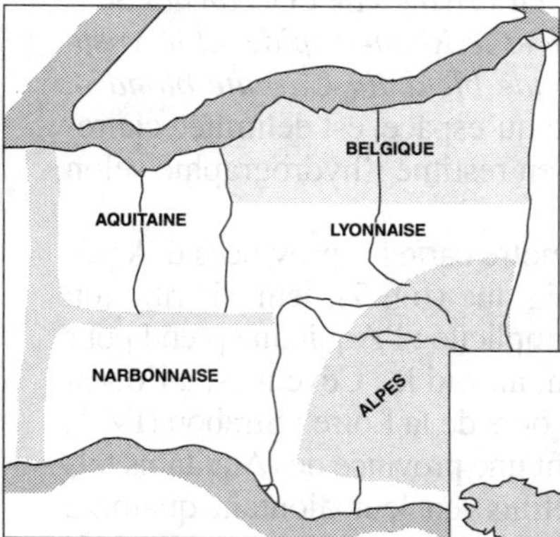

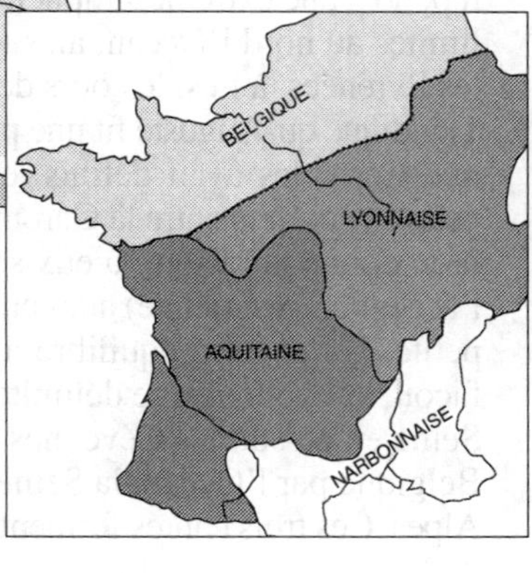

Fig. 8 et 9. La répartition selon Strabon, et sa traduction selon la cartographie actuelle.

et les Alpes ; à l'est, le Rhin. Pour nous, instinctivement, l'espace compris entre les Pyrénées et les Alpes, c'est la Narbonnaise ; il n'en va pas de même pour les Anciens : entre les Pyrénées, les Alpes et le Rhin, c'est la *Comata*, comme on voit, par exemple, dans une pièce de l'Anthologie Palatine (IX, 283) concernant une campagne de Germanicus : « *Mont Pyréné et vous, Alpes aux profondes vallées qui voyez de près les eaux du Rhin, vous êtes témoins des éclairs qu'a lancés Germanicus foudroyant les Celtes dans une guerre acharnée* ». La partie occidentale de la *Comata* est également synthétisée par Tibulle (I, 7, v. 8-12) chantant la campagne d'Aquitaine de Messala vers 30-28 avant J.-C. : « *En sont témoins les Pyrénées des Tarbelles et les rivages de l'Océan des Santons ; témoins la Saône et le Rhône rapide, et la vaste Garonne et la Loire, onde bleue du Carnute blond* ». Bref, la *Comata*, en tant qu'espace, est délimitée clairement ; d'autre part, on en restitue l'hydrographie selon des lignes simples.

Si l'on implante sur notre carte les provinces d'Aquitaine, Lyonnaise et Belgique (fig. 7), leur distribution répond à une extrême simplicité : l'Aquitaine prend pour limites au nord l'Océan, au sud les Cévennes, à l'ouest les Pyrénées, à l'est le cours de la Loire : Strabon (IV, 1, 1) indique qu'Auguste fit une province des Aquitains tels que César les avait définis, en leur ajoutant quatorze peuples compris entre la Garonne et la Loire ; en IV, 2, 1, il en donne la raison : à eux seuls, les Aquitains (selon l'acception césarienne) auraient formé une province trop petite. Un souci d'équilibre a donc joué. De la même façon, la Lyonnaise se délimite par l'Océan, la Loire, la Seine et, au sud les Cévennes et le cours du Rhône ; la Belgique par l'Océan, la Seine, le Rhin, le Rhône et les Alpes. Ces trois entités forment des figures géométriques proches du parallélogramme – et même du rectangle. Elles correspondent à des superficies à peu près équivalentes. Leur délimitation observe une logique géographique. Il n'est donc nul besoin de recourir à des explications de type « politique » comme on s'y trouve contraint si l'on se contente de reporter ces provinces sur une carte actuelle.

Cependant, le livre IV de Strabon ne cautionne pas ces définitions de la Lyonnaise et de la Belgique. Au contraire, plusieurs passages font référence à une distribution différente : IV, 1, 1 : « *le reste de la Celtique* (= Narbonnaise et Aquitaine exclues), *il* (= Auguste) l'*a partagé en deux, donnant à Lyon la partie qui a pour limite le cours supérieur du Rhin et l'autre aux Belges* ». Des précisions sont livrées en IV, 3, 1 : « *après le territoire aquitain et la Narbonnaise, celui qui fait suite s'étend jusqu'au Rhin – pris sur tout son cours – depuis le fleuve Loire et depuis le Rhône pris dans sa partie entre sa source et son arrivée à Lyon. De ce territoire, les parties supérieures – des sources des fleuves Rhin et Rhône jusqu'à* grosso modo *le milieu des plaines – sont soumises à Lyon ; le reste, y compris les régions côtières, correspond à une autre province qu'on attribue – pour employer le terme propre – aux Belges* ».

Autrement dit, cette répartition (fig. 8-9) place la Belgique et la Lyonnaise de la Loire au Rhin, la première occupant la partie septentrionale, la seconde la partie méridionale de cet espace. Cette assertion correspond si peu à ce que nous savons par ailleurs que le problème qu'elle pose a toujours été escamoté. Fr. Lasserre écrit à ce propos en note (Édition du livre IV, p. 50) : « rappelons que Strabon, informé principalement par Posidonius, ignore les frontières exactes de la division imposée par Auguste en 27. Ce paragraphe et le suivant traitent du reste de la Gaule telle qu'elle apparaissait à qui n'avait pas dépassé les limites de la *Provincia* d'avant César ». Le commentaire n'est pas recevable, car la phrase de Strabon qui succède au passage (IV, 3, 1) que nous venons de citer traduit, au contraire, son embarras pour suivre la division qu'il vient de décrire : « *Pour nous, c'est en bloc que nous traiterons de ces deux entités* ». Autrement dit, cette répartition ne correspond en rien aux descriptions ethnographiques ou géographiques de ses sources (Posidonius ou autre).

Il faut donc prendre en considération une répartition augustéenne du territoire entre Loire et Rhin différente de celle que nous connaissons pour le Haut-Empire. Strabon semble sûr de ce qu'il avance quand il se réfère aux décisions de César Auguste, et l'on ne voit pas pourquoi, parfaitement informé des limites de l'Aquitaine, il ne le serait pas tout autant pour les deux autres provinces. D'autant que ce découpage répond à une logique : la Belgique césarienne, comme l'Aquitaine césarienne, est trop petite face à la Celtique césarienne. Donc, de même que l'Aquitaine reçoit une extension jusqu'à la Loire, la Belgique est prolongée vers l'ouest jusqu'à la Bretagne et la Loire. De cette première organisation, les districts de Germanie (ultérieurement transformés en provinces) conservent la trace : ils l'ont « fossilisée », le district de Germanie supérieure correspondant à la prolongation de la Lyonnaise augustéenne, celui de Germanie inférieure à la prolongation de la Belgique. Des évolutions semblables sont d'ailleurs soupçonnées en d'autres lieux, par exemple en Espagne.

Faut-il s'étonner que cette organisation augustéenne ait été modifiée ? On sait que la *Comata*, sous le principat d'Auguste, se trouva le plus souvent sous un commandement unique (Agrippa, Drusus, Tibère à quatre reprises, et Germanicus) ; l'autel de Condate, inauguré en 12 avant J.-C., illustre l'unité que Rome lui reconnaissait. Y eut-il des intervalles durant lesquels des gouverneurs se trouvèrent à la tête de chacune des trois provinces ? On peut le supposer, encore d'après Strabon évoquant les gouverneurs de Lyon (IV, 3, 2 – mais il peut s'agir des personnages précités) et surtout de Reims (IV, 3, 5 – encore que le passage soit ambigu). Ce ne furent cependant que des exceptions.

C'est donc au règne de Tibère, excellent connaisseur de la Gaule et administrateur avisé, que la réforme peut s'attribuer. Neuf ans en charge des problèmes gaulois, et particulièrement de ceux qui touchaient aux zones frontalières du Rhin, le nouvel empereur a pu considérer comme judicieux de placer sous la responsabilité d'un même responsable les régions proches du Rhin. D'où la Belgique « new look » et, par voie de conséquence, la nouvelle Lyonnaise. Le *terminus* serait fixé par les pouvoirs sur la *Comata* confiés à Germanicus (Tacite, *Ann.*, I, 3) et par l'idée qu'on se fait de l'achèvement du livre IV de Strabon, vers 18 après J.-C. Sans vouloir indiquer une date précise, on peut supposer que les premières années du règne de Tibère fournissent les meilleures probabilités.

Une carte ?

La construction cartographique que nous avons proposée rend compte, apparemment, non seulement du texte de Strabon mais de la répartition administrative des provinces et des allusions géographiques repérées chez plusieurs auteurs. On lui accordera donc une certaine vertu opératoire. Est-ce à dire que, pour autant, Strabon ait eu une carte analogue (nous ne certifions pas les détails) sous les yeux et, surtout, que l'administration impériale s'en soit elle aussi servie ? Nous inclinons à répondre par l'affirmative, sinon tant de coïncidences ne se justifieraient pas. Et ce d'autant plus que Strabon déclare clairement écrire pour les responsables politiques – c'est-à-dire les administrateurs – de son temps.

Si une telle carte a existé, quelles en seraient l'origine et la datation ? Strabon ne livre aucune certitude, mais deux passages offrent une piste. En IV, 3, 2, il critique Asinius Pollion à propos de la longueur du cours du Rhin, et en IV, 6, 11 (cf. *supra*) il met en relation la situation centrale de *Lugdunum* et la conception du réseau routier d'Agrippa. Or, cette dernière remonte probablement à date haute. D'autre part, les distances, pour la *Comata*, sont données en stades. Voilà qui suggère d'exclure la fameuse carte dite d'Agrippa qui, après la mort de celui-ci, fut exposée dans le portique du Champ de Mars qu'acheva sa sœur (Pline, III, 17). Notre document a donc chance de précéder les nombreux travaux d'exploration, de mensuration, de cadastration, de recensement, etc. qui devaient conduire, selon l'expression de Cl. Nicolet, à « un remarquable effort d'appréhension statistique du monde ». Dérive-t-elle de toute une tradition initiée par Eratosthène, et à laquelle Posidonius aurait ajouté une importante contribution ? Les précisions apportées par Agrippa portaient-elles sur des distances, sur une meilleure répartition ethnographique, sur la reconnaissance de tels accidents naturels (un estuaire, un cap, etc.), plus que sur le « fond de carte » général lui-même ?

Aussi étonnant qu'il puisse paraître, une telle possibilité n'est pas à exclure : elle correspond à une certaine conception de la géographie. La technique des itinéraires a vocation à permettre la circulation des armées et des agents de l'administration. La géographie, elle, restitue et commande l'ordre général du monde. De même que l'organisation d'une ville et la centuriation d'espaces ruraux doivent répondre à des règles rationnelles (et religieuses) que concrétise la géométrie, de même l'empire rassemble des entités cohérentes le plus proches possible de figures simples : l'harmonie du cosmos doit se refléter par un ordre ici-bas. D'où le caractère quasi magique de la carte et son lien à la personne impériale. Les itinéraires, les mensurations, les descriptions détaillées désarticulent, fragmentent ; ils correspondent à la gestion quotidienne et non à de grands desseins. Les particuliers peuvent être mis au courant de distances ou des routes à emprunter pour se rendre d'un point à un autre, mais l'organisation du monde est le privilège des dieux – et de l'empereur. Mesurer est une chose, comprendre et gouverner l'espace en est une autre.

Si le lecteur veut, à son tour, se lancer dans le domaine passionnant de la géographie historique de l'Antiquité, je lui recommande vivement le livre de Claude Nicolet, L'inventaire du monde, *Ed. Fayard, 1988. Christian Jacob a fait paraître un petit livre excellent,* Géographie et ethnographie *en Grèce ancienne, Armand Colin, 1991, coll. Cursus.*

Pour en finir avec ce thème, comment ne pas rappeler la phrase que nous ont serinée nos professeurs d'histoire-géographie : « pour comprendre l'histoire, il faut faire de la géographie ! »

La notion de patrie gauloise durant le Haut-Empire

Voici un article assez ancien – l'exception qui confirme la règle –, puisqu'il reproduit une communication présentée lors d'un colloque tenu à Lyon en 1981 sur le thème « La patrie gauloise d'Agrippa au VIe siècle ». *Le contexte n'est pas indifférent. Michel Rambaud, l'organisateur du colloque, professeur à l'Université de Lyon, était alors admiré comme le grand spécialiste (qu'il était réellement) de César et de la guerre des Gaules. Sa thèse – que j'ai précédemment citée :* L'art de la déformation historique dans les commentaires de César *– faisait autorité. Quel était son « message » (il s'agit bien d'un message) ? Celui-ci : César a occulté les réalités profondes de la Gaule, il a caché, ou plutôt désarticulé, tout ce qu'il y avait d'unité dans ce pays, entre ces divers peuples. En gonflant une baudruche qui s'appelait Vercingétorix, il mettait en scène l'opposition entre deux hommes (lui-même et le « commandant en chef » gaulois), afin de dissimuler les oppositions réelles. Bien sûr, sa thèse était infiniment plus riche, je ne retiens ici que les linéaments à l'origine (consciente ou inconsciente) de ce colloque. À l'arrière plan, planait l'ombre de Camille Jullian, et ses conceptions sur la patrie gauloise, que Rambaud n'a jamais soutenues explicitement – mais pourquoi ce thème s'il ne nourrissait pas, au fond de lui-même, une complicité, une interrogation ?*

Je n'ai jamais su pour quelles raisons il m'a demandé cette communication. À l'époque, je ne m'intéressais pas encore à César ni à la guerre des Gaules. Peut-être avait-il pensé qu'ayant fouillé « du romain » et « du gaulois », j'exprimerais le sentiment d'une continuité entre le second et le premier ? Toujours est-il que, flatté de l'invitation, je me reportai aux seules sources qui me semblaient adéquates : les textes et l'épigraphie.

J'ai longtemps hésité avant de proposer une communication pourvue d'un tel titre : comme s'il restait quelque chose de neuf à exposer sur ce thème et, surtout, comme si c'était un archéologue de s'y lancer. Mais la faute en incombe, autant qu'à moi-même, aux organisateurs de ce colloque. Nous que je les blâme : peut-être est-il bon de reprendre périodiquement des questions en apparence réglées, de soumettre à la critique des thèmes qui ont tendance à se transformer en lieux communs, et celui de « la patrie gauloise » figure en bon rang parmi eux. Depuis quelque temps, après une période de calme relatif, les Gaulois sont de nouveau mangés à toutes les sauces (y compris à l'assaisonnement régionaliste), et bien des auteurs en reviennent à l'idéologie qui sous-tendait l'*Histoire de la Gaule* de C. Jullian, cherchant à retrouver chez « nos ancêtre » les fondements de notre identité nationale. À défaut de réécrire l'Histoire de *la* Gaule (en insistant sur l'article défini), on se contentera de proposer quelques remarques.

Une première constatation : dans le *Bellum Gallicum*, le mot *patria* n'apparaît pas une seule fois. À y réfléchir, la chose peut sembler étonnante. On a plus d'une fois insisté sur le scénario utilisé (voire fabriqué) par César dans son livre VII, celui d'un gigantesque soulèvement ourdi dans des conditions obscures et inquiétantes (réunions secrètes, au fond de forêts, cérémonial solennel, échange de serments, et les druides – dont on sait qu'ils président aux sacrifices humains – sont là-derrière). Ira-t-on croire que César répugne à utiliser le mot *patria* pour éviter que le peuple et surtout le sénat romains – destinataires de ses *Commentaires* – éprouvent un scrupule moral à l'idée que César combat une nation (au sens moderne du terme), qu'une unanimité s'est faite contre Rome, qu'il s'agit d'une guerre contre des valeurs communes à tout un peuple ? Ce serait faire bon marché des campagnes plus anciennes durant lesquelles Rome a soumis des peuples parfaitement homogènes – à commencer par ceux d'Italie. Il faut simplement penser que César n'a jamais imaginé que ces Gaulois étaient rassemblés au sein d'une même patrie. Preuve en est un passage dans lequel les chefs gaulois – dit César – *miserantur communem Galliae fortunam*, déplorent le malheur commun de la Gaule (*BG*, VII, 1, 5). Constatation objective : l'élément de rassemblement c'est la *fortuna,* le terme *Gallia* définissant un champ purement géographique et conjoncturel (dont est d'ailleurs exclue la *procincia*, sans parler de la Gaule cisalpine).

Strabon, peu de temps après, confirme ce point de vue. Si l'on résume sa description (et même si elle provient de Posidonius en grande partie), on peut schématiser ainsi : la Celtique possède des frontières naturelles et un heureux équilibre ; ses habitants (sauf les Aquitains) présentent un même type physique ; bien qu'ils ne parlent pas exactement la même langue, ils observent *grosso modo* un genre de vie analogue et se gouvernent à peu près de la même manière. L'unité qu'il définit correspond à la méthode qu'il a explicitée : décrire le monde en distinguant des ensembles. Mais il ne lui vient pas à l'esprit que ces ensembles puissent être conçus comme recouvrant une unité de valeurs, de spiritualité et de politique. Lorsqu'il décrit l'ensemble « Grèce », il est conscient qu'existent un passé, des mythes, des dieux, des genres de vie, une langue (avec ses variantes), un type de constitution majoritaire etc. mais l'idée de quelque chose qui ressemblerait à une « patrie grecque » lui est étrangère.

Le trait plus frappant dans les documents du Haut-Empire postérieurs à l'avènement d'Auguste et à l'organisation qu'il a imposée à la Gaule, c'est précisément la disparition presque complète du terme *la* Gaule au profit du pluriel *les* Gaules. Le singulier apparaît dans un nombre infime d'inscriptions et se réfère, comme par le passé, à l'ensemble géographique : une épouse est venue de Gaule en faisant 50 étapes pour commémorer son mari, un légionnaire est mort en Gaule et son épouse a fait revenir son corps dans sa patrie en Byzacène, trois personnes sont venues en Macédoine depuis le fond de la Gaule (*ab ultima Gallia*) (Dessau, I.L.S., 8453, 2380, 8454). Toutes les autres inscriptions utilisent le pluriel et l'on sait que l'épigraphie de l'autel du Confluent ne fait pas exception à la règle : la formule *Tres Provinciae Galliae* ne se traduit pas « les trois provinces de la Gaule » mais « les trois provinces Gaules », « les trois Gaules ». Chez les auteurs, la proportion du singulier est aussi réduite. On en possède un exemple caractéristique en la personne de Tacite qui, on le sait, a consacré de nombreux passages de ses *Histoires* et de ses *Annales* aux événements survenus en Gaule. Or *la* Gaule n'est mentionnée qu'à huit reprises – pourcentage dérisoire – et, là encore, c'est de la géographie : de Bretagne, on passe en Gaule, on envoie des émissaires en Gaule, un cortège traverse l'Italie et la Gaule, etc. (*Annales,* IV, 5 ; IV, 28 ; XIV, 32 ; XIV, 32 ; XIV, 39 ; *Histoires*, I, 37 ; II, 6 ; III, 15 ; III, 35). Mais dès qu'apparaît la moindre nuance politique, institutionnelle, voire affective, Tacite emploie *Galliae* et ses contemporains font de même. C'est au nom des Gaules (*nomine Galliarum*) que l'assemblée de Reims adresse des lettres aux Trévires, ce sont *les* Gaules qui chancellent, grondent ou restent fidèles, et le Boïen Maric se proclame « libérateur des Gaules » (multiples citations : cf. entre autres, *Annales*, I, 34 ; I, 69 ; III, 41 ; II, 43 ; XIII, 53 ; *Histoires*, I, 2 ; I, 61 ; I, 62 ; I, 63 ; I, 89 ; II, 29, II, 32 ; II, 61 (Maric) ; III, 13, III, 41 ; III, 44 ; IV, 3 ; IV, 14 ; IV 24 ; IV, 49 ; IV, 69 (*nomine Galliarum*) ; IV, 85, etc.). Bien mieux, Cérialis, dans le grand discours qu'il tient aux Trévires et aux Lingons et qui fait référence au passé gaulois, rappelle que jadis Arioviste et les Germains ont envahi *les* Gaules ; lui-même se voit, peu après, proposer par Civilis et Classicus le commandement des Gaules (*imperium Galliarum*) (*Hist*. IV, 73 et 75). On pourrait multiplier les citations.

S'agit-il là du respect des normes administratives ? Le souci d'exactitude formelle serait curieux dans bien des contextes. Il le serait encore davantage sous la plume de Tacite dont l'origine gauloise est probable, et dont on a parfois souligné la sensibilité « celtique ». Il est clair, au contraire, que la Gaule n'existe pas, sauf au sens où nous disons l'Afrique, l'Amérique du Sud ou le Moyen-Orient. On ne s'étonnera donc pas qu'aucun texte ni aucune inscription ne vienne la qualifier de *patria*, alors que c'est le cas, par exemple, pour sa voisine directe, la Germanie, ou encore pour l'Italie.

Arrêtons-nous un instant sur le cas de la Germanie. Elle possède d'abord un paysage : « des terres horribles, un ciel dur, une culture et un aspect déprimants pour tous ceux dont ce n'est pas la patrie » (Tacite, *Germanie*, 2). Il existe aussi un *corpus* et un *nomen Germaniae :* lorsque les habitants de la *Colonia Agrippinensis* (Cologne) font défection à Rome, les Teuctères leur envoient une délégation pour les féliciter d'être revenus *in corpus nomenque Germaniae* (Tacite, *Hist.*, IV, 64). Il y a enfin des dieux communs et un dieu principal ; il y a des usages et un *cultus patrius* (*ibid*). C'est avec ce type de vocabulaire qu'Arminius cherche à convaincre son frère, qui combattait avec les légions romaines, de retrouver les siens : il évoque « les droits sacrés de la patrie, la liberté de leurs ancêtres, les dieux nationaux des Germains » (*Annales*, II, 10). On pourrait opposer à ces citations quelques passages qui identifient la patrie à telle « nation », à tel peuple germain (par exemple, *Annales,* XI, 16). Pour nous, l'important tient à ceci : dans le cadre d'un discours historique tenu aux règles de la vraisemblance, Tacite n'hésite pas à retenir l'idée d'une patrie germaine alors qu'il ne présente jamais celle d'une patrie gauloise. Pour la Gaule – pour les Gaules –, rien de tel.

Significative également l'utilisation du mot *Gallus*. Non pas dans les textes (les Gaulois sont les habitants des Gaules, et on peut superposer ce terme générique, souvent pour éviter les répétitions, à celui de n'importe quel peuple ou rassemblement de peuples gaulois), mais dans l'épigraphie. Là encore, *Gallus* est très rare, non seulement en Gaule (où cela va sans dire), mais dans le reste du monde. De militaires ou de civils, on connaît des Trévires, des Carnutes, des Ambiens, des Viennois, etc., mais pratiquement pas de Gaulois sinon un vétéran (devenu citoyen Romain) installé à Naples et qui signale son origine (*natione Gallus)* et un esclave mentionné par un papyrus égyptien « *geni Gallon* ». Confrontés au nombre d'inscriptions concernant des étrangers qui se présentent en tant que tels, ces cas semblent infimes. Il suffit de relever, par exemple au *CIL* XIII, les mentions de *Graecus*. Outre qu'ici nous constatons la distinction entre la *natio* (l'origine géographique-ethnique) et la *civitas (natione Afer, civis Cartaginiensis)*, il semble que les Gaulois n'attachent aucune valeur à la *natio :* on croirait qu'à l'étranger le Gaulois ne se sent pas Gaulois ou en tout cas pas seulement Gaulois (en Syrie, en 342 encore, un Gaulois se déclare « *Gallix* » mais ajoute « *Rotomagou* », de Rouen), alors que le Grec semble se sentir Grec ou, du moins, ne pas juger indispensable de préciser toujours de quelle cité il est citoyen.

C'est donc naturellement que nous en arrivons au seul contexte pour lequel nos sources attestent l'emploi du mot *patria :* la *civitas*. Il n'est pas question ici de développer trop de banalités, et les documents sont trop courts pour permettre une étude sémantique aussi riche que celle qu'a écrite naguère Mme M. Bonjour (*Terre Natale, Étude sur une composante affective du patriotisme romain*, Lille, 1974). Rappelons brièvement quelques faits.

1 - Toutes les mentions textuelles de *patria* touchant une *civitas* de Gaule observent une parfaite brièveté : elles indiquent la cité, sans commentaire : *Forum Julii* est la patrie de Valérius Paulinus, Trêves celle de Classicus et de Tutor – et c'est pourquoi les troupes de Cérialis veulent la mettre à sac, etc. (Tacite, *Hist.*, III, 43 et IV, 72). Seul, un texte de Pline met en avant *l'amor patrius* des Viennois pour expliquer qu'ils acceptent de payer le vin poissé qu'ils produisent plus cher qu'on le fait ailleurs (Pline, *N.H.*, XIV, VI, 57). Pour le reste, la *civitas-patria* n'est considérée que sous l'angle juridique : Valérius Moschus voit son testament attaqué parce

qu'« exilé et accueilli par les Marseillais, il avait légué ses biens à cette cité comme à sa patrie » (Tacite, *Ann.*, IV, 43), et l'on sait que le Digeste identifie *civitas* et *patria* du point de vue légal.

2 - Les mentions épigraphiques, fort rares, ne sont guère plus explicites. Le mot *patria* ne se trouve (deux fois) que dans les formulaires du type *omnibus honoribus functus* où il remplace *apud suos* ou telle mention de cité (*apud Haeduos,...*). M. Luctérius a rempli toutes les charges dans sa patrie cadurque avant d'être prêtre au Confluent, et une autre inscription désigne *Augustonemeton* comme patrie d'un notable dont le nom nous est perdu (*CIL*, XIII, 1541 et 1463. cf. aussi 3275 où *in platria* est remplacé par *domi).* T. Sennius Solennis a été désigné par sa patrie pour la représenter à Condate (XIII, 3162). La patrie, c'est donc la communauté des concitoyens (*sui*), mais non forcément la terre natale, comme nous l'apprend une funéraire de Lyon où un certain Popillius est déclaré d'origine Séquane (*natione Sequano*) et citoyen de Lyon (XIII, 2023). Quittons momentanément les Gaules pour rappeler l'inscription de Worms où l'on voit trois évergètes offrir la porte de la ville *ob amorem patriae et civium* (XIII, 6244) : la formule est moins cumulative qu'explétive : la *patria*, ce sont les *cives*.

3 - Lorsque, essentiellement par le biais du droit latin, le magistrat ou le décurion d'une cité gauloise reçoit la cité romaine, que se passe-t-il ? L'Empereur Claude le proclame hautement : « ils ne nous le cèdent en rien quant à leur amour pour cette patrie, la nôtre », c'est-à-dire Rome (*nec amore in hanc patriam nobis concedunt* : Tacite, *Annales*, XI, 23). Et Rome n'est pas entendue au sens vague, mais de manière très précise : c'est l'*urbs* comme Claude, encore, ou Néron ont l'occasion de le

proclamer hautement (*Annales*, XV, 36-37), et comme aussi le rappelle l'inscription de nouveau citoyen dans une tribu. Fiction, juridisme ? Gardons à l'esprit cette déclaration de Justin à propos de Trogue-Pompée dont il nous indique par ailleurs les origines voconces : « *après avoir raconté l'histoire des Parthes, de l'Orient et de presque tout l'univers, Trogue retrace l'origine de Rome, revenant en quelque sorte chez lui (*domum*) après un long voyage et pensant qu'il agirait en* citoyen *ingrat si, après avoir éclairé l'histoire de toutes les nations, il gardait le silence sur sa propre patrie* » (Justin, XLIII, 1). Nul doute qu'il s'agit là, soit d'une citation, soit du résumé d'une tirade éloquente. La *patria*, c'est la communauté dont on est citoyen. Il n'en est que deux possibles, sa propre *civitas*, éventuellement Rome de surcroît.

Cet aspect juridique peut décevoir, et nous souhaiterions, en le dépassant, rechercher un réel « patriotisme » au sens – souvent incertain – où nous entendons (ou ressentons) le terme. Que peut-on invoquer à cet égard ? Rien au sens strict dans l'épigraphie, sinon l'éclat de telle titulature de cité manifestant puissance, prestige, faveur – et donc fierté et rivalité. Des rivalités entre *civitates*, les pages de Tacite sont pleines. Nous nous contenterons de rappeler les plus célèbres, dont on trouverait des exemples analogues chez Suétone ou Dion Cassius : la rixe Pompéi - Nuceria (*Annales*, XIV, 17), la rivalité entre Plaisance et les colonies voisines (*Hist.*, II, 21), entre Pouzzoles et Capoue (*Hist.*, III, 57), le concours entre les cités d'Asie pour construire un temple à Tibère (*Annales,* IV, 55) ; concours entre cités grecques (*Annales*, III, 60, etc.). Sans doute, elles ne concernent pas seulement les Gaules, mais ce qui frappe, c'est la violence des oppositions gauloises : Vienne et Lyon se haïssant et prêtes à répandre un bain de sang, Séquanes et Lingons s'entredéchirant (Lyonnais et Viennois : entre autres, *Hist.*, I, 62 ; I, 65, etc. Séquanes et Lingons : *Hist.*, IV, 67), et l'on sait que, en dépit de la description idyllique de C. Jullian (« un peuple reprenant vie après un siècle de servitude et, de lui-même et tout d'un coup, se recréant suivant les formes nationales de son passé... »), l'assemblée des *civitates* réunies à Reims pour décider d'un éventuel soulèvement contre Vespasien échoua en raison de l'*aemulatio* : « *qui dirigerait la guerre ? à qui demanderait-on les ordres et les auspices ? quel serait, en cas de succès complet, le siège de l'empire ? Ceux-ci mettaient en avant les traités* (c'est-à-dire leur statut de *civitates foederatae*), *quelques-uns leurs richesses et leurs forces, d'autres l'ancienneté de leur origine* » (Tacite, *Hist.*, IV, 69). Il y a plus de 80 ans que les délégations de ces peuples se rassemblent annuellement au sanctuaire de Condate ! N'insistons pas.

De ce particularisme prêt à s'exacerber mais le plus souvent s'exprimant de manière pacifique, on relèvera ces quelques traits : c'est en Gaule plus que partout ailleurs que la toponymie restitue les frontières entre cités, que se trouve la seule inscription remerciant un Empereur d'avoir créé une nouvelle *civitas* (combien de démarches des Silvanectes pour aboutir enfin, sous Claude, à être détachés des Suessions – et combien de problèmes d'aigreurs, de troubles pendant 50 ans ?), c'est en Gaule enfin que le nom des peuples a conditionné à ce point le nom de nos villes actuelles. La *civitas* ne retient pas ses membres par des liens seulement légaux, ou plutôt ces liens légaux ne puisent pas seulement leur force dans la force de la loi.

À quoi l'on pourrait ajouter qu'en regard des très vagues notations concernant l'unité, non de la Gaule, mais d'une race celtique, proches d'ailleurs de considérations bien connues sur l'unité de la race humaine, ce sont des *civitates* qui se sont forgées, à la romaine, des racines légendaires les faisant remonter, comme Rome, à Troie : Lucain l'atteste pour les Arvernes, la chose semble également certaine pour les Éduens, « frère de sang du peuple romain » par ce biais. Et, inversement, si dans le décor des villes et des maisons, nous recherchions l'effigie de grands hommes honorés par toutes les Gaules, trouverions-nous un seul Gaulois ? On sait bien que non, et nous ne nous étonnons pas devant les collections, publiques ou privées, des portraits d'empereurs ou des familles impériales ; mais ne devrions-nous pas le faire devant ceux de grands personnages de la République, par exemple P. Cornélius Scipio (*CIL*, XIII, 5380-I) ? Les grands hommes sont, partiellement, ceux de Rome et, majoritairement, ceux de la *civitas*.

Il demeure une question à poser : au-delà de la *civitas* – la seule patrie attestée, à l'exception de Rome pour les citoyens romains – n'existe-t-il pas des groupements plus larges – un ensemble de *civitates* ou une province, voire les trois Gaules elles-mêmes, rassemblées à Lyon ? Dans les deux premiers cas, la réponse est simple : aucun document n'existe, sinon un ou deux textes vagues et, de toute façon, sans rapport avec l'idée de patrie. La notion de province est purement d'administration et d'opportunité : les limites changent, tel peuple passe d'une province à l'autre et la seule exception à la règle tient au cas, d'ailleurs peu clair, de la Novempopulanie. En revanche, rien de plus facile que de faire apparaître des phénomènes de type « régionalistes » (aux contours d'ailleurs très diffus) ; on le ferait aussi aisément en étudiant la répartition de tel type de céramique

« régionale » (justement), de telle moulure architecturale, de tel style de mosaïque ou de tel nom de dieu. C'est le contraire qui serait étonnant : les *civitates* ne sont pas enfermées dans de hauts murs, et qui nierait qu'il y ait des habitudes, des traditions, des tempéraments, voire des rencontres (l'étude des toponymes *mediolana* semble l'attester) réunissant tel et tel peuple ? Mais ce n'est pas cela qui fait la patrie, sinon nous serions aussi bien chez nous en Belgique ou en Espagne.

Le cas des « Trois Gaules » reste le plus difficile pour une raison simple : nous ne pouvons pas l'étudier en dehors des inscriptions « officielles » du sanctuaire de Condate. S'il n'est pas absurde de soupçonner, derrière le vocabulaire étrange de cette institution (*inquisitor, judex, arca*, etc.) un type d'organisation plus ancien, il faut cependant constater que, dès le début – Strabon est formel – le particularisme et l'individualité de chaque *civitas* s'y trouvent respectés. L'épigraphie du Confluent multiplie les mentions des patries d'origines – en bonne place : le prêtre est éduen, le *judex* carnute, l'inquisiteur séquane, et nul ne peut l'ignorer. On peut même se demander si ces réunions, en même temps qu'elles attestent la loyauté envers Rome, ne sont pas conçues pour mettre en valeur, tout en les canalisant, les rivalités des peuples : à travers l'élection de son notable et des évergésies qu'il donne, telle *civitas* manifeste à la fois sa fidélité et son prestige : loin de se présenter comme dangereuses, sa force, sa puissance sont au service de l'empire mais n'en entraînent peut-être pas moins de jalousies ou de dépit de la part des autres, dont l'exutoire sera peut-être dans le prochain concours qu'il reste un an pour préparer. Ailleurs qu'à Lyon, nulle référence aux Trois Gaules qui fasse d'elles autre chose qu'un rassemblement ponctuel et régulier : elles n'interviennent pas dans les cités, les cités ne font rien d'autre pour elles.

Inéluctablement, ma conclusion doit être simple et abrupte : il n'existe pas – pour la période à laquelle je me suis attaché : le Haut-Empire – de patrie gauloise. Aucune réalité ne s'est attiré ce nom de *patria,* à l'exception de la cité – et de Rome. Dira-t-on qu'en examinant ces documents je suis tombé dans le piège de l'idéologie officielle dont seraient complices les auteurs anciens et l'épigraphie ? Qu'une volonté politique a cherché à étouffer ce souffle unitaire dont parlaient Michelet, Jullian et les instituteurs de la IIIe République ?

La démonstration incombe à ceux qui récusent les seuls témoignages écrits dont nous disposons. Mais il est aussi clair que toutes les données de l'archéologie témoignent dans le même sens : sans ces rivalités « patriotiques » opposant cité à cité – c'est-à-dire notables à ces notables – les Gaules auraient-elles connu cette couverture monumentale, cette « folie de construire », pour reprendre les termes de J.-J. Hatt ? Si Lyon s'orne de cet immense ensemble (les plus grands cryptoportiques qu'on connaisse, un temple, un autel gigantesque) récemment fouillé au Verbe Incarné, alors que le sanctuaire des Trois Gaules se dresse à deux pas, n'est-ce pas pour se poser en tant que *civitas ?* Paradoxalement, c'est le jeu concurrent de ces dizaines de petites unités – dont les forces s'annulaient – qui firent l'homogénéité du Haut-Empire et la force de Rome, cette puissance lointaine et, de ce fait, non menaçante. Réduire cette réalité à un calcul politique et machiavélique des conquérants serait, je crois, une erreur : nous aurions là le seul exemple dans l'histoire du monde d'une patrie morcelée et consentante, tyrannisée et tranquille au long de trois siècles. La patrie gauloise, décidément, est un mythe.

Un seul mot de commentaire : 1981, ce n'est pas si vieux. Pourtant, en déniant toute attestation d'une « patrie » gauloise à l'époque romaine, j'ai jeté un froid : mon attitude n'était pas « fair-play », j'aurais pu, au moins, laisser planer des doutes, mettre en cause l'absence d'objectivité des auteurs latins, critiquer les sources épigraphiques. Mon ami Paul-Albert Février avait été beaucoup plus intelligent : il avait interprété le noyau pré-romain de la Tour Magne à Nimes comme un antécédent de la Tour romaine, il avait parlé de continuité. Moi, avec mes gros sabots, j'avais choqué. Cette leçon – c'en était une – est à méditer. La pratique archéologique vous conduit sans doute à aller trop vite. Les rapports de mes collègues, plus subtils que le mien, tendirent néanmoins vers la même conclusion. Ce colloque a représenté l'enterrement (définitif ?) de la « patrie gauloise ».

Vaison-la-Romaine a-t-elle usurpé son nom ?

Je l'ai déjà dit : Vaison fut mon premier « coup de cœur » archéologique. Sans chercher à communiquer les impressions que j'éprouve toujours à voir le soleil se lever ou se coucher sur ce site (je l'ai vu, il est vrai, plus souvent se coucher), j'espère que le visiteur est sensible, lui aussi, à l'intégration improbable de ces ruines au sein d'une petite cité provençale, au calme qui y règne (pensez à la cohue de Pompéi), à l'association harmonieuse de vieilles pierres, d'arbres et de fleurs – le tout relevant du hasard, car l'on ne saurait dire que le site soit entretenu ni présenté comme il le mérite. S'exhale une magie que je n'ai retrouvée nulle part, sauf à Bibracte, mais très différente.

Vaison, ce fut aussi pour moi une sorte d'enquête policière (comme pour les textes sur Lyon ou la cartographie strabonienne). Je venais d'arriver à Aix, comme assistant, en 1968. J'eus à faire, entre autre, un cours sur l'urbanisme romain. Je me plongeai dans les manuels, et appris à mes étudiants les règles dudit urbanisme : des villes « orthonormées », quadrillées, régulières.

Sur ce, un jour, je me rendis à Vaison pour la visiter en détail, car je n'en conservais que de vagues souvenirs remontant à un voyage de jeunesse. Je vis, inscrit dans le sol, le contraire de ce que j'enseignais. Je voulus savoir pourquoi.

L'interrogation s'ajoutant à la magie des lieux (genius loci), *je revins de cette visite déterminé à y engager des fouilles. De fouilles, il n'y en avait plus depuis 1955, année où était mort le chanoine Sautel. Celui-ci avait consacré presque toute sa vie à la résurrection de Vaison : jeune abbé d'Avignon, il avait donné (ou fait donner) les premiers coups de pioche en... 1907 ! Vaison était connue depuis le XV*[e] *siècle, des érudits s'étaient intéressés à elle sans discontinuité, collectant des objets, relevant des inscriptions, décrivant les vestiges encore visibles, comme le théâtre. Prosper Mérimée, inspecteur des Monuments historiques, avait octroyé, vers le milieu du siècle dernier, des subventions pour financer des fouilles – qui trouvèrent des pièces spectaculaires, comme la statue du Diadumène, réplique de l'œuvre du sculpteur grec Polyclète, acquise par le British Museum. Mais c'est bien à Joseph Sautel que revient le mérite d'avoir dégagé l'essentiel des vestiges que le visiteur parcourt aujourd'hui.*

J'obtins (non sans mal) les autorisations nécessaires pour engager de nouvelles recherches. Mon ami Bernard Liou et moi-même avons, pendant trois ans, fait des sondages dans l'une des maisons de Vaison, celle dite au Dauphin. Le choix reposait sur plusieurs raisons. D'abord, ayant fait l'objet des ultimes fouilles du chanoine Sautel, elle n'avait pas subi les restaurations et consolidations « énergiques » qu'avaient connues les autres (murs remontés, sols refaits en béton). D'autre part, son plan présentait des anomalies flagrantes. Enfin, s'y côtoyaient des appareils muraux différents, les uns s'apparentant aux techniques protohistoriques, les autres relevant des pratiques romaines classiques.

Le résultat de ces fouilles m'amena à aller plus loin, à étudier l'urbanisme de Vaison, à m'interroger sur son histoire, sur ses institutions. De fil en aiguille, j'en fis une *thèse (*Les fouilles de la Maison au Dauphin, Recherches sur la romanisation de Vaison-la-Romaine, *37e supplément à* Gallia*, Paris, 1979). L'article qui suit en reprend les conclusions, les replaçant dans la problématique qui avait suscité ma curiosité.*

Ouvrez un manuel d'histoire pour classe de sixième ou n'importe quelle série consacrée à l'Antiquité romaine : de quelle ville apercevrez-vous une photo ou deux à côté des vues classiques de Pompéi, d'Herculanum ou d'Ostie ? Autre question : quel site archéologique gallo-romain occupe le plus de place dans les guides touristiques ? Enfin : interrogez l'un de ces visiteurs « sérieux » (un étranger de préférence) qui parcourent les « antiquités » du Midi et demandez-lui où se trouve, selon lui, l'image la plus éloquente de la ville gallo-romaine. Dans les trois cas, la réponse a toutes les chances d'être : Vaison.

Pourquoi ? Parce que Vaison illustre admirablement ce qui passe pour être la vie à l'époque romaine. Vous pénétrez dans des maisons aux dimensions importantes, vous prenez place dans un théâtre, foulez des rues dallées, traversez jardins riants et portiques intacts. Mille détails vous arrêtent : le chauffage par le sol, les cuisines et leurs fours, des latrines et des égouts, tandis que mosaïques et sculptures comptent parmi les plus belles que vous puissiez voir.

Il serait facile de remettre en cause ce sentiment d'admiration en expliquant qu'il repose en partie sur une équivoque. Le théâtre a été presque entièrement reconstruit, les murs des maisons remontés, les colonnades n'ont souvent que quarante ou cinquante ans, bref, la part de la « restauration » (de la « reconstruction ») est énorme. Les spécialistes la critiquent et la regrettent à juste titre, mais ils n'oublient pas que, sans elle, il ne resterait peut-être que des ruines indistinctes, et que, d'autre part, les consolidations qu'ils accomplissent aujourd'hui (au demeurant très insuffisantes) seront sans doute contestées à leur tour d'ici quelques années.

La question que je veux aborder est différente. Vaison ne passe pas seulement pour une ville gallo-romaine mais – du seul fait qu'elle a été dégagée plus qu'aucune autre en France – comme *la* ville gallo-romaine (ou même romaine tout court) par excellence. Or, c'est cela qu'il faut discuter, car les recherches récentes ont permis de montrer qu'elle s'écarte beaucoup de ce que l'on peut appeler les schémas canoniques, – tous ceux que les manuels nous ont inculqués. Une fois ces anomalies décrites, il faudra s'interroger : avons-nous affaire à un cas original (voire aberrant), ou bien faut-il revoir les schémas tout faits ?

Vasio Vocontiorum…

Quelques mots d'histoire pour centrer le problème. Sous la domination romaine, Vaison est la capitale de la cité (*civitas :* circonscription administrative de base, c'est-à-dire un territoire parfois très étendu, l'équivalent de deux, trois ou quatre de nos départements) des Voconces : elle s'appelle officiellement *Vasio Vocontiorum*, « Vaison des Voconces ».

Qu'en était-il avant ces années 125-123 av. J.-C. qui virent les légions romaines défaire le peuple des Voconces *?* On ne le sait pas avec certitude. Il semble cependant que Vaison ait déjà tenu ce rang de capitale, ou plutôt (et c'est déjà une anomalie) qu'elle ait partagé ce titre avec Luc-en-Diois *(Lucus)*, cette dernière faisant office de capitale religieuse. L'habitat se concentrait alors probablement sur la colline du Château, qui reçut plus tard la ville médiévale. Quoi qu'il en soit, durant le Haut-Empire, la situation est claire : Vaison est à la tête de la cité (le géographe Ptolémée l'affirme nettement), de même que Vienne est à la tête de la cité des Allobroges ou Autun de celle des Éduens.

Nous savons comment étaient organisées ces cités, et quels organes politiques ou administratifs les régissaient. Les plus riches citoyens formaient une assemblée qui siégeait à la curie : on les nommait « décurions ». Ils constituaient ensemble l'« ordre des décurions » *(ordo decurionum)*. Ils nommaient les magistrats annuels (l'exécutif), un collège de deux ou quatre hommes *(duoviri* ou *duumviri, quattuorviri)* aidés d'édiles et (ou) de questeurs. Les inscriptions gallo-romaines ont restitué le nom de certains personnages, décurions ou magistrats. Sauf à Vaison.

Ici, en effet, l'organisation est tout autre. Pas d'« ordre des décurions » mais un sénat et des sénateurs. À la tête de la cité, pas de *duumviri* mais un préteur *(praetor)* qui est assisté de préfets (chargés de missions : *praefecti*) à compétence soit territoriale (ils gèrent un « arrondissement », pourrait-on dire pour transposer), soit particulière (la gendarmerie, par exemple). Un tel édifice institutionnel est ahurissant dans le monde gallo-romain, ne serait-ce que parce qu'il échappe à la règle sacro-sainte de la collégialité (qu'on songe aux deux consuls de Rome). En fait, il représente certainement, sous des vocables à la romaine, la persistance d'une organisation pré-romaine : un sénat nommant un chef unique assisté de chefs de districts et de responsables de tel ou tel domaine. Vaison et les Voconces ont conservé, au moins formellement, les institutions de l'époque de l'indépendance. Ils sont les seuls en Gaule (à l'exception de Marseille, la vieille cité phocéenne), et ce n'est qu'au IIIe siècle qu'on aperçoit les signes d'une évolution vers des normes plus habituelles. Autre curiosité : si Vaison est bien la capitale, l'épigraphie nous montre que Die constitue le centre religieux (comme Luc jadis) – cas encore unique de survivances protohistoriques.

L'explication ? Elle nous est suggérée par Pline l'Ancien qui nous indique, par deux fois, que les Voconces bénéficiaient du statut de *civitas foederata*, de cité fédérée, c'est-à-dire liée à Rome par un traité. Cela signifie, en théorie, que Rome et les Voconces ont traité d'égal à égal et se sont mis d'accord sur leurs droits et leurs devoirs respectifs.

À diverses époques de son histoire, Rome, comme toutes les autres puissances, a signé de tels traités (avec Marseille, par exemple). En fait, à mesure que l'on approche de l'époque impériale, ces traités ne constituent guère plus qu'une faveur octroyée à un peuple (pour s'assurer de sa tranquillité ou le remercier de celle-ci). Les Voconces ont dû en bénéficier peu avant la guerre des Gaules, à l'époque où leurs voisins du Nord, les Allobroges, étaient en ébullition. N'ayons pas d'illusion : cela ne les dispensa pas de payer les impôts au fisc romain, d'obéir au gouverneur de la province ou de fournir des recrues pour les corps auxiliaires des armées. Ce statut ne fit pas d'eux un État indépendant mais il leur permit, apparemment, de conserver leurs institutions anciennes, ce que ne purent pas faire d'autres cités fédérées de Gaule, les Éduens (autour d'Autun), les Rèmes (autour de Reims), les Carnutes (autour de Chartres).

Voilà une première « curiosité », et de taille puisqu'elle affecte la « chose publique » *(res publica)*. La forme institutionnelle n'est pas indifférente : le lecteur imagine l'effet que produirait un département français si, au lieu d'avoir à sa tête un Conseil général et un préfet, il était administré par un parlement et par un intendant. Vaison abritait, *mutatis mutandis*, des corps politiques tout aussi anormaux (au sens étymologique). Et nous n'en avons pas fini avec l'anormal : les données archéologiques en présentent d'autres exemples.

Une ville bien peu « classique »

Observons un quartier de la ville antique (fig. 1, p. 516), et comparons-le à l'une des nombreuses *insulae* d'une autre capitale de cité fédérée, Autun, *Augustodunum :* impossible de placer ce quartier vaisonnais au sein de la capitale des Éduens. Cette dernière obéit à toutes les règles théoriques d'une ville romaine : elle possède une enceinte qui la délimite, elle est organisée selon un carroyage (un réseau orthogonal de rues définissant des îlots réguliers où s'inscrivent maisons et édifices publics). On y retrouve donc les caractéristiques de l'urbanisme romain telles que nous les avons apprises dans les manuels. Même s'il faut nuancer beaucoup selon le temps, le lieu et la topographie, il n'empêche : la ville romaine tend vers un plan régulier. Or, à Vaison, rien de tel.

L'absence d'enceinte représente le point le moins important car peu de villes gallo-romaines ont reçu ce privilège, accordé par l'empereur. Surtout, quelle que soit l'ingéniosité que l'on puisse déployer, impossible d'y déceler un carroyage urbain. Sauf partiellement à l'est, les axes ne sont pas parallèles, et nulle part on ne décèle fût-ce une amorce d'orthogonalité. Les édifices s'inscrivent dans des limites bizarres ; il suffit d'observer, sur le plan ou sur les restitutions, les maisons au Dauphin, du Buste en argent ou des Messii : leurs murs limitrophes ne sont pas alignés – loin de là – sur les mêmes axes.

Autre bizarrerie : dans cette ville (ou plutôt dans ce qui en a été dégagé), le tissu habité paraît fort lâche. Les vides que l'on voit sur le plan ne sont pas tous dus à l'implantation de l'agglomération moderne. Beaucoup d'entre eux remontent à l'Antiquité. Il ne s'agit pas seulement de cours ou jardins à l'intérieur des maisons, mais aussi de vastes espaces au cœur de la ville : par exemple, ce quadrilatère au nord de la maison du Buste en argent, ou bien une grande partie de la colline de Puymin.

Examinons maintenant deux grandes maisons à partir de restitutions axonométriques, plus parlantes que des plans, même si – le lecteur le comprend aisément – elles comportent des aspects forcément arbitraires. La première maison (faussement identifiée à un « prétoire ») s'étage sur plusieurs niveaux qui compensent la pente de la colline (fig. 2). Au centre, toute une série de corps de bâtiments s'organisent autour de deux vastes cours ou de jardins à colonnades, tandis que des cours plus petites desservent les quartiers de service. À droite et à gauche, de grands espaces flanquent l'habitation ; nous les avons restitués plantés d'arbres en raison d'un bassin d'irrigation que l'on aperçoit à l'extrême gauche. À l'extrême droite, un corps de bâtiment irrégulier abrite des installations de stockage agricoles. La maison dite du Buste en argent (en raison d'une statue représentant un notable local) multiplie les cours et les jardins (fig. 3). Elle couvre plus de 3 000 m^2, c'est-à-dire qu'elle excède en superficie ce petit palais de Pompéi appelé la Maison du

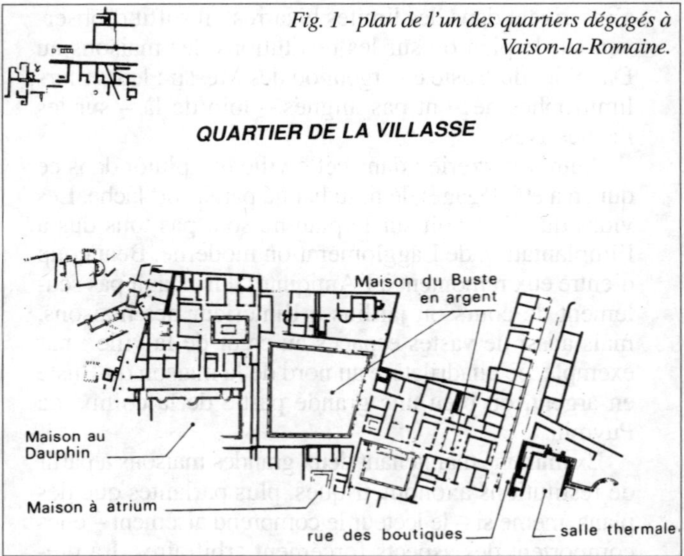

Fig. 1 - plan de l'un des quartiers dégagés à Vaison-la-Romaine.

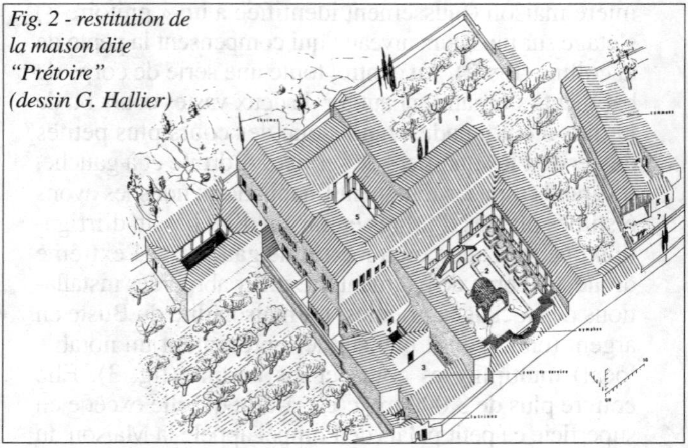

Fig. 2 - restitution de la maison dite "Prétoire" (dessin G. Hallier)

Fig. 3 - restitution de la maison dite "du Buste en Argent" (dessin G. Hallier).

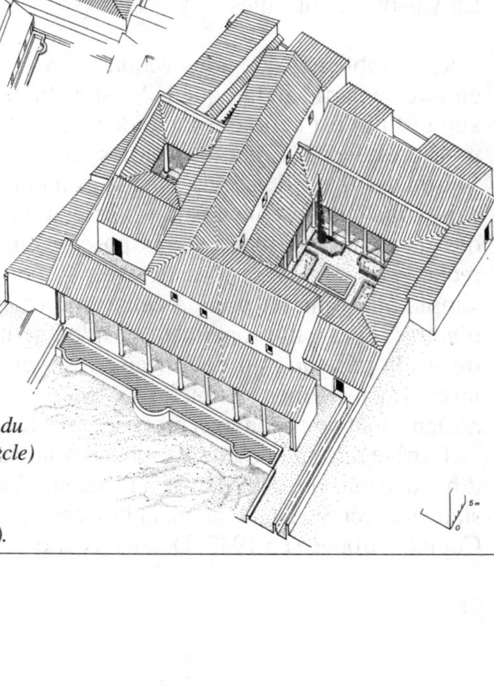

Fig. 4 - restitution du dernier état (IIe siècle) de la maison dite "au Dauphin" (dessin C. Dubois).

Faune ! Elle intègre, à gauche en bas, un ensemble thermal avec piscine, palestre d'exercice et bains. Le reste s'inscrit dans des contours irréguliers : décrochements, formes trapézoïdales, pourtant savamment organisés.

En multipliant les exemples, nous nous retrouverions toujours devant la même contradiction : des demeures luxueuses, faisant appel à toute la science architecturale, s'insèrent tant bien que mal dans une organisation d'ensemble aberrante. leur harmonie est interne, car quiconque contemplerait d'en haut cette *Vasio* antique resterait décontenancé : aucune régularité, des vides (même s'ils sont aménagés en jardins), des clôtures bizarres. Au total, une ville bien peu « classique ».

La Vaison des origines

Les problèmes que nous venons d'évoquer tiennent en grande partie au fait que la Vaison que nous voyons aujourd'hui est celle qui a été dégagée (et restaurée), pour près de 80 %, par les fouilles anciennes. C'est la Vaison des IIe et IIIe siècles. Une Vaison plus ancienne a existé, malheureusement peu explorée, qui détient la clé des questions que nous avons posées. On ne l'a pas recherchée – et donc pas trouvée –, pour la raison simple que l'intérêt porté à cette ville (comme à tant d'autres villes gallo-romaines) s'est longtemps concentré sur la mise au jour de « beaux vestiges ». Sous les niveaux actuellement visibles, reposent des témoins plus anciens dont nous pouvons proposer un exemple.

Dans le secteur ouest de Vaison, on peut visiter aujourd'hui une maison, dite Maison au Dauphin à cause d'une statuette, représentant un dauphin chevauché par un Cupidon, trouvée en 1947. Décrivons brièvement ce que

Fig. 5 - restitution du premier état de la maison dite “au Dauphin”, vers 40-30 avant J.-C. (dessin C. Dubois)

le visiteur parcourt aujourd'hui, en nous aidant de l'axonométrie (fig. 4). C'est, apparemment, une maison romaine « classique ». Depuis la rue, à gauche, on pénètre dans un *atrium* à quatre colonnes, puis l'on passe dans un « péristyle » avec arbustes et bassins ; vers le bas, un jardin avec, de nouveau, un grand bassin. Colonnades, étages, près de 3 000 mètres carrés au sol, un appareil mural typique (le fameux « petit appareil » gallo-romain).

J'ai voulu en savoir davantage. Une cinquantaine de sondages ont été implantés en divers points de cette demeure, qui sont descendus jusqu'au sol vierge, de manière à repérer toutes les constructions successives. Dans l'Antiquité, les réfections se faisaient en arasant les bâtiments, afin de former un remblai homogène sur lequel on reconstruisait. L'archéologue retrouve donc les fondations et une partie de l'élévation des états antérieurs.

Dans la Maison au Dauphin, trois états plus anciens furent mis en évidence. Je me bornerai à décrire le premier d'après l'axonométrie (fig. 5). Première observation : l'appareil mural ressemblait en tous points à celui que les Gaulois du Midi utilisaient à l'époque de leur indépendance, des murs de pierres sèches, cette fois liés (très mal) par un pauvre mortier. En second lieu, la maison se situait à l'angle d'un vaste enclos (dont les limites nous sont inconnues), qui englobait à la fois des terrains non aménagés (on y a retrouvé des ossements d'ânes et de chiens) et des bâtiments (une grange, un petit ensemble thermal). Si elle observait un plan romain, l'habitation ne comportait aucun luxe : sols en terre battue, pas d'eau à l'intérieur (il y avait un puits au sud), pas de voirie organisée. Le matériel donne une date aux environs de 40-30 av. J.-C.

Ce n'est qu'à la fin du Ier siècle ou au début du IIe que les murs de l'enclos tombèrent, que la maison se transforma et s'agrandit, qu'une rue se créa (sur la gauche), qu'un nouvel appareil mural fut utilisé, bref que l'on passa à un cadre de vie urbain. La maison que présente l'axonométrie de la figure 4 n'est en fait que l'évolution d'un bâtiment né deux siècles plus tôt, quatre fois remanié ou reconstruit et dont l'environnement avait complètement changé !

Il est probable, il est même certain que, sous la plupart des autres édifices de Vaison, se trouvent des vestiges très différents de ceux que le visiteur contemple. Rien qu'en repérant sur un plan les traces des appareils muraux les plus anciens, on commence à deviner ce qui s'est passé et que je vais résumer à grands traits.

Vaison, capitale du peuple des Voconces, était perchée sur le rocher que retrouvera plus tard la ville médiévale. De l'autre côté du fleuve (l'Ouvèze), se trouvaient les propriétés de l'aristocratie. Lorsque la paix romaine se généralisa, lorsque les élites furent attirées par le genre de vie de Rome, des maisons « à la romaine » s'édifièrent dans ces propriétés, mais avec des techniques murales traditionnelles. On conserva néanmoins les limites foncières : aucune contrainte ne forçait à construire une ville neuve : Vaison, capitale d'une cité fédérée, échappait à la colonisation. Pas d'urbanisme originel, plutôt une certaine spontanéité. Cela ne put durer qu'un temps. À mesure que la ville se développait, il fallut résorber l'anarchie, organiser des axes, des rues, un réseau d'égouts et d'aqueducs. Mais la naissance improvisée de l'agglomération fit que l'on ne put jamais supprimer totalement le désordre initial : les limites irrégulières ne furent pas entièrement gommées, des cours et des jardins occupèrent les anciens espaces agricoles, un réseau orthogonal ne put s'implanter. Si romains que fussent édifices publics et maisons, leurs limites ne pouvaient s'inscrire dans un plan régulier.

Et pourtant elle est romaine

Vaison-la-Romaine a-t-elle usurpé son nom ? À l'issue de ce survol, nous serions tenté de répondre positivement. Ses institutions ne répondent pas aux normes, son urbanisme échappe aux règles habituelles, et la naissance de l'agglomération paraît très différente de tout ce que nous constatons ailleurs, une certaine spontanéité s'opposant à des organisations rigides.

Pourtant, une telle conclusion serait hors de propos. Un géographe qui écrivait vers 50 ap. J.-C., Pomponius Méla, citait Vaison parmi les villes les plus opulentes de la province de Narbonnaise. Certains de ses fils, dès le Ier siècle, occupent les plus hautes fonctions de l'Empire : si le lecteur ne connaît pas forcément le nom du Vaisonnais L. Duvius Avitus (consul de Rome en 56), il se rappelle, en revanche, celui du précepteur de Néron, Burrus, immortalisé par le *Britannicus* de Racine. La parure monumentale est bien romaine : le théâtre est l'un des plus anciens du Midi, et peut-être trouvera-t-on bientôt l'amphithéâtre. Les statues érigées en l'honneur de la famille impériale ont (partiellement) subsisté : celles de Claude, Hadrien et Sabine ont acquis une célébrité mondiale, et les sacerdoces destinés à célébrer le culte des empereurs et des impératrices sont bien attestés. Rien, dans son commerce ou dans ses ornements (peintures, mosaïques, marbres), n'en fait une ville à part.

C'est donc qu'il faut poser la question autrement. Le cas de Vaison nous amène à nous interroger sur ce que nous appelons la « romanisation », un vocable sous lequel nous rangeons si volontiers toutes sortes de cadres rigides (la ville « à la romaine », la maison, la religion, l'habillement, etc.). Un terme commode qui déclenche (comme bien d'autres mots s'achevant par *-isation :* colonisation, modernisation, américanisation, etc.) une série de clichés ou de formules dont les manuels et l'enseignement sont friands. Aucun doute : Vaison est bien romaine. Si elle présente des originalités – qu'elle doit à son histoire –, c'est que l'intégration au monde romain ne passe pas (contrairement à ce que l'on dit) par l'adoption d'un système administratif uniforme, pas plus que par l'application de théories urbanistiques figées et indéformables. Le monde romain a connu la diversité, et nous ne pouvons faire entrer dans les schémas habituels bien des phénomènes dont le nombre augmente à mesure que les recherches se développent.

C'est dire qu'il faut réviser les schémas, ou plutôt nous habituer à raisonner autrement. Espérons que le cas de Vaison nous incitera à comprendre que rien n'est simple et qu'il faut poser sur ce qu'on appelle la « civilisation romaine » un regard plus soucieux des nuances et moins porté à l'unification.

Incinération et inhumation aux trois premiers siècles de l'Occident romain

La mort, l'incinération, l'inhumation. Jusqu'à une date récente, régnait un dogme : la fin de la protohistoire et le Haut-Empire romain n'avaient connu que l'incinération ; à partir du IIIe siècle, l'inhumation s'était progressivement imposée pour devenir ensuite exclusive. Sans doute, l'on connaissait quelques exceptions (la gens Cornelia *à Rome se faisait inhumer, quelques empereurs romains n'avaient pas suivi le rite général), mais la règle demeurait la règle.*

C'est la généralisation des fouilles de sauvetage, mettant au jour des milliers de tombes, qui a suscité des étonnements et des interrogations. On trouva des inhumations à des époques où elles n'auraient pas dû se présenter – et de même pour des incinérations ! Les « inventeurs », après s'être demandé s'ils ne se trompaient pas, après avoir éprouvé inquiétudes et scrupules, firent circuler l'information. Quelques publications (prudentes) firent office de détonateur, le bouche à oreille fonctionna, et le « milieu » considéra que le temps était venu d'échanger les informations, de tenter de les organiser et de tirer des conclusions – au moins provisoires. En octobre 1987, se tint, à Toulouse et à Montréjeau, un colloque dont les Actes *ont été publiés en 1992 à Toulouse, sous le titre* Incinération et inhumation aux trois premiers siècles de l'occident romain.

On m'avait demandé de présenter la synthèse des travaux : l'article qui suit présente cette conclusion.

Les communications présentées au Colloque de Toulouse n'ont pas toujours été rigoureusement centrées sur le sujet qui avait été défini : « *Incinération et inhumation aux trois premiers siècles dans l'Occident romain* » – l'essentiel, comme dans nos bonnes vieilles dissertations, étant le « *et* ». D'autre part, la couverture géographique comporte certains trous : plusieurs régions ou provinces importantes n'ont pas été représentées. Ces deux constatations, qui s'appliquent à ce colloque comme à presque tous, ne doivent pas être perdues de vue.

Certains orateurs ont émis des réserves sur l'opportunité de traiter ce thème en 1987, estimant l'heure prématurée : trop de fouilles encore en cours ou inédites, des collections anciennes à reprendre, etc. D'autres ont regretté les limites du sujet, qu'ils jugeaient trop étroites : ils auraient souhaité qu'une place plus large fût accordée aux « rites » de toutes sortes qui accompagnaient soit l'incinération soit l'inhumation.

À l'issue du colloque, ces objections ont paru avoir perdu de leur poids, chacun s'étant rendu compte – au terme de nombreux échanges – des clarifications qui s'étaient faites. Et, au premier chef, celle-ci : l'étonnement, voire la gêne qui habitaient nombre d'archéologues – notamment en France – lorsque, imprégnés des bons ouvrages où ils avaient lu que le Haut Empire avait vu le règne quasi exclusif de l'incinération, ils fouillaient une nécropole où se trouvaient des inhumations, non seulement du IIe mais même du Ier siècle, et en nombre non négligeable – eh bien, cet étonnement, cette gêne, ils les partageaient avec tant d'autres que ces sentiments n'avaient plus de raison d'être. Beaucoup d'idées reçues, profondément ancrées, ont fait l'objet d'un sérieux décrassage. *Non : il n'y a pas eu l'incinération puis l'inhumation*. Ne serait-ce que cette petite phrase, écrite noir sur blanc et s'appliquant à un vaste espace, justifie ce colloque. Des publications viendront, qui livreront les études de détail.

Cela dit, la petite phrase mérite d'être commentée. Non pas période par période ou région par région. Plutôt en sériant quelques problèmes et en essayant de récapituler certains schémas explicatifs qui nous ont été proposés, fût-ce de manière incidente.

Comme toujours dans notre discipline, les problèmes de méthode ont été souvent évoqués. Tentons de les récapituler.

En premier lieu, bien sûr, celui de la valeur des échantillons. Tout le monde n'a pas à sa disposition 3 000 tombes dans une nécropole unique, comme à Trèves ! De grandes nécropoles ont été massacrées jadis ou naguère, dont il ne reste presque rien. Quelques dizaines de tombes aux abords d'une ville, parfois une centaine, c'est une chance inouïe. Et ce sont souvent de petits ensembles ruraux ou semi-ruraux qui peuvent le mieux s'étudier. Si l'on faisait, par exemple, un décompte très approximatif des tombes comprises entre la fin de l'Âge du Fer et le IIIe siècle, et qui aient été bien fouillées en France depuis vingt ou trente ans, on arriverait à combien ? Mille, 2000, 3 000 ? Admettons ce dernier chiffre : il représente un pourcentage dérisoire par rapport au nombre de défunts. Trois mille sur 100 ou 150 millions !…

On s'est interrogé aussi sur l'inégalité des répartitions chronologiques au sein de ce champ de trois siècles : rareté des tombes du Ier siècle en Bretagne (l'Angleterre), même observation pour les « castros » d'Espagne septentrionale. De fait, l'expérience semblant démontrer que la mort frappe à toute époque et, le hasard des fouilles ne pouvant être en cause, il y a là une énigme à résoudre – qui, d'ailleurs, n'est pas propre à l'époque romaine : la protohistoire la connaît également.

Par ailleurs, on a souvent constaté l'impossibilité de tirer des enseignements valables pour de vastes espaces. Au sein d'une même province ou d'un ancien ensemble protohistorique, des différences profondes ont été signalées en Afrique du Nord, pour la péninsule ibérique, etc. Il n'est pas jusqu'au Latium et à Rome elle-même qui ne présentent de surprenantes divergences.

La faiblesse des publications anciennes a été souvent invoquée pour expliquer les difficultés d'une synthèse. La méthode qui consistait à présenter indépendamment les tombes et leur matériel rend effectivement difficile, voire impossible, de rattacher tel matériel à une inhumation ou à une incinération. L'absence ou l'insuffisance d'un examen et d'analyses anthropologiques a été plus d'une fois regrettée, y compris pour des fouilles récentes.

De même, a ressurgi le vieux débat sur le possible décalage entre le mobilier contenu dans une tombe et la date de celle-ci. Retenons, par exemple, certaines observations : des monnaies vieilles de deux siècles voire davantage peuvent accompagner le défunt et, du coup, beaucoup de sépultures de Belgique, longtemps considérées comme romaines, doivent probablement être attribuées à la période mérovingienne. De manière plus générale, on a insisté sur certaines difficultés de datation, celles qui s'attachent non seulement aux tombes dépourvues de mobilier – pour lesquelles les superpositions stratigraphiques doivent faire l'objet d'un examen tout particulier –, mais aussi à celles qui ne comportent qu'un mobilier local ou régional sans matériel d'importation. A été évoquée pour la Grande-Bretagne, la nécessité d'étudier l'évolution de la « black burnished pottery » avant de proposer des datations absolues. Ce cas n'est pas isolé, et des révisions sont nécessaires, même si c'est sans enthousiasme qu'on accueille ces complications supplémentaires.

Bref, rien n'est simple ! Comment ne pas être d'accord sur le souhaitable tel qu'il a été exprimé – étudier de vastes nécropoles de plusieurs milliers de tombes couvrant plusieurs siècles, avec coexistence ou superposition des deux rites, pour obtenir, par l'analyse de ces liens parfois enchevêtrés, des probabilités un peu fortes.

L'avenir en offrira-t-il l'occasion ? J'en doute ou du moins je ne crois guère que ces chances s'offriront selon une bonne répartition géographique. Des lacunes seront toujours à déplorer.

En fait, si tant de problèmes méthodologiques ont été soulevés, si tant de doutes se sont exprimés, c'est que ce thème nous brûle les doigts. Tout ce qui a trait à la mort provoque des blocages psychologiques, qui se traduisent notamment par la peur d'affirmer.

Sans revenir sur les leçons offertes par chacune des communications, la conclusion d'ensemble peut être ainsi exprimée : sous le Haut-Empire, dès ses débuts, on a inhumé, même si l'incinération est presque toujours majoritaire et souvent quasi exclusive. *Grosso modo*, c'est à partir de la fin du IIe siècle que l'inhumation prend un développement important, au milieu du IIIe qu'elle s'est généralisée, et peu de temps après, elle sera la règle. Tel est le cadre général, à nuancer région par région. À partir de ce constat, plusieurs questions ont été posées, mais avant de les aborder, il faut faire table rase de quelques exceptions qui risqueraient de fausser le débat.

D'abord, le cas des bébés. Beaucoup de communications l'ont évoqué. Ils sont presque toujours inhumés, même là où l'incinération est générale. Il faut rappeler le texte de Pline (*NH* VII, 16, 69), tout à fait explicite : « *l'usage général veut qu'on n'incinère pas un être humain mort avant la venue de ses dents* ». Diverses comparaisons, les pratiques de l'Inde védique renvoient peut-être à un vieux fond indo-européen. Les fouilles ont démontré qu'à ces bébés était parfois réservé un secteur particulier de la nécropole, comme à Fréjus ou – découverte récente – en Picardie, mais ce n'est pas une règle stricte. Les exemples de leur inhumation dans un habitat se sont multipliés. À ce cas spécial d'inhumation, on peut ajouter celui des femmes mortes enceintes ou en couches, dont quelques illustrations nous ont été présentées.

De même, on ne saurait s'obséder sur les cas des morts violentes (le meurtrier ne prend pas le temps d'incinérer sa victime : il la jettera plutôt dans un puits ou l'enterrera à la hâte), et l'on sait que beaucoup de sociétés réservent un sort particulier aux victimes de la foudre. Qu'il ait existé des cas plus compliqués – des fosses communes (pour les victimes de maladies contagieuses ?), des pratiques de sectes inconnues, auxquelles, par exemple, on serait tenté de recourir pour Courroux, c'est indubitable mais nous n'aurons jamais, sauf miracle, de certitude.

Donc, des exceptions dont certaines ont leur explication, tandis que d'autres nous intriguent. Acceptons les limites que nous imposent ces dernières et, quitte à tenter de résoudre des rébus, portons plutôt nos efforts sur des faits répétitifs et peut-être interprétables : je pense, par exemple, à ce décubitus ventral, mentionné à plusieurs endroits, qui pourrait faire l'objet d'études conjointes de la part d'archéologues et d'anthropologues – mais c'est une autre affaire.

Revenons donc au fond du problème. La question souvent posée est celle-ci : dans une société où l'on incinère majoritairement, parfois presque exclusivement, à quoi tiennent les inhumations ? Les communications ont proposé ou plutôt suggéré des pistes possibles pour parvenir à une explication.

Certains ont évoqué des différenciations entre villes et campagnes. L'idée sous-jacente à cette distinction tient dans la moindre aptitude des campagnes à adopter des coutumes nouvelles ; les traditions s'y maintiennent plus longtemps. De fait, lorsque, au IIIe siècle, l'inhumation devient générale, c'est dans des ensembles ruraux qu'on voit la crémation se maintenir avec force. Mais les choses sont moins claires pour des débuts de l'Empire, d'autant que, souvent, les données manquent pour la période antérieure, ce qui interdit de parler de traditions ou de survivances. L'exemple du *vicus* de Berne est particulièrement illustratif, avec sa centaine d'inhumations : s'agit-il d'une survivance de la Tène ou au contraire de novation ? En revanche, il est clairement apparu que des zones géographiques déterminées constituaient des enclaves – d'originalité ou de tradition : certaines contrées d'Afrique du Nord, des Alpes suisses ou italiennes, la Meseta, etc. Sans parler du cas très intrigant de Lutèce et de la vallée de la Seine (en aval), de certains secteurs de la vallée de la Loire.

On a aussi suggéré de prendre en compte le statut des communautés, et de rechercher si les camps romains, les colonies déduites n'auraient pas joué un rôle moteur à la fois pour imposer, au début de l'Empire, l'incinération et, plus tard, pour généraliser l'inhumation à une date plus précoce qu'ailleurs. L'exemple de *Lugdunum* est le plus frappant. La colonie fut déduite dans une zone où l'inhumation était encore bien représentée au Ier siècle avant J.-C. Or, les premières tombes sont à incinération jusqu'à l'époque flavienne. Puis, dès le début du IIe siècle, l'inhumation réapparaît avec force. Les fouilles de Merida, d'Augst, celles de Fréjus (à un degré moindre) iraient dans le même sens. Peut-on généraliser le schéma ? Voilà qui supposerait d'autres vérifications.

Surtout, cette explication impliquerait que l'incinération constitue – au moins d'Auguste aux Flaviens – un trait puissant de romanité ou d'« italianité ». Or, une communication a mis en valeur des inhumations nombreuses – pour ne pas dire massives – antérieures à 150 et même à 100 après J.-C., y compris au Vatican, près de Saint-Paul ou à l'Isola Sacra ; elle a également présenté ces tombes « bivalentes » construites de manière à pouvoir servir indifféremment à l'un ou à l'autre des deux rites – voire aux deux simultanément. Pensons aussi aux sarcophages du Ier siècle signalés à Rome comme en Italie du Nord, et profitons de l'occasion pour rappeler le vœu qui s'est exprimé d'une étude approfondie de ces documents.

Autre différenciation suggérée : celle qui passerait entre milieux sociaux. Un collègue a insisté sur le lien, à haute époque, entre l'inhumation et les sarcophages, et il est clair que les plus beaux de ceux-ci, originaires d'Attique, étaient réservés à des défunts de condition sociale élevée, ce d'autant plus que leur décor se rattache à un art officiel qui exprime les valeurs de la vie publique. Des sarcophages de qualité se trouvent aussi à date précoce, nous a-t-on dit, à Tarragone et à Tolède.

Faut-il faire ici allusion aux inhumations privilégiées, et particulièrement à celles que l'on rencontre en Gaule à l'époque augustéenne et dans les quelques décennies qui la suivent ? Traditions aristocratiques dans la lignée de tombes « princières » ou « de chefs » ?

Reste que, parallèlement aux superbes sarcophages sculptés provenant de Grèce, l'Italie a connu dès le Ier siècle le développement quasi « industriel » et la vaste diffusion de sarcophages en terre cuite fabriqués par les officines de tuileries et de briquetiers. À qui étaient-ils destinés ? Un texte de Pline (*NH*, XXXV, 46, 160) a parfois fait confusion en raison d'une traduction erronée. Celle que l'on nous a proposée lève toute équivoque : « *Bien plus nombreux sont ceux qui ont choisi d'être mis en terre après leur mort dans des cuves de terre cuite, comme M. Varron, enseveli à la mode pythagoricienne dans des feuilles de myrte, d'olivier et de peuplier noir* ». La coutume pythagoricienne s'applique ici non au sarcophage mais aux végétaux. Le sarcophage ne suppose donc appartenance ni à une secte ni à un milieu social déterminé, même si des motifs religieux ont amené certains groupes humains – comme les Juifs – à la pratique exclusive de l'inhumation. On sait qu'il en allait de même au sein de certaines *gentes*, le cas le plus fameux demeurant celui de la *gens Cornelia*.

Même lorsque, à date haute, l'inhumation est quasiment exclusive, l'explication n'est pas facile à trouver. Pour les nécropoles de la vallée de la Seine, on a mis en avant le possible rôle d'une corporation comme celle des Nautes. Rien d'impossible, puisque les corporations assumaient notamment des devoirs funéraires, mais leur influence aurait-elle pu pénétrer toutes les couches sociales et s'étendre jusqu'à de modestes nécropoles rurales ?

Différenciation selon le sexe ? Rappelons une observation faite à propos d'une des nécropoles de Fréjus, où il semblerait que les inhumations les plus anciennes aient été celles de femmes, ou encore les inhumations privilégiées du Centre-Ouest de la Gaule qui sont exclusivement féminines – ce qui n'est pas le cas dans le Berry !

Au sein des nécropoles, on ne constate pas de secteurs qui auraient été réservés aux incinérations, tandis que d'autres auraient accueilli les inhumations. Les tombes elles-mêmes ne traduisent pas de différences quant au mobilier et aux offrandes. On a signalé qu'en Italie des tombes prévues pour des inhumations avaient été utilisées pour des incinérations. De même, en Afrique, des couvertures de tombeaux sont rigoureusement identiques, qu'il s'agisse de l'un ou l'autre des deux rites.

Enfin, reprenons le problème des survivances. Rares sont celles qui ne souffrent pas de contestation : les inhumations avec armes dans la tradition protohistorique, ou, comme à Belo, les tombes collectives à incinération avec leur architecture « néo-punique », les *tumuli* de la région de Trèves et sans doute les sépultures bituriges « privilégiées ». En revanche, le plus souvent, nous nous trouvons en présence d'éléments divergents. Ainsi, une inhumation de type traditionnel comporte un mobilier exclusivement « romain », ou bien – comme à Minusio – c'est l'architecture et le décor pictural qui sont romains, tandis que le reste ne l'est pas. Ailleurs, l'alphabet latin en remplace de plus anciens, le mort a des chaussures cloutées à la romaine, sa sépulture est maçonnée. Il est peut-être des exemples de transition, comme en Espagne à Palence, ou peut-être à Neuvy-Pailloux. En Afrique du Nord, peut-être en Espagne méridionale, les influences puniques ne peuvent être évacuées, surtout lorsque sont aussi attestés des rites comme l'inhumation partielle, voire le décubitus « fléchi » qui correspondrait en Afrique à des rituels anciens. Est-ce pour autant que ces régions sont « moins romanisées » ?

Pour conclure cette première série d'observations et envisager l'avenir, je rappellerai les suggestions ou les propositions qu'ont formulées tel ou tel des orateurs. Sans revenir sur ce que comporte de réducteur une étude qui se concentre sur le traitement du corps sans se préoccuper d'autres aspects (comme l'architecture des tombes ou le remplissage des fosses, le mobilier, les offrandes, etc.), il est clair que le choix de l'inhumation ou de l'incinération peut obéir à des mobiles de toutes sortes, individuels, familiaux ou collectifs qu'il faudrait tenter d'approcher. En ce sens, le recours à l'épigraphie s'impose. Les inscriptions qui, à partir du milieu du IIe siècle, montrent une sorte d'« individualisation » du défunt (insistant, non plus sur les charges occupées, le métier exercé, mais sur ses qualités personnelles, sa moralité, ses liens affectifs, etc.), en même temps qu'elles laissent deviner une certaine dramatisation de la mort, ces inscriptions permettent-elles de penser que l'inhumation correspondait mieux à cette nouvelle forme de sensibilité ? L'étude des formulaires, du lexique pourrait ouvrir des pistes intéressantes, même si – ne nous faisons pas d'illusion – nous aurons toujours du mal à isoler les motivations d'individus ou de groupes restreints.

Il faudrait aussi s'attacher aux superstructures. Dans les coutumes funéraires, superstructure et contenu de la sépulture ne sont pas liés par des rapports intangibles : à une superstructure « noble » ne correspond pas forcément une tombe « riche » et vice-versa. Des rites qui nous paraissent uniformes lorsque nous analysons le contenu pourraient prendre un autre aspect si nous pouvions observer ce qui surmontait la tombe et la rendait visible, et la force des traditions se retrouverait peut-être plus dans l'apparent que dans le caché. Hélas, les documents ne sont pas légion.

Quelques collègues ont posé le problème de l'orientation. L'inhumation permet évidemment de disposer le corps en l'orientant selon un axe précis. L'incinération ne le permet pas, ou plutôt il faut distinguer selon que le défunt a été livré aux flammes sur un bûcher éloigné du lieu de sa sépulture (*ustrinum*) ou que, au contraire, le bûcher a été constitué au-dessus de la fosse destinée à le recevoir (*bustum*). Dans ce dernier cas, le corps a pu être orienté avant sa crémation et ses restes le demeureront (approximativement) dans la fosse. On nous a présenté des exemples où des clous de chaussures constituaient des indices : ainsi, nous a-t-on dit, en Angleterre, sur les *busta*, les pieds du mort étaient orientés au sud, comme à l'époque plus ancienne de l'inhumation. En Afrique du Nord, quelques observations iraient dans le même sens, même si l'orientation diverge selon les sites. En revanche, aucune orientation préférentielle n'a été repérée en Gaule ou en Suisse. On constate pourtant que les incinérations sur place semblent augmenter avec le temps au détriment des crémations sur l'*ustrinum*, par exemple à Saint-Paul-Trois-Châteaux – serait-ce un indice ?

À ce stade, constatant que nous n'avons trouvé ni critères de choix ni justification géographique, sociale ou religieuse – à de rares exceptions près – qui permette de comprendre pourquoi certains se sont fait inhumer tandis que presque tous choisissaient l'incinération, et pourquoi l'inhumation a repris le dessus, il est utile d'en revenir aux textes.

Leur apport nous a été fort bien présenté, aussi me contenterai-je d'insister sur deux aspects. Le premier, c'est leur faible nombre qui me paraît en soi révélateur : il signifie que le sujet qui nous occupe ne suscite ni passion ni polémique. Tacite comme Macrobe indiquent un usage : au Ier siècle, le *Romanus mos* était l'incinération, au Ve siècle elle avait complètement disparu, et ni l'un ni l'autre n'expriment un jugement de valeur. Si le cas de Poppée est relevé par Tacite, ce n'est pas parce qu'elle a préféré l'inhumation (elle sera la première à être inhumée dans le Mausolée d'Auguste qui, jusqu'alors, n'avait reçu que des incinérations), mais parce qu'elle a été embaumée « à la manière des rois étrangers » (*Ann.*, XVI, 6). De même, Cicéron et Pline considèrent la tradition de la *gens Cornelia* comme un fait à signaler mais qui n'appelle pas de commentaire particulier. Tous les textes s'accordent, au fond, pour estimer que ce sont les habitudes et les traditions qui comptent, et qu'il n'y a rien d'extravagant ni d'étonnant dans tel ou tel choix. Dans la première moitié du IIIe siècle, c'est aussi à une tradition « ancienne et préférable » (*veterem et meliorem*) que se réfère Octavius, l'ami de Minucius Felix, pour rendre compte de la pratique chrétienne de l'inhumation, tout en précisant que ses co-religionnaires ne redoutent aucun dommage de l'incinération (Min. Fel., 34, 10). Le testament du Lingon interdit que, dans les vergers qui entourent son tombeau, quiconque soit *combustus sepultusve confossusve conditusve consitusve* (*CIL*, XIII, 5708). Bref, on ne voit nulle part qu'il y ait d'enjeu important dans le choix du traitement du corps.

Que les rares textes qui décrivent des cérémonies développent plus volontiers celles qui ont donné lieu à une incinération, cela se comprend aisément : l'incinération présente un caractère spectaculaire et comporte des étapes particulières (le dépôt sur le bûcher des mobiliers – ce sont parfois des richesses, des splendeurs, qui sont vouées à une destruction ostentatoire –, l'emploi des aromates, le temps de la crémation, le rituel utilisé pour recueillir ce qui reste des os et des offrandes, puis le dépôt dans la tombe elle-même, etc.).

Même grandiose, l'inhumation simplifie le rituel, et ce sont essentiellement les discours et les processions qui sont signalés. Mais il ne s'agit en rien d'une opposition idéologique entre les deux types de cérémonies.

En fait, nous devons nous demander si l'opposition n'est pas née de nos propres conceptions. Aujourd'hui, l'incinération correspond à un désir, conscient ou inconscient, d'« évacuer » la mort. De même que l'on cherche à réduire au minimum décent les opérations inévitables destinées à faire disparaître le corps, que l'on tente de les dissimuler le plus possible aux yeux des autres (et l'on attend d'eux qu'ils fassent de même pour leurs propres deuils), que l'émotion doit adopter des formes de plus en plus discrètes, de même, dans les pays occidentaux où elle est devenue majoritaire – comme en Grande-Bretagne –, l'incinération n'est pas liée à une volonté de modernité ou de rupture avec la tradition chrétienne : elle est le moyen le plus radical de faire disparaître le corps, de l'annuler, d'oublier. Alors qu'on visite les tombes, qu'on peut s'attarder dans un cimetière, on ne visite pas les locaux où sont déposées les urnes – à supposer que celles-ci ne soient pas emportées par les familles, ou que les cendres ne soient pas dispersées, comme il se produit de plus en plus souvent. Ces pratiques ne traduisent cependant pas une indifférence vis-à-vis des disparus, au contraire : tandis que dans les sociétés anciennes, les éclats du deuil débouchaient sur une résignation rapide, les deuils solitaires, refoulés d'aujourd'hui entraînent souvent de profonds traumatismes. On relira, par exemple, Philippe Ariès.

En réalité, si l'on en croit les ethnologues et les historiens des civilisations lointaines, il semblerait que l'opposition la plus forte met face à face non pas les sociétés qui incinèrent et celles qui inhument, mais celles qui font disparaître le cadavre et celles qui lui accordent une part du territoire des vivants. Les premières éliminent par toutes sortes de procédés (l'exposition, la pâture offerte aux vautours, la crémation suivie du jet rituel des cendres dans un fleuve ou leur dispersion, etc.), bref, elles excluent le défunt de la société des hommes. Paradoxe ultime à nos yeux : dans l'Inde védique, seul a droit à une parcelle celui qui s'est, durant son existence, totalement détaché du monde d'ici-bas : le « renonçant ». Les autres sociétés s'entourent de leurs morts, fût-ce en s'en séparant strictement, elles reconnaissent aux ancêtres le droit de partager la terre, et ils y prennent leur place : quelles que soient les modalités du traitement du cadavre, ils sont « inhumés » au sens strict. Avec eux, des rapports complexes s'établissent : ce monde figé est à nos portes, il nous interpelle, il reproduit nos monuments, évoque les valeurs sociales, affectives ou religieuses qui sont les nôtres. C'est encore plus vrai pour l'Antiquité. La vraie opposition, celle qui engendre des répulsions ou des incompréhensions, confronte les sociétés qui, en apparence, détruisent systématiquement leurs défunts – et donc, à nos yeux, leurs racines – et celles qui se fondent sur les lignées, le respect des ancêtres, leur « conservation » perpétuelle (en théorie) – bref, des valeurs à l'origine de la « patrie ».

On comprend donc l'absence d'enjeux puissants pour le monde et l'époque qui nous intéressent. Outre le fait que la sensibilité antique était différente (nous sommes probablement marqués par la peur inconsciente de l'enfer, un enfer qu'on nous a représenté comme un vaste lieu de crémation, ou – à l'inverse – par la littérature et le cinéma d'épouvante), ce qui importait, c'était que, incinéré ou non incinéré, le défunt se voyait attribuer un territoire au sein de la cité, que celle-ci le conservait donc sa mémoire. Ainsi, l'on démontrait la civilisation, l'enracinement dans une histoire temporelle.

Bien sûr, il n'en est pas moins intéressant, important, de saisir l'évolution dans le traitement des corps et d'en proposer des explications. Certains collègues ont rappelé les diverses théories émises au fil du temps, qui se sont fondées sur des raisons sociales (l'influence des sphères les plus élevées de la société, l'exemple des empereurs à partir d'Antonin), économiques (le manque de bois), religieuses ou philosophiques (religions gréco-orientales, pythagorisme, stoïcisme puis christianisme), voire sociologiques (le rôle joué par certains groupes attachés à leurs coutumes ancestrales), etc. La complexité des données et des observations interdit de privilégier une seule explication : toutes ont pu jouer différemment selon les endroits et les époques, et c'est leur conjonction qui a fini par entraîner la généralisation de l'inhumation dont le christianisme devait assurer la pérennité. Un processus qui fut long, qui comporta – selon les lieux – des étapes différentes, qui s'accomplit sans rupture ni déchirement, qui n'eut rien de révolutionnaire.

Une évolution supplémentaire devait se produire un peu plus tard, lorsque se fit jour une autre conception du partage du territoire entre vivants et morts, lorsque ceux-ci, au lieu d'habiter des nécropoles aux portes des villes et des *vici*, des tombeaux le long des routes ou en pleine campagne, furent introduits au cœur même de la ville, dans des basiliques funéraires, puis dans les églises et dans les cimetières qui les entouraient. Évolution qui correspond à celle des structures politiques et sociales : l'Occident est devenu chrétien, la ville n'est plus seulement un centre civique, les vivants ont besoin de la protection et de l'intercession des disparus, ils leur accordent une place parmi eux, le partage du sol se fait d'une autre façon que dans l'Antiquité, mais il demeure la règle. En revanche, de nos jours, se développent peut-être – avec la renaissance de l'incinération – les prémisses d'un tout autre bouleversement, le traitement du corps n'aboutissant plus à l'ensevelissement au sein de notre terre mais à la disparition totale des restes. Prendrait ainsi fin une *consuetudo* vieille d'environ 60 000 ans, véritable révolution – mais c'est une autre histoire.

La formule de ce livre m'a obligé à passer sous silence le nom des collègues qui, par leur participation, ont inspiré ce texte. Je tiens à les rappeler, et à les remercier :

M. Vidal, R. Lequément, Ch. Malamoud, V. Bel, L. Tranoy, I. Béraud, Ch. Gébara, J.-P. Bost, L. Maurin, J. Perrier, A. Vernhet, H. Duday, M. Bendala Galan, A. Fuentes Dominguez, C. Vismara, F. Rebecchi, F. Taglietti, P.-A. Février, D. Paunier, H. Cuppers, P. Van Ossel, R. Reece, M.-Cl. Lequoy, A. Ferdière, A. Barbet.

Un mot de conclusion. Les « points de vue » que ce chapitre a présentés ne doivent pas être pris pour ce qu'ils ne sont pas. S'ils expriment la conviction que romanité n'est pas uniformité (d'autres l'ont dit avant moi), ils ne sauraient nier l'évidence : la « romanité » fut avant tout un ordre. *La poésie que dégagent les ruines que nous parcourons aujourd'hui, la beauté du Pont du Gard, l'admiration que suscitent d'admirables réalisations techniques, toutes ces « impressions » ne doivent pas occulter la réalité de jadis. Le « système romain » fut oppressant, et, si j'hésite à utiliser le terme « totalitaire », c'est en raison des rapprochements (incongrus) auxquels il inviterait. Mais il y avait ce qui importait et ce qui n'importait pas. Ce qui importait : l'organisation politique et sociale, le culte de l'Empereur et de Rome, le contrôle économique et financier, la conformité des* civitates *aux règles. Les notables locaux participèrent au renforcement de cette mécanique, allant au-delà de ce qui était exigé d'eux. Dans les petits chefs-lieux des Gaules, de minuscules personnages détenaient, croyaient-ils, une part (infime) du pouvoir que leur avait délégué le souverain du monde, et ils ne voulaient, ils ne pouvaient l'exercer qu'en perpétuelle référence à Lui. Imposé, le contrôle était aussi demandé, on souhaitait des ordres, on attendait des approbations, des félicitations constituant le comble de la félicité.*

Reste ce qui comptait peu aux yeux du pouvoir romain. Non pas « espace de liberté », mais « espace d'indifférence ». Si les conditions décrites ci-dessus étaient respectées, quelle importance que telle ville ne fût pas rigoureusement « orthonormée » ? Si l'on célébrait l'Empereur, si nul clergé « parallèle » ne menaçait les cultes officiels, la représentation de dieux bizarroïdes était admise sans difficulté. Et l'on pourrait accumuler les traits, dont les uns tiennent tout simplement à la géographie, d'autres à la psychologie des peuples. Que les populations gauloises continuent à boire de la cervoise et à s'habiller de sayons, grand bien leur fasse ! Les Gaulois n'en sont pas moins membres de l'empire de Rome, ils baragouinent le latin, ils n'ont plus de passé propre. Telle est la force d'un empire, comme disait... Camille Jullian.

En guise de conclusion

CLIN D'ŒIL :

lettre de Caius à Lucius

Pour terminer ce livre et clore cette conversation avec le lecteur, voici un texte moins sérieux : vous et moi avons besoin de nous délasser ! Il y a deux ans, pour ouvrir un dossier sur la Provence antique, j'avais imaginé de la faire parcourir par un sénateur romain qui donnerait ses impressions en écrivant, depuis Marseille, une lettre à un ami. Poussant peut-être « le bouchon un peu loin » (mais il s'agissait de la Provence !), j'avais présenté cette lettre comme un document inédit dont j'étudiais l'origine, la datation, l'auteur, à la manière dont nous présentons nos « textes » classiques. Évidemment, je n'avais pas imaginé la possibilité que ce modeste canular fût pris au sérieux. Pourtant, ce fut le cas : l'éditeur et moi-même reçûmes des courriers demandant les références précises !

Deux réflexions pour accompagner ces pages. La première ne m'est pas personnelle. Lors d'une discussion avec mon ami Paul Veyne, nous tombâmes d'accord sur le pont suivant : au cas où une machine à remonter le temps nous transférerait dans la Gaule romaine (ou dans l'Athènes classique), nous y serions complètement perdus. Pourtant, une illusion assez générale, fondée sur notre supposée familiarité avec les textes et les vestiges gréco-romains, porte instinctivement à croire le contraire. Il faut y réfléchir, car cette conviction implicite influe beaucoup sur la manière dont nous écrivons l'histoire. Visitant Pompéi ou Vaison, lisant des inscriptions ou un discours de Cicéron, nous pensons pouvoir nous « mettre dans la peau » d'un Romain. Du coup, nous attribuons aux objets de nos études (Gaulois, Romains, Gallo-romains) des conduites, voire des « réflexes » qui sont les nôtres. Bien sûr, de telles réflexions constituent une part du bagage minimum de l'historien, mais, entre le concevoir et le faire, que de distance ! Donc, « mon » sénateur, le Caius qui écrit à Lucius, ne représente qu'une image mentale, formée par ma culture et ma sensibilité. Il n'a aucune chance d'avoir existé, ni d'avoir eu les réactions que je lui ai attribuées. Il n'est, au fond, qu'un procédé pour faire passer, autrement que par un exposé plus ou moins académique, certaines de mes idées. Ne lui accordons pas la consistance, la chair qu'il n'a pas.

Seconde réflexion. Ce texte est accompagné de « reconstitutions » ou « restitutions » graphiques. Ce n'est pas la première fois que ce livre en présente : là encore, il s'agit de « donner chair » à des sites, à des villes, à des monuments.

Or, autant des textes comme ma « Lettre à Lucius » (ou d'autres que certains collègues ont écrits dans la même veine pour « vulgariser ») ne suscitent nulle polémique particulière, autant les restitutions graphiques, elles, font l'objet d'attaques à la fois virulentes et… surprenantes. Que ces images ne correspondent pas à la réalité, c'est l'évidence : comme connaîtrait-on l'intégralité des villes d'Arles ou d'Orange à l'époque gallo-romaine, et, qui plus est, à une date précise, alors que nos malheureux plans archéologiques cumulent les rares vestiges retrouvés sur près de trois siècles ? Qu'il faille remplir les vides (arbitrairement, ou plutôt en fonction de la manière dont nous imaginons aujourd'hui les villes gallo-romaines), c'est une autre évidence. Bref, c'est faux, j'en suis bien d'accord, c'est forcément faux. *Faux, comme sont faux les exposés écrits. Faux, comme tout ce qui se fonde sur une documentation partielle, celle à laquelle nous sommes condamnés.*

Le problème de fond, classique pour ne pas dire éculé, est celui du passage de l'écrit à l'image. L'écrit a toujours permis l'expression d'incertitudes (« peut-être », « sans doute », « probablement »), et les notes en bas de page offrent aux auteurs les plus catégoriques et les plus doctrinaires le confortable alibi d'assurer le lecteur que, si jamais ils s'étaient trompés (ce qu'ils ne croient guère), la faute en revient soit aux collègues, soit à la documentation. Avec l'image, plus d'alibi. Ce sont les hypothèses des archéologues qui prennent corps : on voit. Les connaissances (et les suppositions) sont figées d'un coup, l'image vous oblige à choisir, à prendre parti, à quitter un monde douillet fait de petits compartiments. Si vous acceptez de sauter le pas, si vous vous astreignez à répondre aux questions que vous pose le dessinateur-architecte qui, lui, pense et dessine en restituant trois dimensions, vous prenez conscience de vos manques, des impossibilités ou improbabilités de certaines de vos théories, vous remettez sur le métier votre bel ouvrage.

Et puis, la restitution vous oblige à aller plus loin : qu'il y a-t-il au-dessus des fondations et du rez-de-chaussée que vous avez fouillé ? Que voyait-on à côté ? Ce plan de ville, qui représente une vague conglomérat couvrant trois ou quatre siècles, si vous vous donniez la peine de le traduire en choisissant une date arbitraire — n'êtes-vous pas là pour cela ? Accepteriez-vous que vos collègues des sciences « dures » ou expérimentales, ou encore que des médecins refusent de « se mouiller » ? Bien sûr, « se mouiller », cela fait peur, mais c'est, dans notre discipline, une peur dérisoire, comme firent peur la photographie, le cinéma et la télévision, longtemps accusés de fausser la réalité, avant que l'on comprenne qu'ils offrent des instantanés toujours révisables. Il en va de même des restitutions, d'autant plus facilement modifiables désormais qu'elles sont ou seront informatisées : ce sont, elles aussi, des instantanés reflétant un mélange complexe de notre savoir et de nos conceptions. En avoir peur, les refuser, n'est plus concevable : l'archéologue doit communiquer ses théories. S'il se cantonne à des espaces réduits (sans pour autant que les erreurs et les approximations soient exclues), c'est son droit. Mais qu'on en finisse avec les combats rétrogrades, « mandarinaux » par essence, et vaguement gâtisants ! Nous devons communiquer (ne serait-ce que pour justifier notre existence aux frais de nos concitoyens). Dans le monde qui est le nôtre, comment refuser l'image ?

Refuser l'image ? Soyons clair : je ne parle pas de l'image fantaisiste, démunie de garantie, je parle de celle que peuvent, que doivent façonner des collaborations entre spécialistes, archéologues et architectes. Je considère comme une grande chance d'avoir rencontré Gilbert Hallier, Jean-Marie Gassend et Jean-Claude Golvin, auxquels je tiens à dire ma reconnaissance et mon amitié.

Voici donc, observée par les yeux de Caius, « ma » Provence antique. Je suis heureux de terminer par elle, qui a vu les débuts de ma vie professionnelle. Avant de me fondre dans la peau d'un sénateur de Rome, je salue tous ceux qui m'ont accompagné dans ce double périple : les collègues, étudiants, collaborateurs, amis, sans lesquels ces textes n'auraient pas vu le jour ; les lecteurs qui viennent de les parcourir. À chacun : merci de m'avoir supporté ("le moi est haïssable") ave, *porte-toi bien,* vale.

Présentation

La lettre qui suit, écrite à Marseille (Massilia), n'est pas datée. Divers indices permettent cependant de la replacer dans le temps. Il est fait, à un moment, référence au tremblement de terre de Pompéi, qui se produisit en 62 après J.-C. L'empereur régnant est Vespasien : nous sommes dont entre 69 et 79 après J.-C. Il est également indiqué que Julius Agricola, de Fréjus, n'a pas encore été consul mais que cela ne saurait tarder : or, il le fut en 77. Il est donc logique de supposer une année postérieure à 69 et proche de 77, disons vers 75-76 après J.-C.

L'auteur ne signe que de son prénom, Caius. Nous apprenons par une incise qu'il est membre du Sénat de Rome. Il s'intéresse au passé, et il voyage pour écrire une « histoire » ou une « description ». Les dates inciteraient un novice à l'identifier à Pline l'Ancien (qui se prénommait Caius), mais on voit mal ce dernier, qui avait exercé d'importantes responsabilités et mené une carrière de tout premier rang (il avait notamment commandé dans les Germanies et probablement en Gaule Narbonnaise) se montrer aussi peu informé alors même qu'il terminait son *Histoire Naturelle* (achevée en 77). En outre, Pline n'était pas sénateur, mais chevalier. D'autres pourraient penser au (futur) historien Tacite, qui naquit en 56 ou 57 (il aurait donc à peine vingt ans). C'est une piste désespérée : la lettre suggère un homme mûr ; en outre, Tacite épousa la fille d'Agricola en 77 – il ne parlerait donc pas ainsi de son (presque) beau-père ; de plus, il se prénommait Publius. Non, il s'agit d'un « homme cultivé », utilisant ses loisirs (et sa fortune) pour voyager sous prétexte d'écrire un livre savant, qui sans doute ne parut jamais.

Quant au destinataire, Lucius, nous n'en saurons pas davantage. Ses liens de parenté avec des familles de « colons » établis en Gaule, à *Arausio* (Orange) et à *Forum Julii* (Fréjus) ne peuvent surprendre : les ramifications des familles italiennes, notamment d'Italie centrale, étaient infinies. Les guerres civiles du Ier siècle av. J.-C. et les entreprises de colonisation qui en étaient nées avait fait essaimer des rejetons sans que les liens se rompissent. Étant sénateur, Lucius peut être sollicité par ses lointains parents. De même, recevant Agricola à Rome, il a pu apprendre de celui-ci que sa collection de statues s'enrichirait de telle pièce qui… – mais chut !

Si on le compare à d'autres œuvres de cette époque, le texte n'est pas d'une immense qualité. Les banalités ne manquent pas, les « effets » paraissent un peu convenus. Peut-être lui reconnaîtra-t-on un certain naturel, surtout dans la perception de phénomènes que nous jugerions autrement ?

Lettre de Caius à Lucius

Cher Lucius,

Voici longtemps que je ne t'ai écrit. Les raisons en sont nombreuses. Dans ma dernière lettre, que je t'envoyais de Gadès, j'avais gémi sur l'horrible traversée qui, depuis Ostie, m'avait conduit dans ce port. J'aurais mieux fait de me taire ! La remontée des côtes d'Ibérie vers la Gaule Narbonnaise a de cent fois accru les tracas que j'avais vécus en haute mer. Vent violent, bateau instable et surtout un équipage plus préoccupé par les marchandises dont il avait la charge que par le passager – pourtant illustre, tu ne le nieras pas ! – que je représente. C'est bien toi qui m'avais recommandé de me déplacer par mer, alors que je m'apprêtais à prendre une bonne voiture et à profiter des auberges où l'on change les chevaux, où l'on mange et où l'on peut aussi dormir agréablement ? Merci bien de tes conseils ! Je te les revaudrai, sois-en sûr.

Tu t'en rends compte : mon ton n'est pas dépourvu d'indulgence, en dépit des crimes dont je pourrais te taxer ! De fait, je ne saurais trop te remercier de m'avoir recommandé à ton ami massaliote Charmolaos, qui m'accueille depuis près de trois mois. Je ne te vanterai pas les charmes d'un homme qui m'a ouvert les bras et offert toute l'hospitalité possible. Ce que j'avais moins imaginé, car tu ne me l'avais pas laissé entrevoir, c'est que ton ami était, comme moi, passionné de l'histoire des hommes. Je n'ai compris qu'un peu tard la délicatesse de ton attention, mais je n'ose insister, ayant peur que tu ne m'accuses de balourdise ! Comme les dieux firent pour Ulysse sans qu'il le sût, tu m'as fait aborder dans le port et dans le palais qu'il fallait. Merci, mon ami. Je ne suis pas sûr qu'il t'importe d'être immortalisé par des livres savants – en admettant que le modeste ouvrage que je médite passe à la postérité –, mais je n'oublierai pas d'y citer ton nom au rang de ceux qui m'ont aidé dans mon enquête (fais-toi quand même construire un beau tombeau avec une inscription gravée dans le marbre de Carrare : ce sera plus sûr !)

Avec Charmolaos, depuis de nombreux soirs, nous tentons de démêler l'écheveau du passé de ce vaste pays qui s'étend des confins de l'Ibérie jusqu'à notre Italie. Je n'ai pu voir, depuis le bateau, le trophée que notre grand Pompée fit ériger au terme de ses guerres contre Sertorius. J'espère, au retour, apercevoir celui qui commémore la conquête des Alpes par le dieu Auguste. Mais, entre ces deux monuments, que de côtes et que de terres ! Au loin, très loin, l'Océan qu'a franchi le dieu César. Cela paraît un mythe ! Moi, je me suis contenté de naviguer sur notre mer apercevant des contrées qui, il est vrai, ne me dépaysent guère. C'est une de nos provinces, mais, à bien des égards, tu te croirais en Italie ! Même alternance de côtes lagunaires et rocheuses, même végétation, mêmes productions. Selon les moments, tu penses longer l'Etrurie ou la Campanie. Les différences ne te saisissent que lorsque tu abordes. Pour résumer mon sentiment : tu te croirais en Italie, à condition d'imaginer que, brusquement, les dieux ont miniaturisé ses villes et y ont transplanté d'autres hommes ! Moins d'une journée te suffit pour connaître *Massilia, Arelate* ou *Arausio*, et tu ne risques pas de t'y perdre. Cela vaut mieux, car demander ton chemin – ou n'importe quoi d'autre – à un homme du peuple est entreprise désespérée. Non, ils ne parlent pas une langue inconnue : ils « pratiquent » la nôtre, le latin – et, à Massilia, souvent le grec. Mais, par Jupiter, leur accent, leur prononciation, leur vocabulaire et leur syntaxe (si j'ose utiliser ce mot pour désigner d'aussi bizarres assemblages) défient toute oreille italienne ! Le moindre esclave de Suburre te paraîtrait un parangon de rhétorique à côté du marchand d'olives (si sympathique) auquel je souhaite le bonjour chaque matin en passant devant lui et qui me fait des commentaires sur le temps. Mais n'est-ce pas la force de notre empire que d'assembler tant d'hommes différents ? Rassure-toi : la plupart de mes conversations se font avec des gens cultivés, adeptes du grec le plus pur et du latin le plus exact, de sorte qu'à mon retour tu comprendras encore mes propos. Je collectionne cependant, à ton intention, quelques formules locales : tu devras deviner à quels mots latins elles correspondent ! Prépare les enjeux (du vieux Falerne, si possible), car tu as peu de chances de gagner…

Permets-moi, dans ce récit décousu, de revenir à mon arrivée ici. Il soufflait ce vent épouvantable et glacé qui a, il y a deux siècles, frappé de stupéfaction notre ami (en littérature) Poséidonios, dont j'avais relu avant mon départ, tu t'en souviens, plusieurs livres. Il écrit que ce « Mélamborée » précipite les gens à bas de leurs montures, qu'il les dépouille de leurs armes et même de leurs vêtements : on voit bien qu'il l'a connu sur terre et non à bord d'un « frêle esquif », comme dirait Homère ! Bref, je préfère évoquer Poséidonios plutôt que l'état de mon… estomac certains jours et, ma certitude d'aller nourrir les poissons !

J'ai donc béni Massilia lorsque, d'un coup, les vagues se sont apaisées et que ma vision a retrouvé un peu de stabilité. Mais je n'ai pas eu, je l'avoue, la conduite du géographe ni de l'historien : au lieu d'apprécier les lieux où j'arrivais, je me suis précipité, flageolant, pour faire un brin de toilette et passer une toge propre. Précautions judicieuses, car ton ami Charmolaos m'attendait, avec ses fils, des relations et une escorte d'honneur. Des magistrats de la ville les accompagnaient. Notre escale aux *Fossata* avait été annoncée par des courriers, notre départ connu le jour même. Charmolaos fit vertement réprimander le commandant du navire pour avoir pris de tels risques ; j'appris plus tard que des sacrifices avaient imploré la faveur de Neptune (je te prie de garder tes commentaires pour toi, horrible pythagoricien !).

La semaine suivante, par une journée radieuse, Charmolaos m'emmena à bord d'un de ses plus jolis bateaux pour reconnaître le rivage. Il tenait absolument à me démontrer que ses ancêtres, en s'établissant à Massilia, avaient fait le bon choix : c'était l'emplacement idéal pour un port, c'était aussi l'un des lieux les plus charmants du monde. Tu connais mon scepticisme à l'égard de cette perpétuelle invocation de l'*amoenitas loci* à laquelle recourent tant de peuples ! Eh bien, mon cher, cette fois, je fus « charmé » ! J'avais été convaincu, lors de mon arrivée agitée, des qualités du port ; la séduction du paysage m'emporta pareillement. Je rêvai, me mettant dans la peau des jeunes conquérants phocéens explorant, il y a si longtemps, un monde inconnu, et je compris leur choix. Un poète, qui nous accompagnait, chanta en langue archaïque les belles légendes qui sont les leurs. J'étais « enchanté ».

C'est pourquoi, au retour, je me gardai bien de modérer l'expression de mon enthousiasme. En conscience, pouvais-je comparer, devant un hôte si attentif, sa Massilia à d'autres ports que l'existence m'a amené à visiter, en Europe ou en Asie ? Sans parler d'Ostie, du Pirée, d'Alexandrie ou même de Néapolis, il est tant de villes maritimes qui pourraient rivaliser avec elle ! Et pourtant, Massilia conserve une *aura* magique. La plus vieille cité du monde occidental, la première alliée de Rome. Son nom évoque tant de souvenirs : les terribles guerres contre Hannibal le Punique, le siège mis devant elle par le dieu César. Il faut lutter contre ce sentiment de déception : un grand lieu d'histoire n'est pas forcément un lieu vaste. Petite comme elle est, Massilia concentre sept siècles d'histoire.

J'ai appris à aimer ses remparts de pierre dorée, qui arrêtèrent si longtemps nos légions, et qui se dressent aujourd'hui presque intacts – on les a, il est vrai, refaits en partie, mais admirablement. J'aime monter aux temples anciens d'Apollon et d'Artémis, qui abritent des statues vénérables et où se déroulent des rites originaires de Phocée ou d'Ephèse. J'aime ses bibliothèques, les conférences que viennent prononcer – en grec ou en latin – tant de gens illustres (à propos, j'ai rencontré Julius Florus qui t'envoie son bon souvenir, mais dont je préfère ne pas commenter l'état physique, un désastre !).

Il est de coutume, ici, de passer chaque jour quelques moments au port. L'habitude en remonte, je pense, aux anciens temps, lorsque les navires du monde entier apportaient marchandises, voyageurs et nouvelles. Les archives de Charmolaos (si tu voyais cette incroyable collection !) rappellent l'époque où tout ce qui venait de Gaule ou se dirigeait vers la Gaule passait par Massilia. Les bateaux abordaient et repartaient dans une ronde incessante. Aujourd'hui, le mouvement a diminué, et il ne faudrait pas pousser beaucoup ton ami ou ses collègues pour leur faire dire que la faute en incombe à Rome. Il est vrai qu'en installant des colons à *Narbo* nous avons repris à notre compte une part importante du trafic vers l'Océan. Le creusement du canal entre la mer et *Arelate*, les fameux *Fossata* de Caius Marius (tu te rappelles la rengaine sur le thème « à cette époque, les soldats ne fainéantisaient pas » ?), ce canal, donc, n'a pas non plus arrangé leurs affaires. Enfin, il n'y a guère, à mon sens, de quoi pleurer : ni ton ami ni ses relations ne sont dans le dénuement ! Je vois plutôt dans ces regrets voilés la nostalgie d'un temps où Massilia jouait les premiers rôles. S'ils n'ont pu les tenir plus longtemps, à qui la faute ? D'ailleurs, j'ai constaté qu'au fond du port d'importants travaux étaient en cours pour aménager un quai appareillé : n'est-ce pas la preuve que Massilia se porte plutôt bien ?

Ces réflexions me ramènent aux conversations qui nous réunissent régulièrement, Charmolaos et moi, et auxquelles participent certains de ses amis. Chez eux, deux choses me stupéfient. D'abord, leurs bibliothèques – je te l'ai déjà dit. Ensuite, les généalogies qu'ils produisent. Non pas, comme certains de nos Romains les plus illustres, en recourant à quelque… acrobatie (pas de nom !), mais en produisant des pièces parfaitement crédibles. Charmolaos n'est d'ailleurs pas le mieux pourvu : une lacune de ses archives lui interdit de remonter plus haut que… seize générations ! Par Jupiter, je me contenterais de la moitié ! Et toi, mon cher ? Du tiers, du quart ? Pardon…

J'enchaîne. Tu imagines le déroulement de ces soirées : selon la manie que tu me reproches régulièrement, je tente de faire parler mes hôtes, de raviver leur mémoire (que le vin excite avant de l'obscurcir) pour nous replonger dans les vieilles époques dont presque rien ne nous est resté. J'essaie de distinguer entre les fables, les hypothèses et les faits avérés ou possibles. À cet égard, je vis des moments passionnants, car se conjuguent des documents en nombre impressionnant, des éruditions prodigieuses et des souvenirs encore vivaces (tu chercherais en vain l'équivalent à Rome, où notre histoire semble définitivement écrite) !

Commençons par les traditions. Lorsque les Grecs arrivèrent, ils s'entendirent merveilleusement (en quelle langue ?) avec les indigènes. Des Grecs épousèrent des Gauloises (ou des Ligures, comme on appelait sans doute les Gaulois d'ici). Se développèrent des relations de toutes sortes, surtout commerciales, dans la plus parfaite harmonie. Massilia grandit, prospéra, elle créa des établissements sur toute la côte, comme *Agathè*, *Olbia*, *Antipolis*, *Nikaia*. Les Gaulois fondaient ou accroissaient leurs propres villes. Chacun profitait de l'autre, empruntait à l'autre, reconnaissait l'autre. Voilà ce que l'on raconte à Massilia !

Je ne sais si cette tradition, à bien des égards idyllique, correspond à la réalité. J'en doute un peu après avoir vu, en me dirigeant vers *Forum Julii* – voyage dont je te reparlerai –, après avoir vu l'une de ces villes créées par Massilia dans les temps anciens. Elle s'appelait *Olbia* – nous dirions *Fortunata*, la Bienheureuse. De son origine, il demeure une grande partie du rempart et la porte principale. L'intérieur n'est plus très densément occupé, car la prospérité a diminué, mais on distingue très bien le plan primitif, qui n'a été dérangé que par quelques monuments modernes. Eh bien, mon cher, avec un petit effort d'imagination, tu te retrouves… dans un camp militaire ! Si, comme le veut le récit de Charmolaos, les Massaliotes faisaient amis-amis avec les indigènes, disons qu'ils les considéraient avec la méfiance que notre Virgile prête au Troyen Laocoon : *Timeo Danaos*... (tu apprécieras, j'espère, ce subtil retournement).

Je doute aussi que Massilia se soit beaucoup attachée à changer le genre de vie des indigènes. J'ai lu – ou plutôt l'on m'a lu, car le grec était un peu ancien – la relation d'un massaliote qui eut la curiosité de décrire un village maritime établi dans une île près d'un étang qu'on appelle ici « Stomalimnè ». Je t'entends t'esclaffer : un Grec s'intéressant à des barbares, on aura tout vu ! Silence, langue de vipère ! En réalité, je soupçonne moi-même une curieuse affaire, peut-être de cœur. Toujours est-il que cet « aventurier » passa trois ou quatre semaines dans cette île et dans ses parages, et qu'il se déclare plutôt admiratif vis-à-vis de ces cases minuscules dont l'agencement est si ingénieux, dit-il, qu'il lui rappelle les cabines des meilleurs bateaux (mon estomac !). Il faudrait à un Grec dix fois plus d'espace pour loger autant d'hommes et pratiquer autant d'activités ! L'utilisation de la terre – il veut dire l'argile crue – est poussée, selon lui, à un degré incroyable. Les ruelles ne voient jamais le soleil, ou presque, et les terrasses sont encombrées d'un bric-à-brac indescriptible. Revenu à Massilia, ayant réussi ou échoué dans son entreprise (ce que j'ignore) notre homme fit... agrandir sa maison ! Comme les autres, j'ai ri poliment à cette « chute » un peu faible.

Je m'en suis déjà accusé : ce récit est désordonné ! Tentons d'en renouer le fil. À en croire Charmolaos, tout allait bien, Grecs et indigènes s'entendaient et partageaient la même prospérité. Lorsque changea... l'état du monde. Du fond de la Gaule intérieure, des peuples s'ébranlèrent. Nous les vîmes en Italie, où ils assiégèrent notre Ville et conquirent le nord de notre péninsule. Ils s'en prirent aussi à Massilia, d'abord sans succès. Surtout, par un jeu de conquêtes ou d'alliances, ils réorganisèrent toute la région. Désormais, Massilia allait avoir affaire avec des voisins puissants, gênants, turbulents. Nos bons Gaulois, les vrais, les durs, les agités – les coqs !

Tu ne l'ignores pas, ces Gaulois m'ont toujours fasciné, moi, le lecteur de Poséidonios. Ses pages sur les têtes coupées clouées aux portes ou sur telles autres coutumes sont restées ancrées dans ma mémoire. Ton ami m'a regardé avec stupéfaction lorsque je lui ai demandé s'il subsistait quelque vestige de ces villes gauloises d'autrefois, et si je pourrais m'y rendre. Il consentit pourtant à s'informer – je crains fortement que, pour ce faire, il n'ait mis en avant certains déséquilibres psychiques de son invité, Romain et… érudit ! En tout cas, un drôle de personnage me fit faire, à cheval, un petit périple de trois jours, qui m'amena sur les sites de deux villes gauloises abandonnées depuis longtemps, et dont le nom a disparu lui aussi. Parlant un curieux mélange de grec et de latin, mon guide m'informa qu'il descendait d'une famille dont divers membres avaient vécu dans ces villes, qui appartenaient au grand (?) peuple des *Salyes* ou *Salluvii*. L'entendre utiliser le mot de « villes » me laissa interdit : la plus petite bourgade des Samnites ou des Lucaniens te paraîtrait plus importante ! Mais peu importe par rapport à l'impression étrange que me causèrent ces ruines recouvertes par une végétation qui n'épargnait guère que les remparts. Dans un cas, lesdits remparts ressemblaient à s'y méprendre à ceux de Massilia, ce que mon compagnon ne put m'expliquer. Dans l'autre, les ouvrages encore visibles étaient d'un art plus simple quoique robuste. Mais nulle part de têtes coupées ! Je fus sensible au paysage que contemplaient, de leurs yeux aveugles, ces ruines recouvertes (tu admires la formule, tu vois de qui elle vient ?) : les unes surplombaient des étangs, et la mer se distinguait au fond ; les autres avaient pour horizon une montagne dénudée. C'était mon instant poétique !

J'ai eu peine à admettre que ces Gaulois, habitant d'aussi modestes centres, aient pu causer tant de tracas à Massilia (difficile de s'ôter de la tête la certitude que la puissance d'une civilisation s'exprime par ses villes !), mais il suffit de songer aux périls qu'ils nous ont fait endurer pour comprendre comment Massilia, encerclée par des barbares de plus en plus nombreux, aurait fini par perdre pied si nos légions n'étaient venues à la rescousse. Telle est, du moins, mon interprétation, qui n'est pas celle des Massaliotes ! Eux, ils croient dur comme fer que nous avons abusé de leurs difficultés passagères, et que nous n'avons pas respecté les clauses de l'alliance : après leur avoir porté assistance comme il était normal, nous aurions dû nous retirer, au lieu de quoi nos consuls ont constitué des garnisons, entrepris de construire des routes et de contrôler le pays ! Était-il vraiment inutile de créer une province, comme ils prétendent ? Les Grecs, tu le sais, n'ont pas la même vision de l'histoire que nous ! Je me suis bien gardé de retourner le couteau dans la plaie, m'abstenant de citer tant de bons auteurs qui rappellent combien Massilia fut comblée de bienfaits, à quel point notre présence lui porta bénéfice, jusqu'au jour fatal où, en refusant de choisir entre le dieu César et Pompée, elle se condamna elle-même. Je parlais de plaie : tu vois que, plus d'un siècle après les événements, elle n'est pas refermée. Toujours cette nostalgie hellénique !...

Mon cher Lucius, la journée se termine, les lampes ont été depuis longtemps allumées, mon hôte m'a prié à une petite collation qui prendra bien une partie de la nuit. À toi, amateur des produits de la mer, je pourrais faire venir la salive à la bouche en évoquant les mets qui m'attendent probablement (encore que les huîtres soient très moyennes, et que le vin d'ici ne me plaise guère), mais je réserve les descriptions gastronomiques aux entretiens qui nous réuniront à mon retour : n'ai-je pas déjà lassé ta patience ?

Il pleut à torrents, le ciel est noir, toute vie est arrêtée dans la ville : c'est un temps pour écrire ! Relisant à l'instant la prose que je te destine, je me suis senti assailli de scrupules. À un esprit aussi délicat que le tien, est-il séant d'infliger de telles « tartines » non démunies de pédanterie, voire de naïvetés – ce qui est bien pire ? Ne devrais-je pas parsemer ces lignes de citations ou d'allusions poétiques en plus grand nombre et d'une subtilité plus raffinée ? Au terme d'une longue réflexion, j'ai tranché par la négative. Mon cher, tu te contenteras d'un ton « bas de gamme » (*sermo humilis*), te rappelant que le récit véridique ignore les fioritures, du moins à en croire les théories en vogue !

Je devine ta réaction : « quel âne, te dis-tu, j'ai déjà parcouru des milliers de mots et rien qui concerne les missions dont je l'ai chargé ! Aurait-il oublié, ce qui ne m'étonnerait qu'à moitié de cet hurluberlu perdu dans les choses anciennes ? » Vais-je te répondre immédiatement ? Hé, hé…

Eh bien oui, j'y suis allé, dans ta fichue *Arausio ;* oui, j'y ai rencontré ton amie Antistia ; oui, je lui ai remis tes cadeaux (à l'exception de la boîte à parfums : les fioles se sont cassées, va-t-en prendre à Neptune). Mais, si tu permets, je vais t'exposer les choses dans l'ordre. Platon propose d'admirables considérations sur la patience, je te le rappelle.

Ton ami Charmolaos a hérité de la sagesse hellénique. Lorsque je l'ai informé de mon désir de me rendre à *Arelate* et à *Arausio*, il s'est contenté de me demander si je préférais voyager à cheval ou en voiture, combien de temps je souhaitais consacrer à ce voyage, si je voulais qu'il prévoit mon hébergement (chez des amis à lui) ou s'il convenait d'avertir telle de mes relations. Son tact lui interdit d'exprimer le fond de sa pensée, qu'il ne me livra qu'à mon retour : si je n'avais été aussi précis, il m'eût volontiers conseillé de faire un détour par *Nemausus*, car sa famille y avait possédé des terres et une maison, construit des monuments qu'on voyait encore, lui-même s'y rendait régulièrement pour assister à des jeux et à des concours « à la grecque » pour honorer le dieu Auguste. Il était attaché à cette ville qui lui rappelait, à certains égards, l'Ionie de ses lointains ancêtres ! Je me permets d'évoquer cette anecdote afin que tu comprennes combien l'esprit massaliote est différent du nôtre. Toi ou moi eussions été, comment dire, plus « directifs » ! Du coup, je n'ai pas vu *Nemausus*, ce que je regrette, pas plus que je n'aurai visité *Narbo* (je ne sais si je te l'ai dit : notre bateau avait été déporté au large).

Donc, *Arausio*. Merci, très cher Lucius, du guêpier dans lequel tu m'as fourré ! Je ne parle pas d'Antistia, évidemment. Ton arrière-cousine (ou je ne sais quoi) est la plus charmantes des veuves (double qualité). Mais c'est aussi une sacrée femme… de tête, qui m'aurait facilement mis dans des positions on ne peut plus gênantes. L'affaire est à la fois beaucoup plus complexe et beaucoup plus simple que tu ne me l'avais laissé entendre – ou que tu n'imagines. Pour résumer ce que j'ai compris : il y a eu une série d'opérations, sous le principat du dieu Auguste (et peut-être un peu avant et un peu après), qui ont loti les terres d'*Arausio* mais aussi d'autres cités, en donnant des titres de propriété aux villes, aux colons et aux indigènes. Et puis, le temps passant, un désordre incroyable s'est instauré, si bien qu'aujourd'hui, personne ne sait plus où l'on en est. Contestation sur contestation ! Les particuliers s'accusent entre eux, les cités elles-mêmes ne s'y retrouvent plus. Tout le monde hurle, et le fisc n'est pas le dernier. Qui est de bonne foi, qui ment ? Ta cousine est déchaînée pour une question confuse d'héritage remontant à trois générations, la partie adverse plaidant qu'il y eut occupation sans droit. J'ai demandé audience aux duumvirs d'*Arausio* qui m'ont déclaré que, face à ces agitations, ils en avaient appelé à notre divin Vespasien, que tout était en voie de vérification, et que des tables définitives seraient affichées sous peu. En tout état de cause, Antistia n'a pas grand-chose à perdre : ce qui est en jeu, c'est à peine un lopin, un pois chiche en regard des propriétés superbes qu'elle m'a fait visiter. Pour être franc : je ne nous vois, ni toi ni moi, tentant d'intervenir auprès des bureaux impériaux pour une chicane aussi minime. D'ailleurs, le dernier soir, ta parente n'était pas loin de m'avouer que sa querelle relevait plus du mauvais voisinage que d'un réel sentiment de spoliation. Cela dit, que de problèmes dans nos provinces, et quelle prévoyance doit déployer notre divin empereur pour y faire face !

Mon cher, si je n'avais juré de demeurer célibataire, à quelle tentation ne m'aurais-tu pas soumis (l'aurais-tu fait exprès) ? De ta célèbre famille, quel superbe rejeton ! La Gaule a réussi à ceux de tes ancêtres qui y ont émigré. Sais-tu que tu es pauvre à côté d'eux ? Si tu voyais les terres qu'on m'a fait parcourir, ce blé, ces vignes, les habitations, les fermiers et les esclaves… Ta cousine possède dix-huit *villae* bien équipées, et des *domus* dans je ne sais combien de villes (je n'ai vu que celles d'*Arelate*, *Arausio* et de *Vasio*). Bien sûr, c'est l'avantage de la province que d'offrir des terrains démesurés où l'on peut construire sans limite. Il est vrai aussi que tout se paie moins cher qu'en Italie (au détriment, parfois, de la qualité). Mais quel plaisir d'être à son aise et admirablement servi, même si la mode des meubles, des statues, des peintures ou des mosaïques n'est pas celle de Rome (il s'en faut d'au moins une génération !). Non, non, dis-le toi, ces séductions n'ont pas été suffisantes : je vais revenir !

J'ai à peine évoqué les visites « officielles » auxquelles, grâce à toi, j'ai été contraint (encore heureux que j'aie évité *Narbo*, la capitale !). En réalité, j'aurais supporté de rencontrer je ne sais combien de procurateurs, de chevaliers, de duumvirs, d'édiles, etc. si, à chaque fois ou presque, il ne m'avait fallu absorber une incroyable quantité de liquides et de solides qui ne brillaient ni par la qualité ni par la variété. L'absorption s'accompagnait d'évocations « obligées » : l'histoire de la ville, ses fils illustres, les visites de nos grands hommes, les dons impériaux, etc. On m'a cité comme personnages célèbres des sénateurs et des chevaliers dont ni toi ni moi n'avons jamais entendu parler ! Si, une ou deux exceptions : j'ai vu, à *Vasio*, la maison natale de Burrus (qui aurait mieux fait de rester sur place !), et, à *Arelate*, celle de Pompéius Paulinus, que tu te rappelles ! Comment ces gens-là ont-ils réussi en partant de si peu ? Mystère.

Pourtant, il ne manque pas de côtés émouvants dans ces visites, qui font comprendre la grandeur de notre empire et l'admirable action de nos empereurs et de notre sénat. Lorsque l'un des duumvirs d'*Arelate* a sorti d'un coffre les actes anciens de sa cité, j'ai été saisi d'émotion ! De la main du dieu Auguste, étaient inscrits le don du bouclier fameux, l'octroi des portes et des murs, et la reconnaissance à la cité du droit de s'intituler *Julia Paterna*, rappelant ainsi le dieu César. Avais-tu déjà vu un manuscrit du dieu Auguste ? Moi, c'était la première fois. Je ne l'oublierai pas.

Ce que j'ignorais, en revanche, ce sont toutes les démarches auxquelles doivent se plier nos provinciaux pour construire un temple, un théâtre, une basilique, n'importe quoi. Par Junon, quelle inextricable bureaucratie que la nôtre ! Lorsque toi et moi, au Sénat, votons (automatiquement et sans y prendre garde) en faveur de la demande x… présentée par la cité x…, nous n'imaginons pas à quel parcours incroyable nous donnons cours ! Projets, dimensions, croquis, sources de financement, architectes, tout est contrôlé, disséqué, examiné à la loupe ! Autorisations de principe, autorisations préliminaires, autorisations intermédiaires, contrôles, recontrôles, vive l'administration ! Et je ne parle même pas des inscriptions qui seront portées sur ces monuments, dont le texte donne lieu à des allers-retours en nombre infini. Or, nous ne sommes qu'en Gaule Narbonnaise, limitrophe de l'Italie !... Qu'en est-il en Bretagne ou en Égypte ? Que de temps passe ainsi !...

Ces contraintes (que personne ici ne prend à mal) m'ont permis de préciser l'étonnement que m'inspiraient ces villes – j'y ai fait, je crois, précédemment allusion : leurs monuments sont disproportionnés par rapport à leur taille. La population ne dépassant guère quelques milliers d'habitants (on est loin du million d'âmes, si ce n'est plus, qu'abrite notre Ville !), la place occupée par les espaces publics et par quelques grandes maisons semble prendre l'essentiel. Même les rues paraissent trop grandes ! Je me suis demandé comment l'on pouvait remplir un aussi vaste théâtre que celui d'*Arausio*, et je suis resté interloqué en apprenant que la cité d'*Arelate* envisageait de construire un énorme amphithéâtre, et que, pour ce faire, elle allait abattre un pan de son enceinte ! En outre, tu vois de-ci de-là des espaces vides : ils doivent accueillir des bâtiments qu'on a prévu de construire il y a un siècle et qui ne le sont toujours pas ! Certains monuments, dont le gros œuvre est achevé depuis vingt ou trente ans, attendent leur finition : leur revêtement, leur couronnement, leurs statues ! Voilà qui procure une curieuse impression.

Eh bien, mon cher Lucius, ta cousine Antistia m'a fourni l'explication : chaque cité vit de sa terre, mais veut sa Rome à elle pour y honorer les dieux et l'empereur, mais les moyens ne suivent pas ! Elle-même, m'a-t-elle assuré, s'est saignée aux quatre veines pour offrir à *Arausio* un portique, à *Arelate* une fontaine en marbre, et, à *Vasio*, le dallage d'une rue. On ne cesse de la solliciter pour contribuer à ceci ou à cela, et elle prétend avoir fait le maximum. Ses fermiers, métayers, affranchis, esclaves réclament de plus en plus de jours de congé pour assister, à la ville, à telle cérémonie ou à tels jeux. Elle assure qu'à ce rythme la ruine est proche ! À mon sens, les beaux restes ne lui font cependant pas défaut (je ne parle pas de sa personne), à en juger par la superficie de ses chais à vin et de ses greniers à céréales : si tu dois emprunter, pense à elle !

À propos de vin. Je réitère un aveu : je n'aime guère ceux qui se produisent ici, trop poissés ou trop sucrés à mon goût. N'ayant jamais osé m'en plaindre, m'émerveillant au contraire à chaque dégustation (l'hôte ne doit-il pas flatter l'hôte ?), je rêvais de retrouver sur la langue le goût d'un de nos bons cépages italiens, dans... quelques semaines. Or, l'une des rares fois où j'ai pu obtenir de me promener seul dans les rues d'*Arelate* (accompagné seulement de quatre serviteurs !), je suis tombé sur une boutique qui ne déparerait pas les environs de notre Forum. Des centaines d'amphores, avec leurs inscriptions bien visibles et des bouchons authentiques, toutes provenant des meilleurs vignobles du monde ! Je n'en croyais pas mes yeux. Chaque esclave repartit avec sa charge ! Comme quoi il ne faut pas sous-estimer nos négociants : si nous savons acheter, nous savons aussi vendre. Alerté, je recueillis vite d'autres preuves : au hasard, j'ai vu ici des verres d'Alexandrie, des soies exotiques, des glaives syriens. Il est vrai que le pont de bateaux qu'on voit à *Arelate* (dispositif qui m'avait d'abord paru bizarre) s'ouvre à loisir et qu'il laisse remonter le Rhône à des convois impressionnants qui vont offrir nos marchandises aux plus lointaines contrées septentrionales ! Mon cher, il n'y a plus de frontières pour le commerce...

Je t'entends gémir : quel verbiage ! Va-t-il enfin me parler de *Forum Julii ?* Une autre affaire dont je te suis redevable ! Encore heureux que l'amitié ait moins de bornes que l'univers habité par les hommes... Une fois de plus, Charmolaos se chargea de tout, me proposant un aller par bateau, et le retour par terre. L'aller fut un enchantement : mer d'huile, rivage d'abord abrupt – on se serait cru devant les falaises décrites par le dieu César en Bretagne ! – puis aux criques accueillantes. Nous accostâmes plusieurs fois. Je t'ai déjà parlé d'*Olbia*, l'ancienne cité massaliote. Je n'oublierai pas une certaine auberge dans un port minuscule, nommé *Telo Martius* mais très actif, où je dégustai un plat constitué de divers poissons et crustacés baignant dans un succulent bouillon, arrosé de petits vins pétillants pleins de mérites !

Pour en venir à *Forum Julii*, où j'imaginais trouver l'équivalent de Misène ou de Ravenne, avec d'impressionnantes escadres, des rades où pulluleraient les navires de guerre et où se presseraient des équipages plus ou moins grossiers, eh bien, rien de tout cela. La flotte et les marins l'ont désertée depuis belle lurette, mobilisés par le dieu Claude pour aller conquérir la Bretagne. Comme quoi il faut se tenir au courant ou, plutôt, comprendre que de telles campagnes ne se font pas sans déplacer des troupes et des flottes. Néanmoins, j'ai longé des arsenaux, un camp impressionnant en dépit de son apparente désaffectation, avant qu'un chenal n'amenât notre bateau au port civil. Pas mal comme arrivée : une ville en surplomb, des remparts de belle facture, apparemment récents, quelques monuments de style moderne assez réussis.

À mesure que le bateau approchait du quai, je voyais grossir une foule enthousiaste agitant les bras et criant des paroles indistinctes. Comment deviner qu'elle m'attendait, moi ? Sitôt débarqué, j'ai été entouré, happé, embrassé, caressé, cajolé, houspillé, au point que j'en garde encore des courbatures : Charmolaos avait prévenu de mon arrivée, proclamant que j'étais l'ami d'un parent (toi) de Julius Agricola. Maudis sois-tu avec ton encombrante parenté ! Tu aurais pu m'avertir que ton… je ne sais quoi était l'homme illustre de la ville ! Voilà bien l'inconvénient de ces cités provinciales : tout tourne autour d'un seul homme. J'ai dû mentir comme jamais, assurer que j'avais quitté ton… Agricola en pleine forme, qu'on prédisait sa prochaine désignation comme consul, que des destinées encore plus éblouissantes lui étaient promises. Plus je parlais, plus on m'embrassait, plus je te maudissais ! On m'a trimballé partout, avec des haltes d'honneur, des sacrifices dans les temples, d'interminables banquets, et toujours des haies de spectateurs qui m'applaudissaient. Les décurions ont organisé une séance spéciale de leur conseil, dans la curie décorée avec faste, j'ai dû répondre à un interminable discours de bienvenue, j'ai évoqué l'état de Rome et… de l'univers entier comme si j'avais été promu à la dignité impériale ! Je t'imagine te délectant en reconstituant ce spectacle : ne te frappe pas trop les cuisses, mon cher, car les félicitations que l'on me prodigua ne me parurent pas toutes dépourvues… de sincérité.

En réalité, tu ne te tapes pas sur les cuisses, tu hurles : « ma statue, ma statue ! » Misérable ignorant ! Lorsque le grand Cicéron priait Atticus de lui procurer des œuvres d'art, il ne risquait pas le ridicule : les œuvres demandées seraient authentiques, et il y mettrait le prix ! Je te le dis tout net : ton Agricola s'y connaît autant en sculpture que moi en…, en… (je peine à trouver un domaine qui m'échappe), disons en art capillaire. Or donc, lorsque je me suis enquis d'une œuvre exquise représentant le dieu à double face que *Forum Julii* aurait l'incroyable félicité d'abriter, je n'ai rencontré que la plus grande perplexité. Jusqu'au jour – car je m'acharnais, comptant bien te faire payer cher ce caprice –, jusqu'au jour, donc, où un tel fut frappé d'illumination et m'emmena sous un portique éloigné. Lucius, mon ami, mon frère, tu es… nul ! Si ce marbre a jamais entendu parler de Praxitèle, c'est parce qu'il s'est promené dans des quartiers qu'il n'aurait jamais dû fréquenter. Au mieux, il s'agit de la 244e copie d'un original né un soir d'ivresse, pour ne pas dire de coma profond. Évidemment, mon apparent intérêt pour cette chose provoqua chez mes hôtes le vif désir de m'en faire cadeau, et j'ai dû inventer les prétextes les plus ingénieux pour me tirer d'affaire. Outre le risque de déclencher le courroux du dieu des mers et de toutes les Néréides, je t'aurais fait faire mauvaise figure. J'ai préféré laisser à *Forum Julii* cette « sublime pièce de son passé » et acquérir pour toi à Massilia, une petite surprise, qui ne devrait point te déplaire, je pense…

Voilà ce que tu me fais faire, ô le plus merveilleux des amis ! Je ne vois de revanche possible qu'en t'envoyant réitérer le périple d'Orphée aux Enfers ! Non, je plaisante. Comme *Arelate* et *Arausio*, *Forum Julii* réunit toutes sortes de charmes. Ses habitants conservent un vif souvenir de leurs origines : ils sortent volontiers de leurs coffres attestations et titres de propriétés rédigés par les officiers ou les magistrats qui accompagnaient le dieu César ou son auguste fils, et ces vieux titres comptent plus pour eux que n'importe quoi au monde. À en juger par leurs noms ou par leur histoire, nombre d'entre eux, avant de s'établir ici, étaient plus Gaulois qu'Italiens, mais tu ne saurais trouver plus fidèles sujets de notre divin Empereur. Nous méditerons ensemble, si tu le veux, sur l'ancienne politique dont nous recueillons aujourd'hui les fruits. La loyauté des provinciaux est chose émouvante, même si, parfois, leur volonté d'imiter – que dis-je, imiter : reproduire ! – notre Ville me paraît un peu… déplacée. Mais qui le veut ? Eux, nous ? Je dirais plutôt : le système (au sens d'Aristote). Tu garderas ces réflexions pour toi, mon cher Lucius, car, en d'autres temps (qui peuvent revenir), la divulgation de tels propos s'est traduite par une pressante invitation à… imiter Sénèque (dans sa baignoire) !

Les lampes étant à nouveau allumées, je vais en rester là. De *Forum Julii* à *Massilia*, le retour (en voiture) fut plein de charme, tant j'ai traversé de plaines riantes et admirablement cultivées. Les routes n'ont rien à envier à celles que nous pratiquons lorsque, quittant Rome, nous nous dirigeons vers telle ou telle de nos propriétés (à propos, ta maison de Pompéi est-elle enfin réparée ? Pas de nouveau tremblement de terre ?).

Le courrier partant demain, ma lettre te parviendra dans quatre ou cinq jours. Moi, non sans appréhension, je m'apprête à remonter à bord d'un de ces fichus navires – mais Charmolaos m'a prodigué les meilleures assurances ! Comme je te le disais en commençant cette lettre, je veux à tout prix contempler le trophée du dieu Auguste : mon grand-père servait sous ses ordres lors de la guerre des Alpes. Descendrai-je à *Cemelenum*, prendrai-je une monture, et rejoindrai-je ensuite le navire au port d'Hercule ? Je ne sais encore. Peu importe : je suis tellement soulagé de n'avoir plus aucune commission – ou mission – à remplir de ta part !

Allez, mon cher Lucius, prépare mon retour (sans lésiner) ! Je t'aime.

Vale.

Caius

Origine des textes

« Camille Jullian et l'Histoire de la Gaule », in C. JULLIAN, *Histoire de la Gaule*, Paris, Hachette-Livre, 1993, p. I-XXIV.

« Les Gaulois n'étaient pas des barbares », *L'Histoire*, 176, avril 1994, p. 32-45.

« Par la barbe et la moustache de nos aïeux », *L'Archéologue - Archéologie nouvelle,* 26, novembre 1996, p. 6-13.

« L'Eldorado gaulois et le problème du mercenariat », *L'Archéologue - Archéologie nouvelle,* 33, décembre 1997-janvier 1998, p. 4-14.

« Bibracte, capitale des Éduens », *L'Archéologue - Archéologie nouvelle,* 4, mars 1994, p. 36-45 et 6, juin 1994, p. 62-72.

« Marseille grecque et la Gaule », *Études massaliètes*, 3, Lattes et Aix, 1992, p. 451-456.

« La Gaule transalpine à l'époque hellénistique », in C. NICOLET (dir.), *Rome et la conquête du monde méditerranéen. 2. Genèse d'un empire,* Paris, PUF (1ère édition, 1978), 2e édition, 1989, p. 679-699, coll. « Nouvelle Clio ».

« La religion gauloise d'après César » et « Les Gaulois ont-ils représenté leurs dieux ? », sous presse.

« La conquête du midi de la Gaule », in M. REDDÉ (dir.), *L'armée romaine en Gaule,* Paris, Éd. Errance, 1996, p. 9-20.

« À propos de C. Valérius Procillus », *Études celtiques,* 26, 1989, p. 61-62.

« César et la guerre des Gaules », in J. César, *Guerre des Gaules,* Paris, Imprimerie nationale Éditions, 1994, p. 7-49, coll. « Acteurs de l'Histoire ».

« L'année terrible », *L'Archéologue - Archéologie nouvelle,* hors série n° 1, juillet-août 1998.

« Marseille entre César et Pompée », *Revue de Marseille,* septembre 1991, p. 34-35.

« La Gaule après la défaite », in *Vercingétorix et Alésia,* Catalogue d'exposition, Paris, R.M.N., 1994, p. 316-318.

« La Gaule de la mort de César à celle de Néron », *Cambridge Ancient History,* X, *The Augustan Empire, 43 BC-AD 49,* Cambridge University Press, 1996, p. 464-502.

« La Gaule des Flaviens et des Antonins », *Cambridge Ancient History,* XI, sous presse.

« Les textes antiques sur la fondation de *Lugdunum* », in Chr. Goudineau (dir.), *Aux origines de Lyon, Documents d'Archéologie de Rhône-Alpes,* 2, 1989, p. 23-36

« Les provinces de Gaule : problèmes d'histoire et de géographie », in *Mélanges Pierre Lévêque, Annales Littéraires de l'Université de Besançon,* 5, 1990, p. 161-170.

« La patrie gauloise sous le Haut-Empire », in *La patrie gauloise d'Agrippa au VI*e *siècle, Actes du colloque de Lyon, (1991),* Université Jean-Moulin, 1993, p. 149-160.

« Vaison-la-Romaine a-t-elle usurpé son nom ? », *L'Histoire,* 52, janvier 1983, p. 60-70.

« Incinération et inhumation dans l'Occident romain », in *Actes du colloque Toulouse-Montréjeau (7-10 octobre 1987),* Toulouse, 1992, p. 247-253.

« Lettre à Lucius », *Voyage dans la Provence antique, L'Archéologue - Archéologie nouvelle*, n° spécial, juillet-août 1996, p. 4-19.

TABLE

COÉDITION ACTES SUD – LEMÉAC

Ouvrage réalisé par l'atelier graphique Errance. Reproduit et achevé d'imprimer en septembre 2007 par Normandie Roto Impression s.a.s 61250 Lonrai pour le compte des éditions Actes Sud Le Méjan Place Nina-Berberova 13200 Arles. Dépôt légal 1re édition : octobre 2007.
N° d'impression : 07-2624.
(Imprimé en France)